U0570454

鄧洪波　主編

湖南大學嶽麓書院　中國四庫學研究中心　古籍整理研究所

中國四庫學

第四輯

中華書局

圖書在版編目(CIP)數據

中國四庫學. 第四輯/鄧洪波主編. —北京:中華書局,2019. 12
ISBN 978-7-101-14203-7

Ⅰ. 中… Ⅱ. 鄧… Ⅲ.《四庫全書》-研究 Ⅳ. Z121. 5

中國版本圖書館 CIP 數據核字(2019)第 227894 號

書　　　名	中國四庫學·第四輯
主　　　編	鄧洪波
責任編輯	胡正娟
封面設計	周　玉
出版發行	中華書局
	(北京市豐臺區太平橋西里 38 號　100073)
	http://www.zhbc.com.cn
	E-mail:zhbc@zhbc.com.cn
印　　　刷	北京市白帆印務有限公司
版　　　次	2019 年 12 月北京第 1 版
	2019 年 12 月北京第 1 次印刷
規　　　格	開本/710×1000 毫米　1/16
	印張 22¾　插頁 4　字數 360 千字
國際書號	ISBN 978-7-101-14203-7
定　　　價	98. 00 元

書影卷一

江南布政司參政周亮功撰

先大人著述甚富常作觀宅四十吉祥相有益於世道

人心備錄於此　案頭無淫書以邪言蕩人心其罪非

止墮惡道近日作小說人豈止艷詞非常報應人觀

見之紮頭如有片紙隻字當盡數焚却壞心術喪行止

皆此等書引誘人家兒女豈無　架上無齋整書本本精

識字者畧一回想豈不可懼

完善手且未觸目於何座上有二三十年前老友堂中

有但觀架上便知腹中

《四庫全書》撤出本之一—《書影》卷端

書頁鈐蓋"文津閣寶"朱文大方印。今藏故宮博物院。

也宜哉

河北有層山山甚靈秀山峯之上立石數百丈亭亭築

監競勢爭高遠望篸篸若攬圖之託霄上其下層巖峭

舉壁岸無階縣崖之中多石室焉室中若有積卷矣而

世士罕有津逮者因謂之積書巖巖內時見神人往還

蓋鴻衣羽裳之士練精餌食之夫耳 水經注 吳中故老

有津逮軒毛子晉津逮秘書皆本此也

《四庫全書》撤出本之一《書影》內頁

書頁鈐蓋"避暑山莊"朱文大方印。今藏故宮博物院。

傷寒集驗六卷、題秀水陳文治譔、門人刻傳

懋教、崇禎六年四川布政司刻、要川布政司、故其書

類官事也、曾梓湖中之函字及書內之姑字

等俱未缺筆、則印行時在明〔崇禎〕之先也、據文治

所有瘍科遞桦一畫一名瘍科神旨、亦題有

收陳文治譔、列於崇禎元年、其敘崇孟守

云嶽諸陳居工軒歧業知文治字嶽歟然又举

孟云、一大疫疫蜀云、文治常在壬午春因三輔

牵氏梁氏其甚多、惟用東垣普消饮列於

多廣敷勤者什九、查出所云壬午庭為為廣十

年、與利澧儕命云、塞外為名將軍相某列

又知文治立為廬問曾官梓三輔、三輔者京北

馮栩扶風萬令之陝西、所桦瘍科遞桦一畫

巳顯桦世、隆原列的尚有、乾隆二十六年遺尊

《傷寒集驗》巢念脩跋（一）

明崇禎六年四川布政司刻本《傷寒集驗》六卷，秀水莊氏映雪樓、雲間沈氏織誦廬遞藏。巢念脩題跋，書於畫家巢勛特製梅紋箋，箋上朱文云："着手成春，乙卯秋仲寫贈鳳初宗兄先生正。子餘巢勛。"今藏上海中醫藥大學圖書館。

堂刊本及近时荸荠精舍石印本、清絲堂脘

有详批、益盛莲涧父敔此科以宝氏全書痨科

选粹得多採慎择蜀言宗法筆此書别

久佚、且业知有、抑其取法陶氏六壺而不傳

欤、不可知矣、今春同整理傷寒之瀹之政、仲

老出示比被没、完善如新、良多窃妙、尤儂

驛、抽暇卒讀一遍、不揣固陋、略為考述此

上、此書原是雲間沈氏織調廬、係抗戰時散出

有佳列難再淂珍之其毋忽

甲午三月　郷海学　巢念脩謹跋

《傷寒集驗》巢念脩跋（二）

《中國四庫學》編委會

主　編

　　鄧洪波

編　委（按姓氏筆畫排序）

　　江慶柏　杜澤遜　李國慶　李清良　肖永明
　　吳仰湘　吳哲夫　吳　格　吳國武　何宗美
　　汪受寬　武秀成　周積明　夏長樸　陳曉華
　　黃愛平　張　昇　張固也　董恩林　程章燦
　　舒大剛　趙生群　廖可斌　鄧洪波　鄧國光
　　嚴佐之　顧宏義

編　輯

　　李成晴　許超傑　蔣鵬翔　羅　琴

編　務

　　吳　晗

目　録

◎附録

乾隆朝國子監與《四庫全書》之纂修

李立民　中國社會科學院歷史研究所副研究員

摘　要：國子監在乾隆朝時期出現了人才濟濟的局面，從而爲《四庫全書》館中的謄録、校録等基層人才的選聘提供了必要條件。四庫開館後，從國子監選任謄録、校録人員的同時，還會從歷年鄉試落選人員内增選。從選聘方式上看，經歷了保舉、揀選、考選等多種方式，選聘的標準也日益嚴苛。在歷經十餘年才完竣的修書過程中，謄録、校録的實際工作效率並不能盡如人意。錯字、衍字、脱漏等現象，影響到了《四庫全書》的總體品質。由這些細微的文獻問題進而引發了諸多政治問題，從而爲我們考察古代修書與政治的權力互動關係，提供了一個面相。

關鍵詞：國子監；四庫館；謄録；校録

近些年來，有關《四庫全書》纂修的研究成果頗豐，學者們重點關注了《四庫全書》館的人員設置及其運作機制。[①] 在人員設置方面，對一些參與其中的著名學者及總裁、總纂修官等主要官員的研究較爲集中，但對四庫館中的諸如校録、謄録等基層人員則少有關注。校録、謄録等人員並非館中雜職，其選聘多來自國子監中的肄業貢、監生，這些基層人員本身具備一定的文化素養，對其開展研究，或許會對《四庫全書》纂修問題的深入研究有所裨益。有鑒於此，本文以四庫館中的校録、謄録群體爲研究對象，試對相關問題作一粗略的探討，以請教于方家。

---

① 代表性的著作有張昇《四庫全書館研究》（北京：北京師範大學出版社，2012 年）、劉鳳强《四庫全書館發微》（蘭州：蘭州大學出版社，2015 年）。

一、國子監從清初至乾隆朝的發展演變

順治元年(1644),清廷入主中原以後,沿襲明朝國子監的制度設置,在北京城東北隅崇仁里成賢街建立了國子監。但其在北方的統治尚不穩定,南方兵燹頻仍,在這種形勢下,將培養滿洲官員子弟作爲穩固統治階層的一項措施,故國子監招收的對象主要是官員子弟。時任國子監祭酒的李若琳疏言:"滿洲官員子弟咸肄業成均,而臣衙門在城東北隅,諸弟子往返,晷短途紆,易妨講習。請于滿洲居處之地,各擇空宇一所,立爲書院,以國學二廳六堂學官分教八旗子弟,滿洲十六人,蒙古八人,仍設學長四人,均就書院萃處,朝夕訓迪。月之六日,師生入監考課,以示勸懲。"①下部集議,順治二年,得旨允行。當時雖然各地貢生須入國子監肄業,但開國之初,亟需人才,順治二年規定,恩、拔、歲貢生免其坐監,赴京即與廷試授職。這樣,一般平民出身的貢生,便無須坐監就可以得到職位。即使是在監肄業的學生,也因缺乏基本的教職人員,只好"以京省生員十人充伴讀,十日一赴監考課"②。至順治十年,"國學益寥寥無人,不及外省州縣之半"③。在康熙朝,國子監竟然出現了"司教之官不將監生嚴加約束教誨,縱之游戲。又其甚者,閑雜之徒任行出入,竟以國子監爲游戲之地矣"④。

出現這種局面的背後,反映了順康時期國子監在制度建構上的缺漏。當時進入國子監肄業的諸生,既無經費支持,也無宿舍居住,"名爲坐監肄業,率假館散處。遇釋奠、堂期、季考、月課,暫一齊集"⑤。這種局面,直至雍正年間孫嘉淦任職於國子監,並進行了有效的改革後,才有所改觀。

孫嘉淦(1683—1753),字錫公,山西興縣人。康熙五十二年(1713)進士。自雍正元年(1723)開始,在國子監中擔任司業。當時,國子監的管理體制是特簡兼管監事大臣一員,而實際負責教學管理的則是祭酒。雍正七年,孫嘉淦升任國子監祭

---

① (清)文慶、李宗昉等纂修:《欽定國子監志》卷10《學志二·建修》,北京:北京古籍出版社,2000年,第158頁。

② (清)文慶、李宗昉等纂修:《欽定國子監志》卷10《學志二·建修》,第158頁。

③ (清)文慶、李宗昉等纂修:《欽定國子監志》卷67《藝文》,第1165頁。

④ (清)文慶、李宗昉等纂修:《欽定國子監志》卷首一《聖諭天章》,第4頁。

⑤ (清)趙爾巽:《清史稿》卷106《選舉志一》,北京:中華書局,1976年,第3102頁。

酒。次年，奏准每年撥 6 000 兩白銀，作爲國子監的日常經費。雍正九年，孫嘉淦又奏曰："竊照各省拔貢，蒙皇上加恩作養，雲集都門。其中教書投親，在外居住者固有；而外無館地，必須在監居住者，約有三百餘人。六堂之内，只可誦讀，難於栖止。是以拔貢人等，多在附近賃房居住。查國子監門外方家胡同官房一所，舊有二百餘間，現今只存一百四十二間。屋宇牆垣，亦多傾圮，無人居住，而與國子監甚近，相去不過數步。仰懇聖恩，將此官房賞給國子監衙門。臣等即于皇上每年賞給公費銀兩内動支，修葺完好，令拔貢及助教人等居住其中，就近肄業。則房屋既不致坍塌，而各省士子食宿皆便，益沐皇仁于無既矣。"①這樣，國子監的經費和住宿問題就迎刃而解了。

乾隆元年（1736），孫嘉淦又以刑部尚書兼管監事大臣，成爲國子監的重臣。多年在國子監的任職經歷，讓孫嘉淦對"官學"的積弊洞察甚明："國家以制藝取士，原欲其秉經酌雅，發明聖賢之精蘊，其法非不善也。但相沿既久，剿襲弊生。習舉業者，抄寫揣摩以求速化，目不睹經史之全，耳不聞大道之要，幸而獲中，授之以政而不達，非才不足，其所學者末也。顧呫嗶文詞，既患其學成而不適於用；即高談性命，猶恐其能言而未必能行。"②有鑒於此，孫嘉淦重點對國子監的教學制度進行了改革。他在《太學條規疏》中曰："夫比年入學，必有可督之課程，而後勤惰分；中年考校，必有可稽之材能，而後臧否辨。伏查有宋胡瑗立經義治事齋分課學徒，蓋取其顯然有據者以驗德業之進修。其法可至今行也。臣等請酌定規條，令諸生四書八股之外，各明一經，各治一事，相其才之所近而分肄焉。其明經者必令博觀先儒之疏解，熟誦皇上頒折中、傳説、彙纂諸書。務期深明聖人之意，有裨於生民人倫日用之常。其治事者，如歷代典禮、史鑒、事迹以及律令、錢穀、演算法、兵制、河防之類，務期講究明切，實可見之施行。歲時考課，以此分其勤惰。期滿保舉，即以此定其優絀。如此則教者有所施其功，學者無所藏其僞。多士既爲有用之學，國家自收得人之效矣。"③

以經義、治事爲中心的教學改革，扭轉了此前國子監教學中以"時文"爲課士的

①　（清）文慶、李宗昉等纂修：《欽定國子監志》卷 67《藝文》，第 1179 頁。
②　（清）孫嘉淦：《孫文定公文録》卷 1，《續修四庫全書》第 1670 册，上海：上海古籍出版社，2002年，第 199 頁。
③　（清）孫嘉淦：《孫文定公文録》卷 1，《續修四庫全書》第 1670 册，第 199 頁。

單一標準,使國子監在乾隆初年出現了欣欣向榮的局面:"時高宗加意太學,嘉淦嚴立課程,獎誘備至,六堂講師,極一時之選。舉人吳鼎、梁錫璵,皆以薦舉經學授司業。進士莊亨陽,舉人潘永季、蔡德峻、秦蕙田、吳鼐,貢生官獻瑤、王文震,監生夏宗瀾,皆以潜心經學,先後被薦爲本監屬官。分長六堂,各占一經,時有'四賢五君子'之稱。師徒濟濟,皆奮自鏃礪,研求實學。"①乾隆時期,國子監進入一個輝煌時期,在客觀上爲纂修《四庫全書》提供了人才儲備。

二、《四庫全書》館對國子監生的任用

據《欽定國子監志》所載:"國子監肄業,有貢生,有監生。"②也就是説,在清代國子監中讀書的人員分貢生、監生兩類。貢生又分爲歲貢生、恩貢生、副貢生、拔貢生、優貢生、例貢生,監生又分爲恩監、優監、蔭監、例監。國子監生有坐監和非坐監的區別,貢生也有不坐監者。本文所指的國子監生,包括坐監與非坐監者。

在國子監選任諸生參與修書工作,最早始於康熙十年(1671)。是年,康熙帝開館纂修《世祖章皇帝實録》,因卷帙浩繁,需要衆多謄録,故"令國子監遴善書監生,送部考選,轉送内閣"③。又諭禮部:"選滿、漢貢監生善書者,送翰林院考取具奏。所取不拘真、草何家,亦不論多寡,選取彙送。"④由此,國子監中的貢、監生考取修書館謄録之制形成定例。雍正元年(1723),又命"考取善書監生十二人送部,考選移送恭繕《聖祖仁皇帝實録》"⑤。可見,康雍時期選任國子監生至館修書的制度尚不完善,主要是爲修《實録》而定。乾隆帝即位後,對國子監生赴館修書的制度進行了改進:

其一,增加了行政程序。康熙十年(1671),所取肄業生"不拘真、草何家,亦不論多寡",幾乎是没有標準的選用。而乾隆三年(1738)則規定:"著在國子監肄業之正途貢生内,看其年力精壯、字畫端楷、情願效力者,選取十人送武英殿,以備謄録

---

① (清)趙爾巽:《清史稿》卷106《選舉志一》,第3103頁。
② (清)文慶、李宗昉等纂修:《欽定國子監志》卷11《學志三·員額》,第166頁。
③ (清)文慶、李宗昉等纂修:《欽定國子監志》卷13《學志五·甄用》,第220頁。
④ (清)文慶、李宗昉等纂修:《欽定國子監志》卷13《學志五·甄用》,第220頁。
⑤ (清)文慶、李宗昉等纂修:《欽定國子監志》卷13《學志五·甄用》,第221頁。

繕寫之用。"①乾隆八年，又進而規定，入館修書肄業生所需要的行政程序，"由部行文禮部、國子監，核明繕册，取具同鄉京官印結送部。俟欽簡大臣，在午門内考試，遴取者按名補用"②。不僅增加了同鄉京官印結擔保這一環節，更需要正規的嚴格考試才能録取。

其二，改考試録用。乾隆三年（1738）對國子監生的録用，由主管該員"看其年力精壯、字畫端楷、情願效力者"，憑藉的是主觀判斷；而乾隆八年則規定，"欽簡大臣，在午門内考試，遴取者按名補用"③。乾隆三十四年，經部議："請欽派大臣考試，並請欽命論題一道，擬定正、陪，引見録用。"④

綜上，在《四庫全書》開館之前，就有在國子監中選録貢監生赴館修書的舉措，並已經形成了較爲規範、完善的制度保障。乾隆三十八年（1773）閏三月，清廷正式任命了《四庫全書》編纂的相關官員，標志着《四庫全書》館的正式成立。開館之初，諸事繁雜。除了規定總裁、副總裁、總纂修等主要官員外，還需要建立具體負責謄録、校録等基礎性工作人員的工作機制。謄録、校録没有官職，也不在官僚系統之内，但他們還應具備一定的文化素養。因此，國子監生成爲選取謄録、校録的不二之選。

乾隆三十八年（1773），《四庫全書》總裁、大學士劉統勳等奏准："在京貢監生内，有曾經學字，情願自備資斧效力行走人員，擇其字畫端正，酌取三十名，令其在館行走，以供繕録。五年報滿，准其議叙。尋又奏：添取三十名，一體在館效力。"⑤最初的選任標準較爲寬鬆，僅爲"字畫端正"即可，且帶有"自願"的原則，主動報名者甚少，而另一方面，《四庫全書》卷帙浩繁，需要大量的謄録人員才能如期蕆役。故同年，劉統勳又奏曰："應令現在提調纂修各員，於在京之舉人及貢、監各生内，擇字畫工緻者，各舉數人，共足四百人之數，令其充爲謄録，自備資斧效力。仍按定字數，每人每日寫一千字。五年期滿，照各館議叙。再書内有應繪圖樣，另選通曉畫法之貢、監生十員，作爲謄録，一體效力。"⑥在選任方式上，由自願參加變爲提調官

①　（清）文慶、李宗昉等纂修：《欽定國子監志》卷13《學志五·甄用》，第173—174頁。
②　（清）文慶、李宗昉等纂修：《欽定國子監志》卷13《學志五·甄用》，第229頁。
③　（清）文慶、李宗昉等纂修：《欽定國子監志》卷13《學志五·甄用》，第229頁。
④　（清）文慶、李宗昉等纂修：《欽定國子監志》卷13《學志五·甄用》，第228頁。
⑤　（清）文慶、李宗昉等纂修：《欽定國子監志》卷13《學志五·甄用》，第233頁。
⑥　（清）文慶、李宗昉等纂修：《欽定國子監志》卷13《學志五·甄用》，第233—234頁。

保舉的方式。

　　保舉雖然在一定程度上可以保證人數，但因保舉而産生的“夤緣薦舉”現象也不可避免。乾隆三十八年(1773)，御史胡翹元條奏，停止提調纂修保舉謄録之例，九卿會議議准允行。① 四庫館開館時，乾隆帝已年届六旬有餘，深感此項修書浩繁，惟恐不及親見其完璧，故又下諭旨曰：“著于《全書》中，擷其菁華，繕爲《薈要》，其篇式一如《全書》之例。”②這無形之中又給修書工作帶來了額外的任務。故選任謄録又迫在眉睫。乾隆三十九年規定，在鄉試落卷内選取：“辦理《四庫全書》並《薈要》二處所用謄録，莫若於鄉試發榜後，即在落卷内擇其字畫勻净，可供抄録者，酌定備用。著交曹秀先、嵩貴，同派出之同考官寶光鼐、吴玉綸、周于禮、趙佑、戈源、善聰留住貢院，將未經取中之南、北、中皿彌封墨卷，公同翻閲，挑取五六百名，交與吏部，按照名次，拆卷填注。此内如有本係謄録，即行扣除。餘俟出榜曉示，注册挨補。”③由此，這一制度形成了定例。又如乾隆四十二年的鄉試後，又奉旨：“辦理《四庫全書》並《薈要》二處謄録，仍著於鄉試發榜後，將未經取中之南、北、中皿及貝字號墨卷彌封，詳慎翻閲。皿字號挑取八百卷，貝字號挑取六百卷，交與吏部，照例辦理。至應派之閲卷官，俟臨時再降諭旨。”④但鄉試落卷名額有限，再者鄉試三年舉行一次，根本無法滿足修書工作的需求。此外，《四庫全書》館的徵書活動在此時又有了新進展。

　　乾隆三十七年(1772)，頒布諭旨，要求各地徵集圖書：“今内府藏書插架，不爲不富，然古今來著作之手，無慮數千家，或逸在名山，未登柱史，今宜及時采集，彙送京師，以彰千古同文之盛。”⑤安徽學政朱筠積極回應，提出了諸多意見，其中有一條是建議從明《永樂大典》中輯録佚書：“臣在翰林，常翻閲前明《永樂大典》。其書編次少倫，或分割諸書以從其類。然古書之全而世不恒覯者，輒具在焉。臣請敕擇取其中古書完者若干部，分别繕寫，各自爲書，以備著録。書亡復存，藝林幸甚！”⑥這一建議得到乾隆帝的認可，相關的工作隨即展開。

――――――――――――

① (清)文慶、李宗昉等纂修：《欽定國子監志》卷13《學志五·甄用》，第234頁。
② 《清高宗實録》卷934，乾隆三十八年五月己未條。
③ (清)文慶、李宗昉等纂修：《欽定國子監志》卷13《學志五·甄用》，第234頁。
④ (清)文慶、李宗昉等纂修：《欽定國子監志》卷13《學志五·甄用》，第235頁。
⑤ 《清高宗實録》卷900，乾隆三十七年正月庚子條。
⑥ 中國第一歷史檔案館編：《纂修四庫全書檔案》，上海：上海古籍出版社，1997年，第21頁。

　　乾隆三十八年(1773)二月,大學士劉統勳上奏從《永樂大典》中輯録佚書的人員安排:"臣等謹遵旨,于翰林等官内,擇其堪預分校之任者,酌選三十員,專司查辦,仍即令辦事翰林院;並酌派軍機司員一二員作爲提調,典簿廳等官作爲收掌,常川在署,經理催趲,毋致稍有作輟。"①這里所規定的從翰林院、軍機處及國子監典簿廳等選派的官員都是從事行政工作的管理人員,而體負責繕寫校録工作的則是從國子監生中選任的。乾隆三十九年,《四庫全書》館總裁質郡王等奏准:"《永樂大典》内采輯散篇,彙輯成部者,頗有堪以刊行之書,應行刊刻。此項書籍,非另辦副本不可。由國子監揀派内肄業貢生十名到武英殿,即照現在行走貢生例,專供校録刊本之用。"②這里,與前者的最大變化是在選任方式上,從原來的保舉變爲揀選,選任的方式更加客觀。此後,《四庫全書》館對國子監生的選任日趨嚴苛。乾隆四十五年,武英殿修書處奏准:"嗣後校録,仍照舊例在國子監肄業之拔、副、優三項貢生内咨取十名,由監先期考試選取,以備充補。"③拔貢、副貢、優貢都是需要嚴格的考試才能入選成爲國子監生的,他們也是國子監生中的"精英",這足見統治者對修書的基礎工作已經越來越重視了。

　　除了以上常例外,還有特恩選任者。如乾隆四十一年(1776),乾隆帝巡幸山東、天津兩處,召試獻賦舉人、貢、監生員。考試後諭曰:"所有考取二等各生,著照上屆巡幸天津之例,有願在《四庫全書》處效力者,准其在謄録上行走。"④一定程度上體現了修書人才選任的多樣化。

三、有關實際工作效率問題

　　在《四庫全書》館工作的國子監生,雖然是"自備資斧效力",但"五年期滿,照各館議叙"。⑤早在四庫館成立以前,有關修書人員議叙的制度就已甄于完善。乾隆三年(1738)規定,在館修書若干年限後,肄業生"行走若好,該管王大臣等秉公具

①　中國第一歷史檔案館編:《纂修四庫全書檔案》,第 59 頁。
②　(清)文慶、李宗昉等纂修:《欽定國子監志》卷 13《學志五·甄用》,第 175—176 頁。
③　(清)文慶、李宗昉等纂修:《欽定國子監志》卷 13《學志五·甄用》,第 176 頁。
④　(清)文慶、李宗昉等纂修:《欽定國子監志》卷 13《學志五·甄用》,第 234—235 頁。
⑤　(清)文慶、李宗昉等纂修:《欽定國子監志》卷 13《學志五·甄用》,第 234 頁。

奏,酌量議叙"①。但具體議叙的辦法則尚無規定。乾隆八年,規定了國子監肄業生在館六年期滿方可議叙的制度。又進而對議叙的等級進行了規範:"其列在一等者,就職、考職人員准以應得之缺即用。其未經就職、考職者,恩、拔、副、貢生,以州同、州判、縣丞揀用;歲貢、優貢生,以主簿、吏目揀用;肄業已滿,咨部候選教職者,准輪班選用。未議叙以前,由諸生中式舉人者,議叙以知縣用。捐納貢、監生,以主簿、吏目揀用。其議叙在二等者,銓用各酌減有差。"②尤其是對一等之内,又依據考貢的出身不同而制定了不同的辦法。

為了防止在館修書的國子監生分心,乾隆四十二年(1777)禮部議准:"各館現充謄録人員,嗣後遇考試漢教習之時,俱不准其考試。並查明現在如有謄録、教習兩處兼走之員,係先補謄録者,即將教習撤回;係先補教習者,即將謄録撤回。如係肄業外班,於依限寫書之外,仍可自理本業,無庸扣除,以昭平允。"③但實際上,承擔謄録和校録的這些國子監生的工作效率又如何呢? 以下,筆者以《四庫全書》本《通典》為例,對此略加考察。

有訛字者,如卷一《食貨一》"孝文太和元年詔曰,今東作既興,人須肄業"條,今本"肄"誤"肆";卷二《食貨二》"京城四面,諸坊之外,二十里内為公田"條,今本"坊"訛"方";"八品以下至庶人六十人"條,今本"下"誤作"上";"亦既無田,即便逃走"條,今本"便"作"使"。④

有異文者,如卷二《食貨二》"隋文帝令自諸王以下,皆給永業田,多者至百頃,少者三十頃"條,據《隋志》"三十"作"四十";⑤卷三《食貨三》"樂毅宦燕,見褒良史"條,"宦"字或作"官"。⑥

有脱字者,如卷二《食貨二》"京官又給職分田,一品者給田五頃"條,"五頃"後脱"每品以五十畝為差"八字;"後魏刁雍上表曰:臣請于河西高渠之北,平地鑿渠"條,今本脱"地"字。⑦

① (清)文慶、李宗昉等纂修:《欽定國子監志》卷13《學志五·甄用》,第174頁。
② (清)文慶、李宗昉等纂修:《欽定國子監志》卷13《學志五·甄用》,第229頁。
③ (清)文慶、李宗昉等纂修:《欽定國子監志》卷13《學志五·甄用》,第235頁。
④ 王太岳等纂輯:《四庫全書考證》卷41,《叢書集成初編》,北京:中華書局,1985年,第1649頁。
⑤ 王太岳等纂輯:《四庫全書考證》卷41,第1649頁。
⑥ 王太岳等纂輯:《四庫全書考證》卷41,第1650頁。
⑦ 王太岳等纂輯:《四庫全書考證》卷41,第1650頁。

此外,有些本應是禁毀之書,卻仍保留在《四庫全書》中。乾隆五十二年(1787),高宗在閲讀進呈的三份李清所著的《諸史同異録》中,稱"我朝世祖章皇帝與明崇禎四事相同,妄誕不經,閲之殊堪駭異。李清係明季職官,當明社淪亡,不能捐軀殉節,在本朝食毛踐土,已閲多年。乃敢妄逞臆説,任意比擬,設其人尚在,必當立正刑誅,用彰憲典。今其身幸逃顯戮,其所著書籍悖妄之處,自應搜查銷毀,以杜邪説而正人心"。經查,文淵、文源兩閣所貯書内,已删去此條,"查係從前覆校官編修許烺初閲時簽出擬删,是以未經繕入。但此等悖妄之書,一無可采,既據覆校官簽出擬删,該總纂、總校等即應詳加查閲,奏明銷毀,何以僅從删節,仍留其底本?其承辦續三分書之侍講恭泰、編修吳裕德,雖係提調兼司總校,但率任書手誤寫,均難辭咎"。於是,乾隆帝下令,將所有辦《四庫全書》之皇子、大臣及總纂紀昀、孫士毅、陸錫熊、總校陸費墀等官員俱著交部分别嚴加議處。尤其對專司校書的監生朱文鼎,處罰最爲嚴重:"至議叙舉人之監生朱文鼎,係專司校對之人,豈竟無目者?乃並未校出,其咎更重。朱文鼎本因校書特賜舉人,著即斥革,以示懲儆。所有四閣陳設之本,及續辦三分書内,俱著掣出銷毀。其《總目提要》,亦著一體查删。"①

同年五月,乾隆帝在熱河閲覽文津閣《四庫全書》時,發現"其中訛謬甚多",故派遣隨從熱河的阿哥及軍機大臣並部院隨出的阮葵生等"再行詳加校閲改正"。由此,又考慮到文淵、文源二閣所貯《四庫全書》"其訛舛處所,亦皆不一而足"。此次復檢工作,乾隆帝派科甲出身的尚書、侍郎京堂以及翰、詹科道部屬等官分司校閲,並規定了分校各員的職責:"其尚書、侍郎管理事務繁多者,每日每人著各看書一匣。六阿哥、八阿哥及事簡之堂官,各看書二匣。京堂翰、詹科道、部屬等官每人每日各看書二匣。再,六部司員中,並著該堂官,每司各派出一人,每日各看書二匣。總計大小各員。不下二百餘人,每人每日二匣,計算不過兩月,兩閣書籍即可校閲完竣。其文淵閣書籍,著在文華殿、内閣等處閲看。文源閣書籍,著在圓明園朝房閲看。内中天文推算等書,交欽天監堂司各官專看;樂律等書,交樂部專看;醫藥等書,交太醫院官員專看。"並派六阿哥、阿桂專司收發文淵閣書事宜;派伊齡阿、巴寧阿專司收發文源閣書事宜。可見,乾隆帝對校書工作十分重視。爲此,對原謄録、校録人員的失職也作出了懲罰規定:"除校出一二錯字,即隨時挖改,毋庸零星進

---

① 《清高宗實録》卷 1277,乾隆五十二年三月丁亥條。

呈。如有語句違礙、錯亂簡編，及誤寫廟諱，並繕寫荒謬，錯亂過多，應行換五頁以上者，再隨報進呈。仍查明原辦總纂、總校、提調、校對各員，分別治罪。並將業經議叙已登仕版之該謄録，亦予斥革。俾甄叙不得濫邀，而藏書益臻完善。"①

四、結語

國子監在乾隆朝出現了人才濟濟的局面，從而爲《四庫全書》館中的謄録、校録等基層人才的選聘提供了必要條件。早在《四庫全書》開館之前，從國子監肄業生選任謄録、校録就已有先例，並形成了較爲完善的制度。四庫開館後，由於修書任務艱巨，從國子監選任謄録、校録的同時，還會從例年鄉試落卷内增選。從選聘方式上看，經歷了保舉、揀選、考選等多種方式，選聘的標準也日益嚴苛。顯然，這對於《四庫全書》纂修的順利進行是十分必要的。但在歷經十餘年才完竣的修書過程中，謄録、校録的實際工作效率並不能盡如人意。錯字、衍字、脱漏等現象，影響到了《四庫全書》的總體品質。由這些細微的文獻問題進而引發了諸多政治問題，從而爲我們考察古代修書與政治的權力互動關係，提供了一個面相。

---

① 《清高宗實録》卷 1277，乾隆五十二年五月乙酉條。

武英殿修書處與四庫全書館協作關係考論

項　旋　北京師範大學歷史學院

摘　要：武英殿修書處直接隸屬於總管内務府管轄，與修書各館的關係緊密。一般而言，修書各館負責書籍的編纂和校對，編竣後往往交由武英殿修書處進行刊刻、裝潢，在這一過程中雙方彼此行文往來非常頻繁，特別是針對書樣、板樣的校對，彼此互有分工合作。四庫全書館與武英殿修書處的關係相當密切，武英殿修書處全面參與了四庫全書館的繕寫、刷印和裝潢工作，四庫全書館閉館之後，《四庫全書》的補函、校訂等工作也多交由武英殿修書處完成。

關鍵詞：四庫全書館；武英殿修書處；武英殿總裁

清代内府修書各館，按照王記録先生的劃分可分爲常開之館、例開之館、閑時而開之館、特開之館四種類型①，此種劃分方法較爲合理。實際上，按照清代文獻檔案中本身的劃分，亦可分爲常開之館、特開之館兩種。據嘉慶朝《欽定大清會典事例》卷七百八十八載：

> 奉旨：特開之館，應用纂修額缺，酌定奏請。其長開内廷三館，武英殿額設纂修十二員，國史館額設纂修八員，現在係滿洲總纂四人，漢總纂六人，滿洲纂修十二人，漢纂修二十二人。方略館提調纂修不專屬翰詹。②

上文所説的"長開内廷三館"包括武英殿修書處、國史館和方略館。此三館工

---

①　王記録：《清代史館與清代政治》，北京：人民出版社，2009年，第41頁。

②　嘉慶朝《欽定大清會典事例》卷788。

作往往賡續不斷，非若他館之專纂一書，書成即閉館。特開之館雖未詳細列名，應指官編書籍，每降特旨開館，辦竣即撤，是謂特開之館，如四庫全書館、一統志館、明史綱目館等。我們都知道武英殿修書處是書籍的刊刻、裝潢機構，爲何被《大清會典》列爲編纂書籍的史館呢？應注意到，武英殿修書處除了刻印書籍的主要職能外，實際上在康熙時期間或有纂修內府書籍的職能。例如，康熙帝敕修《佩文韻府》就是在武英殿開局進行的，"康熙四十三年奉旨：'朕新纂《佩文韻府》一書，特派翰林孫致彌等校對，可於武英殿內收拾房舍幾間，令伊等在內詳細校對。'"①雍正朝以後，武英殿修書處最重要的職能已經轉變爲刻書、裝潢機構，名曰"修書處"，但實際很少直接纂修書籍，而是刊印、裝潢纂竣之書。

一、武英殿修書處與內府修書各館的關係

關於武英殿修書處與修書各館的關係，楊玉良先生有精闢的論斷："二者的隸屬關係不同，分工各异。但總的任務是一個，都是爲清代皇帝纂刊書籍。前者是刊刷、裝潢書籍的出版發行機構；後者是書籍的編纂、修訂單位，彼此關係甚密。"②一般而言，修書各館負責書籍的編纂、校對工作，而武英殿修書處則負責刷印、摺配、裝潢等事宜，彼此通力協作。

從檔案看，武英殿修書處與修書各館的往來密度是非常高的，在同一時期內同時與多個修書館協商刻書、裝潢事宜。如據武英殿修書處檔案載，嘉慶五年（1800）二月十八日永璿等奏爲裝潢全竣請旨陳設頒發事："惟數年以來，擺辦聚珍諸書，及刻《續文獻通考》，又各館交刻《熱河志》《宗室王公大臣表傳》《明史本紀》《蘭州紀略》《綱目三編》《清凉山志》各書共計六百卷，卷帙浩繁。"③

修書各館一般負責對所纂書籍的校對，"向例各館交刻各種書籍，刊刻告竣，進呈樣本，俱係各館人員赴殿校對文義，查對號數"④，即便閉館後仍要由原館人員派至武英殿校對，以便武英殿盡速裝潢刷印。如乾隆十一年（1746）三月初八日，實録

① 嘉慶朝《欽定大清會典事例》卷 906《內務府·書籍碑刻》。
② 楊玉良：《武英殿修書處及內府修書各館》，《故宮博物院院刊》1990 年第 1 期。
③ 故宮博物院、中國第一歷史檔案館編：《清宮武英殿修書處檔案》第 1 册，丑字 4 號，北京：故宮出版社，2014 年，第 318—319 頁。
④ 內閣大庫檔案，登録號 102239 - 001。

館爲再行傳知事稱：

> 本館接准武英殿行令原在館各員複校對《列朝聖訓》清漢文五部，以便裝潢各分校一部，尚餘一部，内閣、起居注兩衙門各分對一半，刻期校對……傳知在館各員速赴武英殿，將所分應對聖訓刻期校對。

此外，武英殿修書處裝潢完竣各館書籍後，其分訂卷頭、詳閲流水也需修書各館派提調等人員赴武英殿辦理。乾隆十一年(1746)三月初三日，武英殿修書處諮内閣八旗氏族通譜館稱："交刻之清漢《八旗滿洲氏族通譜》各八十二卷，俱已刊刻，刷印全竣，現候裝潢。查向例裝潢進呈書籍，其分訂卷頭，詳閲流水俱係原館經手，提調等官到殿辦理，此一定之章程，不易之舊例。"①

武英殿修書處刻竣書籍後，亦將殿本交由原館頒發流通。乾隆八年(1743)四月十二日，律例館總裁官大學士徐本等謹奏：

> 武英殿修書處諮稱，據律例館來文内開，乾隆六年十月十二日，清漢律例全書繕竣，請旨刊刻。本日奉旨："知道了，書交武英殿刊刻。欽此。欽遵。"隨經律例館繕寫刻樣，陸續諮送前來。今已刊刻告竣，謹裝潢清漢樣本各一部，恭呈御覽，其應行頒發之處，請交原館定擬具奏，以便照數刷印，仍由原館頒發。②

下文以四庫全書館爲例，闡明修書各館與武英殿修書處的協調關係。清代特開之館中，辦理人員規模最大的無疑是四庫全書館。四庫全書館與武英殿修書處關係極爲密切。乾隆三十八年三月，朝鮮燕行使嚴璹曾問詢四庫館臣邱庭瀠、許兆椿："問：《四庫全書》修於闕中耶？在於外廷耶？答：有在翰林院衙門者，有在内廷武英殿者，職司不同。"③那麼武英殿和翰林院職司有何不同呢？時人吳長元《宸垣

---

① 内閣大庫檔案，登録號 092084 - 001。
② 内閣大庫檔案，登録號 019667 - 001。
③ 〔韓〕林基中：《燕行録全集》卷 40，漢城：東國大學校出版部，2001 年，第 241 頁。

識略》卷五載："乾隆癸巳年特開四庫全書館,翰林院爲辦理處,武英殿爲繕寫處。"①《宸垣識略》和《燕行錄》所載都反映了四庫全書館由翰林院和武英殿兩個機構協作,二者職責不同,其中重要一環即是負責繕寫刊刻的機構——武英殿。張昇先生指出:"四庫館的機構分爲兩大系統:其一爲翰林院系統,專司《四庫全書》的校閱與編修;其一爲武英殿系統,專司《四庫全書》的繕寫、校對與裝印。兩者互不統屬,但又互相配合,統歸於總裁官掌控。"②

乾隆六十年(1795)刻本《欽定四庫全書總目》有職名表,列明翰林院和武英殿兩大系統的相關職名。據此職名表,武英殿負責繕校《四庫全書》官員包括:總閱官、總校兼提調官、提調官、覆校官、分校官、篆隸分校官、繪圖分校官、編次黃籤考證官、督催官、收掌官、武英殿收掌官、武英殿監造官。

據張昇先生研究:"武英殿系統的主要工作是繕寫翰林院系統所審閱校定之書,然後進行校正、裝印。其下分:繕書分校處,主要負責繕寫、校正《四庫全書》;監造處,負責刊刻、印刷、裝訂事宜。"武英殿繕校《四庫全書》的工作流程則是:"翰林院發下到武英殿繕寫之書,由武英殿繕書處收掌官保管,再由提調官發下給謄錄抄寫,交分校官校畢,交覆校官覆校,交總校官審閱,交提調官彙總,再交總閱官或總裁官抽查"③,最後進呈乾隆帝。

四庫全書館開館後,在武英殿四庫館辦事之人劇增,單謄錄一項,據張昇先生考證,武英殿額設謄錄人數達六百人④(繕書處定額四百人,薈要處額設二百人)。而據黃愛平先生研究:"總計前後參與內廷四閣《全書》及兩部《薈要》繕寫工作的謄錄共二千八百四十一人。"⑤武英殿修書處(校刊翰林處)原設有提調二人、纂修十二員、校錄十人等日常辦事人員,各自亦有本職工作。四庫全書館開館後,其繕寫、校勘工作都在武英殿四庫館進行,檔案載"至應寫全書,現貯武英殿者居多,所有分寫、收發各事宜,應即就武英殿辦理"⑥,武英殿是整個四庫館工作的重要組成部

① (清)吳長元:《宸垣識略》卷5。《宸垣識略》有乾隆池北草堂刻本,其載爲乾隆之事,所言可信。
② 張昇:《四庫全書館的機構與運作——以〈四庫全書〉職名表爲中心的考察》,《北京師範大學學報(社會科學版)》2007年第3期。
③ 張昇:《四庫全書館的機構與運作——以〈四庫全書〉職名表爲中心的考察》,《北京師範大學學報(社會科學版)》2007年第3期。
④ 張昇:《四庫全書館研究》,北京:北京師範大學出版社,2012年,第232頁。
⑤ 黃愛平:《四庫全書纂修研究》,北京:中國人民大學出版社,1989年,第143頁。
⑥ 中國第一歷史檔案館編:《纂修四庫全書檔案》,上海:上海古籍出版社,1997年,第75頁。

分。我們可能會有這樣的疑問，武英殿修書處原有辦事人員是否參與了武英殿四庫館的工作？ 若有，其參與程度如何？ 日常本職工作還能兼顧嗎？

早在四庫館開館之初，乾隆三十七年（1772）十一月二十五日，《安徽學政朱筠奏陳購訪遺書及校核〈永樂大典〉意見摺》建議：“臣請皇上詔下儒臣，分任校書之選，或依《七略》，或準四部，每一書上必校其得失，撮舉大旨，叙於本書首卷，並以進呈，恭俟乙夜之披覽。臣伏查武英殿原設總裁、纂修、校對諸員，即擇其尤專長者，俾充斯選，則日有課，月有程，而著録集事矣。”①因此，當時朱筠就已經建議在由武英殿修書處下屬的校刊翰林處人員參與校勘從《永樂大典》所輯書籍（即後來的《四庫全書》）。四庫館開館後，專門設立武英殿四庫館分支機構，從事四庫的繕校、刊刻工作，與朱筠的奏議有一定關係。

乾隆三十八年（1773）閏三月十一日《辦理四庫全書處奏遵旨酌議排纂〈四庫全書〉應行事宜摺》，是四庫館開館後關於武英殿四庫館工作及辦事人員如何交接的重要檔案。據此檔案可大致得出如下信息：

其一，關於武英殿修書處原有纂修的調整，檔案載：“查武英殿原有纂修十二員，前經派在《四庫全書》者八員，止餘張書勳、張秉愚、張運暹、季學錦四員，今擬添派翰林陳夢元、鄭爔、李光雲、朱依魯、龔大萬、郭寅、許兆椿、閔惇大等八員，代辦武英殿纂修之事，俾兼司校勘。並于職事稍閑及候補之各京官内添派張培……三十二員，分司校對。”據此可知，武英殿修書處原有的十二名纂修人員有八名“派在《四庫全書》”（應是翰林院四庫館），也就是説直接參與了四庫工作。而剩餘纂修四名，人力不足，又添派翰林八名，湊成原有規模，其職責是“代辦武英殿纂修之事，俾兼司校勘”，既負責了本職纂修工作，又參與了武英殿四庫館的校勘工作。再從京官中選派了三十二名，“分司校對”，這里專指從事四庫相關工作。

其二，武英殿提調爲武英殿修書處原來所設，四庫館開館後，其工作也轉向承擔四庫館工作。檔案載：“其應行酌改字樣，必須摺衷畫一，應令武英殿提調、翰林陸費墀董司其成。其交到書篇，隨時交武英殿裝潢，歸庫收貯。”根據此檔，陸費墀本爲武英殿修書處原有的提調，並非是四庫館開館後臨時選派，但開館後繼續以提調的身份參與四庫館各項工作。

---

① 中國第一歷史檔案館編：《纂修四庫全書檔案》，第 21 頁。

其三,武英殿修書處原設供事二名,檔案載:"至收發記檔及搬運書籍,分核紙篇,頭緒頗繁,均須供事承管,現今在殿行走供事僅止二名,各有本分應辦之事,應請添募供事十二名承管諸事。俟書成後,將添設之處停止。其分校各員到殿辦事時,亦照武英殿翰林給與飯食。"①由此可見,四庫館開館後,原有供事繼續負責武英殿修書處"本分應辦之事",再增設供事十二名,承擔武英殿四庫館收發等諸事。

這里還有一則檔案可以稍加補充,增進認識。乾隆四十年(1775)五月,武英殿修書處爲充補貢生事稱:

> 武英殿修書處向設有行走國子監貢生十名,隨同纂修翰林分司繕寫。……自辦理《四庫全書》以來,纂修翰林等盡行派兼校對,日有課程,本處事務轉不能兼顧,統歸行走膳錄六人辦理,實不無竭蹶,理應隨時變通。②

由上述檔案可知,武英殿修書處原有的纂修盡數派充校對《四庫全書》,"日有課程,本處事務轉不能兼顧"。而武英殿修書處額設校錄也相應參與了《四庫全書》的繕寫工作。

綜上,武英殿修書處原有提調、纂修、校錄等人員均參與了武英殿四庫館的工作,常常造成本職工作不能兼顧。也可以説,武英殿修書處原有人員對繕寫、校對《四庫全書》的參與程度是很高的。當然也有部分人員,如原設供事二人還負責了本職工作,參與四庫的工作和程度均不盡相同,需要加以區分。

二、武英殿總裁與四庫全書館關係探析

武英殿總裁全面負責武英殿修書處相關事宜,所謂"凡支銷錢糧,置買板片,行取物件,刷印書籍,一切委之于總管"③,尤其側重于管理校刊翰林處的繕寫、校勘之事。《欽定日下舊聞考》卷七十一載:"其專司繕錄、校閱等事,則有提調二員,纂

---

① 中國第一歷史檔案館編:《纂修四庫全書檔案》,第76頁。
② 内閣大庫檔案,登錄號181658-001。
③ 錄副奏摺,錄副檔號:03-1564-012,嘉慶十九年十二月初四日。

修十二員,均以翰詹官奏充,而特簡大臣爲總裁以綜其成。"①《欽定日下舊聞考》卷七十一又載:"其繕寫之事,以武英殿總裁及提調等總其成。"②接替陳鵬年任武英殿總裁的方苞,至雍正元年(1723)仍爲總裁,在浴德堂校刊翰林處親自參與校勘之事,楊鍾羲《雪橋詩話》卷九載:"方望溪嘗在浴德堂訂三禮及四書文,閬峰有《浴德堂恭録欽定詩經樂譜全書偶成長句呈朱爱亭前輩》詩,供奉南齋時作也。"③另外一位接任者王蘭生,也有在武英殿校勘的記載:"康熙六十一年六月十四日奉旨充武英殿總裁。自入武英殿後,匯纂《駢字類編》《子史精華》,仍兼對欽若曆書。"④

乾隆時期四庫開館期間,可大致管窺武英殿總裁的工作。據《纂修四庫全書檔案》,武英殿總裁負責武英殿修書處人員的選拔、管理、獎懲。乾隆五十二年(1787)五月十九日,《軍機大臣和珅等爲校勘文津閣〈全書〉匠役不敷事致武英殿總裁函》:"現奉旨將文津閣所貯《四庫全書》詳加校勘,所有應行挖補訛字及改換篇頁之處甚多,卷頁浩繁,此間匠役不敷,祈大人遴派武英殿妥熟匠役四名、供事一名,速來熱河,以備應行挖補換頁等事。"⑤

另一方面,武英殿總裁還全面負責内府書籍的校勘、刷印和裝潢事宜。乾隆五十二年(1787)六月初二日,《掌湖廣道監察御史祝德麟奏請將〈三史國語解〉刊刻完竣呈覽摺》:"仍請敕下武英殿總裁,趕緊將《三史國語解》一書刊刻完竣,詳晰校對,先刷清本呈覽。"⑥這説明武英殿總裁負責刊刻。乾隆五十三年六月二十三日,《軍機大臣爲將熱河建學升府諭旨添入〈熱河志〉事致武英殿總裁函》稱:"今將文津閣《四庫全書》内檢出《熱河志》一本……祈即照辦裝潢,寄來歸函。至武英殿應行照此補刊,並文淵、文源、文溯三閣及江浙三分《四庫全書》,均希一體遵照辦理,不必另行奏覆。"⑦據此檔案,武英殿總裁還負責裝潢等工作。

實際上,武英殿總裁的工作内容大多時候是非常瑣碎的,王際華乾隆三十八年(1773)曾任武英殿總裁,據張昇先生的發掘,國家圖書館善本部藏有《王文莊日記》

① (清)于敏中:《欽定日下舊聞考》卷71。
② (清)于敏中:《欽定日下舊聞考》卷71。
③ (清)楊鍾羲:《雪橋詩話》卷9,北京:北京古籍出版社,1989年,第406頁。
④ (清)王蘭生:《恩榮備載》,《交河集》。
⑤ 中國第一歷史檔案館編:《纂修四庫全書檔案》,第2006頁。
⑥ 中國第一歷史檔案館編:《纂修四庫全書檔案》,第2019頁。
⑦ 中國第一歷史檔案館編:《纂修四庫全書檔案》,第2135頁。

稿本,記錄了王際華作爲武英殿總裁的辦事細節,舉凡稽查功課、查閱武英殿存書、督催辦書等,事無巨細,都屬於總裁的職責範圍。據其日記記載,乾隆三十九年三月十八日:"直武英殿。"①乾隆三十九年六月初十日:"直武英殿⋯⋯定稽核一歲功課諭單。"②乾隆三十九年十一月二十五日:"卯初一刻進西華門,憩造辦處。《薈要》一百一册都下。"③

通過考察武英殿修書處負責人武英殿總裁與四庫全書館總裁的關係,我們可以瞭解彼此之間的分工合作。據張昇統計,四庫館總裁前後共有三十位,其中正總裁即有十六位。④ 而總裁有明確的分工,"有的管全館,溝通各方面關係,有的管刻書,有的管後勤。例如,永瑢、舒赫德應是負責總攬全館的;福隆安則是在乾隆三十八年二月被派往四庫館經歷飯食;英廉主要是管後勤,起協調作用;金簡主要是辦武英殿刊印之事"⑤。

四庫全書館正、副總裁中有不少曾兼任武英殿總裁。例如王際華,乾隆三十八年(1773)二月,四庫館開館,以武英殿總裁、禮部尚書的身份,出任四庫館正總裁,該年八月改任户部尚書,任兼武英殿總裁、四庫館總裁。英廉,乾隆三十八年三月任四庫館副總裁,四十二年任正總裁,主管武英殿事務;董誥,乾隆四十一年三月爲薈要處總裁,兼武英殿總裁;金簡,乾隆四十三年閏六月爲薈要處總裁;王杰,乾隆四十四年十二月任武英殿總裁,乾隆四十七年八月仍充四庫館副總裁;曹文埴,乾隆四十四年任四庫館總閱官,乾隆四十五年六月任四庫館副總裁,兼武英殿總裁。

武英殿總裁在辦理四庫全書館事務中起到什麽作用呢? 乾隆四十年(1775)五月,武英殿總裁王嵩奏:"纂修兼《四庫全書薈要》覆校編修查瑩經臣等奏充補提調,又纂修兼《薈要》分校修撰張書勳在上書房行走,遺缺擬以編修沈清藻、庶吉士徐立綱充補。"⑥據此檔案可知,武英殿總裁兼有管理《四庫全書薈要》之職責,可以奏補提調等相關人員。那麽,武英殿總裁是否還能兼管《四庫全書》其他事務呢? 下文以既做過四庫館正副總裁,又曾兼過武英殿總裁的金簡、王際華、王杰爲例加以説明。

---

① 劉家平、蘇曉君主編:《中華歷史人物別傳集·王文莊日記》第 40 册,第 568 頁。
② 劉家平、蘇曉君主編:《中華歷史人物別傳集·王文莊日記》第 40 册,第 581 頁。
③ 劉家平、蘇曉君主編:《中華歷史人物別傳集·王文莊日記》第 40 册,第 600 頁。
④ 張昇:《四庫全書館研究》,第 141 頁。
⑤ 張昇:《四庫全書館研究》,第 141 頁。
⑥ 內閣大庫檔案,登錄號 181677-001。

1. 金簡

金簡既是四庫全書副總裁，又兼武英殿總裁職務，乾隆三十八年(1773)十月二十八日金簡"奉命管理《四庫全書》一應刊刻、刷印、裝潢等事"①。乾隆三十八年十二月初十日乾隆帝諭旨："金簡前曾派在四庫全書處經管紙絹、裝潢、飯食、監刻各事宜，今已授爲總管內務府大臣，著即充四庫全書處副總裁。所有原派承辦事務，仍著照舊專管。"②

金簡在武英殿中全面負責聚珍版事宜。除了辦理聚珍版事務，他還具體負責辦理《四庫全書薈要》以及殿本書籍的校對工作。乾隆四十三年閏六月十五日內閣奉上諭："辦理《四庫全書薈要》，著添派金簡。欽此。"③再如聚珍版《詩倫》卷尾和《欽定重刻淳化閣帖釋文》書口均署校者金簡。

2. 王際華

張昇研究發現，據《王文莊日記》，王際華作爲武英殿總裁，從乾隆三十九年(1774)正月起至十二月一年時間內，入殿次數爲 33 次，"王氏經常入翰林院四庫館，而其到館次數要比到武英殿次數多得多。從這也可以看出，王氏的重心並不在武英殿。至於其原因，可能是武英殿的工作相對簡單，而且，王氏雖專管《薈要》之事，但因爲《薈要》的纂辦是在翰林院四庫館，發寫才在武英殿，故仍常至翰林院四庫館"④。檔案所見，王際華負責《四庫全書薈要》分校人員的選補事宜，如乾隆三十九年七月，武英殿修書處移會內閣典籍廳："本處總裁王(際華)奏，今纂修兼《四庫全書薈要》分校庶吉士邱庭漋丁憂員缺，請以檢討盧應充補。"⑤王際華還負責刊刻事宜，乾隆四十七年二月十九日，軍機大臣奏："查開館之始，經總裁、原任尚書王際華發有刊刻條例一張……該分校等仍拘刊行條式，並未請示總裁，率聽照例繕錄，不行改正，究屬不合。"⑥

3. 王杰

王杰曾於乾隆四十年(1775)、乾隆四十四年兩度任武英殿總裁，乾隆四十五年

---

① 中國第一歷史檔案館編：《纂修四庫全書檔案》，第 177 頁。
② 中國第一歷史檔案館編：《纂修四庫全書檔案》，第 189 頁。
③ 中國第一歷史檔案館編：《纂修四庫全書檔案》，第 563 頁。
④ 張昇：《四庫全書館研究》，第 159 頁。
⑤ 內閣大庫檔案，登錄號 185947－001。
⑥ 中國第一歷史檔案館編：《纂修四庫全書檔案》，第 1467—1468 頁。

三月初九日,《武英殿總裁王杰奏參提調陸費墀等遺失底本並請另選翰林充補摺》:
"竊臣上年十二月内蒙恩派充武英殿總裁,隨向原總裁臣董誥詳問館中一切事
宜。"①武英殿總裁可以奏請增設四庫館提調、《薈要》纂修、收掌人員等。例如,王杰
作爲武英殿總裁還負責參奏武英殿提調人員等事宜,乾隆四十五年三月十六日内
閣奉上諭:"王杰參奏武英殿提調陸費墀遺失各書底本四五百種,令謄録捐書繕寫,
以爲拖延掩飾之計,請勒限追繳。"②

三、四庫全書館利用武英殿修書處藏書情况

《四庫全書總目》著録了大量"内府刊本"和"内府藏本","内府刊本"應指武英
殿修書處刊刻的殿本③,而"内府藏本"指的是内府舊藏書籍,二者實際上皆來源於
武英殿所藏。吴慰祖所編《四庫採進書目》,除了著録各省採進書目外,還在附録
《補遺》部分移録了北京圖書館藏抄本的《武英殿書目》,即爲"當時調取武英殿藏書
的目録"④。據該《書目》,四庫全書館先後有兩次從武英殿查取所藏書籍。《武英殿
第一次書目》著録計四百種,《武英殿第二次書目》著録計五百種。"兩次書目所列
才九百種,多爲四庫著録或存目之書。"⑤這九百種書目無疑就是武英殿修書處所
管理的内府書籍,確有檔案可證。

這里引録兩條檔案。一是,據乾隆三十八年(1773)閏三月十一日《辦理四庫全
書處奏遵旨酌議排纂〈四庫全書〉應行事宜摺》稱:"凡内廷儲藏書籍及武英殿官刻
諸書,先行開列清單,按照四部分排,彙成副目。……至應寫全書,現貯武英殿者居
多,所有分寫、收發各事宜,應即就武英殿辦理。"⑥可見,四庫館開館之初,較早查取
整理的是武英殿藏書,四庫應寫書籍多取自武英殿所貯殿本及其他内府書籍,乾脆
直接在武英殿辦理繕寫。

① 中國第一歷史檔案館編:《纂修四庫全書檔案》,第 1152 頁。
② 中國第一歷史檔案館編:《纂修四庫全書檔案》,第 1157 頁。
③ 《纂修四庫全書檔案》乾隆三十八年閏三月十一日載:"遵旨將官刻各種書籍及舊有諸書,先行
陸續繕寫。"内府刊本往往又被稱作"官刻書籍",實際上就是殿本。參見中國第一歷史檔案館編:《纂修
四庫全書檔案》,第 75 頁。
④ 張昇:《四庫全書館研究》,第 109 頁。
⑤ 吴慰祖編:《四庫採進書目》,北京:商務印書館,1960 年,第 187、203 頁。
⑥ 中國第一歷史檔案館編:《纂修四庫全書檔案》,第 74—75 頁。

　　二是，乾隆三十九年(1774)五月十一日《履郡王永珹等奏酌擬存留武英殿修書處庫貯各種書籍摺》云："各處交到雜項書籍一千四百餘種，其中純疵不一，堆貯庫內，亦應及時清釐。前經四庫全書處查取九百餘種，現存五百八十餘種，俱係尋常之書，應統俟四庫全書處將查取各書交回之日，另行籌酌辦理。"①

　　四庫全書館從武英殿查取的九百餘種，就是《四庫全書》底本來源之一的內府本，既包括了部分殿本(內府刊本)，也有相當數量的內府舊藏書籍(內府藏本)，這是武英殿修書處對編纂《四庫全書》的重要貢獻之一。

　　此外，武英殿修書處還承擔了貯存四庫進呈本的工作。乾隆五十一年(1786)十月二十六日，永瑢奏將"各督撫購進諸書，謹遵旨令翰林院查點，交與武英殿另行藏貯"②。乾隆五十二年七月三十日永瑢又奏："其節次扣存本及重本，向存貯武英殿。此種書籍雖非正項底本，亦應飭令該提調全數移交翰林院一體收貯，以歸畫一。"③國家圖書館藏《武英殿東廡凝道殿貯存書目》十九卷，恰好著錄書籍九千零一種，學界普遍認爲該書目是乾隆五十一年十月移貯這批非《四庫》底本後所編。據杜澤遜先生的看法，"《武英殿東廡凝道殿貯存書目》當編於乾隆五十一年十月二十六日至五十二年七月三十日之間"④，因此可以説，四庫進呈本曾在武英殿存貯了九個月的時間。

四、武英殿修書處參與四庫補函等工作

　　值得一提的是，四庫全書館於乾隆五十年(1785)前後閉館後，各閣《四庫全書》的裝潢、補函、挖改等事宜，大量工作是由武英殿修書處負責完成的。嘉慶八年(1803)十二月初七日，《軍機大臣慶桂等奏辦理文淵閣空函書籍告竣摺》稱，查辦《四庫全書》內應行繕補各書，統俟發下後，請旨"交武英殿按照舊式用分色綢裝潢繕簽"。而舊繕存殿之《御製詩五集》《八旗通志》各六分，由武英殿人員吳裕德檢出字畫草率各卷，另行繕寫。"應俟繕竣後，交武英殿校錄等分司校對，並飭派殿上辦

　　① 中國第一歷史檔案館編：《纂修四庫全書檔案》，第 207 頁。
　　② 中國第一歷史檔案館編：《纂修四庫全書檔案》，第 1953 頁。
　　③ 中國第一歷史檔案館編：《纂修四庫全書檔案》，第 2055 頁。
　　④ 杜澤遜：《四庫採進本之存貯及命運考略》，《圖書館工作與研究》2001 年第 2 期。

書供事等幫同檢查,抽換裝訂成書。"①

　　再如,嘉慶十一年(1806)八月,佐領延福等知會武英殿修書處稱:

　　　　現在辦得《聖製詩文集》及《欽定八旗通志》等書七分,呈覽後交懋勤殿用
寶,仍交武英殿按照舊例將文源、文津、文溯三閣書用分色綢面裝潢繕簽,按新
辦排架圖式依次歸架。江浙三閣應補之書,俟用寶後交武英殿存貯。……以
上共二十函係空匣未有書者,連前三十六函共計五十六匣。以上並照來單所
開撤出,本衙門隨將撤出書籍空函並史部、集部排架圖二冊敬謹包封撤墊,交
送錢糧之催長……諮行武英殿修書處照數查收。②

　　由上述檔案可知,武英殿修書處參與了嘉慶時期四庫各閣補函過程中的繕寫、
裝潢等工作,在其中扮演了重要角色。

①　中國第一歷史檔案館編:《纂修四庫全書檔案》,第 2386 頁。
②　佟悦等主編:《盛京皇宮和關外三陵檔案》,瀋陽:遼寧民族出版社,2002 年,第 138—139 頁。

· 四庫提要研究

紀昀與《四庫全書總目》關係再檢討①

周積明　湖北大學歷史文化學院教授

摘　要：《四庫全書總目》是一個複雜的思想體,其間錯綜複雜地交織着總管紀昀與分纂官、紀昀與乾隆帝的思想觀念。《四庫全書總目》雖成於衆手,但經紀昀一手删定,很大程度傾注了紀昀個人的學術旨趣,從他同時代的學者到民國學人,因此將《總目》著作權歸於紀昀,即使他的反對者也於此無异詞,這一觀念固然與紀昀對《總目》的巨大貢獻相關,也與古人没有明確的著作權意識不無關係。紀昀雖一手删定《總目》,但是並未能做到意見高度一致,仍保留了諸多分纂官意見的痕迹,由此留給我們研究《總目》思想的空間。同樣,《總目》雖"悉秉天裁",但也多有和乾隆帝聖諭抵牾之處,這也是觀察《總目》的一條綫索。

關鍵詞：紀昀;《四庫全書總目》;關係

從思想文化史角度研究《四庫全書總目》(以下簡稱《總目》),無論如何都無法繞過紀昀(紀曉嵐)。紀昀從乾隆三十八年(1773)入四庫館擔任《總目》的總纂官,直到《四庫全書》的二次覆校,乃至其後對《總目》的繼續修訂,在四庫館前後長達二十年之久,可謂是編纂《四庫全書》與《總目》的第一功臣。

筆者二十七年前,撰寫《文化視野下的〈四庫全書總目〉》,雖然不是專門討論紀昀與《總目》的關係問題,但是,基本上是肯定紀昀對《總目》的著作權。後來的《紀

---

① 本文係 2017 年 5 月在"第三屆中國四庫學高層論壇"上所作報告,本次提交《中國四庫學》時,作了較大修改。

昀評傳》也沿襲了這個意見。① 二十七年後回顧,當年關於這個問題的認識太粗疏,有必要進行重新梳理和檢討。

一、紀昀撰《總目》之"他說"和"我說"

紀昀與《總目》之關係,爲時人與後人一再評說。

從乾嘉時期的朱珪、阮元、劉權之,昭槤、陳鶴、江藩、洪亮吉、顧琰到道咸間的張維屏,同光時期的陸敬安、李元度,皆稱《總目》出自紀昀"一手",或是"一手刪定"②"一手編注"③,或是"一手裁定"④"一手所成"⑤。

民國以來的大學者,如余嘉錫、黄雲眉、郭伯恭、張舜徽,以及《清史稿·紀昀傳》,也都持《總目》成之于紀昀一人之說。⑥ 連魯迅也稱,《閱微草堂筆記》中的觀念,"與見於《四庫總目提要》中者正等"⑦。

紀昀本人在《閱微草堂筆記》和其他文字中,十餘次提到"余撰《四庫全書總目》","余作《四庫全書總目》"⑧之概念,對《總目》的著作權不加遜讓。

如果説,紀昀的好友、門生關於紀昀撰《總目》之説是出於溢美,而事實却非如此,那麽,紀昀的對立面一定會對"紀昀撰《總目》"之説大加撻伐,但資料顯示並非如此:

姚鼐説:"去秋始得《四庫全書目》一部,閲之,其持論大不公平。鼐在京時,尚未見紀曉嵐猖獗若此之甚。今觀此,則略無忌憚矣。豈不爲世道憂邪?"⑨

姚瑩説:"《提要》皆紀氏一人核定,專以邪説害正,更王欽若之不如。《記》所

---

① 可參閱拙著:《文化視野下的〈四庫全書總目〉》,南寧:廣西人民出版社,1991 年;《紀昀評傳》,南京:南京大學出版社,1994 年。

② 朱珪:《經筵講官太子少保協辦大學士禮部尚書管國子監事諡文達紀公墓志銘》,《知足齋文集》,北京:中華書局,1985 年,第 114 頁。

③ 朱珪:《祭同年紀文達公文》,《知足齋文集》,第 137 頁。

④ 洪亮吉:《北江詩話》,北京:人民文學出版社,1983 年,第 15 頁。

⑤ 孫致中等校點:《紀曉嵐文集》第 3 册,石家莊:河北教育出版社,1995 年,第 725 頁。

⑥ 以上諸學人論述,可參閱郭伯恭《四庫全書纂修考》(長沙:岳麓書社,2010 年)、司馬朝軍《四庫全書總目研究》(北京:社會科學文獻出版社,2004 年)相關章節。

⑦ 魯迅:《中國小説史略》,上海:上海古籍出版社,2006 年,第 139 頁。

⑧ 參見紀昀《閱微草堂筆記》(杭州:浙江古籍出版社,2015 年,第 195、308 頁等),也可參閱郭伯恭《四庫全書纂修考》相關章節。

⑨ 姚鼐:《與胡雒君》,《惜抱軒尺牘》,合肥:安徽大學出版社,2014 年,第 44 頁。

云：學非而博者，三王之法所必誅也，烏能逃萬世之公論哉。憑借聖世，以四庫總裁之權，愚欺天下之人，聖主萬幾，徒以其博而用之，豈能一一駁正乎？以其讀書稍多，權位複重，使寡學寒儉之士，奪氣噤口，莫能一言。風俗人心大壞，所謂社鼠城狐者。其惡焰所扇，一至如此，每見使人憤嘆不已。大哉，睿皇帝之諭曰：'紀昀讀書雖多而不明理。'一言定萬世之法矣。"①

姚椿説："紀氏之《總目》，殊致不滿於宋儒，略其大美而責其小疵。其於朱子，特以聖祖尊崇之故，不敢顯相齟齬，然其陽奉而陰詆之者，不可勝數矣。"②

魏源説："乾隆中修《四庫書》，紀文達公以侍讀學士總纂。文達故不喜宋儒，其《總目》多所發揮。"③

姚永概説："曉嵐尚書生平所爲，誕妄邪淫，受高宗厚恩而絕無功業之垂，亦無匡弼之語，徒竊榮寵，舞弄筆墨。其於宋明諸儒，大者語含譏謗，小者妄肆詆排，爲名教罪人，乃少正卯流也。而世不察，反因其博而信其言，爲之文飾，甚者助其波而揚其焰，亦獨何心歟。"④又説："蓋紀曉嵐深惡程朱之學……程朱之説昌，則若輩之所行爲不足自立，雖號淹博而縱欲敗度，必爲人之所訴訶，故不遺餘力攻之，務使禮義之説不得行，而後若輩可以爲所欲爲……本朝極尊朱子，紀昀不敢直斥之，故旁見側出，妄肆譏嘲，要欲大潰防閑而已。"⑤

從"他説"到"我説"，從好友門生到反對者、厭惡者，乃至近現代學術大師，乾嘉以來幾乎是衆口一詞，以紀昀爲《總目》之作者。

當然，衆説並非一定是真實歷史面相。凡是歷史言説，皆是一種文化建構，但這些説法也自有其内在邏輯。

著名文獻學家張舜徽先生是紀昀著《總目》的力主者。他對李慈銘所説"《四庫書目》雖紀河間總其事，然爲之者非一人"⑥深不以爲然。張舜徽先生的理由有三：1. 與紀昀爲同年進士、又在修《四庫全書》時任總閲官的朱珪，一再稱《四庫全書總目提要》爲紀昀一手所成，這一説法"當不誣也"；2. "當日《總目》之分類、類序之撰

① 參見姚永概：《慎宜軒日記》上册，合肥：黃山書社，2010 年，第 78 頁。
② 姚椿：《書〈讀史管見〉後》，《晚學齋文集》卷 2，《國家清史編纂委員會文獻叢刊·清代詩文集彙編》第 522 册，上海：上海古籍出版社，2010 年，第 398 頁。
③ 魏源：《書宋名臣言行録後》，《魏源全集》第 12 册，長沙：岳麓書社，2005 年，第 220 頁。
④ 姚永概：《慎宜軒日記》上册，第 78 頁。
⑤ 姚永概：《慎宜軒日記》上册，第 311 頁。
⑥ 李慈銘：《越縵堂讀書記》，瀋陽：遼寧教育出版社，2001 年，第 81 頁。

述,以及斟酌損益、輕重先後之際,皆昀一手裁定,而尤致詳於經部。"紀昀自己也
"視此二百卷之書,爲一己之著作";3. 司馬光編纂《資治通鑒》,"越十九年而後畢",
"當時襄助其事者,以劉恕、劉邠、范祖禹三人之力爲多。《史記》《前、後漢書》屬劉
邠,三國、南北朝屬劉恕,唐、五代屬范祖禹,而光實總其成。删削熔鑄,皆出光
手"①,然雖有劉恕、劉邠、范祖禹襄助其事,而後來論《資治通鑒》者,皆言"司馬光作
《資治通鑒》"。張舜徽先生由此推論:"當日撰述提要,雖有戴、邵、周諸君分爲撰
稿,而别擇去取、删節潤色之功,則固昀一人任之。亦猶涑水《通鑒》,雖有二劉、范
氏分任撰述,而後之論者,必歸功於司馬光耳。"他因此駁斥李慈銘:"李氏不察情
實,而漫加譏彈,寧有當乎?"②

  中國古代乃至近代並無明確的著作權之意識,張舜徽先生之説,或可解釋"紀
昀撰《總目》之説"的心理基礎與合理性。

二、"成於衆手"與"一手删定"

  《總目》"成於衆手"是一個不争史實。輔仁大學蔡智力君在完成博士論文(《審
視、批判與重構——〈四庫全書總目〉文人觀研究》)的過程中,深入提要内部,發現
了《總目》中諸多不和諧的聲音,這是關於《總目》研究的重要貢獻。

  但是,"成於衆手"並不意味著最後呈現於後人視野中的《總目》提要是各位分
纂官之意見。紀昀之"一手删定"也是不争史實。

  陳垣等人在《影印〈四庫全書〉原本提要緣起》中指出:"現行《四庫全書總目》,
本擷取各書提要而成,後經文達筆削以歸一貫,其間排列次第,與閣中所庋,出入固
多,而尤以提要原文相差太甚。(原本提要與現行《總目》相對,無有一編無異同者,
其通編不同,各類皆有;與《總目》互校異同詳略,亦不勝列舉也。)蓋文達《總目》,原
離本書而孤行,復與各類相呼應……吻合提要原文,雅非所計。"③

  黄雲眉在《從學者作用上估計〈四庫全書〉之價值》一文中説:"就形式觀之,《提

---

 ① 張舜徽:《四庫提要叙講疏》,昆明:雲南人民出版社,2005年,第42頁。
 ② 張舜徽:《清人文集别録》卷7《紀文達公文集》,北京:中華書局,1963年,第186—188頁。
 ③ 陳垣等:《影印〈四庫全書〉原本提要緣起》,原載《中華圖書館協會會報》1927年第3卷第3期,
收録於孫彦選編《民國期刊資料分類彙編·四庫全書研究》(下),北京:國家圖書館出版社,2010年,第
1342、1343頁。

要》似爲多人心血之結晶品,其實此書經紀氏之增竄删改、整齊畫一而後,多人之意志已不可見,所可見者,紀氏一人之主張而已。"①

郭伯恭在《〈四庫全書〉纂修考》中稱:"《提要》各稿,嗣經紀氏畫一之後,則原撰者之意趣精神早已無存。……故今之《總目》,則純屬紀氏一家之言矣。試校之《總目》與邵氏《分纂稿》,當知吾言之不虚也。"②

1933 年 5 月 1 日,金毓黻在《静晤室日記》中記:"現行《總目》,經文達筆削《提要》而成,校刊之書以後出者爲精,此不待言也。近日對校兩書之《易類總目》中,爲正《總目》之誤,而筆削者觸處皆是。"③

據天津圖書館所藏紀昀親自删定的《總目》殘存稿本考察,紀昀作爲總纂官,對於各分纂官所撰寫的提要做了下述三方面的修改:一、著録方面,對其中每一條目的書名、卷數、撰者(含部分小傳内容)、版本、分類、一書位置,及其版式等重新進行校對,發現問題進行删改、增補和調整。二、避諱方面,對提要中的内容進行核查,包括李清、周亮工等這些被列入"違礙"範圍的人物,以及書名、朝代等,發現存在違礙内容,對該提要進行删改、增補和調整。三、潤飾方面,對提要中的行文字句進行潤飾,潤飾的範圍包括字詞、文句、一段内容及整篇提要等。發現存在錯字或病句等,對其進行增補、删削、删改,甚至重寫。這一咬文嚼字的工作最費時間,也最見紀昀功力。④ 黄燕生對天津圖書館所藏的這份殘存稿本研究後得出結論:《總目》雖然以乾隆第六子永瑢領銜,陸錫熊參與其事,實際上卻是紀曉嵐總其成的。我們從潤飾筆迹方面也能證明這一點。⑤

近些年來,也有越來越多的學者以及博士、碩士對《四庫提要》和分纂稿進行比較,得出實證性的結論。

姚鼐撰寫的提要分纂稿共計 86 篇,與《總目》對照,兩者在編製體例、語言文

① 黄雲眉:《從學者作用上估計〈四庫全書〉之價值》,原載《國立北平圖書館館刊》1933 年第 7 卷第 5 號,收録於孫彦選編《民國期刊資料分類彙編・四庫全書研究》(上),第 106、117 頁;又易名《從主編者意圖上估計〈四庫全書〉之價值》,收録於黄雲眉《史學雜稿訂存》,濟南:齊魯書社,1980 年,第 229 頁。
② 郭伯恭:《四庫全書纂修考》,第 202 頁。
③ 金毓黻:《静晤室日記》卷 71,瀋陽:遼瀋書社,1993 年,第 3044 頁。
④ 李國慶:《影印紀曉嵐删定本〈四庫全書總目〉稿本前言》,《紀曉嵐删定〈四庫全書總目〉稿本》,北京:國家圖書館出版社,2011 年。
⑤ 黄燕生:《校理〈四庫全書總目〉殘稿的再發現》,錢伯城主編《中華文史論叢》第 48 輯,上海:上海古籍出版社,1991 年,第 199—212 頁。

字、提要内容、觀點看法等方面都存在差异。以增爲主的提要 52 篇,以改爲主的提要 31 篇。有的改動很大,甚至面目全非。①

翁方綱撰寫的提要分纂稿 1 150 條。司馬朝軍指出：接近一半的提要稿經過不同程度的修改潤色。從分纂稿到《總目》定稿還有一個相當長的路程。

不僅翁氏提要稿如此,見存其他四庫纂修官所撰提要稿,亦多與《四庫提要》内容不同。②

邵晋涵撰寫提要 37 篇。筆者一一比對,發現無一篇相同。被總纂官全盤改寫的有《史記》《後漢書》《舊唐書》《新唐書》《五代史記》《明史》《鄭敷文書説》等篇。③

余集所撰分纂提要稿,其撰寫體例、内容與《總目》、閣本提要有諸多不同。④

據李慈銘之説,《四庫全書總目》"經部屬之戴東原"。但是,司馬朝軍經詳密考證指出：經部各類出力較多的是紀昀、程晋芳、任大椿,"經部屬之戴東原"純屬虛構。⑤《總目》經部的《重修玉篇》提要便顯然出於紀昀之手而非戴震之手。⑥ 如果這篇提要原出自於戴東原之手,那麼今天所見《重修玉篇》提要則是紀昀全盤推倒重寫。

即使以今日對"著作"的理解,紀昀作爲《總目》的主編亦絶無疑義,而且,這位主編是一位將"生平精力,已畢萃於此書"⑦的良心主編。

因此,"成於衆手"和"一手删定"並不矛盾。由於篇幅巨大,紀昀在一手删定的過程中未能也不可能真正的做到"原撰者之意趣精神早已無存。……今之《總目》,

① 杜澤遜：《讀新見姚鼐一篇四庫提要擬稿》,《微湖山堂叢稿》,上海：上海古籍出版社,2014 年,第 481 頁；季秋華：《從〈惜抱軒書録〉看纂前提要和纂後提要之差异》,《圖書館工作與研究》1999 年第 5 期。

② 樂怡：《翁方綱纂〈四庫全書提要稿〉研究》,復旦大學 2002 年碩士論文。

③ 蘇虹：《關於邵氏〈四庫全書提要分纂稿〉》,《圖書館學刊》2005 年第 5 期。

④ 李祚唐：《余集〈四庫全書〉提要稿研究價值淺論》,《學術月刊》2001 年第 1 期。

⑤ 司馬朝軍：《四庫全書總目研究》,北京：社會科學文獻出版社,2014 年,第 11 頁。

⑥ 紀昀在《與余存吾太史書》中,批評戴震"堅持成見","不使外國之學勝中國,不使後人之學勝古人",在其著作《聲韻考》中,"以孫炎反切爲鼻祖,而排斥神珙反紐爲元和以後之説"。紀昀説：《隋書·經籍志》明載梵書以十四字貫一切音,漢明帝時與佛經同人中國,實在孫炎以前百餘年。且《志》爲唐人所撰,遠有端緒,非宋以後臆揣者比。安得以等韻之學歸諸神珙,反謂爲孫炎之末派旁支益？東原博極群書,此條不應不見。昀嘗舉此條詰東原,東原亦不應不記,而刻是書時仍諱而不言,務伸己説,遂類西河毛氏之所爲。"(孫致中等校點：《紀曉嵐文集》,第 274—275 頁。)話説得相當嚴峻。而紀昀的這些意見和文字,正見於《總目》經部的《重修玉篇》提要。

⑦ 陸以湉：《冷廬雜識》,上海：上海古籍出版社,2012 年,第 38 頁。

則純屬紀氏一家之言矣"①。但是,正如日本學者前野直彬所言:"《提要》由各方面的專門學者分別執筆,但經總纂官紀昀大加訂正之後才定稿的。雖然小説家類這部分的原稿究竟是誰寫的,紀昀的改筆占多大分量,都不清楚,但反正這部分的論述無疑是爲紀昀所完全同意了的。在這意義上,認爲《提要》的小説論即是紀昀本人的主張也無不可。"②換個角度言,在"成於衆手"的《總目》提要稿基礎上删定的《總目》,也包含了分纂官的意見和思想,當然,包含的是那些爲紀昀所認定的分纂官的意見,在這一意義上,《總目》不僅代表了紀昀個人的思想,還代表了一個和他價值取向一致的分纂官的思想。不過,由於《總目》的删定,是一個巨大的工程,即使"一手删定",也難以掩埋不同的意見,由此給我們提供了一個廣闊的研究空間,這就是蔡智力君研究的貢獻。

三、"欽定"與异調

《總目》思想意識的複雜性,不僅表現在它包含了爲紀昀認同與不認同但卻無法加以分辨的分纂官思想,而且還包含了乾隆帝的意志。

《總目》是一部欽定的著作,"欽定"二字,使《總目》籠罩在乾隆帝文化管控的陰影之下。乾隆帝的意志不僅直接體現在諸多提要中,而且"造成一種無邊的氛圍產生權力的毛細管作用"③。在國家意識形態的壓迫下,紀昀不僅不可能真正自由地表達自己的思想,而且無時無刻不自我壓抑,自我删節。這就是"欽定"的含義。

但是,紀昀雖然口口聲聲稱"聖上英明睿智",但卻絶非無思想、無思考力之"文字奴才"。魯迅一向論人甚嚴,於紀昀卻有好評,稱他:"本長文筆,多見秘書,又襟懷夷曠,故凡測鬼神之情狀,發人間之幽微,托狐鬼以抒己見者,雋思妙語,時足解頤;間雜考辨,亦有灼見。叙述復雍容淡雅,天趣益然,故後來無人能奪其席,固非

---

① 郭伯恭:《四庫全書纂修考》,第 202 頁。
② 〔日〕前野直彬:《明清時期兩種對立的小説論——金聖嘆與紀昀》,《古代文學理論研究》第五輯,上海:上海古籍出版社,1981 年,第 46 頁。
③ 王汎森:《權力的毛細管作用——清代的思想、學術與心態》(修訂版),北京:北京大學出版社,2015 年。

僅借位高望重以傳者矣。""他生在乾隆間法紀最嚴的時代，竟敢借文章以攻擊社會上不通的禮法，荒謬的習俗，以當時的眼光看去，真算得很有魄力的一個人。"①余嘉錫《四庫提要辯證》記載，四庫館臣從《永樂大典》中輯出《燕丹子》一書，乾隆帝以爲，這本書"鄙誕不可信，殊無足采"。《總目》因而"謹仰遵聖訓，附存其目"②。然而，身爲學者的紀昀深知此書的價值，他特別把輯本鈔存，交付孫星衍刻印。余嘉錫評論此事説："夫紀曉嵐於修《四庫書》時，既斥其書不録，而乃私自抄存，復以其本授人，則知其於此書亦所甚愛。蓋雖職爲總纂，而於去取群書之際，有爲高宗御題詩文所壓，不能盡行其志者矣。"③陳寅恪在《馮友蘭中國哲學史上册審查報告》中言："紀曉嵐之批評古人詩集，輒加塗抹，詆爲不通。初怪其何以狂妄至是，後讀清高宗御製詩集，頗疑其有所爲而發。"④這些觀察和評論都指出，紀昀有自己的思想，有自己的立場，並非處處以帝王意志爲轉移。同樣，對於《總目》的欽定，也不可加以絶對化的理解，更不可等同於乾隆帝的思想。在每條提要之下，我們不僅要看到權力、體制，而且還要看到思想的交鋒。

第一，雖然《總目》聲稱："是書卷帙浩博，爲亘古所無，然每進一編，必經親覽，宏綱巨目，悉禀天裁。定千載之是非，決百家之疑似，權衡獨運，袞鉞斯昭，睿鑒高深，迥非諸臣管蠡之所及。隨時訓示，曠若發蒙。"⑤但乾隆帝日理萬機，哪裏有可能去遍讀 200 卷的篇幅，10 231 種提要。因此，他才下令編纂《四庫全書簡明目録》。《四庫全書簡明目録》雖然卷數已縮減至十分之一，但是，乾隆帝還是驚呼："《簡明目録》從頭閲，向若已驚徒眈洋。"在詩後他自注："向因編輯《全書總目提要》，卷帙甚繁，令紀昀别刊《簡明書目》一編，只載某書若干卷，注某朝某人撰，以便翻閲，然已多至二十卷，檢查亦殊不易。"⑥這就給了紀昀發揮自己學術觀念的空間。姚瑩説："《提要》皆紀氏一人核定……以四庫總裁之權，愚欺天下之人，聖主萬幾，徒以其博而用之，豈能一一駁正乎。"正是從這一方面來指責紀昀。

① 魯迅：《中國小説史略》，上海：上海古籍出版社，2006 年，第 138 頁；《中國小説的歷史變遷》，香港：今代圖書公司，1965 年，第 34 頁。
② 余嘉錫：《四庫提要辯證》，北京：中華書局，1980 年，第 1165 頁。
③ 余嘉錫：《四庫提要辯證》，第 1166 頁。
④ 陳寅恪：《馮友蘭中國哲學史上册審查報告》，《金明館叢稿二編》，上海：上海古籍出版社，1981 年，第 248、249 頁。
⑤ 永瑢等：《四庫全書總目》，《凡例》，北京：中華書局，1965 年，第 16 頁。
⑥ 《題文津閣》，《清高宗御製詩》第 18 册，海口：海南出版社，2000 年，第 44 頁。

　　第二，《總目》雖然遵從乾隆帝的指示，對觸犯忌諱的作家、作品加以删除，但是會非常婉轉的加以説明，如"謹禀承聖訓，概從删削"，"謹欽遵諭旨，於繕録之本姑仍其舊，於刊刻之本則概予芟除"。① 這樣的説明，一方面是在贊頌乾隆帝的睿智，另一方面也未嘗不是劃清責任。還有些説法細細讀來，未始不是對乾隆帝的抗議。如《凡例》："文章流别，歷代增新。古來有是一家，即應立是一類，作者有是一體，即應備是一格，斯協於'全書'之名，故釋道外教、詞曲末技，咸登簡牘，不廢搜羅。然二氏之書，必擇其可資考證者，其經懺章咒，並凛遵諭旨，一字不收。宋人朱表青詞亦概從删削。其倚聲填調之作，如石孝友之《金谷遺音》，張可久之《小山小令》，臣等初以相傳舊本，姑爲録存，並蒙皇上指示，命從屏斥。仰見大聖人敦崇風教，厘正典籍之至意，是以編輯雖富，而謹持繩墨，去取不敢不嚴。"②這一段先概説"全書"的含義，指出"全書"應該是"古來有是一家，即應立是一類，作者有是一體，即應備是一格，斯協於全書之名"。但隨即説明："二氏之書，必擇其可資考證者，其經懺章咒，並凛遵諭旨，一字不收。宋人朱表青詞亦概從删削。其倚聲填調之作，如石孝友之《金谷遺音》，張可久之《小山小令》，臣等初以相傳舊本，姑爲録存，並蒙皇上指示，命從屏斥"。實際上是把"全書"未全的責任置於乾隆帝身上。③

　　第三，《總目》雖時時處處聲稱"凛遵諭旨"，但並非真正的在提要撰寫上"凛遵諭旨"。

　　1. "布帛菽粟之旨"

　　乾隆於御極之初降旨："朕思學者修辭立誠，言期有物，必理爲布帛菽粟之理，文爲布帛菽粟之文，而後可行世垂久。若夫雕文逞辭以炫一時之耳目，譬猶搏土揭木、塗飾丹鉛以爲器物，外雖可觀，不移時而剥落，曷足貴耶？"④這段指示，明確以"布帛菽粟"之風格爲理與文的最高格，"可行世垂久"的根本依據。對"雕文逞辭"加以貶斥。

　　《總目》在論文論理時，亦多遵循"布帛菽粟之旨"。如其論胡祇遹《紫山大全集》即曰："詩文自抒胸臆，無所依仿，亦無所雕飾，惟以理明詞達爲主。元代詞人，往往以風華相尚，得兹布帛菽粟之文，亦未始非中流一柱矣。"⑤又如論陳繼儒《安

①　永瑢等：《四庫全書總目》卷 159，《攻媿集》提要、《雪山集》提要，第 1373、1369 頁。
②　永瑢等：《四庫全書總目》，《凡例》，第 18 頁。
③　參見黄瓊誼：《紀昀綜論》，臺北：文史哲出版社，2011 年，第 80 頁。
④　《清高宗實録》卷 5，臺北：華文書局，1969 年，第 230—231 頁。
⑤　永瑢等：《四庫全書總目》卷 166，《紫山大全集》提要，第 1427 頁。

得長者言》曰：“蓋亦語録之類。然聖賢以言立訓，本出自然。有意雕鎪，便非心得。張昞跋謂其於熱鬧中下一冷語，冷淡中下一熱語。宗尚如此，宜其於布帛菽粟之旨，去之益遠也。”①如《虚齋集》提要論蔡清：“是其識解通達，與諸儒之黨同伐異者有殊。故其文章亦淳厚樸直，言皆有物。雖不以藻采見長，而布帛菽粟之言，殊非雕文刻鏤者所可幾也。”②等等。

但是，在若干提要中，《總目》也發出不同聲音。《蔡文莊集》提要對“布帛菽粟之旨”提出質疑説：“集中有《與孫九峰書》，述寧王宸濠譏其不能詩文。廷魁《序》中因反覆辨論，歷詆古來文士，而以清之詩文爲著作之極軌。夫文以載道，不易之論也。然自戰國以下，即已岐爲二途，或以義理傳，或以詞藻見，如珍錯之於菽粟、錦綉之於布帛，勢不能偏廢其一。故謂清之著作主於講學明道，不必以聲偶爲詩、以雕繪爲文，此公論也。謂文章必以清爲正軌，而漢以來作者皆不足以爲詩文，則主持太過矣。”③

論刁包《斯文正統》：“其《凡例》稱專以品行爲主，若言是人非，雖絶技無取。蓋本真德秀《文章正宗》之例，持論可云嚴正。然三代以前，文皆載道。三代以後，流派漸分。猶之衣資布帛，不能廢五采之華；食主菽粟，不能廢八珍之味。必欲一掃而空之，於理甚正，而於事必不能行。即如《文章正宗》，行世已久，究不能盡廢諸集，其勢然也。”④

又如《崇古文訣》提要曰：“真德秀《文章正宗》以理爲主，如飲食惟取禦飢，菽粟之外，鼎俎烹和皆在其所弃；如衣服惟取禦寒，布帛之外，黼黻章采皆在其所捐。持論不爲不正，而其説終不能行於天下。”⑤

這些論説，批評的是蔡廷魁、刁包、真德秀，而其後又何嘗不是對乾隆“布帛菽粟之旨”的反駁。尤其引人注意的是，《總目》一方面稱，布帛菽粟之見“持論不爲不正”，又尖鋭地指出：“其説終不能行於天下。”其論終不與乾隆合調。⑥

2. 元白陸詩論

乾隆十五年（1750）御定《御選唐宋詩醇》：“凡唐詩四家，曰李白，曰杜甫，曰白居易，曰韓愈；宋詩二家，曰蘇軾，曰陸游。”⑦

———————

① 永瑢等：《四庫全書總目》卷 125，《安得長者言》提要，第 1082 頁。
② 永瑢等：《四庫全書總目》卷 171，《虚齋集》提要，第 1494 頁。
③ 永瑢等：《四庫全書總目》卷 175，《蔡文莊集》提要，第 1563 頁。
④ 永瑢等：《四庫全書總目》卷 194，《斯文正統》提要，第 1767—1768 頁。
⑤ 永瑢等：《四庫全書總目》卷 187，《崇古文訣》提要，第 1699 頁。
⑥ 本節之論説，參考了蔡智力博士論文《審視、批判與重構——〈四庫全書總目〉文人觀研究》。
⑦ 永瑢等：《四庫全書總目》卷 190，《御選唐宋詩醇》提要，第 1728 頁。

在《樂善堂全集》和《御製詩集》中，乾隆和白詩 20 題，追和元稹 9 題共 111 首。標明寫明模仿元稹者 6 題 86 首，模仿白居易者 10 題 59 首。可見他對元白的喜愛。

但《總目》並未"凜遵諭旨"，把元白視爲高標，而是指出，不少其他詩人遠遠高出元白。如：

評論杜牧："平心而論，（杜）牧詩冶蕩甚於元白，其風骨則實出元白上。"①

評論劉禹錫："其詩則含蓄不足，而精銳有餘，氣骨亦在元白上。"②

對乾隆推崇的陸游，《總目》也頗有微詞。

《劍南詩稿》提要評陸游："夫游之才情繁富，觸手成吟，利鈍互陳，誠所不免。故朱彝尊《曝書亭集》有是集跋，摘其自相蹈襲者至一百四十餘聯。"③

《攻媿集》提要評陸游："貪多務博。"④

《放翁詞》提要評陸游："劉克莊《後村詩話》謂其‘時掉書袋，要是一病’。楊慎《詞品》則謂其‘纖麗處似淮海，雄快處似東坡’。平心而論，游之本意，蓋欲驛騎於二家之間，故奄有其勝，而皆不能造其極。""不能造其極"的詩人，受乾隆表彰，其間是否有反諷的意味。

《放翁詞》提要又評陸游："蓋游老而墮節，失身侂冑，爲一時清議所譏。游亦自知其誤，弃其稿而不存。《南園閱古泉記》不編於《渭南集》中，亦此意也。而終不能禁當代之傳述，是亦可謂炯戒者矣。"⑤中國古代文學批評信奉"詩品、文品之高下，往往多隨其人品"⑥。稱放翁"老而墮節"，人品有問題，其詩品的高度也就有限。

這些評論也和乾隆的意旨並不一致。

3. 天理人欲論

乾隆七年（1742），乾隆帝在《讀朱子詩有做因效其體》中吟咏："天理與人欲，只争一綫多。出此入乎彼，爲學戒蹉跎。"⑦這是一個思想倫理的總綱。但是，《總目》卻在天理和人欲上，更多地站在人欲的一面。

杜甫有一首詩《江畔獨步尋花》，詩中有"黃四娘家花滿蹊，千朵萬朵壓枝低。

---

① 永瑢等：《四庫全書總目》卷 151，《樊川文集》提要，第 1296 頁。
② 永瑢等：《四庫全書總目》卷 150，《劉賓客文集》提要，第 1290 頁。
③ 永瑢等：《四庫全書總目》卷 160，《劍南詩稿》提要，第 1381 頁。
④ 永瑢等：《四庫全書總目》卷 159，《攻媿集》提要，第 1373 頁。
⑤ 永瑢等：《四庫全書總目》卷 198，《放翁詞》提要，第 1817 頁。
⑥ 永瑢等：《四庫全書總目》卷 165，《佩韋齋文集》提要，第 1415 頁。
⑦ 《讀朱子詩有做因效其體》，《清高宗御製詩》第 1 冊，第 175 頁。

留連戲蝶時時舞,自在嬌鶯恰恰啼"之句。明人徐三重在《庸景録》中批評這首詩"不軌於名教"。《總目》則評論説:"謂杜甫'黄四娘家花滿蹊'一首爲不軌於名教,皆不能謂之無理。然事事操此論以往,其勢未有不窒礙者也。"①

關於《總目》論"胡銓戀黎倩"一事,筆者早於三十年前在《文化視野下的〈四庫全書總目〉》中發掘。此事要點有三:

一、胡銓戀黎倩,甚至爲此蒙食菫豆之辱,朱熹爲之不耻,作《宿梅溪胡氏客館觀壁間題詩自警二絶》,其詞曰:"貪生菫豆不知羞,靦面重來躡俊游。莫向清流浣衣袂,恐君衣袂浣清流。""十年浮海一身輕,歸對梨渦卻有情。世路無如人欲險,幾人到此誤平生。"但《總目》卻認爲"銓孤忠勁節,照映千秋",不能因爲黎倩一事,"遂坐以自誤平生,其操之爲已蹙矣。平心而論,是固不足以爲銓病也"。

其二,如果説,《總目》的議論僅僅停留在"紅顔殞人,賢者不免"的論點上,也不足爲奇,南宋以來,有關胡銓戀黎倩一事,多是此類説法。但是《總目》有新的突破。它舉"陳烈逾墙之遁"一事,認爲不能以此作爲評判道德行爲的唯一標準。所謂"陳烈逾墙之遁",指北宋陳烈一次出席蔡襄舉辦的宴飲,東道主請來官妓於席間助興。"烈聞官妓唱歌,才一發聲,即越墙攀樹遁去。"同時參加酒宴的李覯大笑之餘,當場賦詩一首,譏笑陳烈"山鳥不知紅粉樂,一聲檀板便驚飛"。陳烈聽説後,寫了一封信給蔡襄:"李覯本無士行,輒箯賓筵,詆釋氏爲妖胡,指孟軻爲非聖。按吾聖經云:非聖人者無法,合依名教,肆誅市朝。"以理學道德準則衡量,陳烈可謂嚴守名教大防、堅守純正"天理"的典範。故"講學家以爲美談","父兄訓子弟,必舉烈言行以示之"。但《總目》卻説,不能因爲胡銓没有像陳烈這樣"越墙攀樹遁去",就指責他"自誤平生"("誤平生"三個字是朱熹的原話),這個立場又要進一步,即以一種富於人情的寬容的態度對待胡銓的"歸對梨渦卻有情",反對以理學的道德標準爲評人論事的標準。

第三,《總目》對胡銓戀黎倩的立場,和袁枚不謀而合。袁枚是一位重情主義者,他在《讀胡忠簡公傳》一文中指出:胡銓戀黎倩,不僅不能構成非議胡銓的理由,而恰恰表明了其性情之真。正是因爲有這種真性情,胡銓爲國家,不畏誅,不畏貶;爲黎倩,不畏人訾議,一意孤行。情如雷如雲,彌天塞地,迫不可遏。朱熹對胡

---

① 永瑢等:《四庫全書總目》卷 128,《庸景録》提要,第 1102 頁。

銓的責難，只不過是"鳳皇已翔雲霄，而鷽鳩猶譏其毛羽有微塵，甚無謂也"。在胡銓情迷黎倩一事上，人文主義、浪漫主義、重情主義的袁枚竟然與嚴肅的、正統的、官方的《總目》達成一致，共同反對理學以道德扼殺人的情感的禁慾主義；反抗宋學程、朱之"理性哲學"，而代之以戴震呼籲的"情感哲學"，其歷史底蘊是值得關注和深思的。如果考慮到胡銓尚有"貪生莝豆"的情節，那麼，袁枚與《總目》對於胡銓的諒解和寬容度，可謂令人驚嘆。①

呂原明（即呂希哲）爲北宋宰輔呂公著之子，理學大儒程頤之弟子。有一次過橋，"渡橋橋壞，轎人俱墜，浮於水面，有溺死者。而原明安坐橋上，神色如常。後自省察校量，嘗言十餘年前在楚州，橋壞墮水中時，微覺心動。數年前大病，已稍勝前。今次疾病，全不動矣"②。

《四庫全書總目》卷三十七《四書反身錄》提要對呂原明墜水不動心的叙事持的是批評立場。原文如下：

> 書中所引呂原明渡橋，輿人墜水，有溺死者。原明安坐橋上，神色如常。原明自謂未嘗動心。容稱其臨生死而不動，世間何物可以動之？夫死生不變，固足徵學者之得力。然必如容説，則孔子之微服過宋，孟子之不立岩墻，皆爲動心矣。且厩焚必問傷人，乍見孺子入井必有怵惕惻隱之心，與夫溺死而原明安坐不動，此正原明平時强制其心而流爲溪刻之過。容顧稱之爲不動，則與告子之不動心何异乎？是亦主持太過，而流於偏駁者矣。③

《總目》的這段批評，以"厩焚必問傷人""乍見孺子入井必有怵惕惻隱之心"等

　①　參見拙著《文化視野下的〈四庫全書總目〉》，第 58 頁。
　②　李顒：《四書反身錄》，《四庫全書存目叢書》第 173 册，據天津圖書館藏康熙二十五年刻本影印，第 313 頁。《清史研究》2016 年第 1 期載張循《四庫全書總目〈四書反身錄〉提要辨證》，認爲四庫館臣在撰寫《四書反身錄》提要時，將李顒原著關於輿人墜水呂原明不動心故事中的"安坐轎上"改成了"安坐橋上"，"明目張膽地竄改原文，以達成矯誣之目的"，並批評筆者對四庫館臣的這一篡改"偶然失檢"。經反復研究考證，對《四庫全書總目》之前《四書反身錄》的諸種版本進行核查，發現"偶然失檢"的是張循先生。在李顒《四書反身錄》最早的刊本，即康熙二十五年的刻本中，原文是"安坐橋上"而非"安坐轎上"。《總目》關於輿人墜水呂原明不動心的表述與康熙二十五年思硯齋刻本《四書反身錄》中的説法完全一致，並非有意篡改李顒原著，而是有所本、有所依據。詳細考辨可見雷平《四庫全書總目〈四書反身錄〉提要的歷史脉絡》（載《清史研究》2017 年第 1 期）
　③　永瑢等：《四庫全書總目》卷 37，《四書反身錄》提要，第 316 頁。

説法和"輿夫溺死而原明安坐不動"相對照,是一種樸素人性論的體現。更值得注意的是,《總目》對吕原明面對輿夫溺死而不動心的批評,是宋明以來從黃震到袁枚的同類論述的延伸。這些論述,皆秉儒家悲天憫人、重視生命的宗旨,批評吕原明面對輿夫"墜水"而神色不懼不合情理,"非人所宜爲",違背了孔子"馬厩失火問人"的教誨。[①]

四、結語

現在我們回到大家十分關注的問題上來,究竟《總目》中的思想内容歸屬於誰?紀昀? 乾隆帝? 還是分纂官? 我們看到,一方面乾隆帝以他的帝王意志籠罩《四庫全書總目》,窒息《四庫全書總目》的學術意識,學術思想;另一方面紀昀雖然不是獨立文化人,他的思想也爲統治意識形態所支配,[②]但是他的學者意識仍然在有限的空間時時體現出來,從而賦予《四庫全書總目》巨大的學術價值。同時,在紀昀一手删定的提要中,也掩埋著分纂官的思想見解。歷史就是如此,没有單純的黑白,而是多元思想的雜糅。我們不必下一個決然的裁定,而要有穿透歷史的眼光。笔者一直服膺泰納的言論:"如果一部文學作品内容豐富,並且人們知道如何去解釋它,那麼我們在這作品中所找到的,會是一種人的心理,時常也就是一個時代的心理,有時更是一個種族的心理。"[③]

---

① 雷平《四庫全書總目〈四書反身録〉提要的歷史脉絡》(載《清史研究》2017 年第 1 期)對宋明以來關於吕希哲墜水一事的評論和思想綫索有較爲全面的梳理,可予參考。

② 如有關順治時太后下嫁一事的記載,據《清代野史》:"乾隆朝紀昀見之,以爲此何事也,乃可傳示來兹,以彰其醜乎? 遂請予弘曆削之,是後鮮有知者。"(《清代野史》第 1 輯,成都:巴蜀書社,1987 年,第 114、115 頁。)

③ 泰納(Hippolyte Adolphe Taine,1828—1893),又稱伊波利特·阿道爾夫·丹納。法國 19 世紀傑出的文學批評家、歷史學家、藝術史家、文藝理論家、美學家。這段話出自其著名的文論《英國文學史序言》,選自伍蠡甫等編《西方文論選》(下卷)(上海:上海譯文出版社,1979 年,第 241 頁)。

論《四庫全書總目》對"近思錄文獻"的著録與不著録^①

程水龍　蘇州大學文學院教授

魯　煜　溫州大學人文學院教授

摘　要：《總目》著録關於名曰"近思"二字的"近思録文獻"有八種，差不多串起宋、元、明、清初理學學術思想發展史。清初學術呈現漢宋調和、兼收並蓄，學術思想界的主流依然尊崇朱子學。"考據爲程朱理學中所必藴之物"，四庫開館對此前帶有考據特色的著述比較青睞。《總目》不著録"近思録"的其他優秀之作，主要是因文字獄流毒所致，"曾静遣徒張倬投書案"影響了對《近思録》原文本的選取，"尹嘉銓爲父請謚並從祀文廟案"影響了張伯行《集解》的著録。此外，乾隆帝的干預、文化的專制、館臣的學術取向，圖籍的典型性、代表性，學者師門興衰、學術顯晦等因素也會影響《總目》的著録與否。

關鍵詞：《總目》；漢學；文字獄；朱子學；《近思録》

　　南宋淳熙二年(1175)夏，朱熹與吕祖謙在武夷山寒泉精舍相聚，輯録北宋周敦頤、張載、程顥、程頤四位理學家的論説語録而成《近思録》。這部理學經典自編成後，在東亞區域廣爲流傳，歷代注解、續編、仿編者絡繹不絶，其文本多有存世。時至清朝乾隆盛世，在編撰《四庫全書》的同時，由永瑢等撰寫的《四庫全書總目》(以下簡稱"《總目》")也隨之問世，在該《總目》著録的圖籍中關於名曰"近思"二字的"近思録文獻"有八種，分别是葉采《近思録集解》、茅星來《近思録集注》、江永《近思

　　① 本文爲基金項目温州市哲學社會科學重點項目《〈四庫全書總目〉"近思録文獻"提要研究》(編號 18WSK062)的階段性成果。

録集注》、李文炤《近思録集解》、鄭光羲《續近思録》、張伯行《續近思録》、張伯行《廣近思録》、劉源渌《近思續録》。

誠然,這八種文本自有其可取之處,然在文獻價值、學術價值上與其中某一種相當或甚至略高的"《近思録》文獻"並非不存在,諸如呂留良家塾讀本《近思録》、張伯行《近思録集解》、施璜《五子近思發明》等,爲何館臣没有在《總目》中爲這些佳作撰寫提要,《總目》的著録與不著録之中包藴著怎樣的思考,這是值得我們深思的。筆者不揣孤陋,簡析如下,以求教于方家。

一、《總目》對"近思録文獻"八種文本的著録,表明當時存在漢宋調和、兼收並蓄,學術思想界的主流依然尊崇朱子學

(一)"近思録文獻"宣揚的思想利於乾隆思想文化統治的需要,且乾嘉考據學與朱熹治學也相關聯

程朱理學在清入關之前已很好地展現其整治人心的功用,故清統治者入主中原之後,需要程朱理學思想幫助其穩固統治,對那些宣揚修身治學、躬行踐履的理學典籍自然積極推廣,對利於其社會統治的思想不斷贊譽,而對那些有礙的書籍或不配合的著述者則予以打壓。故錢穆説:"理學道統,遂與朝廷之刀鋸鼎鑊更施迭使,以爲壓束社會之利器。"①出於政治思想統治的需要,朱子學逐漸興盛,也承擔着彌補滿漢民族裂痕、促進各民族大融合的歷史使命,一度居於學術思想的主導地位。

作爲反映程朱理學思想精髓的《近思録》,"突出的是綱常倫理的道德規範,强調躬行實踐"②,具有束縛人心、幫助治理國家的工具性作用,故能在崇尚朱子學的康熙年間得到更好地褒獎,得到社會廣泛回應,"爲朱氏《近思録》《小學》作注解者,有陸隴其、江永等三十餘家"③,研究整理《近思録》者絡繹不絶,如呂留良、劉源渌、張習孔、汪佑、施璜、茅星來、張伯行等,《近思録》傳本多,流布廣,一時間蔚然成風。

事實上,朱熹考證思想對清初"樸學"也有影響,清代皮錫瑞在《經學歷史》中

---

① 錢穆:《〈清儒學案〉序》,《中國學術思想史論叢》(八),合肥:安徽教育出版社,2004 年,第358 頁。
② 龔書鐸主編,史革新著:《清代理學史》(上),《緒論》,廣州:廣東教育出版社,2007 年,第 13 頁。
③ 張秀民:《中國印刷史》,上海:上海人民出版社,1989 年,第 603 頁。

説："國初,漢學方萌芽,皆以宋學爲根底,不分門户,各取所長,是爲漢、宋兼采之學。"①關於程朱理學與清代考據學的關係,張岱年先生説："宋代哲學是先秦哲學以後的又一次的高峰,而且開元明清學術的先河,以後元明清學術實乃宋代學術的繼續發展。清代的漢學家雖然反對宋學,其實仍是宋學一方面的發展。"②此言不無道理,清初的程朱理學位居廟堂之上,即便到考據學極盛的乾嘉時期,程朱學派仍在繼續發展。"考據爲程朱理學中所必藴之物"③,漢學家們的學術觀念中還有朱熹的影子。

朱熹當初疑古而考《僞古文尚書》,也有功於清代考據學。章太炎嘗説："朱氏治經,有些地方原有功於經……《易經》本爲十二篇,鄭、王合彖辭於經,已非本來面目,朱氏分而出之,是他的功。……懷疑《僞古文尚書》,開後人考據的端緒,是他的功。"④正因如此,有學者認爲："清代樸學家們從事考證的途徑和方法,也有不少的方面是繼承朱熹的治學遺規而發展起來的。"⑤朱熹疑經開啟了後世考據學端緒,從《總目》著錄的"近思錄文獻"中清代學者的著述也可見朱熹對他們的積極影響。

"康熙朝雖以程朱理學爲官方統治思想,而漢學一脉則在萌發。"⑥身處康熙朝的茅星來⑦受"漢宋兼采"學風的影響,其思想情態在集注《近思錄》時表現爲:重考證博引,注文"並非完全不講義理,也並非完全没有思想,其義理思想隱藏在考據之後,或體現在考據之中"⑧。在讀過南宋葉采《近思錄集解》和楊伯嵒《泳齋近思錄衍注》之後,他認爲這兩種注本"粗率膚淺,於是書(筆者按,即《近思錄》)了無發明,又都解所不必解,其有稍費擬議處則闕焉……以二子親承朱子緒論,而其爲書乃如此,其他又何論乎?"⑨於是茅氏廣采歷代傳本,標明各本文字差異,訂正了某些版本的錯訛,如對此前《近思錄》權威注家葉采《集解》本的文字脱訛不加粉飾,而進行

① (清)皮錫瑞著,周予同注釋:《經學歷史》,北京:中華書局,2004年,第341頁。
② 張岱年:《中國宋代哲學》,鄭州:河南人民出版社,1992年,序第2頁。
③ 陸寶千:《清代思想史》,上海:華東師範大學出版社,2009年,第174頁。
④ 章太炎講演,曹聚仁整理,湯志鈞導讀:《國學概論》,上海:上海古籍出版社,2011年,第26頁。
⑤ 張舜徽:《清儒學記》,濟南:齊魯書社,1991年,第388頁。
⑥ 龔書鐸主編,史革新著:《清代理學史》(上),《緒論》,第11頁。
⑦ 茅星來(1678—1748),字豈宿,歸安人。明代茅坤後人。念朱子《近思錄》舊解未詳密,爲之集注,行止坐卧皆不輟,歷經三十年,於康熙六十年完成《近思錄集注》十四卷。
⑧ 黃愛平:《樸學與清代社會》,石家莊:河北人民出版社,2003年,第243頁。
⑨ (清)茅星來:《近思錄集注原序》,《近思錄集注》,《文淵閣四庫全書》第699册,上海:上海古籍出版社,2003年,第128頁。

實事求是的校正。茅氏的校勘語不僅給讀者提供了難得一見的某些版本資訊,而且對讀者準確理解原文頗有幫助,自然增强了其注文的文獻價值。

如茅氏《近思録集注》卷五第十五條,在"堯夫解'他山之石,可以攻玉':玉者温潤之物,若將兩塊玉來相磨"下,茅氏注云:"來"下,宋本無"相"字。"個"上,葉本無"他"字。按,《遺書》有"相"字、"他"字。

又如《集注》對於存疑之處、以前注家考證有誤者,茅氏則詳考其出處,其卷一第三條"伊川先生曰喜怒哀樂之未發謂之中",葉采《集解》云:"《文集》。下同。"茅氏《集注》曰:"説見《中庸》……中節。按,此條今見《遺書》暢潜道本,列《文集》,誤。"今查相關古籍整理校點本[1],此條語録今見《程氏遺書》卷二十五,而《二程文集》中無。這也能印證茅氏校勘語的正確,而葉采《集解》在所引語録出處上偶有失查。

茅氏《集注》反映出清前期部分學者面對義理與考據時的態度,流露出清初學術發展開始注重考證的意藴,類似上述的例證在其注本中很多,因而羅振玉在點評考證學與義理學的優缺點時,對茅氏的學術思想有所稱贊,説:"訓詁名物、典章制度,自以漢儒爲近古;而發明義理,則宋儒爲勝。合之則交益,離之則兩損。……故本朝欽定諸經,皆漢宋兼采。"[2]茅星來《集注》既注重義理的詮釋,又像朱熹那般考求史實,其風氣較真切地反映出康雍時期理學與考證學相處的世態。而代表清代學術主流意識的《總目》看中的,正是他"薈粹衆説,參以己見,爲之支分節解,於名物訓詁、考證尤詳"[3]。

(二) 乾隆建館修書時,對此前帶有考據特色的著述比較青睞

清前期漢宋兼采,可在四庫館成立之際,學界已對居於思想統治地位的程朱理學進行反省。《總目》具有"正統的官方的學術思想特徵","也表現出融合漢宋,調和折衷的學術傾向"[4]。在此情形之下,那些一味進行義理闡釋的著述並不受館臣的歡迎,而諸如茅星來、江永注解《近思録》之類,既有義理的解説,又有明顯的考據痕迹,故能爲館臣所采納。

---

① (宋) 程顥、程頤著,王孝魚點校:《二程集》,北京:中華書局,1987 年。
② 羅振玉:《清代學術源流考》,南京:江蘇文藝出版社,2011 年,第 129 頁。
③ (清) 永瑢等:《四庫全書總目》,北京:中華書局,1965 年,第 781 頁。
④ 陳曉華:《"四庫總目學"史研究》,北京:商務印書館,2008 年,第 458 頁。

　　康熙年間以茅氏爲代表的《近思録》注家，無漢宋門户之見，注解《近思録》不像葉采、楊伯嵒、熊大剛那般謹守朱子言論，也不像元明注家持門户之見，而是摒棄了門户觀念，對歷朝歷代學者的言論一視同仁，凡能爲我所用者都收入囊中，探其流，溯其源，讓讀者對相關問題的來龍去脉有一個較爲清晰的認知。即使面對朱熹再傳弟子葉采的《集解》，既引用其許多精當之解，又能指出注本存在的不足。如《集注》卷十三第十一條①，茅氏注文對葉采所云"似同而實异"進行質疑，《集注》曰：

　　　　差，初加反。《外書》。佛説與吾儒同處，如所云"明心見性"，與儒者所謂"盡心知性"同也。"有物先天地，無形本寂寥，能爲衆象主，不逐四時凋"，與儒者所謂"太極"同也。"主人翁惺惺著"，與儒者所謂"戒慎恐懼"同也。"會萬物於一己"，與儒者所謂"萬物一體"同也。又如云"知之一字，衆妙之門"，與儒所謂"知性知天"同也。本領，根本要領也。本領不是，如言定言空之類是也。朱子曰："陸子静嘗言'儒佛差處只是義利之間'，某謂此猶是第二著，只他根本處便不是。當初釋迦爲太子時，出游見生老病死苦，遂厭惡之，入雪山修行，從上一念便一切作空看，惟恐割弃之不猛，屏除之不盡，吾儒卻不然。蓋見得無一物不具此理，無一理可違於物。佛説萬理皆空，吾儒説萬理皆實，從此一差，方有公私義利之不同。"朱子曰："釋氏只是守得些光明，全不識道理所以用處，七顛八倒。儒者則居敬爲本，而窮理以充之，其本原不同處在此。"又曰："彼于天理大本處見得些分數，便須要見得己，有死後亦不失儒者，只隨他天理去，更無分毫私見，屈伸往來皆是自然如此。"

　　朱熹在《近思録》第十三卷《辨异端》中匯輯四子關於釋、老的論説，意在借四子之言對其進行甄别和簡評，指出理學與這些學説的差异。後世注家在注解此卷語録時，當有必要探尋本源，將理學思想和其他諸家思想學説的差异之處闡明，以釋讀者疑惑。茅氏此處在注解關鍵詞之後，比較佛、儒之同，引用朱熹相關論述來佐證自己的見解。相比之下，葉采《集解》只是籠統地説兩者似同實异，讀者則不甚明瞭。

①　《近思録》此條語録：謝顯道歷舉佛説與吾儒同處，問伊川先生。先生曰："恁地同處雖多，只是本領不是，一齊差卻。"葉采《集解》云："《外書》。大本既差，則其説似同而實异。"

　　江永《集注》有對朱熹言論的尊奉,又具考證意味,如在卷九"冠婚喪祭"條下,江永對於"立春祭先祖"句的注釋是:

　　　本注:立春,生物之始也。先祖,始祖而下,高祖而上,非一人也。亦無主,設兩位分享考妣。○問:先生祭禮,立春祭高祖而上,只設二位,若古人祫祭,須是逐位祭。朱子曰:某只是依伊川説,伊川禮更略。伊川所定,不是成書,温公《儀》卻是做成了。○伊川時祭止于高祖,高祖而上,則于立春設二位統祭之,而不用主。此説是也。卻又云:"祖又豈可厭多?苟其可知者,無遠近多少,須當盡祭之。"疑是初時未曾討論,故有此説。○始祖、先祖之祭,伊川方有此説,固足以盡孝子慈孫之心。然嘗疑其禮近於禘祫,非臣民所得用,遂不敢行。古者大夫以下,極於三廟,而干祫可以及其高祖。今用先儒之説通祭高祖,已爲過矣。其上世久遠,自合遷毀,不當更祭也。○永按:程子主於追遠,朱子主于限制,學者擇焉。今人祀祖,即從始祖祭之,其禮簡略,似亦無害。又因是使人不忘其祖,亦可以勵薄俗云。

　　江永引用"本注"、朱子之言解説"立春""先祖",考索了伊川春祭的做法,而且區分了程伊川、朱熹的不同,表明自己的見解。

　　茅氏、江氏《集注》中此類例子較多,在此就不再一一列出,可見這些蘊藏考據色彩的"近思録文獻"符合四庫館臣的旨趣,《總目》對此類文本的著録也迎合了當時思想學術發展的實情,故將茅氏《集注》、江永《集注》全文收録在《四庫全書》子部,其重視程度不言自明。

二、《總目》著録八種"近思録文獻",既有客觀的必要,也能依托這些文本所載歷代理學名家語録或論説文字,而構成一部宋、元、明、清初理學學術思想發展史的輪廓

　　"清興,崇宋學之性道,而以漢儒經義實之。"[1]四庫開館,聚集了大批漢學名家,

---

① (清)趙爾巽等:《清史稿·儒林傳序》,北京:中華書局,1998 年,第 3355 頁。

諸如朱筠、周永年、邵晋涵、戴震、王念孫等,使得"四方才略之士……多易其詩賦舉子藝業,而爲名物考訂與夫聲音文字之標,蓋駸駸乎移風俗矣"①。館臣繼承古代學術重考據的傳統,接受清初興起的樸學風氣,順應學術潮流,著録了有漢學考據特色的大量成果,雖説這八種"近思録"文本並非全是考據學特證明顯的著述,但館臣的著録也有多方考量。

(一) 葉采延續朱門學脉,《集解》乃朱子學術思想的反映

葉采,字仲圭,號平巖,曾先後從蔡淵、李方子、陳淳問學,爲朱熹再傳弟子,頗具睿智遠見。多年用心集解《近思録》,其注文常常引朱熹語注解四子語,猶作評析,發揚光大該書主旨,直至"意稍明備"方休。又依據《近思録》各卷内容,擬定了與之相契合的各卷篇名,並簡要闡明各卷内容提要。經"朝删暮輯,逾三十年",於淳祐八年(1248)完成《近思録集解》十四卷。其《集解》各卷綱目、提要的創建,使得《近思録》原書體例顯得更加明晰完備,使程朱理學思想内容更趨明朗,其所擬綱目爲諸家所宗,差不多成爲後世《近思録》續編、仿編者所倚重的範式,儒林學界,久嘉贊譽,云《近思録》"原本之美備,實足以該四子之精微,而葉注之詳明,又足以闡《近思》之實理"②。

該注本是《近思録》注者中現存最早者,史上幾乎替代《近思録》原書而行傳播程朱理學思想之實。因此《集解》在後世影響深遠,一直被重刻再造,爲中國元明清學者所稱道,清初朱之弼説:"四先生之精藴萃於《近思録》,《近思録》之精藴詳于葉注,遵原本則條例該括,存葉注則義理詳明,後之學者其亦從事於此,而無事旁求矣。"③乾隆初年陳弘謀重刊《集解》時云:"葉氏用力於此書最專且久,所著《集解》原本朱子舊注,參之諸儒辯論而附以己説,明且備矣。"④

程朱理學早已被定爲官方學術思想,在整治人心方面有利用價值,已滲透到社會文化的方方面面。在"每進一編,必經親覽,宏綱巨目,悉禀天裁"的情形之下,乾隆帝對於反映程朱理學思想的書籍不可能不察。且《總目》的"理學批判'無法突破

---

① （清）章學誠:《周書昌别傳》,《章學誠遺書》卷 18,北京：文物出版社,1985 年。
② （清）邵仁泓:《近思録後跋》,（宋）葉采《近思録集解》,清康熙年間邵仁泓重刊本。
③ （清）朱之弼:《近思録原本集解序》,（宋）葉采《近思録集解》,清康熙十三年刻本。
④ （清）陳弘謀:《重刊近思録集解序》,（宋）葉采《近思録集解》,清乾隆元年培遠堂刻本。

自身的文化根性',它的終極目標與理學是一致的,都是爲了鞏固封建王朝的統治,與宋明理學'殊途同歸'"①。葉采是朱熹再傳弟子,不論從《近思錄》注本宗朱的純正性,還是該理學經典在理學學術思想發展史上的影響,乾隆與四庫館臣都有必要將闡釋宋儒之精蘊詳明的葉采《集解》收錄並著錄。從該注本在東亞漢文化圈的影響力幾乎蓋過了《近思錄》原本,可以想見當初四庫館臣的選擇是明智的。

(二) 江永既尊朱又能考據,《集注》是漢宋兼采思想的體現

江永(1681—1762),字慎修,清徽州婺源(今江西婺源)人。他服膺朱子之學,博通精奧,潛心學術。他長期居住鄉里,坐館授徒,戴震、金榜、程瑤田等皆師從之,其弟子多以經史考據聞名於世,遂成樸學皖派。江永對經學研究精深,尤精於《三禮》,兼擅音律,在清代學術史上有創新開派之功。他不僅能發揮漢學考據,而且能深入宋學之奧,著述甚多,僅收入《四庫全書》者便有十三種之多,諸如《周禮疑義舉要》《群經補義》《儀禮釋宮增注》《禮記訓義擇言》《四聲切韻表》《考訂朱子世家》等。② 後人評價其著述云:"考證精核","持義多允,非深於古義者不能"。他的《近思錄集注》,引據詳洽,絕非空談尊朱者可比,故《四庫全書》將其收錄。

關於江永《集注》的緣由與方法,從乾隆七年(1742)江氏所作《近思錄集注序》可知一二。他説:《近思錄》反映的是"義理根原,聖學體用",對"學者心身疵病,應接乖違,言之尤詳,箴之極切","直亞於《論》《孟》《學》《庸》,豈尋常之編錄哉! 其間義旨淵微,非注不顯。考朱子朝夕及門人講論,多及此書,或解析文義,或闡發奧理,或辨別同異,或指摘瑕疵,又或因他事及之,與此相發,散見《文集》《或問》《語類》諸書,前人未有爲之薈萃者"。③ 其集注之動機,就是要做前人未做的薈萃朱子之語,以發明《近思錄》奧義之事,故謂"集注"。又由於"明代有周公恕者,始妄加分析,各立細目,移置篇章,或漏落正文,或淆混注語,謬誤幾不可讀。永以其貽誤後學,因仍原本次第,爲之《集注》"④。事實上江永差不多一生心繫《集注》,用功尤深、持久,其自序云:"永自早歲,先人授以《朱子遺書》原本,沉潛反復有年。今已垂暮,

<hr>

① 陳曉華:《"四庫總目學"史研究》,第 450 頁。
② 國史館編,王鍾翰點校:《清史列傳》卷 68,北京: 中華書局,1987 年,第 5490 頁。
③ (清)江永:《近思錄集注序》,《近思錄集注》,清嘉慶十二年婺源李承端刻本。
④ (清)永瑢等:《四庫全書總目》,第 781 頁。

所學無成,日置是書案頭,默自省察,以當嚴師。竊病近本既行,原書破碎,朱子精言,復多刊落。因仍原本次第,裒輯朱子之言有關此《録》者,悉采入注,朱子説未備,乃采平巖及他氏説補之,間亦竊附鄙説,盡其餘藴。蓋欲昭晰,不厭詳備。"

　　江永出生在有較濃理學氛圍的徽州,浸淫于朱子之學,其思想有尊朱的成分,館臣贊賞他此注本時説,"凡朱子《文集》《或問》《語類》中,其言有相發明者,悉行采入分注。或朱子説有未備,始取葉采及他家之説以補之。間亦附以己意,引據頗爲詳洽。"①當時或稍後,儒林多贊譽江永"輯朱子之語,以注朱子之書,至爲精切","自葉仲圭《集解》以下注釋者數家,惟此最爲善本"②。而且江永"穿穴於典籍者深",與此前"空談尊朱者异",因而,其《集注》既宗朱又有考據特色,具有相當的學術價值,故得館臣首肯。

(三) 在《總目》編撰之前已面世的其他幾種"近思録"文本皆有可取之處,據它們可將北宋四子,南宋朱熹、吕祖謙、張栻、黄榦,元代許衡,明代薛瑄、胡居仁、羅欽順、高攀龍、陳獻章、王守仁、顧憲成、錢一本、吴桂森、華貞元、華儀曾等諸位大家串聯起來,由其著録的"近思録文獻"差不多可串起南宋、元、明、清初理學思想發展史

　　南宋、元、明皆奉爲"入德之門""入道之階"的《近思録》,雖有與乾隆時考據學存在矛盾的一面,但因朱子學爲清代帝王意識形態統治的工具,故統治者對本朝學者尊朱的思想行爲既有肯定,又有所選擇,這便體現在《總目》對"近思録文獻"的去取上。

　　李文炤(1672—1735),字元朗,號恒齋,湖南善化(今湖南長沙)人。他長期主講嶽麓書院,是清代前期湖湘學派中的理學代表者之一,《清史列傳》云"湖南自王夫之以學術聞天下,文炤繼起,名與之埒"。他博通經史,人生後期潜心理學,專注于編撰經學與理學類的著述,"生平力肩斯道,惟恐濂、洛、關、閩之説不傳於世"。其著述宏富,有《周易本義拾遺》《周禮集傳》《宋五子書集解》《近思録集解》《恒齋文集》等。③其"恒齋學派"的學風在清代前期顯示出宗奉朱子學正脉的治學特色,對有"挈領而提綱"的《近思録》,李氏裒集朱熹之精粹之言進行分類編次,"又取其意

---

① (清) 永瑢等:《四庫全書總目》,第 781 頁。
② (清) 張日晟:《重刊近思録集注序》,江永集注《近思録》,清道光二十四年大樑書院刻本。
③ 國史館編,王鍾翰點校:《清史列傳》卷 67,第 5356 頁。

之相類與其説之相資者",附於《近思録》原書内容之下,作爲注解。另外"至其所闕之處,則取葉氏、陳氏、薛氏、胡氏之言以補之,間亦或附己意於其間,庶幾可以便觀覽、備遺忘,以待同志者之取裁"①。由此可見,李氏集解文字大多取朱熹之説,又兼及南宋以降的諸儒之言論,間附己意,其中不乏真知灼見,展現了朱子學在後朱熹時代發展的大概脉絡,是後世瞭解清代前期理學史以及南宋以降朱子學發展脉絡的要籍。② 故因其具有重要的文獻價值,且注解性質與江永相近,《總目》將李氏《集解》進行了著録。

鄭光羲,字夕可,清代無錫人。其編撰的《續近思録》二十八卷與蔡模、劉源涤只輯録朱熹語録不同,其内容重在輯録明代十位理學家的語録,"是編前集十四卷,采薛瑄、胡居仁、陳獻章、高攀龍四人之説;後集十四卷,采王守仁、顧憲成、錢一本、吳桂森、華貞元及其父儀曾六人之説。"該書重在凸顯明代理學名家,且輯録各家語録較精審,這與此前的《近思録》注本、續仿編者本皆不同。此本《總目》"存目類"著録:"《續近思録》二十八卷,兩江總督采進本,國朝鄭光羲撰。……前有光羲自序云:'不有朱子,孔子之道不著;不有高子,朱子之道不著。朱子依然一孔子,高子依然一朱子;朱子功不在孟子下,高子功不在朱子下。'然講學之家,申明聖賢之緒論,以引導後學則有之矣。"③

張伯行(1651—1725),字孝先,號敬庵,清康熙二十四年(1685)進士。歷官内閣中書,福建、江蘇巡撫,禮部尚書等。謚清恪。張氏盡通濂洛關閩諸儒之書,學宗程朱,不參异説。奉"主敬以端其本,窮理以致其知,躬行以踐其實"三言爲準的。力推朱子之學,爲康雍年間理學名臣之冠。在衆多理學著述中,張伯行對《近思録》很是推崇,其關於《近思録》的著述有"三録",即《近思録集解》十四卷、《續近思録》十四卷、《廣近思録》十四卷。

《續近思録》輯録朱熹語録639條。據(清)藍鼎元《儀封先生傳》,雍正初年,張伯行將《近思録集解》進呈之後,"上親書'禮樂名臣'四大字賜焉。復進《續近思録》

---

① (清)李文炤:《近思録集解序》,李文炤《近思録集解》,清雍正十二年四爲堂刻本。
② 戴揚本:《辭約義斯微 慮遠説乃詳》,嚴佐之、顧宏義主編《〈近思録〉文獻叢考》,上海:上海古籍出版社,2018 年,第 223—235 頁。
③ (清)永瑢等:《四庫全書總目》,第 823 頁。據杜澤遜《四庫存目標注》,對於《續近思録》,《兩江第一次書目》著録云"無錫鄭若羲輯,四本"。杜先生説:"吳光祖改'若'爲'光'。"參見杜澤遜:《四庫存目標注》,上海:上海古籍出版社,2007 年,第 1497 頁。

《廣近思錄》及宋儒文集數種，皆蒙嘉納"①。雍正二年，"張伯行進《續近思錄》……諸集，命赴闕里致祭；建議以明儒羅欽順、本朝陸隴其從祀兩廡。從之"②。張伯行《續近思錄》十四卷"因《近思錄》門目，采朱子之語分隸之，而各爲之注"③。據其《續近思錄序》，他是想爲讀者建構通往《近思錄》的進學之階，故而認爲"聖學之階梯，日用躬行之科級，非四子《近思錄》無從入，非朱子《續近思錄》，不尤爲學者一大憾事哉？第余往歲輯《濂洛關閩書集解》，其于朱子《文集》《語類》諸書，略勤摭拾，不無散見於諸先正各集中者。兹錄雅不愛其重出，故于諸先正集中或删或補，未能強同，要其關於身心，切于行習，備乎全體大用，條分類别，精實而詳明，當亦無殊旨也。爰不揣固陋，謬爲詮釋，冀有發明於前人未盡之意，且期無負乎朱子誨誘後進之深心"④。

張伯行仿《近思錄》體例，采輯宋代張栻、吕祖謙、黄榦，元代許衡，明代薛瑄、胡居仁、羅欽順等七位理學家的語録，編撰《廣近思錄》十四卷，共輯語録1217條。關於其編輯緣由，清康熙五十年(1711)張伯行自序云："天下之理本一而分，則殊不思固不能達，思之而不博觀群言，亦無以會衆理而歸於一"，"自有宋迄元明，中間發揮聖蘊，繼濂、洛、關、閩之後者，實惟是數大儒遺書，其言平實，其指深遠，可誦可法"。"余於《近思錄》所爲，既詮釋之而又續之，既續之而又廣之，冀有以章明義蘊，引進後人，而且以輔翼儒書於不墮也。……學者誠由《近思錄》而並及夫《續》與《廣》二錄，尋繹玩味，沉潛反復，萬殊一理，悠然會心，夫然後《六經》、四子之書不爲日耳，當必有身體而心驗之者，入聖之階梯無逾斯矣。是則余所以纂集此書之意，非務多也。"⑤

根據張伯行序文和《廣近思錄群書姓氏》，可知《廣近思錄》體例上是"類纂合編，仿諸《近思錄》之例"，各卷篇名與其《續近思錄》相同。内容上所"彙集七家言"，正如光緒年間邵松年所言："朱子後數百年儒者之言，精粹悉聚於此。"故此書填補了《近思錄》、張伯行《續近思錄》未收語録的空白。

①　（清）藍鼎元：《儀封先生傳》，藍鼎元《鹿洲初集》卷7，清雍正十年刻本。參見《清代詩文集彙編》編纂委員會編：《清代詩文集彙編》，上海：上海古籍出版社，2010年。
②　〔日〕今關壽麿編輯：《宋元明清儒學年表》，北京：北京圖書館出版社，2002年，第164頁。
③　（清）永瑢等：《四庫全書總目》，第827—828頁。
④　（清）張伯行：《續近思錄序》，張伯行集解《續近思錄》，清康熙五十一年刊本。
⑤　（清）張伯行：《廣近思錄序》，張伯行輯《廣近思錄》，清康熙五十年姑蘇正誼堂刻本。

劉源渌(1618—1700),字崑石,山東安丘人。人生後期特服膺朱子之學,嘗曰
"朱子之書,吾信之如神明,敬之如父母","于朱子《文集》《或問》《語類》三書,沉潛
反復,撮輯纂序,晨昏燈火,席不暇暖,風雨幾硯,手不停筆,以至衣敝榻穿,體寒手
凍,皆弗自恤也,務求先聖之道彰明較著而後已,凡三創草、三脱稿而始成"《近思續
録》十四卷,以之爲"前録之階梯"。① 該書采輯《文集》《或問》《語類》中朱熹精粹詳
明之語分門編輯,既仿《近思録》原本體例,又爲原書之續録,可彌補《近思録》無朱
熹語録之缺憾。該書是劉源渌一生心血的結晶,其集朱熹之説既有文獻價值又具
思想學術價值。②

簡言之,張伯行《續近思録》、劉源渌《近思續録》是對《近思録》無朱子語録的補
充,也是彌補後世學者心中那份缺憾;鄭光羲《續近思録》、張伯行《廣近思録》重在
輯録朱門以及與朱門密切相關的其他宋明理學家語録。這些在清代前期出現的
"近思"文本,其取材組材差不多串連了南宋、元、明至清初的程朱理學思想史料,將
最能代表中國古代主流學術思想的朱門學脉影響清晰地呈現,具有重要的文獻價
值與學術思想史價值。《總目》有選擇地著録這些文本,也鮮明地表達出他們對程
朱理學並不持打壓的心態。

三、《總目》不著録"近思録"的其他優秀之作,主要是因清代文字獄流毒所致

雖説上文被《總目》著録的"近思録文獻"有可取之處,然而相較于這些文本,史
上仍存在一些較爲有名的著述卻未被館臣著録。如已故著名朱子學家陳榮捷在將
中國注本與日本注本比較時,評判了清代《近思録》注本中的優秀者,説:"以注釋
《近思録》而論,日本注釋、講述、翻譯不下百餘種。以言引朱,總不若江永(《近思録
集注》)之精;名物、掌故與校對,遠不及茅星來(《近思録集注》);而詮釋意義,則更
在張伯行(《近思録集解》《續近思録》)、施璜(《五子近思録發明》)之下。"③可見江

① (清)馬恒謙:《近思續録跋》,劉源渌編《近思續録》卷首,清光緒十七年劉景辰補刻本。
② 黄坤:《劉源渌與〈近思續録〉》,嚴佐之、顧宏義主編《〈近思録〉文獻叢考》,第 213—222 頁。
③ 陳榮捷:《談訪問哲學界觀感》,中國社科院哲學研究所編《中國哲學年鑒》,北京:中國大百科
全書出版社,1984 年,第 487 頁。

永、茅星來、張伯行、施璜的注本確實各有所長,可是爲何《總目》不將這些著述全部著録呢? 筆者探究後認爲主要原因是:

(一) 清雍正年間因"曾静遣徒張倬投書案"的影響深遠,使得館臣不能選取吕氏家刻《近思録》原文本,以致在著録"近思録文獻"的體系上出現缺憾

清前期是文化高壓的時期,屢興文字獄,所造成的思想文化統治威懾,使得許多知識分子"著書皆爲稻粱謀"。作爲清廷的最高統治者,他們深諳統治之術,對明代遺民中的上層知識分子實行籠絡政策,打擊傾向於下層;通過告訐,讓漢人内鬥;並將文字高壓與禁書毁書相聯接,使反映民主思想或民族情緒的著述難以流布。

清初文字獄至乾隆朝時仍在發酵,儘管某些"近思録文獻"本身文獻價值或學術價值較高,但因與文字獄案相關涉,故難以被四庫館臣相中。如清代的《近思録》原文本存世較多,主要是以吕留良家刻本爲主。吕留良(1629—1683),字莊生,號晚邨,浙江崇德(今桐鄉市)人。在康熙年間吕留良以宣導程朱理學著稱於江南,若從清初學術思想史的角度考察,則他當擁有一席之地,或許緣於此因,清末張之洞在《國朝著述家姓名略》中,將"陸世儀、張履祥、應撝謙、魏裔介、陸隴其、李光地、張伯行、楊名時、朱軾、蔡世遠、陳宏謀"歸於"程朱之學"。[1] 吕留良堅持傳揚程朱理學,臨終前還補輯《朱子近思録》,因而現代朱子學名家錢穆評價吕氏時説:"晚村以發明朱學爲務","推奉朱子,實有創見,卓然輩流之上,爲有清一代講朱學者別開生面。"[2]

吕留良嘗曰:"第程朱之要必以《小學》《近思録》二書爲本,從此入手以求《四書》《五經》之指歸,于聖賢路脉必無差處。若欲别求高妙之説,則非吾之所知矣。"[3]又云:"救正之道,必從朱子;求朱子之學,必於《近思録》始。"[4]他曾創設天蓋樓刻書局刊印程朱著述,首開清代重刊《近思録》原文本之風氣。正是因其個人志趣與清

①　(清)張之洞:《國朝著述家姓名略》,《書目答問》,清光緒刻本。參見《續修四庫全書》編委會編:《續修四庫全書》史部第921册,上海:上海古籍出版社,2002年,第734頁。
②　錢穆:《中國近三百年學術史》,北京:商務印書館,1997年,第82—85頁。清康熙二十二年,陳祖法《祭吕晚村先生文》曰:"其大者在扶正道於將墜,闡微言之未絶,特於制藝中晰毫釐而抉精髓,終以《朱子近思録》《知言集》二書未成爲憾。……此濂、洛、關、閩諸君子之憾,後世有心斯道者之憾。"(《古處齋文集》卷五)
③　(清)吕留良:《與柯寓匏書》,《吕晚村先生文集》卷4,清雍正三年天蓋樓刻本。參見《四庫禁燬書叢刊》編纂委員會編:《四庫禁燬書叢刊》集部第148册,北京:北京出版社,2000年,第548頁。
④　(清)吕留良:《與張考夫書》,《吕晚村先生文集》卷1,清雍正三年天蓋樓刻本。參見《四庫禁燬書叢刊》編纂委員會編:《四庫禁燬書叢刊》集部第148册,第481頁。

初朱子學復興的背景，使得呂氏家刻圖書在當時流布廣泛。綜觀清代的理學書籍傳播，很難繞開呂氏家刻書，因爲《近思録》原文本的傳刻系統，便是以呂氏家塾讀本《近思録》、寶誥堂刻《朱子遺書》本《近思録》爲主，故有清一代主要有賴於清初呂氏家刻而得以在大範圍長久流布。

雖説呂氏對朱子學著述的刊刻發行，無意之中與清廷需要程朱理學幫助其統治相契合，但是清雍正六年（1728）九月曾静之徒張倬投書岳鐘琪謀反案發生，隨後曾静供出是讀吕留良著述所致，受此案影響，吕留良家族及其門人均受牽連，雍正七年年初官府將嚴鴻逵、沈在寬、吕毅中、吕黄中、吕懿曆拿獲，五月又搜查吕留良、嚴鴻逵、沈在寬家藏書籍，雍正十年十二月諭旨將"吕留良、吕葆中俱著戮尸梟示，吕毅中著改斬立决。其孫輩俱……發遣寧古塔，給與披甲人爲奴"①，與吕留良相關的著作被禁毀，刻版也被焚燒。經過此獄之後，吕家整理刊布的程朱理學書籍僅有少許存世。

從存世的康熙年間《近思録》吕氏家塾讀本、《朱子遺書》本考察，其版本校勘精審，刊印精美，委實稱得上善本，可是《總目》卻視若不見，重視"擇其善本録之"的館臣卻未純粹從版本角度考慮取捨，個中緣由則可想而知。若從"近思録文獻"體系傳播的完整性角度考察，《總目》既然選取了注本、續編、仿編本，那麼理應選取《近思録》白文本，如此方謂完備，可是雍正年間的文字獄流毒，在幾十年後依然影響著《總目》的編撰，左右着館臣對《近思録》文本的選取，雖説清初版本中《近思録》白文本除吕氏刻本外，其他有價值的版本則罕見，但最終《總目》只能捨弃吕氏家刻本，不得不説是一種缺憾。

（二）乾隆朝的文字獄，使得謹遵乾隆裁斷的館臣不得不生忌諱，往往因人而廢其言，故《總目》的編撰會捨弃一些優秀之作

張伯行爲康熙、雍正年間朝中要臣，爲政之餘，著述不輟，自著及編纂類文獻達百餘種，主要有《濂洛關閩書集解》《困學録集粹》《道統録》《伊洛淵源續録》《正誼堂文集》等，彙刊曰《正誼堂全書》。對後世的影響很大。在其任職期間，構建院舍，廣刊先儒理學諸書五十餘種，其"三録"均成書於清康熙年間，幾乎在成書的同時姑蘇

---

① 上海書店出版社編：《清代文字獄檔》，雍正十年十二月十二日《將吕留良等戮尸梟示諭》，上海：上海書店出版社，2007年，第591頁。

正誼堂便予刊行，流播較廣。

館臣在張伯行《續近思録》提要中説："然自宋以來，如《近思續録》……《朱子近思録》之類，指不勝屈，幾於人著一編。核其所載，實無大同异也。"①即便如此，《總目》還是著録了《續録》，卻不著録其《近思録集解》，僅僅是因爲該書重在進行義理闡釋嗎？

清初理學雖衰，但朝廷特推崇程朱一派，"每于濂、洛、關、閩四氏之書，加意振興，以宏教育"。張氏非常崇敬程朱之學，以爲"集諸儒之成者，朱子也，采摭遺書，作《近思録》，而性功王事該焉"，張伯行"束髮受書，垂五十餘年，兢兢焉以周、程、張、朱爲標準，而于朱子是《録》，尤服膺弗失。間嘗纂集諸説，謬爲疏解"，希望與天下同志"不負先儒諄復誨誘之心"，"以維持道脉，光輔聖朝斯文之盛"。② 其《集解》十四卷於清康熙四十九年完成，康熙五十一年姑蘇正誼堂刻行，隨後有乾隆元年尹會一維揚安定書院刻本，乾隆十三年尹會一重修本，同年影抄尹會一本等。

其《集解》思想學術價值並不遜色於其編纂的《續録》《廣録》，但是《總目》卻因"尹嘉銓爲父請謚並從祀文廟案"的影響，只收録《續録》《廣録》，而將張氏《集解》排除在外。尹會一（1691—1748），字元孚，號健餘，直隸博野（今河北保定）人。清雍正二年（1724）進士，累官河南巡撫，工部、吏部侍郎。③ 清雍正年間，尹會一在揚州爲政時，曾與該書院山長王步青（字罕皆，又字漢階）鋟梓張伯行《集解》，現存有乾隆元年尹會一校訂本。

尹嘉銓，字亭山，爲尹會一之子。雍正乙卯舉人。承家學，從王步青講習《小學》《近思録》，又執贄方苞門下，授以《儀禮析疑》。官至甘肅布政使、大理寺卿。④ 尹嘉銓認爲其父尹會一的功績與文才足以够得上乾隆帝親自賜予謚號，在乾隆四十六年（1781）三月上疏爲父請謚，其狂妄未得乾隆理會。尹嘉銓又把其父尹會一的名字與湯斌、陸隴其、范文程、李光地、顧八代、張伯行等放在一起，請求乾隆下旨準許他們從祀文廟，乾隆帝認爲他謬妄殊甚，下諭"著革去頂戴，拿交刑部治罪"⑤。隨後查抄尹家發現尹嘉銓《近思録四編》以尹會一、張伯行擬比孔門四子，"又自稱

① （清）永瑢等：《四庫全書總目》，第 827—828 頁。
② （清）張伯行：《近思録集解序》，《近思録集解》，清康熙五十一年刻本。
③ （清）徐世昌等編：《健餘學案》，《清儒學案》卷 62，北京：中華書局，2008 年，第 2409 頁。
④ （清）徐世昌等編：《健餘學案》，《清儒學案》卷 62，第 2428 頁。
⑤ 上海書店出版社編：《清代文字獄檔》，《尹嘉銓著革去頂戴拿交治罪諭》，第 352 頁。

爲孟子後身直接孔子宗傳，又所著《隨五草》中有朋黨説與世宗憲皇帝御製《朋黨論》相背謬，並擅著本朝《名臣言行録》以高士奇、高其位、蔣廷錫、張廷玉、鄂爾泰、史貽直等列入書内”①，等等，妄自尊崇、狂悖不法、謗讟時事的情形讓乾隆非常惱怒，下諭將尹嘉銓“處絞立決”。當年五月軍機處銷毀了尹嘉銓書籍，清單中有《貽教堂文集》、《近思録》三編四編、《尹氏家譜》等，尹會一、尹嘉銓所著書九十三種全被銷毀。

尹嘉銓爲父請謚並從祀文廟案，奏摺和諭旨多達 50 條，牽連無辜者衆多。乾隆四十六年(1781)正值《四庫》編修期間，《總目》尚在編撰之中，該案在當時已使得“《小學》等書雖係前人著述，原可毋庸銷毀，惟其中有該犯疏、解、評注者難以撤出，應一併全毀”②。儘管張伯行是乾隆帝父親嘉獎的理學名臣，可是因爲其《集解》在這之前主要是以“逆犯”尹會一校訂本通行於世，所以因該案牽連受累，也被一體查銷，“禮樂名臣”的《集解》也未能被館臣收入《四庫》，《總目》存目亦不著録，而落入禁毀行列。今查《四庫禁燬書叢刊補編》，收録有清乾隆元年尹會一參訂的維揚安定書院刻本張伯行《集解》，是可爲證。

(三)《總目》是古代目録學的集大成者，對圖籍的著録要考慮典型性、代表性，故不會著録在内容上過多重複的著述

乾隆年間編纂《四庫全書》對圖籍收録有數量限制，《總目》對著録對象的選取、分類、提要的撰寫皆很考究，即便設有“存目類”，也不可能將所有圖書都著録，更不可能將同一類文獻的林林總總盡收其中，館臣們要遵循帝王之裁斷，又要考慮《總目》著録的圖籍在内容、學術思想方面的异同，如對同一類文獻、内容相近的圖書，往往選取其中代表性、典型性的予以收録，因而爲避免書籍内容的過多重複，施璜《五子近思録發明》等相關“近思録文獻”未被《總目》著録。

清徽州休寧人汪佑，以尊朱崇正爲己任，在康熙年間與汪知默、汪德元、江恒、胡淵等講學新安紫陽、還古書院，編纂有《五子近思録》十四卷。此書由《近思録》622 語録與增補的朱熹之説 548 條語録組成，取材於《四書集注》《四書或問》《四書

① 上海書店出版社編：《清代文字獄檔》，乾隆四十六年四月十七日《三寶等奏會審尹嘉銓口供摺》，第 367 頁。
② 上海書店出版社編：《清代文字獄檔》，乾隆四十六年五月十三日《軍機處應行銷毀尹嘉銓書籍奏》，第 378 頁。

集義》《中庸輯略》《周易本義》等 18 種著述，即"匯朱子精微之言吻合于四先生者，增入各卷篇末，是爲五子合編"。在理學傳播史上，因其彰顯性理之道、接續理學淵源而受到學界贊譽。

與汪佑同鄉的徽州大儒施璜（？—1706，字虹玉），也"以宋儒程、朱爲的"，嘗游學東林書院，師從高攀龍的侄子高世泰，曾主講紫陽、還古兩書院幾十年，於先儒語錄多所發明，崇敬紫陽之學，增補續編、注釋了汪佑《五子》，於康熙四十四年（1705）撰成《五子近思錄發明》十四卷。其"發明"文字結合汪佑原注文或增補節删，或抒發己見，或精選明代薛瑄、胡居仁、羅欽順、高攀龍四先生之言，以"發明"周、程、張、朱五先生之意，使得"濂、洛、關、閩之微言燦然備矣"。故《發明》一書有助於窮鄉晚進之士對宋明理學家有較系統的認知，即由對明代理學家的認知逐步進升到對宋儒、《四書》《五經》的理解。此書一經面世，很快受到時人關注、後學推崇，成爲學習宋五子語錄的重要津梁。在清前期便有英秀堂、聚錦堂、世榮堂等多種刻本行世。但是由於《發明》輯錄的宋五子、明四子語錄與張伯行《續錄》《廣錄》相比，存在文字的重複，且不夠完備，又與館臣的學術取向有異，因而未被著錄。

考察乾隆之前有一定文獻價值、學術價值的"近思錄文獻"，沒被《總目》著錄的主要文本還有：與葉采《集解》注文有諸多雷同的南宋楊伯喦《泳齋近思錄衍注》，在葉采《集解》基礎上剪輯而成的南宋熊剛大句解《近思錄》，議論多於考據的清初張習孔《近思錄傳》，以葉采《集解》爲主體的清初朱之弼《近思錄原本集解》，清初朱顯祖選錄朱熹語錄編成的《朱子近思錄》，雍正初年孫嘉淦在《五子近思錄》基礎上所撰《五子近思錄輯要》，與尹會一交游的黃叔璥《近思錄集朱》（未定稿）、汪紱《讀近思錄》等，這些文本或因與已著錄的上述八種文本在體例、内容上有較多重複之處，或因康乾時期的文字獄案牽涉，最終未被《總目》著錄。

四、其他因素對《總目》著錄"近思錄文獻"也有影響

乾隆年間編纂《四庫全書》與《總目》，推動了精核詳實的漢學之風盛行，《總目》的學術價值和意義不言而喻。但是這一盛大工程使得主流學術思想的發展必須與官方認可一致，既總結了傳統文化，又摧殘了文化。乾隆帝的干預、館臣的學術取向、著述者的學術顯晦等也明顯影響著《總目》的著錄。

(一) 乾隆帝的干預,對《總目》著録有着至關重要的影響

　　通過編修《四庫全書》,乾隆意欲達到錮蔽文化、統制思想的功效。《總目》收録圖籍有自己的政治標準,即那些"以闡聖學、明王道者爲主"的圖籍方能被著録。館臣對衆多典籍的取捨,是在乾隆的直接干預、控制下進行的,即"每進一編,必經親覽,宏綱巨目,悉禀天裁"。乾隆帝爲嚴防宣傳民族思想,而泯滅漢人反清之心,要求館臣們在選取圖書時,須剔除崇尚民族氣節和離經叛道的圖籍,抄查明末清初圖書中不利於其統治的東西。由於雍正時的曾静案、乾隆時的尹嘉銓案,受牽連者多爲崇信程朱理學的成員,加之朱子學者好發議論、指斥朝政,那麽在清朝專制背景之下,一些從事程朱理學研究與傳播的著述,很快成爲被打壓的對象,如乾隆"懲治尹嘉銓,實際是貶抑好發議論、納黨結派的朱子學,提倡實學實風"①。

　　乾隆帝主持撰修《總目》也鮮明地表達了自己的目的,即"稽古右文,聿資治理"②,借助編書,徹查各地書籍,禁毁語涉違礙的圖籍,消弭漢族知識分子的民主意識、民主思想。故館臣們對那些能煽動漢族知識分子反清意識、民主思想,威脅封建皇權的著述,進行塗改、删削、抽毁、禁毁,輕者或將其打入存目,重者禁毁書籍,對"離經畔道,顛倒是非","懷詐狹私,熒惑視聽"者,自然掊擊必嚴、屏斥必力。③

　　清前期的許多崇尚朱子的學者很難避開文字獄的摧殘,吕留良是其中之一,並且作爲理學經典讀本《近思録》的注解之書,也受到了文字獄的殃及。當涉案者的某一方面或某些相關因素與帝王統治或其尊嚴發生矛盾時,統治者要廢弃的不僅僅是某個人的著述,更多時候牽連到其家族人的性命以及學界友人的前程、著述的流播。四庫館臣在執行君王旨意時,一般不會在意那些凝結着程朱理學思想精華的圖書價值是如何之高,只要發現它們與君王之意相違礙,便會拒之門外。

　　張伯行在康雍時期聲譽很高,其"專宗程朱,篤信謹守,與陸清獻相後先。躬行實踐,致君澤民,理學而兼名臣,亦與湯文正媲美。從祀朝廷,同膺盛典,洵無愧焉"④。試想,若不是因爲尹嘉銓爲父請謚並從祀文廟案致使乾隆惱怒,若不是尹會一參與張氏《集解》的校訂,張氏《集解》很可能會被《總目》著録。同理,若不是黄

　　①　陳曉華:《〈四庫全書〉與十八世紀的中國知識分子》,北京:社會科學文獻出版社,2009 年,第136 頁。
　　②　中國第一歷史檔案館編:《纂修四庫全書檔案》,上海:上海古籍出版社,1997 年,第1 頁。
　　③　(清)永瑢等:《四庫全書總目》,《凡例》,第 19 頁。
　　④　(清)徐世昌等編:《敬庵學案》,《清儒學案》卷 12,第 553—554 頁。

叔璥與尹會一有過交游,其《近思録集朱》也可能被著録。

(二) 清文化宰制、漢學成爲顯學,對《總目》著録皆有影響

《近思録》編撰初衷是爲窮鄉晚進閱讀北宋四子閎博著述編輯的入門讀本,以便有志於學而無明師良友者,"足以得其門而入",而且朱熹肯定《近思録》是讀《四書》的階梯,由此可入聖賢之道。那麽這部近思切問、整治人心的經典自然能得到後世歷代帝王的肯定,由此書而衍生的注本、續編仿編文本,也都遵從朱熹編撰旨意,順應着時代的發展而爲時人建構入聖之階。正因如此,《近思録》文獻本身在館臣心裏是具有普世價值的,易得到認可。

但"乾隆時,就已覺察到理學難以維繫知識界,而必須提倡'漢學',推行所謂'崇宋學之性道,而以漢儒實之'的文教政策"①。乾隆看中程朱理學可助其維護統治秩序,而對理學的哲理層面無興趣。因而,隨着其統治的逐漸穩定與清代學術的發展,作爲御用工具的程朱理學的價值也逐漸淡化。隨着君王對朋黨的憎惡,理學本身與生俱來的結朋納黨,生命力的喪失,使得朱子學的命運出現頹敗。其思想中不利於皇權統治的一面則要被根除。漢學以自身實證的學風和傑出的成就,又切合當時政治的需要,在學術界産生了積極影響,朱子學的一統局面開始動搖,理學的學術地位開始邊緣化。故在政治、學術自身發展的雙重需求下,漢學便水到渠成地成爲顯學。

乾隆修書既有迎合時勢之需,又有通過修書達到錮蔽文化、統治民衆思想的功效。在四庫修書時期,漢學專制的局面基本形成,漢宋門户之見,使得非漢學考據家的著述難以得到關注,尤其是在主導文化高壓者看來那些"有問題"的著述,是不能得到肯定的。《總目》編撰的基本用意是要維繫清王朝的統治秩序,因而對理學的批判具有選擇性。既然《總目》著録就有政治、學術的雙重標準,那麽像尹嘉銓案之類則會對《總目》的著録産生影響,館臣不會著録與之有牽連的著述,張氏《集解》、黃氏《集朱》也就不在被著録之列。

在清康、雍、乾三朝,文網周密,文字獄有八十多起,其意在於泯滅民衆中的不

① 孫培青、李國鈞主編:《中國教育思想史》(第二卷),上海:華東師範大學出版社,1995 年,第424 頁。

滿情緒或反清思想，犯禁的被殺被貶，其著述以及受牽連的著述被毀被禁，《總目》自然不予著錄。從文字獄及相關忤逆之案的結果看，《近思錄》文獻的傳播也受此負面影響，殘酷的文化專制，君王獨尊的文化思想真切宰制了程朱理學在這一時期的發展與影響，造成因人而廢其言，結果是版毀書亡。

(三) 館臣的門户之見、總體的學術取向，對《總目》取捨圖籍有重要影響

明末清初的學風不同於此前，已開始摒弃空疏游談，崇尚徵實求真。清康、雍帝王御纂諸經，漢宋兼采。至乾隆朝時，程朱理學始衰落，重漢輕宋的學術傾向更加鮮明，甚至在四庫館臣中有理學家取漢學之長來充實自身，當時處於社會主流學術的漢學家們，多入館修書，四庫館差不多成了漢學的大本營。他們抓住這個最佳機遇，弘揚漢學，以致漢學思潮盛極一時，這便很快打壓了其他學派或學術思想。當時的袁枚説：“近今之士，競尊漢儒之學，排擊宋儒，幾乎南北皆是矣。”①故余嘉錫説，“有清一代漢學家之攻擊宋學者”，是以《總目》爲旗幟的。②館臣在《詩類序》中也自言：“今所采輯，則尊漢學者居多。”儘管“漢學具有根柢”，“宋學具有精微”，既有戴震漢宋兼采，又有紀曉嵐秉持漢學、批判程朱理學，但四庫館臣在學術上的傾向性，則有尊漢排宋的門户之見，③促成了宋學式微，自然左右了《總目》對某些圖籍的選録。

《總目》著録圖籍時用以甄别的學術標準，就是“今所録者，率以考證精核、辨論明確爲主，庶幾可謝彼虚談，敦兹實學”④。可見他們對講求文字、音韻、訓詁、考證的，具有漢學風氣的圖書是肯定的。大多館臣以“考證精核”的考據學方法作爲一種取向標準，貫穿其對歷代著述評判上，相較于義理闡發成分較多的張伯行《集解》，茅星來、江永《集注》考據成分則較多，故《四庫全書》將茅、江二人《集注》選録，這與漢學家占主體的四庫館臣極重視文獻中典章、名物、禮制的考訂密切相關。

茅星來《集注》注釋“所重”在於考據，自云“《近思録集注》既成，或疑名物訓詁

---

① （清）袁枚：《隨園詩話》卷2，清乾隆十四年刻本。
② 余嘉錫：《四庫提要辯證》“經部”“小學類小序”，昆明：雲南人民出版社，2004年，第70頁。
③ 趙濤：《〈四庫全書總目〉學術思想與方法論研究》，北京：中國社會科學出版社，2016年，第125頁。
④ （清）永瑢等：《四庫全書總目》，《凡例》，第18頁。

非是書所重,胡考訂援據之不憚煩爲? 曰:此正愚注之所以作也"①。與茅氏之前的《近思録》其他注本相較,其《集注》的注解方式和内容,體現了考據學的研究精神,注文多憑證據,且博引毛、鄭、馬、賈、杜等人注文爲多,故漢學特色較明顯。正如館臣所云,他不僅"取周、張、二程全書及宋元《近思録》刊本參校同异",而且"又薈萃衆説,參以己見,爲之支分節解,於名物訓詁,考證尤詳。更以《伊洛淵源録》所載四子事迹具爲箋釋,冠于簡端,謂之《附説》"。②

因而,從茅氏注本可以發現,其鮮明的學術主張與館臣漢學傾向較吻合。如《集注》卷九第三條:"明道先生論十事:一曰師傅,二曰六官,三曰經界,四曰鄉黨,五曰貢士,六曰兵役,七曰民食,八曰四民,九曰山澤,十曰分數。"茅氏集注時,大量引證《周官》《周禮》《儀禮》《禮記》《春秋》《左傳》《漢書》《唐六典》,以及漢唐人的注疏等。茅氏反對宋學"空談心性",所言所行以考據見長,首開清人以考據方式注解《近思録》之風,所以其注文在版本、校勘、注釋上均運用文獻考證手段,《四庫》全文收録其《集注》也就不足爲怪了。同樣,作爲"漢學幟志",江永以考據之法、多引朱熹語來詮釋《近思録》,其注文本身已透射出漢學特色,引據詳洽,以朱子精要之言作爲理解《近思録》的最好注脚。這又彌補了以往注本的不足,故其《集注》也被《四庫》收録。

(四) 學者師門興衰、學術顯晦等因素,也對館臣有直接影響

如果我們將張伯行師門與江永師門相比較,則會發現二者的差异直接影響其著述的命運,張伯行生前儘管得到康熙、雍正禮遇褒奬,但終究是在宦海層面揚名,在學界影響不及江永,在身後的學術界卻没有影響的弟子,儘管其《集解》在史上評價頗高,卻未被《總目》著録。

江永門人後學在乾嘉時代已經興盛,《清儒學案》評曰:江永與惠棟同時並起,"其後治漢學者皆奉爲先河。婺源之學,一傳而爲休寧,再傳而爲金壇、高郵。其學派傳衍,比于惠氏,爲尤光大矣"③。劉師培以爲:"永學猶博,於聲律、音韻、曆數之學,均深思獨造,長於比勘。金榜從永受學……戴震之學亦出於永……徽歙之士,

①　(清)茅星來:《近思録集注後序》,《文淵閣四庫全書》第 699 册,第 356 頁。
②　(清)永瑢等:《四庫全書總目》,第 781 頁。
③　(清)徐世昌等編:《慎修學案》(上),《清儒學案》卷 58,第 2245 頁。

或游其門,或私淑其學,各得其性之所近,以實學自鳴。"①戴震以經學著稱,其學源自乃師江永,當時已是南北學界都認可的大師,人稱乾嘉學者第一人,"大興二朱、河間紀昀均篤信戴震之學"②,此類群體對選錄具有考據色彩的著述有很大影響。正是由於戴震在考據學領域成就突出,在館臣中地位顯赫,因而江永之學能够被弘揚光大,江永《集注》自然爲四庫館臣所青睞。

相較于江永師門的興隆,與江永同時期的徽州大儒汪紱,其著述的影響則暗淡多了。汪紱平生博覽群書,"博極兩漢、六代諸儒疏義,而一以宋五子之學爲歸,旁及天文、地理、樂律、術數、兵法,無不究暢"③。汪氏雖"恪守朱子家法,與江氏慎修學派同中有異",可是汪雙池的遺書在其離世後百餘年才始得刊行,而江永著述在乾嘉時期卻大顯於世,這正如《清儒學案》編撰者所云"學術顯晦,固有其時","慎修因東原爲之後先疏附,及身大顯"。④ 汪紱卻無有名弟子將其學術大顯於世。因此,諸如師門的興衰、學術的顯晦等確實對一個學者的著述流布、思想傳播有很大影響。

漢學強調師承,注有所據,作爲清朝考據學祖師江永,其弟子門人在乾嘉時期及後世影響甚巨,前有戴震、程瑤田、金榜、鄭牧、汪肇龍等諸位以經史考據卓聞於世的名儒,門人弟子薪火承傳,開漢學皖系一派,後有段玉裁、王念孫、孔廣森、任大椿、洪榜、阮元等,因而對於清代學術史有創新開派之功的江永,其學術思想能在其生後得到廣泛傳播。這也是其《集注》在後世廣泛流傳的原因之一。

上述《總目》對歷代"近思録文獻"文本取捨所反映出的態度,差不多也是乾隆朝館臣編撰《四庫全書》時去取歷代文獻的一個簡明縮影:在那個考據學時代,館臣既尊奉程朱理學,又助推考據學如日中天;館臣既受帝王意識的束縛,又在文化專制與文字獄的鉗制下不能不有所選擇;《總目》既漢宋兼采,又明顯對考據學著述有所偏好。這些情形是四庫館臣在清政治意識束縛之下對待理學文獻的真實寫照,他們既尊朱又崇漢抑宋,且兼有自己的學術取向。若由此觀照《總目》對其他著述的著録,則亦大致如此。

---

① 劉師培:《近儒學術統系論》,《劉師培儒學論集》,成都:四川大學出版社,2010 年,第 177 頁。
② 劉師培:《近儒學術統系論》,《劉師培儒學論集》,第 177 頁。
③ (清)徐世昌等編:《雙池學案》,《清儒學案》卷 63,第 2433—2434 頁。
④ (清)徐世昌等編:《雙池學案》,《清儒學案》卷 63,第 2433 頁。

《四庫全書總目》之"道家學觀"蘊涵的通變思維

江毓奇　廈門大學哲學系特別助理研究員

摘　要：關於歷代不同的"道家學觀"，從文獻辨正、義例方法以至源流變遷等的相關論述，或者可有下列幾種查考的途徑：其一，見於道家文獻的注解與序跋、凡例之中；其二，又或者散見於各家之詩、文或語錄之中；其二，亦可見於歷代史志、目錄記載的相關綫索。對此，前二種取徑皆可提供我們微觀個別"道家學"詮釋及其相關思維理路；後者則提供了宏觀"道家學史"流變之脉絡化的可能。然而，相對於個別詮釋者或單一"道家學"文本蘊涵的"道家學觀"，傳統"辨章學術，考鏡源流"的"目錄學"之作，對於歷代"道家"内涵的分疏聯繫，以至其"道家學觀"蘊涵的詮釋理則與思維模式等問題，則往往受到較少的注意。對此，在《四庫全書總目》"總叙—小叙—提要—案語"的網絡中，被賦予"道家類"之"文本身分"的文獻，在四庫館臣"撮述其源流正變，以挈綱領"而"明通變之由"的論述中，實蘊涵了更多值得探索的焦點。依此，本文所謂"通變思維"，主要是指四庫館臣對於歷代"道家學"文獻的相關評論，在"縱向的繼承轉化"與"横向的批判認取"之間，環顧學術圖像中的"部分與整體"、觀念内涵中的"起始與發展"、理解詮釋中的"差异與同一"之關係，進而融通適變的思維模式。

關鍵詞：《四庫全書總目》；"道家學觀"；通變思維

一、問題的討論與提出

關於歷代不同的"道家學觀"，從文獻辨正、義例方法以至源流變遷等的相關論述，或者可有下列幾種查考的途徑：其一，見於道家文獻的注解與序跋、凡例之中。

如:《老子道德經河上公章句》序文以"周道繼衰""王不爲政"爲《道德經》撰作的歷史動機;[1]再如:王夫之於《莊子解·天下》注云:"莊子之學初亦沿於老子,而朝徹見獨以後,寂寞變化,皆通於一,而兩行無礙……故又自立一宗。"[2]其二,又或者散見於各家之詩、文或語録之中,如:王弼《老子指略》以"崇本息末"的觀念作爲詮釋《老子》的思考基準;[3]又如:覺浪道盛《正莊爲堯孔真孤》云:"予讀《莊子》,乃深知爲儒宗別傳",而有"托孤説"。[4] 其三,亦可見於歷代史志、目録記載的相關綫索,如魏徵等人所撰之《隋書·經籍志》論及"道家"流變時,以"聖哲之士,所言道者"無"師説"可傳,然自文帝宗於"黄老"之説後,"道學"始盛,而後學之士又以"异俗爲高""狂狷爲尚",在"不推其本"的情況下,遂流於"迂誕譎怪而失其真"。[5]

對此,前兩種取徑皆可提供我們微觀各别"道家學"詮釋及其相關思維理路;後者則提供了宏觀"道家學史"流變之脈絡化的可能。然而,相對於個别詮釋者或單一"道家學"文本蘊涵的"道家學觀",傳統"辨章學術、考鏡源流"的"目録學"之作,對於歷代"道家"内涵的分疏聯繫,以至其"道家學觀"蘊涵的詮釋理則與思維模式等問題,則往往受到較少的注意。而主要的原因或如四庫館臣於《四庫全書總目·凡例》所述:(一)或由"每書具奏"而"轉從疏漏",如劉向校理古籍到曾鞏刊定官本的變化;(二)或者"稍具崖略"但"亦未詳明",如王堯臣《崇文總目》、晁公武《郡齋讀書志》、陳振孫《直齋書録解題》等;(三)又或者"兼收竝列"但"未能貫串折衷",如馬端臨《經籍考》等。[6] 對此,相較於這三種狀況,在《四庫全書總目》(以下簡稱《總目》)之"總叙—小叙—提要—案語"的網絡中,被賦予"道家類"之"文本身份"(textual identity)[7]的文

---

① 參見(漢)(舊題)河上公撰,王卡點校:《老子道德經河上公章句》,北京:中華書局,2006 年,第311 頁。

② (清)王夫之:《老子衍/莊子通/莊子解》,北京:中華書局,2009 年,第 358 頁。

③ (魏)王弼著,樓宇烈校釋:《老子指略》(輯佚)《王弼集校釋》,北京:中華書局,2009 年,第 198 頁。

④ (明)覺浪道盛:《正莊爲堯孔真孤》,《莊子提正》(明末清初刊《嘉興藏》本)《子藏·道家部·莊子卷》第 75 册,北京:國家圖書館出版社,2011 年,第 503—510 頁。

⑤ (唐)魏徵等撰,張海峰整理:《隋書·經籍志》,《二十五史藝文經籍志考補萃編》(第十三卷),北京:清華大學出版社,2013 年,第 93 頁。

⑥ (清)永瑢等:《四庫全書總目》卷首《凡例》,北京:中華書局,2008 年,第 17 頁。(以浙本爲底本,參以武英殿本、粤本互校。)

⑦ 此處所稱之"文本身份"(textual identity),主要是把《四庫全書總目》所録存之"道家學"文獻視爲解釋"道家"思想的"符號文本",而"道家類"的歸屬,即是館臣在歷時性與共時性的文化聯繫中,所賦予這些"道家學"文獻的社會性身份。只是,館臣所歸屬之"道家"亦非止於先秦典籍,或《史記》或《漢書·藝文志》以來的"道家"觀念而有所通變。

獻,在四庫館臣"撮述其源流正變,以挈綱領"而"明通變之由"①的論述中,實蘊涵了更多值得探索的焦點,兹簡述如下:

1. 四庫館臣於《子部總叙》中提及"釋家""道家"二氏同爲"外學"。如此,則四庫館臣是建立在何種基礎之上,思考"道家學"之於諸子學,以至於《總目》之總體學術觀照下的定位問題?

2. 在《道家類序》與相關的提要中,館臣曾提及"神怪之迹"與"神仙家"等"後附之文"②融入"道家"内涵流變之歷史脉絡。如此,在"彼教自不能别"與"今亦無事區分"之難題與限制下,四庫館臣又如何厘析"道家"觀念之内涵及其流變?

3. 承上所述,在"衡定'道家學'定位"與"厘析'道家'内涵流變"的基礎上,"道家類"範疇的形成,在"擇其稍古而近理者"③的考慮中,或者與歷代經籍藝文志有明顯的不同,④則《總目》又蘊涵了何種"道家學"思維,以思考"道家學史"中的相關詮釋問題? 凡此,亦如同上述問題須要進行層次性的討論。

順此,考察近二十年來《四庫全書總目》之學術思想研究中,關於經部、史部與集部的斐然成果,⑤對於館臣在子學以至於道家評論所蘊涵的學術史觀或思維模式則少有論述,因此,本文擬從"通變思維"的視角,透過上述問題的思考,對於四庫館臣之歷代道家學文獻的相關評論,在"縱向的繼承轉化"與"横向的批判認取"之間,環顧學術圖像中的"部分與整體"、觀念内涵中的"起始與發展"、理解詮釋中的"差異與同一"關係,重構而揭顯其融通適變的思維模式。因此,本文將以"'研理於

---

① (清)永瑢等:《四庫全書總目》卷首《凡例》,第18頁。
② (清)永瑢等:《四庫全書總目》卷146《道家類·道家類叙》,第1241頁。
③ "擇其稍古而近理"爲館臣擇取九流之類的重要標準之一,詳見(清)永瑢等:《四庫全書總目》卷首凡例,第19頁。
④ 例如《周易參同契》在《舊唐書·經籍志》列入"五行家",而《四庫全書總目》列入"道家";《鶡子》《鶡冠子》在《漢書·藝文志》列入"道家"而《四庫全書總目》反并入"雜家"。分别參見:(後晋)劉昫等撰,朱莉莉整理:《舊唐書·經籍志》,收録於《二十五史藝文經籍志考補萃編》(第17卷),北京:清華大學出版社,2013年,第91頁;(漢)班固撰,(唐)顏師古注,顧實講疏:《漢書藝文志講疏》,收録於《二十五史藝文經籍志考補萃編》(第4卷),北京:清華大學出版社,2011年,第94、101頁;(清)永瑢等:《四庫全書總目》卷146《道家類·周易參同契》,第1241頁/卷117《雜家類一·鶡子》,第1006頁/卷117《雜家類一·鶡冠子》,第1007頁。
⑤ 關於《四庫全書總目》之學術思想的研究,總論性質與經部、史部、集部之專論的成果甚夥,此不贅述。可查閲甘肅圖書館、天津圖書館編《四庫全書研究論文篇目索引(1908—2010)》(北京:國家圖書館出版社,2013年),並參見周積明《四庫學二十年——以〈四庫全書總目〉爲研究中心》(《中國四庫學》第一輯,北京:中華書局,2018年,第6—10頁)。

經—徵事於史'：四庫館臣之'道家學'定位的思維基礎""'本始'與'後附'：四庫館臣對歷代'道家'内涵中的厘析與辨正"，與"'外學'視域下的'理'觀點：四庫館臣的'道家學'詮釋思維"三個議題，對《總目》之'道家學觀'及其思維模式，進行層次遞衍的討論。

二、"研理於經—徵事於史"：四庫館臣之"道家學"定位的思維基礎

本節主要探討四庫館臣的"道家學"的定位問題，主要涉及了四庫館臣在《總目》的總體學術觀中，對經、史、子等學術分疇關係所蘊涵的思維基礎。依此，根據原典的提示，我們可先討論"經學"與"史學"在《總目》總體學術觀下對於"子學"的基礎意義，再接着探討"子學"分疇中的"本"與"末"關係及其思考内涵，最後融貫四庫館臣於前兩個問題的思考，以突顯出"道家學"在《總目》總體學術觀下的"外學"定位。

(一)"經學"與"史學"在《總目》之總體學術觀下對於"子學"的基礎意義

首先，就第一問題來説，《四庫全書總目·子部總叙》有以下兩段論述曰：

1. 自六經以外立説者，皆子書也。其初亦相淆，自《七略》區而列之，名品乃定。其初亦相軋，自董仲舒別而白之，醇駁乃分。①

2. 夫學者研理於經，可以正天下之是非，徵事於史，可以明古今之成敗，餘皆雜學也。然儒家本六藝之支流，雖其間依草附木，不能免門户之私，而數大儒明道立言，炳然具在，要可與經史旁參。②

據此，在四庫館臣的想法中，"經部典籍"與"子部典籍"原初並未有明顯的區別，"品名乃定"在認知上的分類，係由劉向、劉歆父子相續之《七略》對先秦兩漢以來的典籍，在其學術史建構的目的下，開啟知識内涵別類的序端；而"醇駁乃分"在

---

① （清）永瑢等：《四庫全書總目》卷 91《子部總叙·儒家類一》，第 769 頁。
② （清）永瑢等：《四庫全書總目》卷 91《子部總叙·儒家類一》，第 769 頁。

價值上的衡定,則在董仲舒"改制更化"的政治理想中,經由"獨尊經術"對"王官學"義涵的更替,①使得代表"王官學"的"經學"遂與"百家言"的"子學"始有明顯的分流與價值上的區別。而《總目》"經部"所涉及的"經學"也或可回溯《七略》、《漢書·藝文志·六藝略》的基礎中逐步擴大範圍變革而來。② 如此,則"立説者,皆子書"者,雖然與經部或史部典籍相涵了一定程度的"文本間性"(intertexuality)③而有其論道説理的内涵,但相對於"經稟聖裁""垂型萬世"④的"經學",與"觀其始末""得其是非"⑤的"史學"而論,"子學"在四庫館臣總體學術的宏觀架構中,仍然只有"雜學"的地位,只是在各家之間又有不同程度的嵌結,此中又以"儒家"與"經學""史學"的關係最爲緊密。如此,則"子學"在四庫館臣的視域下,仍須立基於"研理於經—徵事於史"的基本認識模式中,以顯豁其價值。而這種認識模式,一方面,微觀地看,係建立在"蓋經者非他,即天下之公理"⑥與"史之爲道,撰述欲其簡,考證則欲其詳"⑦的分别設準之中;另一方面,宏觀地看,即四庫館臣在《史部總叙》所謂:"聖人觀其始末,得其是非,而後能定以一字之褒貶"⑧,與"苟無事迹,雖聖人不能作《春秋》。苟不知其事迹,雖以聖人讀《春秋》,不知所以褒貶"⑨的例證與觀點中,其"價值判斷"(value judement)須建立在"事實判斷"(fact judement)的相對客觀性基礎之上;

---

① 此處我們可透過錢穆在《春秋與孔子》一文中的觀點來補充説明,其曰:"直到董仲舒,才開始提出一番'改制更化'的大理論,説動了漢武帝,把沿襲秦廷的百家博士都廢了,而改立'五經博士',代表漢王一朝之新官學。因此漢廷'五經博士',一面是革秦之舊,排除了百家,一面是復古之統,專尊了六藝,專尊了古王官學,而同時又是漢代新王之創法,與古王官學性質又不同。"收錄於氏著:《兩漢經學今古文平議》,臺北:東大圖書股份有限公司,2003 年,第 250 頁。

② 《漢書·藝文志》之《六藝略》以《易》、《書》、《詩》、《禮》、《樂》、《春秋》、《論語》、《孝經》、小學九類爲準;《四庫全書總目》則將《漢志》中歸入《孝經》的"五經雜議"分别獨立爲"五經總義"一類,並把《論語》與《孟子》《大學》《中庸》合於"四書"一類。分别參見:(漢) 班固撰,(唐) 顏師古注,顧實講疏:《漢書藝文志講疏》,收錄於《二十五史藝文經籍志考補萃編》(第 4 卷),第 80 頁;(清) 永瑢等:《四庫全書總目》卷 33《五經總義類·五經總義類叙》,第 269 頁/卷 35《四書類一·四書類叙》,第 289 頁。

③ "文本間性"(intertexuality)在此指文本在形成的過程中,文本與文本之間存在了橫的關係與縱的發展。橫的關係指不同時間與不同空間中的不同文本相互關係,形成語言的網路,形成文本面的推廣。縱的關係指現在的文本不能離開過去的文本而得到理解,文本由於這種關係而產生意義的延伸與理解的深入。(參見黃頌杰等編撰:《現代西方哲學辭典》,上海:上海辭書出版社,2007 年,第 406 頁。)依此,就先秦典籍往往在"集體作者"的對話、交涉與混融之間形成的情況下,"經部""史部"與"子部"典籍,理應存在了或顯或隱而不同程度的"文本間性"。

④ (清) 永瑢等:《四庫全書總目》卷 1《經部總叙·易類一》,第 1 頁。

⑤ (清) 永瑢等:《四庫全書總目》卷 45《史部總叙·正史類一》,第 397 頁。

⑥ (清) 永瑢等:《四庫全書總目》卷 1《經部總叙·易類一》,第 1 頁。

⑦ (清) 永瑢等:《四庫全書總目》卷 45《史部總叙·正史類一》,第 397 頁。

⑧ (清) 永瑢等:《四庫全書總目》卷 45《史部總叙·正史類一》,第 397 頁。

⑨ (清) 永瑢等:《四庫全書總目》卷 45《史部總叙·正史類一》,第 397 頁。

而“事實”則成爲理解“價值”時，不可或缺的充要條件，如此，則兩者呈顯出雙向而動態的辯證與交融。

(二)“子學”分疇中的“本”與“末”關係及其思考

瞭解了“研理於經—徵事於史”在《總目》之總體學術觀下，對於“子學”的基礎意義之後，我們又可進一步地探討：這種認識模式如何影響四庫館臣對於子部典籍，部次分類而爲“子學”之差異性的思考。《子部總叙》載：

> 儒家尚矣。有文事者有武備，故次之以兵家。兵，刑類也，唐、虞無皋陶，則寇賊奸宄無所禁，必不能風動時雍，故次以法家。民，國之本也，穀民之天也，故次以農家。本草、經方，技術之事也，而生死繫焉；神農、黄帝，以聖人爲天子，尚親治之，故次以醫家。重民事者先授時，授時本測候，測候本積數，故次以天文算法。以上六家，皆治世者所有事也。百家方技，或有益，或無益，而其説久行，理難竟廢，故次以術數。游藝亦學問之餘事，一技入神，器或寓道，故次以藝術。以上二家皆小道之可觀者也。《詩》取多識，《易》稱制器，博聞有取，利用攸資，故次以譜錄。群言歧出，不名一類，總爲薈萃，皆可擷菁英，故次以雜家。隸事分類，亦雜言也，舊附於子部，今從其例，故次以類書。稗官所述，其事末矣，用廣見聞，愈於博弈，故次以小説家。以上四家，皆旁資參考者也。二氏，外學也，故次以釋家、道家終焉。①

四庫館臣對於“子部”典籍的部次分類，較之司馬談《論六家要旨》之六家②、《漢書·藝文志》之十家③、《隋書·經籍志》十四類之相承分流④，又有顯著的不同。大體四庫館臣將“子部”分成了十四家，其中又分成了四個主要的類型：(1)“治世者所有事”：儒、兵、法、農、醫、天文算法；(2)“小道之可觀者”：術數、藝術；(3)“旁資

---

① (清) 永瑢等：《四庫全書總目》卷 91《子部總叙》，第 769 頁。
② (漢) 司馬遷：《史記》，臺北：鼎文出版社，1991 年。
③ (漢) 班固撰，(唐) 顔師古注，顧實講疏：《漢書藝文志講疏》，《二十五史藝文經籍志考補萃編》(第 4 卷)，第 82—134 頁。
④ (唐) 魏徵等撰，張海峰整理：《隋書·經籍志》，《二十五史藝文經籍志考補萃編》(第 13 卷)，第 142 頁。

參考者"：譜録、雜家、類書、小説家；（4）"外學"：釋家、道家。而四種類型之間，在四庫館臣"研理於經—徵事於史"的思考基礎中，依其聯繫的緊密度，又或者存在了"本—末"關係①的思考，而有領屬性與效用性的差異。兹説明如下：

其一，對於四庫館臣分類與繫聯的内在理路，或可先從其對"儒家"内涵的瞭解開始討論，亦即《儒家類叙》中所云："古之儒者，立身行己，誦法先王，務以通經致用而已。"②一方面，"通經"指對經典的理解與貫通，本立準於"研理於經—徵事於史"的認識模式之中；另一方面，因"致用"之目的，使得"治世者所有事"的觀念成爲聯繫"儒家"與兵、法、農、醫、天文算法各家的主要理路。若我們再同時反觀《子部總叙》的論述，則又可分爲"國之本：文（儒）—武（兵）—刑（法）"與"民之本：穀（農）—治（醫）—時（天文算法）"兩種聯繫。而這兩種聯繫又分別建立在"'有文事者有武備'到'風動時雍'"與"'生死繫焉'到'重民事者先授時'"③的關係思考中得以拓展。對此，"國之本"屬於政治理念層，"民之本"則爲經濟民生層，雖然四庫館臣在論述上有以"儒家"爲"研理於經—徵事於史"的"認知參照點"（Cognitive reference point）④而重輕其序位，但實質上兩層所涉及的面向仍是互相涵攝，故而"治世者所有事"之類，也因此成爲四庫館臣在思考"子學"分疇關係時，具有核心與領導性之"本"。

其二，"治世者所有事"與"小道之可觀者"的差異，即可由"本—末"關係的理解中透顯出來，而這種理解本身即存在：對典籍所蘊涵之價值意義的區分，前者可謂"通經"之根"本"性基礎，後者則相對爲"致用"的"末"流發展。進一步以四庫館臣對"術數"的觀念爲例，《術數類叙》有云："術數之興，多在秦漢以後。要其旨，不出

---

　　①　"本—末"觀念的思考本爲傳統的思維方式之一，自先秦以來即有領屬性與效用性之分别與聯繫義涵，其後在魏晉玄學家的討論中又涉及了本體論義蘊的深化。而本文對館臣的理解係取前義，相關討論請見朱漢民《玄學與理學學術理路研究》（臺北：臺大出版中心，2011年，第190—199頁）。

　　②　（清）永瑢等：《四庫全書總目》卷91《儒家類一·儒家類叙》，第769頁。

　　③　此處亦可輔以紀曉嵐《濟衆新編序》曰："余校録《四庫全書》，子部凡分十四家。儒家第一，兵家第二，法家第三，所謂禮、樂、兵、刑，國之大柄也。農家、醫家，舊史多退之於末簡，余獨以農家居四，而其五爲醫家。農者，民命之所繫；醫雖一技，亦民命之所關：故升諸他藝術上也。"進行參證，詳見氏著，孫致中等校點：《紀曉嵐文集》第1册，石家莊：河北教育出版社，1991年，第179頁。

　　④　"認知參照點"（Cognitive reference point）指該範疇或具有特殊地位的範疇成員是該範疇中的"最佳例子"，因此，在《總目》"研理於經—徵事於史"的前提下，"儒家"則爲"子部"典籍中的最佳例子或典型成員。詳見 George Lakoff, *Women, Fire, and Dangerous Things: What Categories Reveal about The Mind* (Chicago: University of Chicago Press, 1987), p.41；中譯係參考梁玉玲等譯：《女人、火與危險事物——範疇所揭示之心智的奥秘》，臺北：桂冠出版社，1994年，第56頁。

乎陰陽五行,生剋相化。實皆《易》之支派,傅以雜説耳。"①不僅在時間上,"術數"屬於"經之詮釋"的後起之流,在"經世致用"的前提下,雖然"術數"與"藝術"類典籍亦如《藝術類叙》所云:"與文史相出入"②,但兩家在應世之效用上,自然不如"治世者所有事"類型中的各家。

其三,相較於"小道之可觀者"在"致用"上的"末"流發展,"旁資參考者"這一類型,或如"咸歸統攝"的譜録類③、"無所不包"的雜家類④、"兼收四部"的類書類⑤、"以廣見聞"的小説類⑥等次類別,也都各自在不同的形式與程度中,對"經""史"典籍義涵進行着轉換與重構的工作。如此,此類型典籍的形成,在本質上,雖未必都預設了"研理於經"或"徵事於史"的認識模式而指向"經學"或"史學"的研究;但在功能上,"旁資參考者"的記録、議論、彙整與叙事卻也提供了"治世者所有事"之相關問題在理解或實踐上的參考性,是故四庫館臣以"旁資參考"爲其分類之名。

如此,就上述的討論而言,"子學"各家雖未必具有相同的特性而關聯着"經學"或"史學",但彼此之間仍在不同程度地轉換中,存在了"家族相似性"(Family resemblances)般的聯繫而有"中心地位等級"(Centrality gradience)⑦的嵌結與差異。換句話説:四庫館臣在建構"子學"之各別類型的同時,雖然類型間的成員內涵仍有所交涉,但由"治世者所有事""小道之可觀者"到"旁資參考者"的部次分類,實可證明在這些類型之間,在"研理於經—徵事於史"的思維與"正天下之是非—明古今之成敗"的目的前提下,仍具有"本—末"關係的思考與差異,類型內的各家學術也在各自的聯繫基準中而輕重有別。

---

① (清)永瑢等:《四庫全書總目》卷 108《術數類一·術數類叙》,第 914 頁。
② (清)永瑢等:《四庫全書總目》卷 112《藝術類一·藝術類叙》,第 952 頁。
③ (清)永瑢等:《四庫全書總目》卷 115《譜録類一·譜録類叙》,第 914 頁。
④ (清)永瑢等:《四庫全書總目》卷 117《雜家類一·雜家類叙》,第 1006 頁。
⑤ (清)永瑢等:《四庫全書總目》卷 135《類書類一·類書類叙》,第 1141 頁。
⑥ (清)永瑢等:《四庫全書總目》卷 140《小説類一·小説類叙》,第 1182 頁。
⑦ "家族相似性"(Family resemblances)的觀點主要是指一個範疇中的成員之間可能互相有關,但是這個範疇並不是以其成員所具有的共同特性來界定的;"中心地位等級"(Centrality gradience)的觀念則指一個範疇中的一些成員與該範疇中的成員相比也許更爲典型,而"明顯"處於範疇之內的成員,可能或多或少占有中心地位。詳見 George Lakoff, *Women, Fire, and Dangerous Things: What Categories Reveal about The Mind* (Chicago: University of Chicago Press, 1987),第 12—13 頁;中譯係參考梁玉玲等譯:《女人、火與危險事物——範疇所揭示之心智的奧秘》,第 15—16 頁。以本文的討論來説,在"研理於經—徵事於史"的認識模式之前提下,館臣對子學的部次即以"儒家類"爲其中心地位而展開,進而又有"治世者所有事""小道之可觀者""旁資參考者"以至於"外學"的區分與差異。

(三)"道家學"在《總目》總體學術觀下的"外學"義涵與定位

承上所論,四庫館臣在《子部總叙》的論述中,最後又有將"道家"與"釋家"同列爲"外學"的情況,而此或可説是相對於上述"子部"的前三種類别;尤其是以"儒家"作爲中心的"内學"而論。然而,在《總目》中所提及的"外學"究竟可能存在了什麽樣的意義? 仍須我們進一步的討論。對此,在《總目》的評論中曾提及:

1. 蓋釋家以釋爲内學,儒爲外學耳。①
2. 釋氏以佛典爲内學,以儒書爲外學也。②

以上兩筆資料皆源於四庫館臣對釋家人士之作品分類的評論,此處雖然没有直接涉及"道家"的部分,但其内涵的理路,恰好可使我們在對比之下,進行同步的反思。順此,就前列之 1 而言,内、外學的分别在於家派學説的差異;就後列之 2 而言,内、外學的分别則是在於經典依據的差異。若進一步匯合前文所引"二氏,外學也"的評論,則四庫館臣對於"内、外學"之分,在"學説分立之判别"的客觀條件上,即在於區分:以不同典籍爲詮釋正典的差異中,所形成的不同家派學説;但在"功能價值之輕重"的主觀問題上,對於將"道家"入於"外學"的評論,仍須放在《總目》總體學術觀的思維基礎之中,而有同情理解的可能。如此,則"外學"之説,實須回歸而不出於前論四庫館臣"研理於經—徵事於史"的思考設準之中。

如是,當我們再進一步深入探討"道家學"被評論爲"外學"的重要因素時,亦可進一步的推論:

1. 在四庫館臣認定"道家"係由"神怪之迹""刑名之學""長生之説""服餌導引""燒煉""符籙"與"齋醮章呪"③參雜而衍成的情況下,其學説形成的詮釋依據,非但不見合於傳統聖裁、聖觀之"經"或"史",其知識性格較之"治世者所有事"之"儒家",也未能成爲"經世致用"的典範。

2. 尤有甚者,在《總目》"正天下之是非—明古今之成敗"的目標上,四庫館臣所理解之"道家",相較於"小道之可觀者"或"旁資參考者",各自在不同向度中對於

---

① （清）永瑢等:《四庫全書總目》卷 185《别集類存目十二·香域内外集》,第 1680 頁。

② （清）永瑢等:《四庫全書總目》卷 165《别集類十八·柳塘外集》,第 1410 頁。

③ （清）永瑢等:《四庫全書總目》卷 146《道家類·道家類叙》,第 1241 頁。

"經"與"史"的聯繫,則"道家"之內涵與功能亦顯得大异其趣。凡此,皆爲四庫館臣將"道家"歸入"外學"陣營的重要因素。

除此之外,若再相較於先秦以來對於"道家學""辨章學術"的相關論述,則我們亦可發現:在不同的時代語境中,對於"道家"之知識性格的理解,在靜觀以求其內涵之正或動觀以論其發展之變的差異性中,往往會影響對於"道家"內涵的認識,甚至於對"道家學"的評價問題。例如:司馬談《論六家要旨》一説:"道家使人精神專一,動合無形,贍足萬物"①,首論"道家"之"內在修養"的精神面向;又説:"其爲術也,因陰陽之大順,采儒墨之善,撮名法之要,與時遷移,應物變化,立俗施事,無所不宜,指約而易操,事少而功多。"②不僅"道家"兼善於"儒""墨""名""法"各家之間,又同時涉及"外顯事功"之具體作爲。因此,在司馬談所稱的"道家"里,其重要性甚至更勝於各家。不過司馬談的説法,仍自靜觀以求其內涵之正的角度而論。對此,反觀前論《總目》對於"道家",評以"外學"之論,顯見四庫館臣在理解"道家"時,已不僅在於探究,單一歷史語境或立場中的"道家"內涵,更是在"述其源流正變"以"明通變之由"的目的中進行考慮。因此,四庫館臣如何在宏觀"道家學"的定位下,更加具體而微的思考"道家"的源、流、正、變,本文將在下一節中有更進一步的討論。

三、"本始"與"後附":四庫館臣對歷代"道家"內涵的厘析與辨正

延續上一節的討論,四庫館臣對於歷代"道家"內涵流變的思考,在《道家類叙》中有兩段值得思考其中相關問題的論述如下:

> 1. 要其本始,則主於清净自持,而濟以堅忍之力,以柔制剛,以退爲進。故《申子》《韓子》流爲刑名之學,而《陰符經》可通於兵。③
> 2. 世所傳述,大抵多後附之文,非其本旨。彼教自不能别,今亦無事於區

---

① (漢)司馬遷:《太史公自序》,《史記》,臺北:鼎文出版社,1999年,第3289頁。
② (漢)司馬遷:《太史公自序》,《史記》,第3289頁。
③ (清)永瑢等:《四庫全書總目》卷146《道家類·道家類叙》,第1241頁。

分。然觀其遺書,源流遷變之故,尚一一可稽也。①

據此,我們可知四庫館臣在"源流變遷"的脉絡下,《總目》中的"道家"觀念,並非單純以《老子》《莊子》《陰符經》等經典文本的詮釋爲核心,而展開的某一獨立的學派觀念。但四庫館臣在《總目》的論述中,仍然蘊涵了"本始"與"後附"的相對區別,接下来,本文將更進一步的分别討論,四庫館臣透過什麽樣的思考,來理解其中的差異與意義。

(一)"本始"義涵中的修養層面及其蘊涵之"核心精神的義理厘析"

先就"本始"的義涵而言,四庫館臣所謂的"本始"並非從絶對的時間點上,找出所謂"道家"的"原始内涵",也非後世在探討"道家精神"時,對於《老子》《莊子》義理的重溯與推尊。進而,從其對"道家"有"主於清净自持,而濟以堅忍之力,以柔制剛,以退爲進"的論述來看,此説的理解仍是會通而立基於《漢書·藝文志》對"道家"所謂"清虚以自守""卑弱以自持"等"内在修養"面向的解讀,至於"君人南面之術"②所涉及的"外顯事功"的面向,則非四庫館臣主要繼承的核心而有所變革。又或者可以説:"内在修養"與"外顯事功"雖本有其相即關係,但就四庫館臣的觀點而言,"道家"的"外顯事功"的實踐層面,非與"内在修養"爲單一向度的照應關係,故而後世又各有發展爲"刑名之學"者、延伸而"通於兵"者,甚至相映而與"神仙家合爲一"的多元顯現。如此,四庫館臣之"本始"義涵的廓清與厘析,在視域上實涉及了對"道家"之"内在修養"層面的理解,而這種理解,在方法上亦建立於其對"道家""核心精神"如何貞定的"義理厘析"。

依此,我們又可以從四庫館臣在"非道家類文本之判教别异"與"道家類文本之貞定合同"的兩個面向中進行相反相成的印證。前者如:

1. 歸入"儒家類"的《御製日知薈説》提要曰:"文崇清净之學,源出道家。"③

2. 歸入"雜家類"的舊本題鶡熊《鶡子》提要曰:"《列子》引《鶡子》凡三條,皆黄

---

① （清）永瑢等:《四庫全書總目》卷146《道家類·道家類叙》,第1241頁。
② （漢）班固撰,（唐）顏師古注,顧實講疏:《漢書藝文志講疏》,《二十五史藝文經籍志考補萃編》(第4卷),第105頁。
③ （清）永瑢等:《四庫全書總目》卷94《儒家類·御製日知薈説》,第796頁。

老清净之説,與今本不類,疑即道家二十二篇之文。"①

3. 歸入"釋家類"的釋念常《佛祖通載》提要曰:"又知道家清净與佛同源,故但攻擊齋醮、章呪、服餌、修鍊之術,而仍尊老子。"②

上述三個不同類屬的提要中,皆以"清净"觀念作爲分辨而异同出"非道家類文本"之"道家"蘊涵的標準。而後者又如:

1. 焦竑《老子翼》提要有"大旨主於闡發玄言,務明清净自然之理。如葛長庚等之參以道家爐火、禪學機鋒者,雖列其名,率屏不録"③之説。

2. 舊題施肩吾《西山群仙會真記》提要有"有合於清净之旨,猶道書之不甚荒唐者"④之説。

3. 張雨《元品録》提要有"然書名'元品',自應以清净爲宗,故曹參、張良之流可以類入"⑤之説。

4. 彭在份《讀丹録》提要有"其大旨以斷慾清净爲宗"⑥之説等。

5.《實地論》提要有"大旨謂清净以葆元神,爲道家之實地,一切异地,一切异術,皆虛幻之談"⑦之説。

不論入於"道家類"或"道家類存目",皆特標"清净"爲"道家"義理内涵之核心旨趣。因此,從四庫館臣以"清净"觀念作爲"道家"特質之判斷依據的情況而論,我們或者可以説:所謂"本始",並非措意於時間上之"起始",而是更着重於義理内涵之"核心"意義。至於"道家"的核心意義能否以"清净"之觀念爲其究竟? 在歷代不同的"道家"歸類或内涵中,則又有不同向度的理解,而此又是另外一個問題了。

(二)"後附"義涵中的事功層面及其蘊涵之"歷史發展的衍成辨正"

再以"後附"的義涵而論,雖然《總目》有"道家"與"道教"之名的分別,但或者因"彼教自不能別"的關係,四庫館臣不僅没有像後世對"道家"與"道教"的區分,對於

① (清) 永瑢等:《四庫全書總目》卷 117《雜家類·鶡子》,第 1006 頁。
② (清) 永瑢等:《四庫全書總目》卷 145《釋家類·佛祖通載》,第 1239 頁。
③ (清) 永瑢等:《四庫全書總目》卷 146《道家類·老子翼》,第 1244 頁。
④ (清) 永瑢等:《四庫全書總目》卷 147《道家類存目·西山群仙會真記》,第 1259 頁。
⑤ (清) 永瑢等:《四庫全書總目》卷 147《道家類存目·元品録》,第 1262 頁。
⑥ (清) 永瑢等:《四庫全書總目》卷 147《道家類存目·讀丹録》,第 1264—1265 頁。
⑦ (清) 永瑢等:《四庫全書總目》卷 147《道家類存目·實地論》,第 1263 頁。

各領域之間的學術信念或知識,亦多有混參討論的現象,如此,在"今亦無事於區分"的歷史位置與限制中,則四庫館臣所謂的"後附"是否也蘊涵了相關的思考基準? 就成爲我們主要討論的焦點。對此,在《道家類叙》的指示與白雲霽《道藏目録詳注》提要的總結中,四庫館臣均再三的指出:

1. 後世神怪之迹,多附於道家,道家亦自矜其异,如《神仙傳》《道教靈驗記》是也。……其後長生之説與神仙家合爲一,而服餌、導引入之。房中一家,近於神仙者,亦入之。鴻寶有書,燒煉入之。張魯立教,符籙入之。北魏寇謙之等,又以齋醮、章呪入之。①

2. 考《漢志》所録道家三十七部,神仙家十部,本截然兩途。黃冠者流,惡清静之不足聳聽,於是以丹方符籙炫燿其神怪。名爲道家,實皆神仙家也。②

據此,在"道家"學術流變而衍成的過程中,"神怪之迹"或"神仙家"的介入,成爲四庫館臣詮以"後附"之説時的重要考慮。所謂"與神仙家合爲一""近於神仙者,亦入之"與"炫燿其神怪"等説法,一方面顯示四庫館臣在歷史事實上,認爲"神仙家"與"道家"學術有部分信念或學説内涵的匯流;另一方面也説明四庫館臣在歷史解釋上,認爲"後附"係"黃冠者流"(在此轉喻"道士"),意即某一部分"後起詮釋者"有將"神怪之迹"附於"道家"義理的現象。但這並不是説"神仙家"取代了"道家",或者"道家"橫生了"神怪之迹"的解釋。須要進一步辨明的是:四庫館臣對其謂"後附"的理解,主要是指後起詮釋者在"外顯事功"發展的目的中,不斷吸取各種學術之理念或知識,即若《道家類叙》中的"服餌""導引""燒煉""符籙""齋醮""章呪"③等,進而詮釋、類比或牽合於相關文獻的情況。故所謂"名爲道家,實皆神仙家"的評論,主要是指"道家"内涵從"内在修養"流變爲"外顯事功"的反思與批判。進而,雖然"後附"是一個隨着歷史發展的脉絡性觀念,但四庫館臣對此中所涉及的家派分流、學説損益仍進行了許多"衍成辨正"的思考,而這種思考並非以單一的核心觀念,作爲判教別异的共通基準,而是將"經典詮釋與家派學説的异質性發展"動態的

① (清)永瑢等:《四庫全書總目》卷 146《道家類·道家類叙》,第 1241 頁。
② (清)永瑢等:《四庫全書總目》卷 146《道家類·道藏目録詳注》,第 1254 頁。
③ (清)永瑢等:《四庫全書總目》卷 146《道家類·道家類叙》,第 1241 頁。

考慮進"道家學"衍成的辨正問題。例如:

1. "以'神仙家'之滲入辨正'道家'起始之源"

就"道家學史"的發展來看,四庫館臣除了在上引"道家類"白雲霽《道藏目錄詳注》提要與"類書類"彭大翼《山堂肆考》提要[①],提到"道家"與"神仙家"本於《漢志》應有所分別之外,對於歸入"道家"的文獻亦多所區別辨正。如:夏元鼎《陰符經講義》提要曰:"案:《漢志》,道家、神仙家截然兩派。《陰符》三百八十四字,本李筌自撰,而自注之。筌注不言爐火,則爲道家之言,而非神仙家言可知。後人注筌之書,乃不用筌之自注。郢書燕説,殆類鑿空。然《參同契》不言《易》,陳摶引以言《易》,遂自爲一家。《陰符經》不言丹,此書引以言丹,亦遂自爲一家。"[②]值得注意的是:《陰符經》與《陰符經講義》的文本身分之所以能被歸入於"道家",並不是基於相同的理由,前者在於李筌"注不言爐火",而後者在於夏元鼎以"丹"釋經成一家之言;前者純爲"道之言",後者則涉及"神仙家言"的相關詮釋。因此,不同於前論四庫館臣以"清净"作爲"道家"的"核心精神"的厘析,在"道家"文獻詮釋的發展過程中,辨明"神仙家"對"道家"學説發展的滲入,仍是四庫館臣在理解"道家""起始之源"的首要工作,至於"道家"觀念在時間上的起源意義爲何,具備了什麼樣的特質,則是四庫館臣所未涉及之處。

2. "以'神怪之迹'之內涵衍成'道家'發展之流"

雖然"神怪之迹"的內涵相較於"核心精神",受到了四庫館臣較多的反思與批判,但"神怪之迹"的學説内容或詮釋方式,在四庫館臣的思考中,仍成爲在理解進而辨正"道家"流衍時的重要依據。依此,兹將先列出相關提要,再深入討論於下:

(1) 葛洪《抱朴子》提要:"其書內篇論神仙、吐納、符籙、剋治之術,純爲道家之言。"[③]

(2)《廣胎息經》提要曰:"論吐納之法兼及容成之術,非道家正傳也。"[④]

(3) 王道《古文龍虎經注疏》提要曰:"所謂龍虎者,即水火之義,道家丹訣,例用寓名耳。"[⑤]

① (清)永瑢等:《四庫全書總目》卷136《類書類·山堂肆考》,第1156頁。
② (清)永瑢等:《四庫全書總目》卷146《道家類·陰符經講義》,第1242頁。
③ (清)永瑢等:《四庫全書總目》卷146《道家類·抱朴子》,第1250頁。
④ (清)永瑢等:《四庫全書總目》卷146《道家類存目·廣胎息經》,第1261頁。
⑤ (清)永瑢等:《四庫全書總目》卷146《道家類·古文龍虎經注疏》,第1253頁。

（4）彭在份《讀丹録》提要曰："是書論道家煉丹養生之法。"①

（5）余覺華《修真捷徑》提要曰："其書成於至元中，輯道家服氣，煉神歌訣，論皆篤實。"②

（6）舊本題石室道人《二六功課》提要曰："所録自辰至卯凡十二節，各有調攝事宜。蓋道家導引術也。"③

據此，原本在《道家類叙》受到批判而屬於"後附之文"的"神仙""符籙""吐納""丹訣""煉丹養生"或"導引術"等，在四庫館臣的論述中，反成了辨別"道家"特質的相關依據。尤有甚者，四庫館臣更以此作爲對顯其他家派學説的標志，如參以《易》詮釋中的儒、道取向"論題爲例，我們亦可發現四庫館臣運用這些"神怪之迹"的學説内容或詮釋方式做爲辨分"道家"特質的依據。例如：

（1）彭曉《周易參同契通真義》提要曰："今案其書多借納甲之法，言坎離、水火、龍虎、鉛汞之要，以陰陽五行、昏旦時刻爲進退持行之候，後來言爐火者，皆以是書爲鼻祖。"④

（2）俞琬《周易參契發揮/釋疑》提要説："是書以一身之水火陽陰，發揮丹道。雖不及彭曉、陳顯微、陳致虛三注爲道家專門之學，然取材甚博。其《釋疑》三篇，考核异同，較朱子本尤詳備。"⑤

依此，不同於朱彝尊將《周易參同契》列入《周易》詮釋，⑥《舊唐書·經籍志》列入"五行類"的選擇，⑦四庫館臣以"納甲之法""丹道"等"神怪之迹"的學説内容與詮釋方式爲依據，將其歸入"道家"的陣營之中，即可説明：前論四庫館臣雖以"清净"觀念辨正"道家"的"核心精神"，但就整個歷史發展的角度而言，"道家"的衍成，係自"後附之文"不斷的締結其詮釋關係而來。如此，當四庫館臣反觀"道家學史"時，亦不可能排除而須藉重"神怪之迹"的學説内容或詮釋方式，對相關文獻進行"道家

---

① （清）永瑢等：《四庫全書總目》卷 147《道家類存目·讀丹録》，第 1265 頁。

② （清）永瑢等：《四庫全書總目》卷 147《道家類存目·修真捷徑》，第 1261 頁。

③ （清）永瑢等：《四庫全書總目》卷 147《道家類存目·二六功課》，第 1265 頁。

④ （清）永瑢等：《四庫全書總目》卷 146《道家類·周易參同契通真義》，第 1248 頁。

⑤ （清）永瑢等：《四庫全書總目》卷 146《道家類·周易參契發揮/釋疑》，第 1249 頁。

⑥ （清）朱彝尊撰，林慶彰等主編：《經義考新校》（第二册）卷 9，上海：上海古籍出版社，2010 年，第 121 頁。

⑦ （後晋）劉昫等撰，朱莉莉整理：《舊唐書·經籍志》，《二十五史藝文經籍志考補萃編》（第 17 卷），第 91 頁。

類屬"的衍成行動,而這種思考也或者再次驗證了四庫館臣所謂"彼教自不能別,今亦無事區分"的限制。

四、"外學"視域中的"理"觀點:四庫館臣之"道家學"詮釋思維

雖然在"研理於經—徵事於史"的思維基礎上,"道家學"於四庫館臣總體學術的思考中僅取得"外學"的定位,而"道家"的内涵也因歷史的嬗遞有所承變,但在"擇其稍古而近理者"[①]的標準上,我們仍可發現四庫館臣在提要中所涉及的相關論述,蘊涵了對"道家學詮釋"在"文獻根據之基礎性""義理價值之承繼性"與"詮釋理則之異質性"等相關問題的討論。同時,這些討論雖散見於各文獻提要之中,但其對於"道家學"的論點,往往在其"道家學史"的脉絡中,彼此相蘊而交互印證。凡此,實有待於我們進一步揭顯其問題,以重構其對"道家學"所蘊涵的詮釋思維。

(一) 文獻根據之基礎性問題:從"對象性基礎"到"參證性基礎"的遞衍

所謂"文獻根據之基礎性"問題,主要涉及文獻從"對象性基礎"到"參證性基礎"的發展,及其不同效用的區別。前者主要指涉文本詮釋中的文獻對象或核心思想,後者則指詮釋核心思想時的參證文獻或輔助解釋。根據四庫館臣在《總目》中對"道家類"相關文獻的觀察與說明,後起詮釋者在"後附之文"中的詮釋定位與取向,無論是否依其目地而認知了"照原意理解""較好地理解"或是"不同地理解"[②]的差异性,往往呈現出借其家派認定的"正典"爲其詮釋基礎,進而變革、衍生其效用的現象。例如:

1. 姜中貞《得一參五》提要曰:"自宋夏尚鼎始以《陰符》言内丹,葛長庚又以《道德經》言内丹,而宗旨大變。中貞以《陰符經》所言九竅、三要爲火候之訣,《道德經》所言:'有物混成,先天地生'爲金丹之母。蓋因二家之書而衍之,即在道家亦旁支別解而已。"[③]

---

① (清)永瑢等:《四庫全書總目》卷首《凡例》,第 19 頁。
② 張鼎國:《"較好地"還是"不同地"理解?——從詮釋學論争看經典注疏中的詮釋定位與取向問題》,《詮釋與實踐》,北京:商務印書館,2016 年,第 147—178 頁。
③ (清)永瑢等:《四庫全書總目》卷 147《道家類存目·得一參五》,第 1265 頁。

2. 陳致虛《金丹大要》提要曰："致虛是書，猶不失魏氏之本旨。其牽合老、莊、佛氏之書，皆指爲金丹之説，則未免附會。學術各有源流，非惟佛、道异塗，即道家不能概以一軌也。"①

3.《真詮》提要曰："其書皆言煉氣還丹之術，大旨依傍《道德經》《陰符經》而傅合以《易》義，較道家荒誕之説頗爲近理。"②

順此，如上引四庫館臣所論：將《陰符經》《道德經》甚至《莊子》作爲内丹之學的詮釋依據，雖源有所例，但此類的"道家學詮釋"，其取向往往不在於回歸《陰符經》《道德經》或《莊子》等"道家正典"的内在義理，而是在闡揚丹法之學的目的中，演繹"後附之文"，使原本的"道家正典"從作爲核心詮釋對象的"對象性基礎"變成了藉以演繹後説的"參證性基礎"。

對此，若我們再以《總目》中的評論，逆推其對"文獻根據之基礎"所存在的可能區分。所謂"因兩家之書而衍之""其牽合老、莊、佛氏之書""大旨依傍《道德經》《陰符經》而傅合以《易》"的評論，顯見《陰符經》與《道德經》等文獻，在四庫館臣的思考中，原係作爲詮釋"道家"義理精要的"對象性基礎"，但在整個"道家學"發展的過程中，這些原先具有"道家正典"資格的文獻，或者受到依傍，或者受到牽合，又或者受到附會，而成爲"後附之文"的"參證性基礎"。如此，一方面"在道家亦旁支别"之説，反證了四庫館臣對"道家學"存在了"理"之範型意義的觀點；另一方面就"即道家不能概以一軌"的認知而言，"道家學"的詮釋也非建立在同一標準下的意義之中。

(二) 義理價值之承繼性問題："先例性承繼"與"匯融性承繼"的兼容並進

查考《總目》，我們可以發現四庫館臣對"道家類"與"道家類存目"所蒐集的"道家學"相關著作，多蘊涵有"先例性承繼"與"匯融性承繼"的思考與方法。所謂"先例性承繼"指某些先行"道家學"著作，因版本勘定或者詮釋影響力而流傳廣布，成爲後起詮釋者，在理解之認取或詮釋之批判上不可或缺的先行範例；"匯融性承繼"則是後起詮釋者站在衆端參詳的立場，將先行詮釋者的成果匯存以供參考、融貫或

---

① （清）永瑢等：《四庫全書總目》卷147《道家類存目·金丹大要》，第1261頁。
② （清）永瑢等：《四庫全書總目》卷147《道家類存目·真詮》，第1265頁。

辯證的詮釋。而兩者亦有交涉的情況。

就“先例性承繼”而言,相關的論述例如:

1. 舊本題河上公撰《老子注》提要曰:“詳其詞旨,不類漢人,殆道流之所依托歟? 相傳已久,所言亦頗有發明,姑存以備一家可耳。”①

2. 舊本題黃帝撰《陰符經解》提要曰:“特以書雖晚出,而深有理致,故文士多爲注釋,今亦録而存之耳。”②

3. 舊本題嚴遵撰《道德指歸論》提要曰:“以其言不悖於理,猶能文之士所贗托,故仍著於録,備道家之一説焉。”③

4. 蔣一彪《古文參同契集解》:“然自慎以後,世遂別有此本。諸家所注,往往沿之,亦遂不可磨滅。”④

依此,上述“道家類”相關文獻者,在四庫館臣對比歷代勘查的條件後,有下列情況:一者,無法證明文本與傳述作者之關係的明確性;二者,文獻卷帙代有竄亂缺補;三者,或因時代條件造成傳習先例改易。但各文獻在四庫館臣的思考中,因“頗有發明”“深有理致”而“不悖於理”的義理價值,加上“文士多爲注釋”“諸家所注,往往沿之”等“相傳已久”的既存事實與價值,仍爲歷代後起詮釋者在認取與批判之間無法忽略,故而,四庫館臣就其“先例性承繼”而“備道家之一説”。

就“匯融性承繼”而論,相關的論述例如:

1. 焦竑《老子翼》提要:“所采諸説,大抵取諸《道藏》,多非世所常行之本。竑之去取,亦特精審。”⑤

2. 白雲霽《道藏目録詳注》提要:“考道家之源委,兹編亦其總匯也。”⑥

3. 張君房《雲笈七籤》提要:“然類例既明,指歸略備,綱條科格,無不兼該。《道藏》菁華,亦大略具於是矣。”⑦

4. 褚伯秀《南華真經義海纂微》提要云:“其書纂郭象、吕惠卿、林疑獨、陳祥道、陳景元、王雱、劉概、吳儔、趙以夫、林希逸、李士表、王旦、范元應十三家之説,而斷

---

① (清)永瑢等:《四庫全書總目》卷146《道家類·老子注》,第1242頁。
② (清)永瑢等:《四庫全書總目》卷146《道家類·陰符經解》,第1241頁。
③ (清)永瑢等:《四庫全書總目》卷146《道家類·道德指歸論》,第1243頁。
④ (清)永瑢等:《四庫全書總目》卷146《道家類·古文參同契集解》,第1249頁。
⑤ (清)永瑢等:《四庫全書總目》卷146《道家類·老子翼》,第1243頁。
⑥ (清)永瑢等:《四庫全書總目》卷146《道家類·道藏目録詳注》,第1253頁。
⑦ (清)永瑢等:《四庫全書總目》卷146《道家類·雲笈七籤》,第1252頁。

以己意,謂之管見。"①

5. 焦竑《莊子翼》提要云:"前列所載書目,自郭象《注》以下凡二十二家。引他說互相發明者,自支遁以下凡十六家。又章句音義,自郭象以下凡十一家。今核其所引,惟郭象、呂惠卿、褚伯秀、羅勉學、陸西星五家之説爲多,其餘特間出數條,略備家數而已。"②

在此,四庫館臣以"匯存"與"融貫"成爲此類型"道家學"著作主要的效用。以"匯存"爲主者,如:《道藏目録詳注》爲考察"道家"源委之總匯,以《雲笈七籤》兼該《道藏》經華;以"融貫"爲主者,如:《老子翼》去取《道藏》諸説特別精審,《莊子翼》援引衆説互相發明,《南華真經義海纂微》纂十三家之説而斷以己意等,皆顯示出此類型"道家學"著作的收存,係四庫館臣蘊含了"匯融性承繼"的思考而來。此中,"匯存"與"融貫"也非截然二分而蘊含著彼此,只是各家詮釋在最後的目的與展現的形式中,各有所重而有所不同。

依此,連同四庫館臣對"先例性承繼"之"道家學"著作的論述,顯示四庫館臣在其"道家學"中,對於"義理價值之承繼"問題的思考與重視。

(三) 詮釋理則之异質性問題: 由"知識之异質性"到"方法之异質性"的剖析

四庫館臣對於"道家"文獻的詮釋問題,其焦點主要放在"詮釋理則之异質性"層面的議題中,並且蘊涵了由"知識之异質性"到"方法之异質性"的剖析:以"知識之异質性"而論,四庫館臣有謂:"二氏之書,往往陰取儒理而變其説。儒者説經明道,不可不辨別毫厘,剖析疑似,以杜學者之岐趨③,此説主要涉及"道家""釋家"二氏與"儒家"在知識性格之异質性問題的認知。然而,在"研理於經—徵事於史"的前提下,四庫館臣既然以"外學"作爲"道家學"之定位,其思考仍對顯於"經學"與"儒學"之"內學"的詮釋問題而來。因此,在四庫館臣導正"內學"之詮釋而剖析"外學"養分之涉入的同時,亦是對"道家"之知識性格的厘清;繼此,就"方法之异質性"而言,四庫館臣也説:"學術各有源流,非惟佛道异塗,即道家不能概以一軌也。"④此

---

① (清) 永瑢等:《四庫全書總目》卷146《道家類·南華真經義海纂微》,第 1247 頁。
② (清) 永瑢等:《四庫全書總目》卷146《道家類·莊子翼》,第 1247 頁。
③ (清) 永瑢等:《四庫全書總目》卷146《道家類·道德經解》,第 1243 頁。
④ (清) 永瑢等:《四庫全書總目》卷147《道家類存目·金丹大要》,第 1261 頁。

説屬於對"道家類"文獻,及其"道家學"詮釋的差異性與特殊性而進行的考慮。順此,我們將分別討論其中的義涵於下:

在"知識之異質性"的論題中,主要由《易》詮釋中的儒、釋、道取向問題所引出,相關的論述有:

1. 熊過《周易象旨决録》提要:"古人既以象名,知象爲《易》之本旨。⋯⋯明人之《易》,言數者入道家,言理者人釋氏,職是故矣。過作此書,雖未能全復漢學,而義必考古,實勝支離恍惚之談。"①

2. 康熙《御纂周易折中》提要:"自宋以來,惟説《易》者至夥,亦惟説《易》者多岐,門户交争,務求相勝,遂至各倚於一偏。故數者《易》之本,主數太過,使魏伯陽、陳摶之説竄而相雜,而《易》入於道家;理者《易》之蕴,主理太過,使王宗傳、楊簡之説溢而旁出,而《易》入於釋氏。"②

綜合四庫館臣的評論,《易》詮釋主要以"象""數""理"之義理結構爲核心,但因門户交争的關係,使得後起詮釋者之《易》詮釋,在"數"與"理"的層面上,有借取"道家"和"釋氏"之義理,合流而壯大的現象。值得注意的是:雖然我們不能完全排除"儒""釋""道"之義理内涵,亦有若干會通的普遍性可能,但四庫館臣在提要中,往往藉由學説發展之分歧、混流的批判,反思各家知識之異質性的問題。即如四庫館臣於《周易參同契通真義》提要後之案語所言:"是此書本末源流,道家原了了,儒者反憒憒也。今仍列之於道家,庶可知丹經自丹經,易象自易象,不以方士之説淆羲、文、周、孔之大訓焉。"③依此,四庫館臣對《易》之"易象"與"道家"之"丹經"的分判,即是對"經學"與"道家學"在"知識之異質性"問題上的區分。

再以"方法之異質性"的論題而言,雖然四庫館臣以"研理於經—徵事於史"爲總體學術的基調,所搜集的著作又以"詁經之説"爲主,但相較於"道家學"所呈顯出的不同知識性格,四庫館臣對其詮釋方法的觀點,亦從"得其文字之訓詁而推明義理"④的主軸中,環顧其差異性而有所調適。例如:

---

① (清)永瑢等:《四庫全書總目》卷6《易類五·周易象旨决録》,第29頁。
② (清)永瑢等:《四庫全書總目》卷6《易類六·御纂周易折中》,第34—35頁。
③ (清)永瑢等:《四庫全書總目》卷146《道家類·周易參同契通真義》,第1248頁。
④ 此説實源自館臣於《總目·凡例》中所謂"劉勰有言,意翻空而易奇,詞徵實而難巧。儒者説經論史,其理亦然。故説經主於明義理,然不得其文字之訓詁,則義理何自而推?"參見(清)永瑢等:《四庫全書總目》卷首《凡例》,第18頁。

1. 王雱《南華真經新傳》提要曰:"是書體例略仿郭象之注,而更約其詞,標舉大意,不屑屑詮釋文句。"①

2. 林希逸《莊子口義》提要所提出的批評:"今案郭象之注,標意旨於町畦之外。希逸乃以章句求之,所見頗陋。即王、呂二注,亦非希逸之所及。遽相詆斥,殊不自量。以其循文衍義,不務為艱深之語。剖析尚為明暢,差勝後來林雲銘輩以八比法詁《莊子》者。故姑録存之,備一解焉。"②

3. 江遹《冲虛至德真經解》:"遹此注則仿郭象注《莊》之體,擺落訓詁,自抒會心,領要標新,往往得言外之旨。"③

對此,若我們回顧上文對《總目》"道家學史"相關論述的討論,某些後起詮釋者或者以"後附之文"的相關學說內容比附"作為對象性基礎的經典文獻",又或者以"作為參證性基礎的經典文獻"印證"後附之文"的信念。凡此,皆屬不同詮釋目的下的方法調適。不過,"後附之文"的發展最多僅能說明《道家類》文獻,在"道家學"詮釋中,其變化與延異的情況,真正能夠說明四庫館臣對於"方法之異質性"的思考,仍在於"非後附之文"的"道家學"詮釋。依此,如上所引述,四庫館臣不論是對王雱"標舉大意,不屑屑詮釋文句",江遹"擺落訓詁","得言外之旨"的讚賞,或是對林希逸"以章句求之,所見頗陋"的批評,主要皆是以郭象注《莊》之體為其詮釋方法的參照範型。若再思考其中方法實踐的異質性,則"非後附之文"之"擺落訓詁"、"不屑屑詮釋文句"而"得言外之旨"的"道家學"詮釋方法,正對顯於"得其文字之訓詁而推明義理"的"經學"與"儒學"之說而有所差異。

五、結語

綜合本論文的研究,《四庫全書總目》"道家學觀"所蘊涵的通變思維,其主要的內涵如下:

其一,就《總目》而言,"經學"與"史學"實具有其總體學術觀建構下的基礎意義。因此,在四庫館臣的視域中,"子學"不但須立基於"研理於經—徵事於史"的認

---

① (清)永瑢等:《四庫全書總目》卷146《道家類·南華真經新傳》,第1246頁。
② (清)永瑢等:《四庫全書總目》卷146《道家類·莊子口義》,第1246—1247頁。
③ (清)永瑢等:《四庫全書總目》卷146《道家類·冲虛至德真經解》,第1245頁。

識模式中以顯豁其價值;同時,也應着"治世者所有事"之目標與效度的差別,使得"子學"之分疇存在了"本"與"末"的關係,進而在四庫館臣的理解中,摻雜着"神怪之迹"的"道家"自不如"經世致用"的"儒家"而僅有外學之定位。

其二,在《總目》的論述中或有"道家"與"道教"異名的情況,但在"彼教自不能別"的限制下,四庫館臣亦"無事於區分"兩者之間的差異,但在四庫館臣的思考中,仍存在了"本始"與"後附"的相對性區分。前者在視域上主要涉及對"道家"的内在修養層面的理解,其方法上則建立在對"道家"的"核心精神"如何貞定的"義理厘析";後者則有鑒於"道家"發展的歷史中,後起詮釋者在外顯事功的目的下,對各種學術理念或知識吸取的情況,將"經典詮釋與家派學説的異質性發展",動態的考慮進"道家學"衍成的辨正問題。如此,根據本文的分析,四庫館臣一則以"神仙家"之滲入,辨正"道家"起始之源,同時又以"神怪之迹"之内涵,衍成"道家"發展之流。

其三,在"研理於經—徵事於史"的思維基礎上,雖然"道家學"在四庫館臣的思考中僅取得"外學"的定位,但基於"擇其稍古而近理"的標準,四庫館臣在《總目》的評論中,仍蘊涵着對歷代"道家學"相關的詮釋問題的綜觀性思考。此中,透過"文獻根據之基礎性"問題的揭顯,在四庫館臣以"道家"傳統"正典文獻",對於"道家學詮釋"之不同作用的評論中,我們可重構其從"對象性基礎"到"參證性基礎"的遞衍關係;再者,查考《總目》所蒐集的"道家學"著作,又可從"義理價值之承繼性"的問題角度,探索四庫館臣對於"先例性承繼"與"匯融性承繼"的分析;最後,反觀《總目》導正"内學"之詮釋,而剖析"外學"養分之涉入的同時,我們更可看出,四庫館臣對於"道家學"在"詮釋理則之異質性"問題中的思考。首先,是對"經學"與"道家學"在"知識之異質性"上的剖析;其次,則是對"道家學"之"非後附之文"與"經學"或"儒學"在"方法之異質性"上的區分。

準此,四庫館臣在《總目》的評論中,實就學術圖像中的"部分與整體"、觀念内涵中的"起始與發展",以及理解詮釋中的"差异與同一"等層次,"通變"的思考其"道家學觀"所涉及的相關問題。

《雲林石譜》之四庫提要初探

孫　田　中國美術學院藝術學博士

摘　要：本文結合書畫、刻帖、摩崖等多種文獻，研究《雲林石譜》的文淵閣本《四庫全書》書前提要；以文淵閣本《四庫全書》書前提要爲底本，彙校文津閣本、文溯閣本書前提要與殿本、浙本《四庫全書總目提要》。又結合《四庫全書總目提要》館臣案語，考察因被收入子部譜録類而廣爲人知前後，《雲林石譜》在不同目録中的分類問題。末引張舜徽之説，討論了將譜録類歸於類書類的可能性。

關鍵詞：《雲林石譜》；書前提要；《四庫全書總目》；譜録；類書

一、文淵閣本《四庫全書·雲林石譜》書前提要研究

《雲林石譜》文淵閣本書前提要如下：

臣等謹案①：《雲林石譜》三卷②，宋杜綰撰。綰字季揚，號雲林居士，山陰人，宰相衍之孫也。是書彙載石品凡一百一十有六③，各具出産之地、采取之法，詳其形狀、色澤而第其高下。然如端溪之類，兼及硯材；浮光之類，兼及器

---

① 殿本《四庫全書總目提要》無此句。四庫館臣編：《景印文淵閣四庫全書 3·總目三·子部》，臺北：臺灣商務印書館，1983 年，第 499 頁。浙本悉同。（清）永瑢等：《四庫全書總目》卷 115，北京：中華書局，1965 年，第 988 頁。

② 殿本《總目提要》此句下雙行小注："浙江巡撫采進本。"四庫館臣編：《景印文淵閣四庫全書 3·總目三·子部》，第 499 頁。浙本悉同。（清）永瑢等：《四庫全書總目》卷 115，第 988 頁。

③ 文溯閣本、文津閣本俱作"一百一十六"。金毓黻等編：《文溯閣四庫全書提要》，北京：中華書局，2014 年，第 2073 頁。商務印書館四庫全書出版工作委員會編：《文津閣四庫全書·0846》，北京：商務印書館，2006 年，第 339 頁。

用之材質,①不但譜假山清玩也。前有紹興癸丑闕里孔傳序,傳即續白居易《六帖》者。序中稱縚爲杜甫之裔,因引甫詩"水落魚龍夜"句,謂長沙湘鄉之山,魚龍化而爲石,甫因形容於詩。縚作是譜,爲能紹其家風。考甫此句見於《秦州雜詩》,乃由陝赴蜀之時,何由得至楚地? 且甫之詩意本非咏石,②殊附會無理。末附《宣和石譜》,皆記艮岳諸石,有名無説,不知誰作。又附《漁陽公石譜》,皆載嗜石故事,③亦不知漁陽公爲誰。其中列周公謹、元遺山諸名,④則必非縚書,蓋⑤明周履靖刻是書時所竄入也。今惟録縚書以資考證,而所附二譜,悉削而不載。⑥ 又毛晋嘗刻是書,併爲一卷,又佚去孔傳之序,而文句則無大异同,今亦不別著録焉。⑦ 乾隆四十六年三月恭校上。⑧ 總纂官臣紀昀、臣陸錫熊、臣孫士毅,總校官臣陸費墀。⑨

關於杜縚字號,提要載其"字季揚",上海圖書館藏張澂摹勒本《蘭亭》⑩有杜氏

① 文溯閣本、文津閣本書前提要,殿本《四庫全書總目提要》、浙本《四庫全書總目提要》以及文瀾閣本書前提要(丁鈔本)俱作"兼及器用之材"。上海圖書館藏真壽堂邵氏舊藏《四庫全書總目提要》殘稿本(綫善862922—45)《雲林石譜》提要亦止于是句,從朱筆句讀看,亦止於"材"。次葉浮簽,墨筆云"六十一頁後五行《雲林石譜》一篇底本在他處,五十三",另有朱筆:"移前,四十四。"録此俟考。金毓黻等編:《文溯閣四庫全書提要》,第 2073 頁。商務印書館四庫全書出版工作委員會編:《文津閣四庫全書·0846》,第 339 頁。四庫館臣編:《景印文淵閣四庫全書 3·總目三·子部》,第 499 頁。(清)永瑢等:《四庫全書總目》卷 115,第 988 頁。
② 文溯閣本、文津閣本此句俱作"且其詩意本非咏石"。金毓黻等編:《文溯閣四庫全書提要》,第 2073 頁。商務印書館四庫全書出版工作委員會編:《文津閣四庫全書·0846》,第 339 頁。
③ 文溯閣本、文津閣本此句俱作"皆古人嗜石故事"。金毓黻等編:《文溯閣四庫全書提要》,第 2073 頁。商務印書館四庫全書出版工作委員會編:《文津閣四庫全書·0846》,第 340 頁。
④ 文溯閣本、文津閣本"周公謹"作"周密","元遺山"作"元好問"。金毓黻等編:《文溯閣四庫全書提要》,第 2073 頁。商務印書館四庫全書出版工作委員會編:《文津閣四庫全書·0846》,第 340 頁。
⑤ 文溯閣本、文津閣本俱作"疑"。金毓黻等編:《文溯閣四庫全書提要》,第 2073 頁。商務印書館四庫全書出版工作委員會編:《文津閣四庫全書·0846》,第 340 頁。
⑥ 文溯閣本徑接"乾隆四十七年九月恭校上"。金毓黻等編:《文溯閣四庫全書提要》,第 2073 頁。文津閣本作"悉削而不載焉",復接"乾隆四十九年八月恭校上"。商務印書館四庫全書出版工作委員會編:《文津閣四庫全書·0846》,第 340 頁。
⑦ 殿本《四庫全書總目提要》止於此句。四庫館臣編:《景印文淵閣四庫全書 3·總目三·子部》,第 499 頁。浙本悉同。(清)永瑢等:《四庫全書總目》卷 115,第 988 頁。除注釋①②④⑩所示差异,殿本、浙本《四庫全書總目提要》其餘文句皆同文淵閣本書前提要。
⑧ 文瀾閣本提要(丁鈔本)"年""月"前俱空闕。
⑨ 四庫館臣編:《景印文淵閣四庫全書 844·子部 150》,第 583、584 頁。
⑩ 此拓爲海内宋拓孤本,與陳鑒刻本合裝一册,經王世貞、沈儼、黄如珽遞藏,今藏上海圖書館,爲國家一級文物。參見仲威:《善本碑帖過眼録》,北京:文物出版社,2013 年,第 284—287 頁。其版本特徵之一爲"迄今所見最早的領字從山重刻本",參見王連起《關於〈蘭亭序〉的若干問題》(《中國書畫鑒定與研究·王連起卷》,北京:故宫出版社,2018 年,第 651 頁)。

藏印七①,其一爲篆書"季楊"白文長方印。又,陸增祥《八瓊室金石補正》卷一百六錄"杜季楊題名",此題名今仍在湖南江華縣陽華巖,左首豎行正書"通判、學士留題陽華岩",正文左讀隸書三行:"會稽杜季楊紹興己/未(1139)九月庚子行縣暇/日率令丞、巡尉來游",右正書小字:"右文林郎道州江華縣令李直清命工刻。"②題名展現了杜綰隸書面目與道州通判仕履,殊爲可貴。《雲林石譜》存世明鈔本與早期刻本,於杜綰表字用字,"季楊""季揚""季陽"三種俱見③,經眼文淵、文津、文溯、文瀾(丁鈔)四種四庫閣本書前提要及總目提要殿本、浙本與真壽堂邵氏舊藏殘稿本,則俱作"季揚"。張澂摹勒本《蘭亭》藏印篆書用字與紹興己未陽華巖題名隸書用字,兩

---

① 田案:七印爲白文長方印"季楊"、白文方印"杜綰章"、朱文方印"祁國之裔"、朱文方印"杜氏世玩"、白文長方印"雲林居士印章"、白文方印"杜綰印章"和白文方印"杜氏藏書之印"。其中,白文方印"杜綰章"、朱文方印"祁國之裔"、朱文方印"杜氏世玩"又見於今藏故宮博物院的《神仙起居法》本幅——穆棣據此認爲杜綰爲是帖的最早藏家。仲威先生亦提出張澂本中橢圓白文"山齋(齊)"印是否歸屬杜氏,時在 2016 年 7 月,俟考。王連起研究認爲,張澂本《蘭亭》諸特徵悉同今藏香港中文大學文物館的游相《蘭亭》甲之二(御府"領字從山"本)。張澂本《蘭亭》,從題跋款識看,有蘇當裝褫記、范仲淹觀跋、王堯臣觀跋、米芾(黻)兩跋與米友仁鑒跋,徐邦達所稱褚摹蘭亭陳鑒藏米芾跋贊本,其米芾跋贊墨迹與此本相近;米芾《書史》所謂蘇耆家《蘭亭》三本之第二本,諸跋與此本相近,尚俟進一步考論。徐邦達據張澂本傳本鬱岡齋墨妙帖本,注意到陳鑒藏米芾跋贊本米跋言"壬午六月",而鬱岡齋本言"壬午閏六月",囿於"衹見刻本而未見原迹",階段性的看法是"閏六月跋可能出於仿作,但時代很早","存疑待考,暫且不作結論"。王連起更進一步,一則得觀張澂本,二則比勘兩本米跋差异從崇寧壬午六月閏否一條擴展至三條,另一條其一爲陳鑒藏米芾跋贊本中墨迹米跋"貞"缺末筆而張澂本米跋貞字完整不諱,與米芾傳世書迹嚴格遵守本朝諱例相悖;其二跋贊本稱"手裝",張澂本跋云"重裝",王連起據此三處差异認爲張澂本米跋爲偽,其所配宋人諸跋意在讓人誤會此爲米芾所得蘇氏第二本。田案:米友仁鑒跋,時在紹興八年(1138),如此鑒跋非拼配,參之後文所述紹興己未(1139)杜綰陽華巖摩崖題名,杜氏得帖與此帖入紹興内府具體情況,尚俟考論。穆棣對杜綰三印的考證,參見穆棣:《楊凝式〈神仙起居法〉墨迹考辯——兼論宋周密所記之典型"紹興御府書畫式"》,《中國書畫》2007年第6期。"杜綰小考"爲此文第五部分,第19—20頁。又見於穆棣:《歐陽詢〈夢奠帖〉中"御府法書"印記考》,《名帖考·卷上》,天津:天津人民美術出版社,2006年,第155—156頁。徐邦達所論褚摹蘭亭"陳鑒藏米芾跋贊本",見徐邦達著、故宮博物院編:《古書畫偽訛考辯·壹》,北京:故宮博物院出版社,2015年,第89—90頁,徐邦達對米跋的討論,見《附談:所謂褚摹本"領字從山本"問題》,徐邦達著、故宮博物院編:《古書畫偽訛考辯·壹》,北京:故宮出版社,2015年,第93—97頁。王連起對張澂本本幅、米跋與蘇氏第二本的討論,見王連起:《關於〈蘭亭序〉的若干問題》,《中國書畫鑒定與研究·王連起卷》,第650—651頁。

② 陽華巖 3D 博物館網站錄文與概述錯訛頻出,不堪讀。杜綰題名誤作"祐文林石刻"。

③ 現存最早《雲林石譜》鈔本暨上海圖書館藏叢書堂《説郛》鈔本題署與孔傳序中所錄俱作"季楊",瑞安博物館藏玉海樓舊藏《説郛》鈔本、國家圖書館藏涵芬樓舊藏《説郛》鈔本亦然;國家圖書館藏鈕氏世學樓舊藏《説郛》鈔本兩處俱作"季揚",臨海博物館藏汲古閣舊藏六十卷本《説郛》鈔本題署作"季揚"而孔傳序中所錄爲"季陽",香港大學馮平山圖書館藏嘉業堂舊藏吳江沈氏抄本亦然;臺北"國家圖書館"藏《説郛》舊鈔本題署作"季楊",孔傳序中作"季陽"。早期刻本《夷門廣牘》本無題署而孔傳序中所錄爲"季揚",早期單刻本《程氏叢刻》本題署、高出序、胡之衍跋俱作"季陽",知不足齋本題署與孔傳序、《鐵琴銅劍樓藏書題跋集錄》所錄毛琛校跋夢覺子過錄楊儀舊藏楊慎跋本亦作"季陽"。《雲林石譜》見載《説郛》明鈔八種,此處尚有國家圖書館藏阮氏文選樓舊藏明鈔本(03907)、溴南書舍舊藏明鈔本(00485)兩種未及考察。

處皆取"楊",可近定論。杜縉,字季楊,或出於名、字連訓:楊縉爲唐代名臣,黃庭堅詩云:"楊縉當朝天下喜"①;如以反訓觀,"縉"義爲結,"揚"義爲展,用"楊"字形則有崇古通假之意。至言其"號雲林居士",亦可與張澂摹勒本②上"雲林居士印章"白文長方印相互印證。

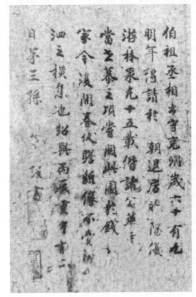

左:《睢阳五老圖》杜縉題跋　上海博物館藏(《中國古代書畫圖目·二》)
右:《睢阳五老圖·杜衍像》　耶魯大學美術館藏(《宋畫全集》第六卷)

① 此條得周裕鍇老師賜教,時在 2019 年 5 月。
② 王連起言鬱岡齋本、渤海藏真本"基本上同於張澂本,只是渤海藏真本又將一行裁爲兩行"。檢明鬱岡齋墨妙帖卷三蘭亭,就杜氏印鑒,關"元祐戊辰"米跋後白文方印"杜縉章"與白文長方印"雲林居士印章"。渤海藏真本全帖不刻任何藏印。王氏亦言渤海藏真本"曾經再刻,如海寧查氏本,山左吳氏等本"。海寧查氏本、山左吳氏本云云,襲用翁方綱《蘇米齋蘭亭考》所録,2018 年 6 月托友人詢之王先生,已不記得今之藏地,故此兩本杜情況俟考。據王連起對海寧查氏本、山左吳氏本之描述,吾師范景中舉黃岡本《蘭亭》:"王先生所述查氏、吳氏本,與此黃岡本正同。"詢之吾師,黃岡本亦不刻藏印。上海圖書館另藏明代章田翻刻本,以刻工名手章田活躍年代衡之,此本年代或略早於鬱岡齋(萬曆三十九年,1611),就杜氏印鑒,惟關"雲林居士印章"一印。由此,白文長方印"雲林居士印章",在《蘭亭》張澂本系統中,或僅見於張澂本,殊爲珍貴。王連起有關張澂本、鬱岡齋本、渤海藏真本、海寧查氏本、山左吳氏本諸本考論,見王連起《再晤蘭亭——〈蘭亭序〉重要傳本簡略評述》(上海博物館編《蘭亭》,北京:北京大學出版社,2011 年,第 52—54 頁);又見於王連起《談傳世領字從山本、潁上本的來歷問題等等》,故宮博物院編《2011 年蘭亭國際學術研討會論文集》(北京:故宮出版社,2014 年,第 99—109 頁)。范景中對黃岡本《蘭亭》的考論,見范景中《黃岡本〈蘭亭〉》(《新美術》2015 年第 12 期)。章田翻刻本,蒙上海圖書館仲威先生惠賜,時在 2016 年 7 月。

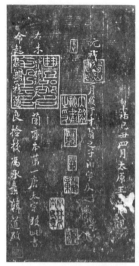

左：《蘭亭》張澂摹勒本所見"雲林居士印章"白文長方印　上海圖書館藏
中：《蘭亭》張澂摹勒本所見"季楊"白文長方印　上海圖書館藏
右：湖南江華縣陽華巖杜綰題名

　　再看杜綰家世。《提要》稱其爲"宰相衍之孫也"。今上海博物館藏《睢陽五老圖》①第三跋系杜綰親筆②，時在紹興丙辰（1136），晚於《提要》下文所涉孔傳爲《雲林石譜》作序之紹興癸丑（1133）。其書法雍容嫻雅，落筆厚重，取勢開張，橫劃多弓勢，貫氣流暢，偶有坡翁筆意③。跋後鈐白文"杜綰章"方印④，其下有"睢陽世家"之

───────────────

　　①　《睢陽五老圖》五老像及部分題跋今藏美國三家博物館：弗利爾美術館（華盛頓）、耶魯大學藝術博物館（紐黑文）、大都會藝術博物館（紐約），宋元至明清五十七家題跋今藏上海博物館。有關《睢陽五老圖》的研究，見王連起《宋人〈睢陽五老圖〉考》（《故宮博物院院刊》2003年第1期）。

　　②　跋文如下："伯祖丞相出守兗州，歲六十有九。明年，得請於朝，退居睢陽。優游林泉凡十五載，偕諸公燕處，當世慕之。頃嘗閱此圖于錢氏家，今復開卷，伏瞻貌像，不覺涕泗之橫集也。紹興丙辰重午前二日，第三孫杜綰謹書。"其中，"燕處"之"處"、"錢氏"之"氏"，今已漫漶。此跋見録於《趙氏鐵網珊瑚》卷13。又見於清卞永譽《式古堂書畫匯考》卷45。"凡十五載"云云，與杜衍卒年抵牾，兼之妄托杜甫後裔，勵俊認爲杜綰身份近於因與畢士安家族聯譜而晋身高門的畢良史，"是個冒牌貨"。此論似稍草率，書跋時近重午，或可解釋筆下衍"五"；杜甫後裔云云，四庫本之外多種異本作"抑堂之裔"，詳見下文。勵俊：《〈睢陽五老圖〉的流傳真相》，上海博物館編《再讀睢陽五老：藝術史的維度》，北京：北京大學出版社，2017年，第78頁。

　　③　《宣和書譜》卷19録杜衍："……至暮年以草書爲得意，喜與婿蘇舜欽論書，年位雖重而尺牘必親作。韓琦嘗以詩謝其書云：'因書乞得字數幅，伯英筋骨義之膚。'其權當時所重如此。今御府所藏草書一：天隱子絶句詩。"杜綰善書，亦可言克紹家學。

　　④　此印又見於故宮博物院藏楊凝式《神仙起居法》本幅，摹刻石本見於上文及上頁注釋②所述《蘭亭》張澂摹勒本、鬱岡齋墨妙帖本與章田翻刻本。

"睢陽"二字朱文右側殘印。此跋稱杜綰爲"伯祖",署"第三孫"。又元陸友爲《雲林石譜》"手書本"①藏家,其《硯北雜志》卷下亦載"杜綰……祁公其伯祖也"②,與此跋相應。趙冬梅引《東都事略·杜衍傳》與《石林燕語》卷一〇,杜衍爲遺腹子,《全宋文》卷三一八所錄杜衍《與弟書》當致杜氏同母异父之弟③。如杜綰未曾改姓連宗,其祖父必非《與弟書》受書人;或因杜衍顯赫,亦有族孫稱其"伯祖"——杜綰祖父於杜衍的具體關係,尚俟進一步研究。④ 可見,杜綰係杜衍侄孫,亦可爲族孫。提要偶不察,徑言"孫",極易使人誤以爲嫡孫,今特辨之。書跋之時,已是杜衍身後七十九年,睹畫思親,又歷山河之變,一時交感無狀,"不覺涕泗之橫集也"。

《提要》言孔傳"序中稱綰爲杜甫之裔",索之《雲林石譜》兩個早期傳本——上海圖書館藏叢書堂明鈔《說郛》本與四庫館臣所用周履靖本,即指孔傳序"草堂先生之裔"一句。然今人有關中古杜氏家族變遷的研究⑤表明,杜綰的先人爲京兆杜氏⑥,

---

① 陸友:《硯北雜志·卷下》,得月簃初刻叢書本,道光辛卯(1831)重校所刻,葉38b,上海圖書館藏關中于氏舊藏本。臺北新文豐《叢書集成三編》所收《硯北雜志》,從藏印看爲蔡毓齋舊藏本,卷末錄"武林外史"跋記并"乾隆庚午冬十月二十八日丁酉尚友居士孫雨錄",故此本所錄與"得月簃叢書初刻十種"所收《硯北雜志》同出一本,此條內容悉同。陸友:《硯北雜志》,《筆記小說大觀》,《叢書集成三編》第71冊,臺北:新文豐出版公司,1997年,第353頁。
② 陸友:《硯北雜志·卷下》,得月簃初刻叢書本,道光辛卯(1831)重校所刻,葉38b,上海圖書館藏關中于氏舊藏本。又見於陸友:《硯北雜志·卷下》,《筆記小說大觀》本,《叢書集成三編》第71冊,第353頁。另,商務印書館《叢書集成初編》本《研北雜志》據寶顏堂秘笈本,此條作"杜綰……祁公其祖也"。上海圖書館藏四明盧氏抱經樓舊藏清鈔本《研北雜志》,亦出於寶顏堂鈔本,陳繼儒跋記後復有項德棻、馮玄鑑、包鴻逵校跋,此本亦作"杜綰……祁公其祖也"。
③ 趙冬梅:《睢陽五老中的杜衍》,上海博物館編《再讀睢陽五老:藝術史的維度》,北京:北京大學出版社,2017年,第116、138頁。
④ 李光《莊簡集》卷十八《杜府君墓志銘》提供了杜綰同輩的族人資訊:"杜氏,故京兆人。五世祖輦,唐末習《開元禮》,以本科出身,仕至太子少保,贈太師。五季之亂,南渡至會稽,樂其風土,因居焉。正獻祁國公以直道相昭陵,清節照映一世,于君爲伯祖。曾大父邃,不仕;祖父式,右朝議大夫;父調,宣德郎,娶莫氏,遂爲餘杭人。……君即第五子,諱縝,字伯玉。……紹興七年四月二十三日卒於家,享年五十有九,以其年十一月甲辰葬于山陰縣迎恩鄉苦竹小塢之原,從先塋。娶莫氏,生三子,長即師旦,今爲從政郎新授饒之餘幹令;次師望,舉進士;次師奭,早卒。女二人,長適韓師堯,次適鄉貢進士顧大陸,翰林學士臨之孫,氣節學問凜然有祖風。"墓主杜縝,五世祖杜輦,而非歐陽脩《太子太師致仕杜祁公墓志銘》所言杜叔詹,但仍稱"正獻祁國公"杜衍"伯祖",雖已遷餘杭,仍葬於"苦竹"先塋。杜縝、杜綰、杜續(杜衍三子杜訥子,據上海圖書館藏《剡北杜氏宗譜》),取名用字都用絞絲旁,當爲同世標志。杜綰、杜縝俱稱杜衍"伯祖",雖杜綰有"第三孫"之署,因尚無旁證,莫知與杜衍關係孰近。
⑤ 王力平:《中古杜氏家族的變遷》,北京:商務印書館,2006年,第295—300頁。
⑥ 更直接的證據見蘇舜欽《大理評事杜君墓志》,其中稱杜衍爲"京兆公"。(宋)蘇舜欽著,沈文倬校點:《蘇舜欽集》,上海:上海古籍出版社,1981年,第192頁。

而杜甫爲襄陽杜氏，雖溯至杜祐亦同出京兆，但所謂"草堂先生之裔"，當非實指。[①]
寓目其餘諸本多作"抑堂先生之裔"，孔凡禮以嘉祐二年杜衍卒前唯二子訴在，斷
"抑堂先生"爲杜衍次子杜訴[②]，但此與墨迹"伯祖"之稱抵牾。知不足齋本序言"居
士實抑堂先生之裔，大丞相祁國公之孫"，按語序"抑堂"行輩當在杜衍之前，也許是
漢唐人，存疑。[③]

　　關於《雲林石譜》之基本内容，四庫館臣所撰提要以"是書彙載石品凡一百一十
有六，各具出産之地、采取之法，詳其形狀色澤，而第其高下。然如端溪之類，兼及
硯材；浮光之類，兼及器用之材質，不但譜假山清玩也"數句見其梗概。就"石品凡
一百一十有六"一句，胡玉縉《四庫全書總目提要補正》言：瞿鏞《目錄》有舊鈔本，
云："楊升庵《卮言》跋此書，謂石凡一百十有七，此本祇有九十三品，豈一品中有連
綴數品，升庵併數而得之耶？"[④]檢《鐵琴銅劍樓藏書題跋集錄》[⑤]，此即爲毛琛校跋
夢覺子過錄楊儀舊藏楊慎跋本，今藏國家圖書館，惜尚未寓目。

　　至於四庫館臣對是書"魚龍石"條及序中的襃揚俱有微詞，以爲曲解杜詩，"附
會無理"——楊文衡指出，《雲林石譜》中關於魚龍石"因山頹塞歲久，土凝爲石而致
然歟"的猜想"是很有價值的科學假説"，已爲現代地質科學所證實。而在西方，直
至 1669 年史泰奴（Nicolas Steno，1638—1686）發表關於化石起源的正確理論，杜
綰方有异域知音。[⑥]

　　此外，《雲林石譜》[⑦]本身經眼錄式的描述中，亦頗涉人事。譬如於"襄陽石""蘇
氏排衙石""清溪石""刑石"諸條列舉蘇仲恭藏石藏硯。蘇舜欽娶杜衍長女，杜綰身
爲杜衍孫輩，遂爲銅山蘇氏姻親。蘇仲恭爲蘇舜元之孫，是杜綰晚輩，上述諸條所
列，允稱"如數家珍"。此外，歐陽脩、蘇軾、黄庭堅、葉夢得等也分别在《雲林石譜》

──────────

　　①　《（民國）紹興縣志資料·寓賢》有"杜甫"條，引《新唐書》："杜甫少貧不能自振，客越。李邕奇其
才，先往見之。"復加同出《新唐書》的按語："甫有姑適會稽賀撝。"杜甫曾客越，其姑適越人，或許孔傳由
此將越人杜綰視作其裔。另，杜牧爲杜祐孫，杜綰當爲杜牧之裔。
　　②　孔凡禮：《蘇軾年譜》卷 25，北京：中華書局，1998 年，第 731 頁。
　　③　此條得張劍老師指教，時在 2018 年 8 月。
　　④　胡玉縉：《四庫全書總目提要補正（下）》卷 34《譜錄類》，北京：中華書局，1964 年，第 903 頁。
　　⑤　瞿良士輯：《鐵琴銅劍樓藏書題跋集錄》，第 164、165 頁。
　　⑥　楊文衡：《試述〈雲林石譜〉的科學價值》，《科技史文集》第 14 輯，上海：上海科學技術出版社，
1985 年，第 176 頁。
　　⑦　《雲林石譜》版本情況較複雜，本文采用知不足齋本。

中露面。歐陽永叔，見于"虢石"條。坡翁作爲杜綰父輩①友人，出現于"鞏石"條。坡翁心愛的"仇池"，見于"英石"條。"壺中九華""小玲瓏"見于"江州石"條。"怪石供"見于"黃州石"條。"鳳咮硯"見于"南劍石"條。"登州石""雪浪石"則俱成專條。黃山谷所錄象江太守"萬金載歸白英石"見於"英石"條。葉少藴的石林則於"弁山石"條留影。在這個意義上，《雲林石譜》記錄了大量杜綰父執與祖執輩的愛石佳話，也可視作一種相當可信的宋代文人賞石近身記錄。愛石，于宋人，是時風；于杜綰，則可稱家事。就現代意義而言，作爲一部科學著作②，《雲林石譜》"示森羅萬象於外"；作爲一部人文著作，它"體重重無盡於身"③，涵納累世家學、生命行迹與交游閱歷。

周履靖刻本，即夷門廣牘本。④ 從諸閣書提要與殿本、浙本總目提要彙校情況看，乾隆四十六年(1781)三月文淵閣書前提要以"蓋"肯定周履靖刻書時竄入《宣和石譜》與《漁陽公石譜》，而十八月之後的文溯閣書前提要改"蓋"爲"疑"，其後二十三月的文津閣書前提要仍作"疑"，乾隆六十年刻竣的浙本與殿本總目⑤提要復取"蓋"。昌彼得於《説郛考》指出，周氏將《宣和石譜》與《漁陽公石譜》附刻於《雲林石

---

① 別本言"先大父"，則或爲祖輩友人。

② 參見李約瑟著，《中國科學技術史》翻譯小組譯：《中國科學技術史·第五卷地學·第二分册》，北京：科學出版社，1976年，第283、287、314、325、386、389頁；楊文衡《試述〈雲林石譜〉的科學價值》，《科技史文集》第14輯，第169—178頁。

③ 張文江在《管錐編讀解》中，曾言"西洋文化乃至藝術示森羅萬象於外，中國文化乃至藝術體重重無盡於身"，在《古典學術講要》中，復提此說法，討論此兩者的貫通。此處借用兩端之説。張文江：《管錐編讀解》，上海：上海古籍出版社，2000年，第124頁；張文江：《古典學術講要》，上海：上海古籍出版社，2015年，第240頁。

④ 《千頃堂書目》錄《夷門廣牘》一百二十卷，《奕慶藏書樓書目》未錄卷數，只言一百零七種，《夷門廣牘》最盛行，易得的本子爲民國二十九年上海商務印書館據涵芬樓藏萬曆刊本影印本，計一百四十八卷一百零四種，收入該館所刊《景印元明善本叢書十種》，此本恰不載《雲林石譜》。考察各館所藏《夷門廣牘》異本，臺北"中央圖書館"藏一百六十五卷一百零六種本、北京圖書館藏九十一卷五十五種本、浙江圖書館藏六十五卷四十一種本(善005823)，天一閣博物館藏一百三十卷九十六種本(善5002)含《雲林石譜》。董岑仕《杜綰〈雲林石譜〉版本系統考》將此本稱作"荆山書林本"，理由是："從刻書版式上來说，《雲林石譜》與周履靖《夷門廣牘》叢書的版式基本相同，但《夷門廣牘》叢書本版心頁數以上，另有總卷帙，而《雲林石譜》因爲不收入《夷門廣牘》，故無。"田案，乾隆《紹興府志》即錄《雲林石譜》"夷門廣牘"本，此條書證也是《雲林石譜》首見於其作者里貫地方史志的記載。《夷門廣牘》叢書卷首"夷門廣牘彙編總目"未列《雲林石譜》，然此非孤例，以天一閣藏本爲例，計有《錦帶書》一卷、《古畫品錄》一卷、《海外三珠》一卷、《雲林石譜》三卷、《相牛經》、《相貝記》、《集仙傳》、《貧士傳》二卷、《宋明名公和陶詩》二卷共計九種未列入"彙編總目"，當爲後刻後印之故。董岑仕：《杜綰〈雲林石譜〉版本系統考》，《北京大學中國古文獻研究中心集刊》第十七輯，2018年8月。筆者感謝董君惠贻刊發定稿本；天一閣藏本詳情，得天一閣館員李開昇之助，一併致謝。

⑤ 崔富章：《〈四庫全書總目〉武英殿本刊竣年月考實——"浙本翻刻殿本"論批判》，《浙江大學人文學報》(人文社會科學版)2006年第1期。

譜》之後，乃據《説郛》，非周氏竄入①。毛晋單卷刻本，文溯閣本、文津閣本提要均未涉及，毛氏《山居小玩》《群芳清玩》兩叢書俱收録此本。

關於四庫書分纂提要、閣書提要與總目提要的差異，近三十餘年来迭有討論，但很少涉及子部譜録類書。就《雲林石譜》，筆者尚未檢出其分纂提要；上海圖書館藏《四庫全書總目提要》殘稿本載《雲林石譜》提要殘稿；殿本、浙本《四庫全書總目提要》除格式與正文一字之略，悉同文淵閣本書前提要；相較文淵閣本提要，文溯閣本提要與文津閣本提要略去毛晋异本，稱古人名而不稱字號，此外尚有字句微殊之處；文津閣本、文溯閣本提要完成時間上雖有二十三個月之别，正文部分差異僅爲多一末字；現存文瀾閣本提要爲丁鈔本，所鈔或爲文淵閣本提要，或以正文一字之略的總目提要添加格式用語而成。

二、由四庫館臣案語引發的討論

《四庫全書總目提要》卷一百十五《雲林石譜》提要之後，尚有兩段案語：

案，宋以後書，多出於古來門目之外。如此譜所品諸石，既非器用，又非珍寶，且自然而成，亦並非技藝。豈但四庫之中無可繫屬，即"譜録"一門亦無類可從。以亦②器物之材，附之"器物"之末焉。

右譜録類"器物"之屬，二十四部，一百九十九卷，附録一部，三卷，皆文淵閣著録。

案，陶宏景《刀劍録》，《文獻通考》一入之"類書"，一入之"雜技藝"，虞荔《鼎録》亦入"雜技藝"。夫宏景所録刀劍，皆古來故實，非講擊刺之巧，明鑄造之法，入"類書"猶可，入"雜技藝"，於理爲謬。此由無所附麗，著之此而覺不安，移之彼而又覺不安③，遷移不定，卒至失於刊削而兩存。故"譜録"一門不

---

① 昌彼得：《説郛考》，臺北：文史哲出版社，1979 年，第 185 頁。
② 浙本《四庫全書總目提要》作"亦以"。（清）永瑢等：《四庫全書總目》卷 115，第 988 頁。
③ 浙本《四庫全書總目提要》作"著之此而不安，移之彼而又不安"。（清）永瑢等：《四庫全書總目》卷 115，第 988 頁。

可不立也。①

《雲林石譜》是《四庫全書總目》中僅見的譜録類器物之屬附録書。第一段案語指出了《雲林石譜》"無類可從"。是書因其題材多面,在其流傳的近九百年間,即是不斷挑戰文獻分類的一個例子。從存世書目看,直至《四庫全書總目》問世前後,明清兩朝諸多文獻家嘗試了《雲林石譜》的插架與歸類,兹約略依時序舉數例如下:

楊士奇等《文淵閣書目》入辰字號第二櫥"畫譜諸譜附"。

焦竑《國史經籍志》入卷三史類食貨下的"貨寶"。

徐熥《徐氏家藏書目》入卷三子部"器用類"。

祁彪佳《澹生堂書目》入卷七子類第三"清玩"。

黃虞稷《千頃堂書目》整理本補入卷九"食貨類"。

錢謙益《絳雲樓書目》黃永年藏鈔本(屬胡其毅鈔本系統)②入"譜録類考"。

錢謙益《絳雲樓書目》南開大學圖書館藏陳景雲注、吳翌鳳跋過録本③入"雜藝類"。

錢謙益《近古堂書目》入上卷"譜録類"。④

錢曾《述古堂書目》入卷四"器玩"。

錢曾《也是園書目》入第二卷史部"寶貨器玩"。

徐乾學《傳是樓書目》入史部"食貨"。

《浙江採集遺書總録》盧文弨、羅以智批校本入庚集子部"藝玩類"。

盧文弨《宋史藝文志補》入史部十二"食貨類",並有類叙小注"以上所録,皆非食貨之正者,亦有游戲筆墨,更不當入,而《黃》志有之,亦姑仍之。"

《天一閣書目》嘉慶十三年寧波府學刻本入卷三之一子部一"譜録類"。

---

① 四庫館臣編:《景印文淵閣四庫全書 3·總目三·子部》,第 499 頁。

② 據王紅蕾研究:"《絳雲樓書目》儘管鈔本繁多,蓋未出兩大系統,一是胡其毅鈔本,著録錢氏藏書 3939 種;一是曹溶鈔本,著録 3499 種。……兩大系統……呈現出衆多錯綜互异的各類抄本。"王紅蕾:《錢謙益藏書研究》,天津:南開大學出版社,2013 年,第 222 頁。黃永年藏本屬胡其毅鈔本系統,見同書第 231 頁。故筆者列出三種經眼《絳目》,以見一斑。

③ 據王紅蕾研究,南開大學圖書館藏陳景雲注、吳翌鳳跋過録本當屬曹溶鈔本系統。王紅蕾:《錢謙益藏書研究》,第 222、232—241、276 頁。

④ 羅振玉《玉簡齋叢書》第二集録《近古堂書目》,著者題爲"明佚名撰"。據今人王紅蕾研究,實爲一種《絳雲樓書目》,但未言系統歸屬。王紅蕾:《錢謙益藏書研究》,第 291 頁。

　　孫星衍《孫氏祠堂書目》嘉慶十五年家刻本入内編卷四。

　　總體而言,史部、子部俱有,食貨、器玩、譜録三類傾向參差出現,至《四庫全書總目》定型,方安居子部譜録類。藏書家們對《雲林石譜》的認識,或重其記實存史,或重其博物特徵,或重其條目羅列。這其中,也可見藏書家的個人趣味——祁彪佳獨標"清玩",寓山主人,儼然賞石家本色。①

　　事實上,非惟《雲林石譜》,所有《四庫全書總目》所録譜録類器物之屬著作在得《四庫》定位之前,都曾被勉爲其難地著録於其他類目之下,如《漢書·藝文志·術數略》形法類(《相寶劍刀》)、《隋書·經籍志·經部》小學類(《秦皇東巡會稽刻石文》)、《舊唐書·經籍志·子部》農家類(《錢譜》)等。②

　　在近年對古籍分類的討論中,有學者質疑譜録類,認爲"它完全違背了按學科依内容類分圖書的目録學原則,實在是應該加以改造。改造的原則是拆掉這一類,凡屬考古者入'金石類';凡屬與種植、養殖有關者入'農家農藝';凡屬器物製作、食品製造者入新設之'工藝類'"③。《雲林石譜》非"考古"著作,多有論時之處,其内容雖涉及石之修治磨礱,然亦非全書通例。四庫館臣尚且認識到:"如此譜所品諸石,既非器用,又非珍寶,且自然而成,亦非技藝。"在廢除譜録類的新分類法中,《雲林石譜》依然無類可從。

　　第二段案語,舉陶弘景《刀劍録》爲例,"入'類書'猶可",而"'譜録'一門不可不立也"。《雲林石譜》序作者孔傳,"即續白居易《六帖》者"。孔傳的類書編纂實踐,或可稱杜綰近身取法之學。杜綰的寫作,雖非"古來故實",頗多時聞,也呈現出兼具譜録與類書的特點。

　　對於譜録類更合歸於類書這一方向,近人張舜徽有進一步的設想:"《四庫》雖

　　①　譜録類書籍在歷代書目中的著録,相關研究見董岑仕《〈遂初堂書目〉研究》(北京大學中國古文獻研究中心集刊 2017 年第 1 期,第 63—80 頁)。董氏論文涉及著録《雲林石譜》的《文淵閣書目》《國史經籍志》《澹生堂書目》《也是園書目》《述古堂書目》與《孫氏祠堂書目》,并專門研究了《四庫全書》重設"譜録"的過程——"四庫全書館中真正意義上的'譜録'類的增設,當不晚於乾隆四十七年。"另,艾思仁(James Soeren Edgren)曾於 1989 年英譯《四庫全書總目》類目,以 Collections 譯"譜録";在 2018 年 5 月 28 日與筆者的電郵通訊中,他復言 collection,compendium 或 catalogue 三詞皆可譯"譜録",視討論的具體書籍而定。艾思仁於同日電郵中惠告,馬君蘭(Martina Siebert)曾以"譜録"爲題出版德語專著〈Pulu: "Abhandlungen und Auflistungen" zu materieller Kultur und Naturkunde im traditionellen China〉(Wiesbaden: Harrassowitz, 2006),囿於語言能力,筆者未能參考。
　　②　李婷:《器物類著作在中國傳統目録學中歸屬的演變》,《濮陽職業技術學院學報》2015 年第 10 期。不過李婷並未舉《雲林石譜》爲例,本文對相關著録類目沿革的考述,率皆基於筆者一己之觀察。
　　③　李致忠:《三目類序釋評》,北京:北京圖書館出版社,2002 年,第 456 頁。

立譜録一門，而於僻籍小書無可繫屬者，往往而窘，附録《雲林石譜》於器物之末，即其明例。若能統歸類書，則斯弊袪矣。然自來著録之家，於類書一門，但統録《書鈔》《御覽》諸編，而不復别析細目。惟孫星衍《祠堂書目》區爲事類、姓類、書目三種，體例獨善。苟能循斯義例，於三種之外，别增物類一目，則凡譜録諸書，悉可歸納靡遺矣。"①按張氏設想，《雲林石譜》就當置於類書新設的"物類"一目了。

---

① 張舜徽：《四庫提要叙講疏》，昆明：雲南人民出版社，2005 年，第 112 頁。

《四庫全書總目》陸隴其著作提要研究二題[*]

吳旺海　湖南大學嶽麓書院碩士研究生

摘　要：活動於康熙年間的理學名臣陸隴其，是清初學術史上頗具争訟的人物。伴隨着從"循吏"到"醇儒"的身份上的快速轉變，其著作在乾隆朝纂修《四庫全書》時得以大量收録。《四庫全書總目》收録陸隴其著作共十三種，每種著作録有相應的提要。其中七種鈔録類著作提要，構成繁複、數目衆多，尤以《四書講義困勉録》《松陽講義》最爲複雜。通過對陸氏十三種著作提要的爬梳，可瞭解四庫館臣對陸隴其學術人品的評價與看法並非如錢穆等學者所説"皆極稱道，絶無貶斥"，而是褒貶俱有。政治推崇的"公"與學術評價的"私"，共同構成了四庫館臣筆下語出二源的陸隴其形象。

關鍵詞：《四庫全書總目》；陸隴其；文本辨誤；學術評價

陸隴其(1630—1693)，原名龍其，字稼書，謚清獻，浙江嘉興平湖人。康熙九年(1670)進士，先後任嘉定、靈壽知縣與四川道監察御史。他在學術上主張尊朱黜王、由虚返實，是清代學術史上頗具争訟的人物。雖未執笏於朝，生前爲官經歷以知縣爲主，但陸氏在康熙朝時就已經因其猛烈的黜王學術立場和清廉的爲官從政名聲而頗受朝野關注，康熙帝即稱"本朝如這樣人，不可多得了"①。在其殁後三十一年的雍正二年(1724)，陸隴其就得以順利從祀孔廟，是清代從祀孔廟九人中的第一人，乾隆元年(1736)獲謚"清獻"。生前身後備受清廷的贊譽褒獎。伴隨着從"循吏"到"醇儒"的身份上的快速轉變，引發了當時對陸隴其的一系列"禮遇"。突出表現之一即是在乾隆朝纂修《四庫全書》時，四庫館臣對陸隴其著作的大量收録。

---

*　本文係 2018 年度湖南省哲學社會科學基金基地項目"生成史視域下的《四庫全書總目·經部》綜合考辨研究"(項目編號：18JD16)階段性研究成果。

①　吳光酉等：《陸隴其年譜》，北京：中華書局，1993 年，第 197 頁。

《四庫全書總目》收録了十三種陸隴其的著作,數量上接近于同時期的李光地,比肩黃宗羲,遠超王夫之。[①]《四庫全書總目》中分別記録了這十三種著作(含鈔録、存目)的提要。其中鈔録類的七種著作,在現存的閣書中還可以見到各書的書前提要,再加上《四庫全書總目》存在浙本、殿本之分,各閣書前提要又存在差異,故《四庫全書》所涉及的陸氏著作提要,數目衆多,構成上亦較爲複雜。

除了提要文本上存在的問題外,提要本身也具有豐富的信息量。《四庫全書總目·凡例》曾説:"(提要)每書先列作者之爵里,以論世知人;次考本書之得失,權衆説之異同,以及文字增删、篇帙分合,皆詳爲定辨,巨細不遺;而人品學術之醇疵、國紀朝章之法戒,亦未嘗不各昭彰癉,用著勸懲。"[②]《四庫全書》中所涉及陸隴其著作的提要,不僅包含陸氏其人、其著作相關的信息,透過提要内容,我們還可瞭解四庫館臣對陸隴其學術、人品的評價與看法。這對於窺探頗具爭議的陸氏評價問題,無疑大有裨益。而對陸氏著作在《四庫全書》中的收録情況以及著作提要的梳理、辨析等議題,學界一直缺乏相關研究。

一、《四庫全書總目》所收陸隴其著作提要辨析

《四庫全書總目》所收録陸隴其的十三種著作,《四庫全書總目》分別爲其作内容提要,同時各閣書還存有相應的書前提要。但由於《四庫全書》纂修過程的複雜性,上述各提要文本之間存在大小不一的差异。

(一) 浙本、殿本《四庫全書總目》與《文淵閣四庫全書》中陸氏著作提要的文本差异

在《四庫全書》開館的次年(1774 年),乾隆帝即諭示"辦理《四庫全書》處進呈總目,於經、史、子、集内,分晰應刻、應抄、應存書名三項"[③],對所搜訪圖書分

① 《四庫全書總目》共收録李光地著作 15 種,黃宗羲著作 13 種,王夫之著作 6 種。
② (清)永瑢等:《四庫全書總目》卷首《凡例》,北京:中華書局,1965 年,第 17—18 頁。
③ 中國第一歷史檔案館編:《纂修四庫全書檔案(上)》,《諭内閣著四庫全書處總裁等將藏書人姓名附載於各書提要末並另編〈簡明書目〉》,上海:上海古籍出版社,1997 年,第 328 頁。

類對待。《四庫全書總目》所收陸隴其的十三種著作中，有七種爲"鈔録"，六種爲
"存目"。

表一　《四庫全書》鈔録陸隴其著作共計七種

書　名	卷　數	所屬類別	《總目》著録版本
《讀禮志疑》	六卷	經部・禮類	浙江巡撫采進本
《四書講義困勉録》	三十七卷	經部・四書類	浙江巡撫采進本
《松陽講義》	十二卷	經部・四書類	浙江巡撫采進本
《讀朱隨筆》	四卷	子部・儒家類	浙江巡撫采進本
《三魚堂賸言》	十二卷	子部・儒家類	編修勵守謙家藏本
《松陽鈔存》	二卷	子部・儒家類	浙江巡撫采進本
《三魚堂文集、外集》	十二卷、六卷	集部・別集類	兩江總督采進本

表二　《四庫全書總目》存目陸隴其著作共計六種

書　名	卷　數	所屬類別	《總目》著録版本
《古文尚書考》	一卷	經部・書類	編修程晋芳家藏本
《三魚堂四書大全》	四十卷	經部・四書類	通行本
《續困勉録》	六卷	經部・四書類	江蘇周厚堉家藏本
《戰國策去毒》	二卷	史部・雜史類	江蘇周厚堉家藏本
《學術辨》	一卷	子部・儒家類	編修程晋芳家藏本
《問學録》	四卷	子部・儒家類	浙江巡撫采進本

　　《四庫全書總目》主要存在浙本與殿本兩種源頭版本。那麼，浙本與殿本關於
陸隴其著作的提要是否會存在不同之處？我們首先對這兩個不同版本《四庫全書
總目》①的十三種陸氏著作提要進行比較，發現有五種著作提要存在文字表述上的
差异：

---

　　①　本文所選取兩種不同版本的《四庫全書總目》，分別爲 1986 年臺北"商務印書館"《景印文淵閣
四庫全書》前附武英殿刻本《四庫全書總目》（簡稱"殿本"）與 1965 年北京中華書局影印乾隆六十年浙江
布政使謝啓昆刻本《四庫全書總目》（簡稱"浙本"）。在各提要對比過程中，古今字、通假字、同源字、異體
字及避諱字等不再出校。

表三 陸氏著作提要浙本、殿本文字表述差异比較表①

種類及書目	差 异 情 況 比 較	
	浙 本	殿 本
鈔 錄 類		
《讀禮志疑》②	未加簡擇	未知簡擇;
《四書講義困勉錄》③	隴其有《古文尚書》。 是書乃因彥陵張氏講義本 而參酌以己意 所得於《四書》者尤深	陸隴其有《古文尚書考》 因彥陵張氏講義本 而參配以己意 所得於《四書》者尤多
《三魚堂剩言》④	其甥金山陳濟排次成編 ——窮究原委而別自其是非	其甥金山陳次排次成編 ——窮究原委而別白其是非
存 目 類		
《古文尚書考》⑤	官嘉定靈壽一縣知縣 雍正二年從祀孔子廟庭	官嘉定靈壽二縣知縣 乾隆元年從祀孔子廟廷
《三魚堂四書大全》⑥	國朝陸隴其編	國朝陸隴其撰

　　"存目類"中需要引起注意的一條,是有關陸隴其從祀孔廟的時間問題。浙本作"雍正二年",而殿本則作"乾隆元年"。關於陸隴其從祀孔廟的時間,《清史稿·陸隴其傳》中有詳細記載:"雍正二年,世宗臨雍,議增從祀諸儒,隴其舉焉。乾隆元年,特諡清獻,加贈内閣學士兼禮部侍郎。"⑦除了《清史稿》,在《陸隴其行狀》與陳廷敬爲陸隴其撰《監察御史陸君墓志銘》等處,也記載陸隴其"雍正二年從祀孔廟""乾

---

　　① 在纂修《四庫全書》同時,乾隆帝曾從應鈔書籍中另編規模較小、内容更精的《四庫全書薈要》,并對應有《四庫全書薈要總目提要》,可參見江慶柏等整理:《四庫全書薈要總目提要》,北京:人民出版社,2009 年。筆者查閱後,未見其中收録陸氏著作提要。

　　② 浙本提要,見(清)永瑢等:《四庫全書總目》卷 22《經部·禮類四》,第 178 頁;殿本見(清)永瑢等:《四庫全書總目》,《景印文淵閣四庫全書》第 1 册,第 453 頁。

　　③ 浙本提要,見(清)永瑢等:《四庫全書總目》卷 36《經部·四書類二》,第 304 頁;殿本見(清)永瑢等:《四庫全書總目》,《景印文淵閣四庫全書》第 1 册,第 739 頁。

　　④ 浙本提要,見(清)永瑢等:《四庫全書總目》卷 94《子部·儒家類四》,第 799 頁;殿本見(清)永瑢等:《四庫全書總目》,《景印文淵閣四庫全書》第 3 册,第 70 頁。

　　⑤ 浙本提要,見(清)永瑢等:《四庫全書總目》卷 14《經部·書類存目二》,第 114 頁;殿本見(清)永瑢等:《四庫全書總目》,《景印文淵閣四庫全書》第 1 册,臺北:臺灣商務印書館,1986 年,第 130 頁。

　　⑥ 浙本提要,見(清)永瑢等:《四庫全書總目》卷 37《經部·四書類存目》,第 314 頁;殿本見(清)永瑢等:《四庫全書總目》,《景印文淵閣四庫全書》第 1 册,第 762 頁。

　　⑦ 趙爾巽等:《清史稿》卷 265《陸隴其傳》,北京:中華書局,1977 年,第 9936 頁。

隆元年賜諡清獻”①,故此處殿本所犯錯誤是較爲明顯的。關於《三魚堂四書大全》一書的“編”“撰”問題,或都可説通,但鑒於該書“取胡廣書(永樂年間編《四書大全》),除其煩複,刊其舛謬,又采蒙引存疑淺説諸書之要,以附益之”②,應用“編”字爲恰。

　　鈔録類著作提要的差異情況較存目類著作提要更爲複雜。除了前表所列浙本與殿本兩種不同的提要之外,鈔録類著作的七種提要還可見於現存各閣藏書書前提要與留存的稿本提要③,理論上這些提要與殿本、浙本《四庫全書總目》應一致,即每書應祇存在一種對應的提要。然而事實上並非如此,在初步比對上述七種著作的《總目》提要(以浙本爲例)和書前提要(以《文淵閣四庫全書》本爲例)後,現將兩種提要的差異情況列表如下:

表四　陸氏鈔録類著作浙本《總目》與《文淵閣四庫全書》書前提要差异表

書　名	异同情況	對　比　相　异　處	
		浙本《總目》	《文淵閣四庫全書》書前提要
《讀禮志疑》④	基本相同	皆自抒所見,<u>絶無門户之私</u>	皆確有所見,<u>足以羽翼經訓</u>
《讀朱隨筆》⑤	基本相同	頗爲親切	殊爲親切有味
《三魚堂剩言》⑥	基本相同	率有根據	<u>悉有根據</u>,此句後多“<u>不爲題揣臆斷之談</u>”
《松陽鈔存》⑦	基本相同	/	作者介紹處多“<u>陸隴其有《三魚堂四書大全》,別著録</u>”一句

---

　　①　(清)彭紹升《故四川道監察御史陸清獻公事狀》、(清)陳廷敬《監察御史陸君墓志銘》,(清)吳光西等:《陸隴其年譜》,北京:中華書局,1993年,第328、335頁。
　　②　(清)永瑢等:《四庫全書總目》卷37《經部·四書類存目》,第314頁。
　　③　現存各閣藏書即北四閣藏書中現存的文淵閣、文津閣與文溯閣,南三閣中現存的文瀾閣。留存的稿本提要主要爲翁方綱、邵晋涵等纂修官作分纂稿。
　　④　《文淵閣四庫全書》書前提要,見(清)陸隴其:《讀禮志疑》,《景印文淵閣四庫全書》第129册,第476頁。
　　⑤　浙本提要,見(清)永瑢等:《四庫全書總目》卷94《子部·儒家類四》,第798頁;《文淵閣四庫全書》書前提要,見陸隴其:《讀朱隨筆》,《景印文淵閣四庫全書》第725册,第478頁。
　　⑥　《文淵閣四庫全書》書前提要,見陸隴其:《三魚堂剩言》,《景印文淵閣四庫全書》第725册,第562頁。
　　⑦　浙本提要,見(清)永瑢等:《四庫全書總目》卷94《子部·儒家類四》,第799頁;《文淵閣四庫全書》書前提要,見陸隴其:《松陽鈔存》,《景印文淵閣四庫全書》第725册,第627頁。

續　表

書　　名	异同情況	對　比　相　异　處	
		浙本《總目》	《文淵閣四庫全書》書前提要
《三魚堂文集、外集》①	基本相同	而附糾其編次之陋如右	其編次之謬陋則不可以不辨
《四書講義困勉録》	基本不同	詳見後述	
《松陽講義》	基本不同	詳見後述	

在陸隴其七種著作相關提要中,《總目》提要與書前提要基本相同五種,基本不同兩種。從理論上講,《四庫全書》所收各書提要應"分之則散弁諸篇,合之則共爲《總目》"②,那麼爲何原則上應是一致的《總目》提要和各閣書前提要,却出現了不同程度的内容差异? 據吕堅《〈四庫全書〉七閣成書時間考》③,最早的《文淵閣》書成乾隆四十七年(1782),江浙三閣同時成於乾隆五十二年。而《總目》隨着《四庫全書》收録各書的增補撤毁,直到乾隆末年才得以定本刊刻④,即各閣書的抄成要與《總目》的定稿刊刻中間有十餘年的時間跨度。此外,各提要在隨書寫成後,多次修改,並非一成不變,因而才出現陸隴其七種著作中每種都存在《總目》提要與《文淵閣四庫全書》書前提要不一致的現象。

在此處須綜合表三、表四對《三魚堂剩言》一書相關提要作兩點補充説明:綜合兩表可發現,浙本將"别白其是非"誤作"别自其是非";殿本把對《三魚堂剩言》進行排次成編的"陳濟"誤作爲"陳次"(案:陳氏爲陸隴其之甥⑤)。這兩處錯誤並未出現於《文淵閣四庫全書》本的書前提要,這類來自抄手的筆誤亦爲提要比對過程中須厘清的點。

---

① 浙本提要,見(清)永瑢等:《四庫全書總目》卷173《集部·别集類二六》,第1527頁;《文淵閣四庫全書》書前提要,見陸隴其:《松陽講義》,《景印文淵閣四庫全書》第1325册,第1頁。

② (清)永瑢等:《四庫全書總目》卷首《凡例》,第17頁。

③ 吕堅:《〈四庫全書〉七閣成書時間考》,《文獻》1984年第3期。

④ 據崔富章先生考證,《四庫全書總目》武英殿本經紀昀修訂,完竣時已乾隆六十年。參見崔富章:《〈四庫全書總目〉武英殿本刊竣年月考實——"浙本翻刻殿本論"批判》,《浙江大學學報》2006年第1期。

⑤ 《四庫全書總目》《文淵閣四庫全書》中《三魚堂剩言》一書提要中有"其甥金山陳濟排次成編"一句。現存《陸隴其年譜》原本編輯參校人員的信息中,也有"甥:陳濟"字樣。參見(清)永瑢等:《四庫全書總目》卷94《子部·儒家類四》,第799頁;(清)陸隴其:《三魚堂剩言》,《景印文淵閣四庫全書》第725册,第561頁;(清)吴光酉等:《陸隴其年譜》,第4頁。

(二)《四書講義困勉録》與《松陽講義》四庫提要的辨誤

上述有差異的七種提要,基本相同的五種其異處已在前文表中注明,所涉及的内容不外乎作者信息的增删與表述措辭的改動。除殿本《總目》陸隴其從祀時間與獲贈謚時間上的錯誤,其餘的相異文本對陸隴其研究並不造成明顯的影響,真正因提要差異過於明顯而須引起關注的是《四書講義困勉録》和《松陽講義》二書。

要探尋《四書講義困勉録》與《松陽講義》二書提要產生差異的原因,首先要找到提要的最初版本。《四庫全書總目》提要最初由《四庫全書》纂修官撰寫,而現存翁方綱、姚鼐、邵晋涵與陳昌圖等人所撰寫的提要稿中[1],不見陸隴其《四書講義困勉録》與《松陽講義》提要。《浙江採集遺書總録》與《江蘇採集遺書目録》中,留有當年浙江、江蘇上進給朝廷此兩書時的簡短提要:

> 《松陽講義》十二卷(刊本)　國朝陸隴其撰,係宰靈壽時,與諸生講授《四書》之義,共一百十有八條,自爲序。
>
> 《四書困勉録》十四卷《續録》六卷(刊本)　前人(按,指陸隴其)撰,引證諸家之説折衷朱子。[2]
>
> 《困勉録》　國朝監察御史當湖陸隴其著。按此書闡發至義,共四十卷。
>
> 《續困勉録》　前人(按,指陸隴其)。按,此書共十四卷。[3]

僅從這兩種共四篇提要中,我們很難去還原其與後來《總目》提要與書前提要的源流關係。但我們從中意外發現,在圖書搜訪之初,《四書講義困勉録》《續困勉録》後列於"存目")不只存在一個版本,《四庫全書》所收録的《四書講義困勉録》三十七卷本,與上述兩種記録都存在着版本上的差異,而且明顯非來源于這兩個版本。在《四庫採進書目》中,對《四書講義困勉録》亦有所記録:

> 《(四書講義)困勉録》三十七卷,清陸隴其著,十四本。《續困勉録》六卷,

① 參見(清)翁方綱等著,吳格、樂怡標校:《四庫提要分纂稿》,上海:上海書店出版社,2006 年。按:不見陸隴其《四書講義困勉録》與《松陽講義》提要稿。

② (清)沈初撰,盧文弨等校:《浙江採集遺書總録》,張昇編《〈四庫全書〉提要稿輯存》第 1 册,北京:北京圖書館出版社,2006 年,第 301 頁。

③ (清)黄烈等編:《江蘇採輯遺書目録》,張昇編《〈四庫全書〉提要稿輯存》第 4 册,第 172 頁。

清陸隴其著,四本。①

《四書講義困勉録》三十七卷,《續困勉録》六卷,平湖陸隴其著,原作《正續困勉録》,十四本。②

《四書講義困勉録》十四卷,《續録》六卷,國朝陸隴其輯,十二本。③

《四書講義困勉録》三十七卷,清陸隴其撰,陸公穆編次,原本作《困勉録》。④

《四庫採進書目》四種記録中的第一、二、四種,在卷數上與《四庫全書》收録的版本一致,更接近《四庫全書》所收録《四書講義困勉録》的來源。在《四庫全書總目》的最初稿本《四庫全書初次進呈存目》中,也未見陸隴其此兩書的提要。要繼續探尋《四書講義困勉録》和《松陽講義》提要背後的端倪,須轉而求助於其他各閣書前提要,將兩書對應的内府寫本書前提要、《文溯閣四庫全書》書前提要和《文津閣四庫全書》書前提要⑤,與浙本、殿本《四庫全書總目》進行對比。各提要進行對比後⑥,可依據提要文本内容所呈現差異,分爲兩類:

類別一,内府寫本書前提要與《四庫全書總目》提要(浙本/殿本);

類別二,《文淵閣四庫全書》書前提要、《文溯閣四庫全書》書前提要與《文津閣四庫全書》書前提要。⑦

以上兩類提要,除類別二中三種書前提要的内容保持高度一致以外,類別一中

---

① (清)吳慰祖校訂:《江蘇省第一次書目》,《四庫採進書目》,北京:商務印書館,1960 年,第 23 頁。

② (清)吳慰祖校訂:《兩江第一次書目》,《四庫採進書目》,第 45 頁。

③ (清)吳慰祖校訂:《浙江省第七次呈送書目》,《四庫採進書目》,第 126 頁。

④ (清)吳慰祖校訂:《補遺(武英殿第一次書目)》,《四庫採進書目》,第 193 頁。

⑤ 在《四庫全書》七閣藏書目前僅存的四閣中,文瀾閣所藏《四庫全書》前後經歷三次大規模補鈔與多次全面清理。2017 年由杭州出版社影印的《文瀾閣四庫全書》中,《四書講義困勉録》與《松陽講義》書前提要落款時不題日期,内容與浙本《四庫全書總目》同(包括錯誤處),應爲後世補鈔。此處不再對陸氏兩書文瀾閣本書前提要進行羅列探討。

⑥ 關於提要分兩類的假設猜想,建立在對《四書講義困勉録》與《松陽講義》兩書所各自涉及的七種提要文本比較的基礎上。歸類標準爲:同一類別内,其提要内容會出現一段文字同時出現或消失、提要内容錯誤發生在同一處的兩種主要現象。

⑦ 類別一中内府寫本書前提要與《總目》提要兩者的時間先後問題,就陸隴其《四書講義困勉録》與《松陽講義》而言,難以明確説是後者沿襲前者,還是前者借鑒後者。《四庫全書總目》於乾隆四十六年(1781)纂辦完竣,在此後的十餘年間仍然屢有變動。今陸氏兩書提要定稿的時間已難以查訪,因而儘管内府寫本提要中寫明落款日期,但其與《總目》提要在時間上的先後問題,已難有確論。類別二中,《文淵閣四庫全書》書前提要、《四庫全書文溯閣》書前提要、《四庫全書文津閣》書前提要排列次序依據的是各提要的落款時間。

的内府寫本提要與浙本《總目》提要（浙本與殿本提要已在前文作對比）之間、類別一（以浙本《總目》要爲代表）和類別二（以《文淵閣四庫全書》本書前提要爲代表）之間，均存在錯字和漏字的現象。這一情況在《四書講義困勉録》的相關提要中尤其明顯，具體細節差異情況詳見下表：

表五　《四書講義困勉録》涉及提要差異比較

編號	類　別　一		編號	類別一（浙本《總目》）與 類別二（《文淵閣四庫全書》書前提要）	
	内府寫本①	《總目》（浙本）		《文淵閣四庫全書》②	《總目》③
1	是書乃因彦陵張氏講義原本	是書因彦陵張氏講義原本	1	／	隴其有《古文尚書》，已著録。
2	而參酌以己意	而參配以己意	2	復益以明季諸家之説	益以明季諸家之説
3	蓋以續所修《四書大全》也		3	而以己見折衷之	而參配以己意
4	所得於《四書》者尤多	所得於四書者尤深	4	本隴其未定草稿	草稿尚未全定

在類別一提要中，内府寫本與《總目》主要差異爲表五左側所列四條。該表左側中的 1、2、4 三條，其差異情況還發生在浙本與殿本的《總目》提要對比中，詳見表三。其中：第 3 條爲内府寫本提要中介紹《四書講義困勉録》較《總目》提要多出的一句，此句亦不見於《文淵閣四庫全書》本書前提要，但却出現在《文溯閣四庫全書》本、《文津閣四庫全書》本書前提要中。第 4 條中，對陸隴其在《四書》學上的成就，内府寫本以"多"字形容，而《總目》以"深"字形容。

在類別一和類別二提要對比過程中，主要差異爲表中所列四條：第 1 條爲《總目》介紹陸隴其較《文淵閣四庫全書》本多出的一句，此句僅見於《總目》提要，而不見於内府寫本與剩餘三閣書前提要。第 2 條中"復"字，不見於《總目》與内府寫本，但在《文淵閣四庫全書》本、《文溯閣四庫全書》本、《文津閣四庫全書》本書前提要中

　　① 李國慶輯：《〈四庫全書〉卷前提要四種》第 18 册《内府寫本（一）》，鄭州：大象出版社，2015 年，第 393 頁。
　　② （清）陸隴其：《四書講義困勉録》，《景印文淵閣四庫全書》第 209 册，第 1 頁。
　　③ （清）永瑢等：《四庫全書總目》卷 36《經部·四書類二》，第 304 頁。

可見。第 3 條與第 4 條則是館臣對同一内容的不同表述。這種單個字詞同一内容表述之异,也見於《松陽講義》一書所涉及的内府寫本與《總目》的書前提要中:

表六　類別一中《松陽講義》提要所呈現差异

編號	類別一内部提要對比	
	《總目》[①](浙本)	内府寫本[②]
1	是書乃其官靈壽縣令時	是書乃其官靈壽知縣時
2	李容之學盛於西	李顒之學盛於西

綜合《四書講義困勉録》與《松陽講義》所涉提要的整理比對,可以找出《總目》提要兩處須引起重視的錯誤。分别見表五"類別一"下第一條與表六第二條。

第一處是關於"彦陵""彦陜"之辨(表五第一條),所涉及原文句如下:

　　　　是書因彦陵張氏講義原本,删剟精要,益以明季諸家之説,而參配以己意。[③]

　　　　是書乃因彦陵張氏講義原本,删剟精要,益以明季諸家之説,而參酌以己意,蓋以續所修《四書大全》也。[④]

該條提及的"彦陵張氏",即明代張振淵所謂《講義》原本即張振淵的《四書説統》[⑤]。陸隴其的《四書講義困勉録》正是基於《四書説統》進行增删補訂。《四書講義困勉録》正文中不時出現"張彦陵曰"字樣,也在事實上印證了館臣"是書乃因彦陵張氏講義原本"的説法。《總目》提要中"彦陵"被訛寫爲"彦陜",並且館臣這裏所稱"彦陵張氏",或是將彦陵誤當作地名。此外,内府寫本中多出的"乃"字,亦見於其餘三閣本書前提要,但唯獨不見於《總目》提要。該句最後部分"參酌"也被誤寫爲"參配",結合文淵閣本提要的"以己見折衷之"來看,《總目》"參配以己意"的説法

---

①　(清)永瑢等:《四庫全書總目》卷 36《經部·四書類二》,第 304 頁。
②　李國慶輯:《〈四庫全書〉卷前提要四種》第 18 册《内府寫本(一)》,第 393 頁。
③　(清)永瑢等:《四庫全書總目》卷 36《經部·四書類二》,第 304 頁。
④　李國慶輯:《〈四庫全書〉卷前提要四種》第 18 册《内府寫本(一)》,第 394 頁。
⑤　關於張振淵的考證,參見張天杰:《陸隴其〈四書〉學與清初的"由王返朱"思潮》,《浙江社會科學》2016 年第 10 期。張振淵的《四書説統》,《四庫全書》未提及;他另著有《周易説統》十二卷,《四庫全書》收録。

必定是存在錯誤的。表五第 1 條所涉及的文本,在兩種類別的提要中並存,但僅在《總目》中出現上述錯謬。作爲纂修官傾力撰寫,後經總纂官紀昀、陸錫熊等人反復修改、潤飾的《四庫全書總目》,爲何會發生此類錯誤? 造成這種現象的原因,或有可能來自抄手的錯寫。此類疑因抄手錯寫而造成的謬誤,還見於《松陽講義》的《總目》提要中。即第二處須辨明的錯誤(表六第 3 條):"李顒""李容"之辨。其所涉及原文句:

> 時黄宗羲之學盛於南,孫奇逢之學盛於北,<u>李容</u>之學盛於西,陸其皆不以爲然。①
>
> 時黄宗羲之學盛於南,孫奇逢之學盛於北,<u>李顒</u>之學盛於西,陸其皆不以爲然。②

該句只出現在第一類提要中,餘下三閣的提要在涉及此句的表述上采用了第二類提要的書寫系統。在《總目》提要中,"李顒"被誤作"李容"。李顒(字二曲)曾在康熙年間主講關中書院,活動在今陝西一帶,在《清史稿》中亦有與該句重合度極高的文本,"是時容城孫奇逢之學盛於北,餘姚黄宗羲之學盛於南,與顒鼎足稱三大儒"③,可爲"李顒"被誤作"李容"之力證。

陸氏著作中提要内容差異最大的《四書講義困勉録》與《松陽講義》,其提要的源流與最初版本現已較難考明,但通過對兩書《總目》及相關提要的對比考辨,還是發現了《總目》文本上的一些錯誤。這些錯誤中兩個較爲主要的即"彦陵""彦陵"、"李顒""李容",都僅出現在浙本中,相反殿本《總目》及各閣書前提要中却未出現,這也從側面印證這些錯誤極有可能來自纂修時抄手的筆誤。

(三)《四書講義困勉録》《松陽講義》提要對陸隴其的學術評價

綜合前文分析,《四庫全書》中陸隴其各書所涉及提要,並未見完全相異的文本。提要雖然在個別處存在大小不一的差异,但不難發現都是在一稿基礎上反復

---

① (清)永瑢等:《四庫全書總目》卷 36《經部·四書類二》,第 304 頁。
② 李國慶輯:《〈四庫全書〉卷前提要四種》第 18 册《内府寫本(一)》,第 394 頁。
③ 趙爾巽等:《清史稿》卷 480,第 13109 頁。

改訂的產物。除單純字、詞與短句上的差异外,提要中還存在着大段文字的差异。在《四庫全書》所收的陸氏七種鈔録著作裏,這種差异主要出現在《四書講義困勉録》《松陽講義》兩書所對應的各閣書前提要與《四庫全書總目》之間,且都涉及對陸隴其的學術評價。

表七 《四書講義困勉録》所涉及陸隴其評價

閣書書前提要 (《文淵閣四庫 全書》本)	自朱子《集注》出,《四書》大指闡發始明,其後宋元諸儒各有成編,剖析益無遺蘊。明代諸儒所説,如蒙存淺達之類,雖經生所傳習要,不能盡出其範圍。然聖賢之書,旨趣深長,其理愈推而愈顯,凡節目所在,得後人爲之融會貫通。①
《總目》(浙本)	明自萬曆以後,异學争鳴。攻《集注》者固人自爲説,即名爲闡發《集注》者亦多陽儒陰釋,似是而非。隴其篤信朱子,所得於《四書》者尤深。是編薈粹群言,一一别擇。②

表八 《松陽講義》所涉及陸隴其評價

閣書書前提要 (《文淵閣四庫 全書》本)	隴其潛心正學,於四子書用力尤勤,立説一以朱子爲歸,而凡异論紛呶是非蠭起者,皆拒之,惟恐不力。其增删《大全》及《困勉録》中所引明儒之言類皆本此意,以爲决擇之准。是編乃與諸生講授之語,大都出其所心得,故於間邪衛道之旨,尤反復致意焉,其間融貫舊説,亦多深切著明剖析細密。自明代迄今,講《四書》者醇正精實罕有能出其右,故數十年來,經生家多采其説,以爲講習之用,其有功於學者非淺鮮云。③
《總目》(浙本)	隴其之學,期於潛修自得,不甚以争辨爲事。惟於姚江一派,則异同如分白黑,不肯假借一詞。時黄宗羲之學盛於南,孫奇逢之學盛於北,李容之學盛於西,隴其皆不以爲然。故此編於學術醇疵,再三致意。其間融貫舊説,亦多深切著明,剖析精密。蓋朱子一生之精力盡於《四書》,隴其一生之精力盡於《章句集注》。故此編雖得諸簿書之餘,而抒所心得,以啟導後生,剴切詳明,有古循吏之遺意。較聚生徒,刻語録以博講學之名者,其識趣固殊焉。④

從表七、表八所摘録的原文看,《四書講義困勉録》《松陽講義》中所涉館臣對陸隴其的評價,主要聚焦在三個方面:一是首肯陸氏對理學的貢獻,稱贊其"融會貫通"聖賢之書與在廓清明末陽儒陰釋之學上所作的努力;二是關注他的《四書》學研究造詣,諸如"得於《四書》者尤深""自明代迄今,講《四書》者醇正精實,罕有能出其

---

① (清)陸隴其:《四書講義困勉録》,《景印文淵閣四庫全書》第209册,第1頁。
② (清)永瑢等:《四庫全書總目》卷36《經部·四書類二》,第304頁。
③ (清)陸隴其:《松陽講義》,《景印文淵閣四庫全書》第209册,第839頁。
④ (清)永瑢等:《四庫全書總目》卷36《經部·四書類二》,第304頁。

右",甚至與朱子並提,以"一生之精力盡於《(四書)章句集注》"相形容,足見評價之盛;三是頌揚陸氏人格高潔,將他與"博講學之名者"相區分。提要上幅度波動並不劇烈的修改,反映在背後的實則是時人對陸隴其評價上的謹小慎微。但若進一步比較兩書的《文淵閣四庫全書》與《總目》提要,我們仍可發現後者的立意是要高於前者的。大致來説,《文淵閣四庫全書》書前提要,其落脚點仍停留在對陸隴其其人的評價上,而《總目》提要,則已經跳出僅對陸氏其人評價的藩籬,站在對陸隴其學術、主要是《四書》學成就的高度上進行學術史的觀點闡述。

二、政治與學術之間:四庫館臣對陸隴其的評價

　　《四庫全書》館開館之時,距陸隴其去世不過八十年,但陸氏的著作竟收十三種之多。康、雍、乾三朝對理學踐履的推崇,無疑是使得陸氏著作得以大量收入的主要原因之一。受政治影響的學術風氣,也使得官方對陸隴其的評價在一個時間段内幾乎臻於完美,前文對陸氏兩提要的分析中館臣評價即體現着這一傾向。錢穆先生在論及四庫館臣對陸氏評價時甚至説:"四庫館臣爲《提要》,於宋明理學家言,掎摭無所不至;獨於稼書諸作,皆極稱道,絶無貶斥。勇於呵先儒,怯於違朝旨,亦可見四庫館臣之爲態矣。"①認爲四庫館臣的評價由於政治傾向的影響而"皆極稱道"②,那麼四庫館臣對陸隴其著作極盡稱頌之事的説法,是否真如錢穆所説呢?

　　若僅據前文細究的兩則提要(《四書講義困勉録》《松陽講義》)而言,錢穆的這種説法或可站得住脚。但如果將範圍擴大到《四庫全書總目》所收録的十三篇陸氏著作提要,細究其中關於陸隴其其人其學的評論性文字時,上述説法則似難成立。即四庫館臣對陸隴其的評價,並非如後世學者所言"皆極稱道","略無微詞"。這些評價經過分類整理,主要有以下幾種形式:

　　第一種與前文所舉的例子較爲相似,主要是較爲懇切和溢美的稱讚。如在《讀禮志疑》一書的書前提要中,館臣先介紹了《讀禮志疑》的成書經過,由於三《禮》所

①　錢穆:《陸稼書學述》,《中國學術思想史論叢(八)》,北京:生活·讀書·新知三聯書店,2009年,第 132 頁。
②　學界亦不乏其他學者有類似觀點,如董平在《浙江思想學術史》中説:"《提要》亦皆備極贊揚而略無微詞。"參見董平:《浙江思想學術史:從王充到王國維》,北京:中國社會科學出版社,2005年,第312頁。

載的古今典禮、名物器數等多不能相互對應，陸隴其"因取鄭孔諸家注疏，折衷於朱子之書，務得其中。並旁及《春秋律吕》與夫天時人事可與《禮》經相發明者，悉爲采入。其有疑而未决者，則仍闕之。故曰《讀禮志疑》"①。緊接這段介紹性文字之後，是館臣基於此書對陸隴其作出的評價，諸如"隴其覃思心性，墨守程朱，其造詣之醇，誠近代儒林所罕見""隴其隨文糾正，考核折衷，其用意實非俗儒所能及""皆自抒所見，絶無門户之私"②之類。面對《讀禮志疑》一書中的贅言，館臣則爲之積極開脱：

> 至於緇、紂、純三字，謂純當作紂，古人字亦誤用，後來不可不慎。不知古字多通，原未可以近例相限。又袁黄《群書備考》，以賈公彦訛作賈逵，人所共知，何煩深辨。而亦特立一條，爲之駁正。此蓋閲書時隨筆標記。門弟子編次校刊，乃誤入正文，未加簡擇。固不足爲隴其病矣。③

在《文淵閣四庫全書》收録的《讀禮志疑》書前提要中，除上述稱許之外，還有一句不見於《總目》但見於該書書前提要的贊語："皆確有所見，足以羽翼經訓。"④相异文本亦不離稱頌，《三魚堂剩言》中館臣對陸隴其"朱陸异同"觀點評析：

> 其於朱陸异同，非不委曲詳明，剖析疑似。而詞氣和平，使人自領，亦未嘗堅分壁壘，以詬厲相争。蓋諸儒所得者淺，故争其名而不足。隴其所得者深，故務其實而有餘。觀於是編，可以見其造詣矣。⑤

更可謂盡稱頌之辭。另如關於陸隴其在《四書》學方面的成就，《四書講義困勉録》的提要中，館臣即稱"隴其篤信朱子，所得於《四書》者尤深"⑥，甚至將其與元代弘揚朱子學的胡炳文等學者相爲比較，認爲"其羽翼朱子之功，較胡炳文諸人有過

① （清）永瑢等：《四庫全書總目》卷22《經部・書類存目二》，第177頁。
② （清）永瑢等：《四庫全書總目》卷22《經部・禮類四》，第177、178頁。
③ （清）永瑢等：《四庫全書總目》卷22《經部・禮類四》，第178頁。
④ （清）陸隴其：《讀禮志疑・提要》，《景印文淵閣四庫全書》第129册，第475頁。
⑤ （清）永瑢等：《四庫全書總目》卷94《子部・儒家類四》，第799頁。
⑥ （清）永瑢等：《四庫全書總目》卷36《經部・四書類二》，第304頁。

之無不及矣"①。在《松陽講義》提要中,還將陸隴其在《四書》上的成就與朱熹並提,
稱"蓋朱子一生之精力盡於《四書》,隴其一生之精力盡於《章句集注》"②。上述四庫
館臣對陸氏在《四書》學方面的評價,雖言辭溢美,然亦符合後世學者對陸隴其在
《四書》學成就方面的學術認同。

　　第二種爲較和緩的批判,主要將著述涉及的不當之處,歸咎於其弟子或其著作
整理編纂過程。《三魚堂文集外集》爲陸氏門人侯銓所編。侯氏在編該兩集時將
《太極論》《理氣論》等形而上的文章冠以《文集》之首,而將陸隴其爲官時的政論文
章編在《外集》,這種做法深爲館臣所詬病:

　　　　蓋體用兼優之學,而銓等乃以奏議公牘確然見諸行事者別爲《外集》。夫
　　詩歌非隴其所長,列之外集可也。至於聖賢之道,本末同原,心法治法理歸一
　　貫,《周禮》皆述職官,《尚書》皆陳政事,周公、孔子初不以是爲粗迹。即黄榦編
　　朱子詩文,亦未嘗薄視論政之文,揮而外之。銓乃徒知以《太極論》冠篇,欲使
　　隴其接迹周子,而以其循續別爲外集。尊空言而薄實政,是豈隴其之旨乎?③

　　館臣的這段評價,表面上是在爲陸氏之學正本清源,將著作所體現的弊病歸咎
於編訂兩集的侯氏,但在文字背後,則間接反映出陸氏之學亦有喜論"太極理氣"空
疏的一面與不善詩文之短。

　　陸隴其的另一書《三魚堂四書大全》,是基於明代胡廣等奉敕編撰的《四書大
全》的一個《四書》讀本。館臣的評價:

　　　　是編取胡廣書,除其煩複,刊其舛謬,又采蒙引存疑淺説諸書之要,以附益
　　之,自較原本爲差勝。然終未能盡廓清也。④

　　經過陸氏編訂後的《四書大全》較原本有所優長,但歸根結底"未能盡廓清也",即

---

① (清)永瑢等:《四庫全書總目》卷36《經部·四書類二》,第304頁。
② (清)永瑢等:《四庫全書總目》卷36《經部·四書類二》,第304頁。
③ (清)永瑢等:《四庫全書總目》卷173《集部·別集類二六》,第1527頁。
④ (清)永瑢等:《四庫全書總目》卷37《經部·四書類存目》,第314—315頁。

《三魚堂四書大全》並沒有達到陸氏編撰的最終目的。這類間接評價雖然並不直接針對陸隴其本人,然而還是表露了館臣面對陸隴其著作時所體現的多重心態之一角。

第三種則是後世學者在論及陸隴其評價之時,幾乎無人注意到的負面批評。《續困勉録》提要中,館臣對其解《四書》時"多采録時文評語"持有微詞:

> 隴其所著《困勉録》,分學、問、思、辨、行五類。此《續録》則專解《四書》,凡《大學》一卷,《中庸》一卷,《論語》二卷,《孟子》二卷。中多采録時文評語,似乎狹視《四書》矣。①

陸隴其對《四書》的認識與看法,受吕留良影響較大。吕留良(1629—1683),號晚村,是明末清初著名詩人、理學家與時文評選家。他與陸隴其在師友之間,且同爲嘉興郡人,兩人交游較多,論學甚洽。彼此的交游與論學,使得陸隴其的學術旨趣中頗有吕留良的影子。錢穆在《中國近三百年學術史》中亦指出"稼書議論,頗多蹈襲晚村"②。《續困勉録》所説"多采録時文評語",顯然與以評選時文著稱的吕留良存在着關聯。雍正十年(1732)"曾静、吕留良案"的發生,使吕氏其人其學爲清廷所不容,因而在此處出現對陸隴其的苛評也就不足爲奇。

《戰國策去毒》提要中也出現了館臣較爲不滿的評價。陸隴其致力於理學,他曾説:"繼孔子而明六藝者,朱子也,非孔子之道者皆當絶,則非朱子之道者皆當絶,此今日挽回世道之要也。"③在陸隴其看來,《戰國策》"其文章之奇,足以悦人耳目;而其機變之巧,足以壞人心術"④,讀這樣的書勢必是與孔子之道、朱子之道相悖逆的。然而館臣並不這麼認爲:

> (《戰國策》)原無人奉爲典型,懸以立教。與釋氏之近理亂真、异學之援儒入墨,必須辨別者,截然不同,是故不必懲羹而吹虀也。⑤

① (清)永瑢等:《四庫全書總目》卷37《經部·四書類存目》,第315頁。
② (清)錢穆:《中國近三百年學術史》,北京:商務印書館,1997年,第84頁。
③ (清)陸隴其:《三魚堂文集》卷8《周雲虬先生四書集義序》,《景印文淵閣四庫全書》第1325册,第126頁。
④ (清)陸隴其:《三魚堂文集》卷4《〈戰國策去毒〉跋》,《景印文淵閣四庫全書》第1325册,第53頁。
⑤ (清)永瑢等:《四庫全書總目》卷52《史部·雜史類存目》,第468頁。

　　四庫館臣並未對其一味推崇程朱的做法表示贊許，反而認爲其嚴防太過，已到了"懲羹而吹虀"的地步。

　　通過對《四庫全書總目》陸氏十三種著作提要的再訪，可知錢穆等學者的這種說法或缺乏深入的考量，四庫館臣對陸隴其的評價，並非整齊劃一的溢美之詞。這種語出多元、褒貶不一的不同評價，背後牽涉的是館臣在面對這樣一個人物的評價問題時，所反映出來的政治與學術的内在緊張。

　　陸隴其生前身後所受到的政治褒獎與官方推崇，是使得陸氏十三種著作得以被《四庫全書》收錄的必要前提。而後同樣兼有官員與學者雙重身份的張伯行爲其刊版遺作，也從側面反映出政治影響在陸隴其身後的延續。雍正二年（1724）從祀孔廟和乾隆元年（1736）獲諡"清獻"，是陸氏人品和學術得到官方認可的最有力證明。

　　其次，接續錢穆認爲四庫館臣"於宋明理學家言，揹摭無所不至"的思路，纂修《四庫全書》過程中部分學者揚漢抑宋的内在傾向，是造成評價語出多元的另一個重要原因。如在《古文尚書考》提要中，館臣在介紹完該書的基本情況後，針對朱熹評議《古文尚書》的看法提出異議，認爲"然則朱子辨古文非真，不一而足，未可據輔廣所記一條，遂謂他弟子所記皆非朱子語也"①。該書作爲陸隴其的一部讀書劄記，實則是一部考據筆記，其被收錄與在《四庫全書》纂修之時學術上的抑宋揚漢學風可能存在一定關聯。在《讀禮志疑》的提要中，館臣揚漢抑宋的學術旨趣更加顯露無疑：

　　　　案：《禮》經自經秦火，雖多殘闕不完，而漢代諸儒去古未遠，其所訓釋大抵有所根據，不同於以意揣求。宋儒義理雖精，而博考詳稽，終不逮注疏家專門之學。②

　　《四庫全書》纂修之時，漢宋争誦已見端倪。面對陸隴其這樣一位以程朱理學爲立身之本的官方理學家，館臣對其評價的取捨好惡是夾雜着多種情感的。

---

① （清）永瑢等：《四庫全書總目》卷 14《經部·書類存目二》，第 114 頁。
② （清）永瑢等：《四庫全書總目》卷 22《經部·禮類四》，第 177 頁。

　　需要指出的是,評價褒貶不一的原因或還與各提要底稿的選取與改訂有關。《四庫全書》提要的寫作,並非出於一人一時之手,"它由數十名學有專長的纂修官分頭撰寫,再經著名學者(總纂官)紀昀、陸錫熊等人考核增删,反復修改潤飾而成,前後歷時二十餘年"①。各提要的初稿已經不可避免地夾雜着不同提要纂修官在學術、政治、感情上的偏好。提要初稿擬成後,還需經總纂官之手基於各書内容甄别取捨,更加增加了提要系統的複雜性。因而提要文字反映出對同一作者評價不一的現象就可以被暫時理解了。

　　然而隨着政治推崇的逐漸淡去,在民國初期,對陸隴其的評價反而形成了與之相對的另一種極端。梁啓超在《中國近三百年學術史》中開門見山地指出了陸隴其的門户之見:"清朝講理學的人,共推他爲正統。清儒從祀孔廟的頭一位便是他(陸隴其)。他爲什麽獨占這樣高的位置呢? 因爲他門户之見最深最嚴。"②他在《論中國學術思想變遷大勢》中又説,清初的學術本"皆彼此忻合,未嘗間然。其始標門户以相排詆者,自陸隴其、熊賜履輩始"③。從陸隴其與熊賜履開始,逐漸開啓了清代陸王學術勢不兩立的態勢。後來陽明心學的衰落,又與陸隴其難脱干係,"王學之絶,陸(隴其)張(履祥)最有力焉","二氏個人私德,不足贖其對社會之公罪也"④。梁啓超的這種話語方式,摒弃了對陸隴其學術順應政治的贊揚,從整個學術環境爲出發點考察。稍後的錢穆亦不認爲陸隴其在清代對程朱學有確實的建樹,"其實稼書於朱學,僅爲一種'《四書》之學'而止"⑤,並認爲陸逐字逐句讀《四書》無異於明末的"講章家言",深爲不屑。關於陸隴其的門户之見,錢穆同樣持批判態度,認爲陸隴其"凡與朱子相异,必加辯斥,然所辯斥,亦非能有深見","持門户之見太深,辯其學術,乃必就其功業與節義而一筆抹殺,乃自感無以服人,而苦其爲難"⑥。除了梁啓超、錢穆外,劉師培先生在他的《近儒學案序》⑦與《清儒得失論》⑧中對陸隴其也

① 黄愛平:《〈四庫全書〉纂修研究》,北京:中國人民大學出版社,1989 年,第 296 頁。
② 梁啓超:《中國近三百年學術史》,北京:商務印書館,2011 年,第 125 頁。
③ 梁啓超:《論中國學術思想變遷大勢》,《清代學術概論》,北京:中國人民大學出版社,2004 年,第 92 頁。
④ 梁啓超:《論中國學術思想變遷大勢》,《清代學術概論》,第 107 頁。
⑤ 錢穆:《陸稼書學述》,《中國學術思想史論叢》(八),第 132 頁。
⑥ 錢穆:《陸稼書學述》,《中國學術思想史論叢》(八),第 141、143 頁。
⑦ 章太炎、劉師培:《近儒學案序》,《中國近三百年學術史論》,上海:上海古籍出版社,2006 年,第 224 頁。
⑧ 劉師培:《清儒得失論》,北京:中國人民大學出版社,2011 年,第 258 頁。

多有批判。

　　在《四庫全書》纂修完成近兩百年後，關於陸隴其的評價，已經褪去其“權力的毛細管作用”①，以學術觀點的優劣與學術成就的高低來重定褒貶，逐漸成爲這一評價所依據的新標準。

三、結語

　　《四庫全書》的編纂是一項規模浩大的工程。伴隨着《四庫全書》的纂修，産生了一部凝聚時人心血、反映清前中期學術旨趣的《四庫全書總目》。從這個龐大系統入手，將其中所涉及的陸隴其著作作爲研究個案，既有助於我們梳理《四庫全書》所收録的陸隴其著作的相關情況，同時對我們從四庫學的視角去重新審視陸隴其的學術形象、窺探四庫館臣的學術旨趣亦有裨益。而要實現這兩重目的，首先要做的工作，即是對《四庫全書》中所涉及陸隴其著作提要進行辨誤。

　　通過梳理《四庫全書》所涉陸隴其十三種著作的提要可見，文本上《四庫全書總目》浙本所出現的錯誤要多於《四庫全書總目》殿本和各閣書前提要。而提要本身所涉及的，關於四庫館臣在評價陸氏其人其學時所出現的褒貶不一、立場多元的情況，與錢穆等學者批評館臣因政治原因而一味褒揚陸隴其的説法並不相合。總體上館臣對陸氏的評價可歸納爲三種形式，褒貶俱有。在此過程中，政治推崇的“公”與學術評價的“私”構成的内在衝突，或才是陸隴其形象在四庫館臣筆下語出二源的主要原因。此後學者們對陸隴其的評價一直隨着時代起起落落，到了距《四庫全書》纂修近兩百年後的民國，此時政治層面的“毛細管作用”早已消退殆盡，時人學者對陸隴其的指摘，已經完全不能與康、雍、乾三朝時同日而語。話語體系失去權力和政治的支持後，昔日的醇儒面對千夫所指，幾乎陷入顛躓困頓的境地。

---

　　① 王汎森“權力的毛細管作用”的提法，將清初官方思想所形成的壓力比作血液通過毛細血管周流全身，探究伴隨着權力的思想如何形成毛細管作用，在最細微、最日常、最私密的空間中發揮意想不到的力量。見王汎森：《權力的毛細管作用——清代的思想、學術與心態》，北京：北京大學出版社，2015年，第 3 頁、第 347 頁。

《宋史藝文志·禮類》辨正

顧宏義　華東師範大學

　　摘　要：元末史臣修纂《宋史·藝文志》時，因編纂時間較爲匆促等原因，使《宋志》中存在諸多舛誤、脱漏之處。本文乃據相關史料，對《宋志·禮類》存在之訛誤加以辨析考正。

　　關鍵詞：《宋史·藝文志》；禮類；辨正

　　《宋史·藝文志》(以下簡稱《宋志》)乃元末史臣以宋朝《國史·藝文志》爲底本修纂而成，故其書在很大程度上反映出整個宋朝國家的藏書情況，但因編纂時間較爲匆促等原因，使《宋志》中存在諸多舛誤、脱漏之處。雖然歷代學者對此多有辨正，但其中訛誤仍多，故本文即據相關史料對《宋志·禮類》存在之訛誤加以辨析考正。其所據文本乃中華書局 1985 年版校點本①，但對校點本中已校正之訛誤，不再討論。又宋代書籍往往一書因分卷不同，使得當時記載的諸版本卷數多不一致，故本文於此除有明確史料證明《宋志》有訛誤者以外，一般不予辨析。

鄭玄古禮注十七卷
　又周禮注十二卷
　　禮記注二十卷
　　禮記月令注一卷
　　《月令注》乃鄭玄《禮記注》之一篇。《續資治通鑑長編》卷八五大中祥符八年九

---

　　① 　(元)脱脱等：《宋史》卷二○二《藝文志序》，北京：中華書局，1985 年，第 5033—5034 頁。

月己未條：“龍圖閣待制孫奭上言：‘伏以《禮記》舊《月令》一篇，後漢司農鄭康成、盧、馬之徒本而爲注，又作《周官》及《儀禮》注，並列學官，故《三禮》俱以鄭爲主。而《月令》一篇卷第五篇第六，漢、魏而下，傳授不絶。唐陸德明撰《釋文》，孔穎達撰《正義》，篇卷第次皆仍舊貫。洎唐李林甫作相，乃抉摘微瑕，蔑弃先典，明皇因附益時事，改易舊文，謂之《御删定月令》。林甫等爲注解，仍升其篇卷，冠於《禮記》，誠非古也。當今大興儒業，博考前經，宜復舊規，式昭前訓。臣謹繕寫鄭注《月令》一本，伏望付國子監雕印頒行。’詔禮儀院與兩制詳定以聞。既而翰林學士晁迥等言：‘若廢林甫之新文，用康成之舊注，則國家四時祭祀並須更改，詳究事理，故難輕議，伏請依舊用李林甫所注《月令》。’從之。”

成伯璵禮記外傳十卷張幼倫注。

　　《新唐書·藝文志》、《崇文總目》卷一、《通志》卷六四《藝文略》、《郡齋讀書志》卷二、《玉海》卷三九《唐禮記外傳》引《中興書目》皆作“四卷”，《宋志》云“十卷”者疑誤。

丘光庭兼明書四卷

　　《宋志·經解類》重出丘光庭《兼明書》三卷，《雜家類》重出丘光庭《兼明書》十二卷。按：當歸於《雜家類》爲是。

陸德明音義一卷

**　又古禮釋文一卷**

　　陸德明《經典釋文》卷八、卷九爲《周禮音義》，卷十爲《儀禮音義》，卷十一至卷十四爲《禮記音義》。按：此《音義》似指《儀禮音義》。又，唐、宋人所言“古禮”乃指《儀禮》。

賈公彥儀禮疏五十卷

**　又禮記疏五十卷**

　　《舊唐志·禮類》著録賈公彥《禮記疏》八十卷，《新唐志·禮類》著録賈公彥《禮記正義》八十卷。

殷介集五禮極義一卷

　　《新唐志·儀注類》著録商价《喪禮極議》一卷，《崇文總目》卷一著録唐商价集《喪禮極義》一卷，《通志》卷六四《藝文略》著録殷价《喪服極議》一卷。按：殷介，當作“殷价”，因避宋宣祖趙弘殷諱改“殷”作“商”，而“价”誤作“介”。又，《宋志》“五禮",疑當作"喪禮"。

余希文井田王制圖一卷

《通志》卷六四《藝文略》作徐希文《王制井田圖》一卷。按：《遂初堂書目》《玉海》卷三九《建隆三禮圖》等皆作余希文《井田王制圖》。作"徐",當誤。

胡先生中庸義一卷盛喬纂集。

胡先生,即胡瑗。盛喬,當爲"盛僑"之訛。《文獻通考》卷四二《學校考三·太學》云："皇祐末,以胡瑗爲國子監講書,專管勾太學。數年,進天章閣侍講,猶兼學正。其初,人未甚信服,乃使其徒之已仕者盛僑、顧臨輩分治其事,又令孫覺説《孟子》,中都士人稍稍從之。"即此人。

李洪澤直禮一卷

李洪澤,當作"李弘澤",唐宰相李林甫之孫。《册府元龜》卷六二一《司宗》有"開成元年閏六月乙未,召宗正卿李弘澤問圖譜"云云。《新唐志·儀注類》著録李弘澤《直禮》一卷,《通志》卷六四《藝文略》作李宏澤《直禮》一卷。按：此乃因避宋諱,故"弘"字或改作"洪",或改作"宏"。

禮粹二十卷不知作者。

據《新唐志·禮類》著録張頻《禮粹》二十卷,《崇文總目》卷一云："《禮粹》二十卷,唐寧州參軍張頻纂。凡一百三十五條,直鈔崔氏《義宗》之説,無他異聞。"《通志》卷七一《校讎略·書有名亡實不亡論一篇》："張頻《禮粹》出於崔靈恩《三禮義宗》,有崔靈恩《三禮義宗》,則張頻《禮粹》爲不亡。"則本書著者爲唐人張頻。

王慤中禮八卷

《新唐志·儀注類》、《通志》卷六四《藝文略》皆題云《中禮儀注》。

程顥中庸義一卷

宋人多以爲程顥門人吕大臨(字與叔)所編集。尹焞《和靖集》卷七《師説下》云："時敏問：'印行有《四先生中庸》,《明道集》載先生不曾講經,此《中庸》誰解之也？'先生曰：'乃吕與叔經筵所解,後來删修不用者,人取以爲明道,甚可怪也。'"又《朱子語類》六二記朱熹語："'向見劉致中説,今世傳《明道中庸義》,是與叔初本,爲博士演爲講義。'先生又云：'尚恐今解是初著,後掇其要爲解也。'"朱熹《晦庵集》卷四〇《答何叔京》亦曰："世傳了翁所序《明道中庸》,乃吕與叔所著,了翁蓋誤。"然舒璘《舒文靖集》卷上《與江司法書》以爲明道先生所解《中庸》,"是書義理精粹,辭旨深長。近時諸長上以爲呂與叔節本,恐未必然,取二書讀之,大略可睹”。

呂大臨大學一卷

又中庸一卷

《遂初堂書目》著録呂與叔《中庸再解》。按:時人有以爲上一書即明道先生《中庸義》者,故此書題作《再解》。南宋初王蘋《王著作集》卷八《震澤記善録》載:“昔伊川嘗批呂與叔大臨《中庸説》曰:‘不倚之謂中,其言未瑩。’”呂希哲《呂氏雜記》卷上引作“呂與叔《中庸口義》”。又,胡宏《五峰集》卷三有《題呂與叔中庸解》,以爲此書乃“呂與叔晚年所爲”。

禮記傳十六卷

呂大臨此書,宋代諸文獻皆題稱《禮記解》。

游酢中庸解義五卷

《郡齋讀書志》卷二作《游氏中庸解》,一卷。

王安石新經周禮義二十二卷

此乃《三經新義》之一部。《遂初堂書目》作《周禮新經》,《直齋書録解題》卷二作《周禮新義》。《郡齋讀書志》卷二云:“熙寧中,設經義局,介甫自爲《周官義》十餘萬言,不解《考工記》。”按,《鐵圍山叢談》卷四:“王元澤奉詔修《三經義》,時王丞相介甫爲之提舉,蓋以相臣之重,所以假命於其子也。吾後見魯公與文正公二父相與談往事,則每云《詩》《書》蓋出元澤暨諸門弟子手,至若《周禮新義》,實丞相親爲之筆削者。”按:王雱字元澤,王安石(字介甫)子。

陸佃禮記解四十卷

《文獻通考》卷一八一引宋《中興藝文志》著録陸佃《禮記新義》云:“亦牽於《字説》。宣和末,其子宰上之。”按:題曰“新義”,當合《三經新義》而云然。

又禮象十五卷

《遂初堂書目》作《禮象圖》。《玉海》卷五六《建隆重集三禮圖》引《書目》云:“圖其物象而爲之釋,以救舊圖之失”;《直齋書録解題》卷二云:陸佃撰《禮象》“以改舊圖之失”。按:“舊圖”,指聶崇義《三禮圖》。

陸佃大裘議一卷

《玉海》八二《元豐大裘議》云引《書目》云:“《大裘議》一卷,何洵直、陸佃等撰。元豐中,洵直等已定大裘制度。元祐元年,再上議,佃更加看詳,太常少卿朱光庭、丞周秩、博士丁騭等十一人皆入議狀。”則《宋志》所著録之《大裘議》，乃彙集何洵直、陸佃、朱光庭、周秩、丁騭諸人奏議而成，而非陸佃一人之奏議。按：陸佃《陶山集》卷五有《元豐大裘議》《元祐大裘議》兩篇，而何洵直於哲宗元祐元年所進議文見載於《文獻通考》一一三，又見載於《歷代名臣奏議》卷二一。

陳詳道注解儀禮三十二卷

《宋史》成化本、四庫本、武英殿本以及百衲本皆作“陳祥道”，“詳”字誤。陳祥道，傳附其弟《陳暘傳》，載《宋史》卷四三二《儒林傳二》。

又禮例詳解十卷

禮書一百五十卷

《郡齋讀書志》卷二作《太常禮書》，乃因“祥道，元祐初以左宣義郎仕太常博士，解《禮》之名物，且繪其象，甚精博”，故名。

司馬光等六家中庸大學解義一卷

下文著録有司馬光《中庸大學廣義》一卷。按：未詳此書爲何人所彙編，亦未詳司馬光以外之五家爲誰。

鄭諤周禮解義二十二卷

鄭諤，當爲“鄭鍔”之訛。據《南宋館閣續録》卷八、卷九，鄭鍔字剛中，福州長樂人。紹興三十年同進士出身，治《周禮》。淳熙五年五月除秘書省正字，六年十月爲校書郎，七年八月爲江東安撫司參議官，十年二月再除校書郎，六月爲秘書郎，十一年十二月罷。《寶慶四明志》卷九云其“仕至屯田郎官。寧宗在英邸，兼小學教授”。《延祐四明志》卷一云鄭鍔著有《周禮解義》。《文獻通考》卷一八一著録鄭鍔《周禮解義》，引《中興藝文志》云：“淳熙中，鍔爲《解義》，詳制度，明經旨，學者宗其書。”《周禮訂義·序目》云：“三山鄭氏鍔字剛中，有《全解》，淳熙十年經進。”王應麟《困學紀聞》卷四有“鄭剛中《解義》”云云。可證。

徐行周禮微言十卷

徐行，當爲“徐筠”之訛。徐筠字孟堅。宋曹彥約《昌谷集》卷十七《跋徐仲祥天麟三表説》：“徐孟堅得諸父之傳，又師友四方善士，邃於經學，作《周禮微言》，發明聖人之意，不爲略矣。”又《玉海》卷三九《周禮微言》引《續書目》曰：“徐筠學《周官》於陳傅良，記所口授，成書十卷。自謂聞於傅良曰：‘《周禮》綱領有三，養君德、正紀綱、均國勢。鄭氏注誤有三，《王制》，漢儒之書，今以釋《周禮》；《司馬法》，兵制也，今以證田制；漢官制皆襲秦，今引漢官以比《周官》，其誤三也。'"《文獻通考》卷一八一陳君舉《周禮說》三卷引"《中興藝文志》稱傅良之言曰：'《周官》之綱領三，養君德、正朝綱、均國勢也。鄭注之誤三：《王制》，漢儒之言，今以釋《周禮》；《司馬法》，兵制，今以證田制；漢官制皆襲秦，今以比《周官》。'徐筠學於傅良，記所口授而爲書曰《微言》。"《(雍正)江西通志》卷七三云徐筠"嘗爲《漢官考》四卷，其餘若《周禮微言》《姓氏源流》等書皆藏於家"。據《郡齋讀書附志》卷上、《直齋書錄解題》卷六、周必大《漢兵本末序》皆云徐筠著有《漢官考》四卷。可證。

此外，《宋志》除於《禮類》著錄徐行《周禮微言》外，又於《譜牒類》著錄徐筠《姓氏源流考》七十八卷、《地理類》著錄徐筠《修水志》十卷，而於《職官類》著錄徐均《漢官考》四卷。是誤一人作三人。

朱熹儀禮經傳通解二十三卷

《經義考》卷一三二引朱在《儀禮經傳通解目錄跋》曰："右先君所著《家禮》五卷、《鄉禮》三卷、《學禮》十一卷、《邦國禮》四卷、《王朝禮》十四卷，今刊於南康道院。其曰《經傳通解》者，凡二十三卷。蓋先君晚歲之所親定，是爲絕筆之書。次第具見於目錄，惟《書數》一篇缺而未補，而《大射禮》《聘禮》《公食大夫禮》《諸侯相朝禮》八篇則猶未脫藁也。其曰《集傳集注》者，此書之舊名也，凡十四卷，爲《王朝禮》，而《卜筮》篇亦缺。餘則先君所草定，而未暇刪改者也。今皆不敢有所增益，悉從其藁。至於喪、祭二禮，則嘗以規摹次第屬之門人黃榦，俾之類次。"（黃幹，當作"黃榦"。）《直齋書錄解題》卷二著錄朱熹《古禮經傳通解》二十三卷、《集傳集注》十四卷，云："以古十七篇爲主，而取大、小戴《禮》及他書傳所載係於禮者附入之。二十三卷已成書，缺《書數》一篇。其十四卷草定未刪改，曰《集傳集注》者，蓋此書初名也。"則是書"喪、祭二禮"屬朱熹門人黃榦纂述而成。

中庸輯略二卷

明唐順之《荊川集》卷六《中庸輯略序》略云："《中庸輯略》凡二卷。初宋儒新昌石𡟎子重采兩程先生語，與其高第弟子游、楊、謝、侯諸家之說《中庸》者爲《集解》，凡幾卷，朱子因而芟之爲《輯略》。其後朱子既自采兩程先生語入《集注》中，其于諸家則又著爲《或問》以辨之。自《集注》《或問》行，而《輯略》《集解》兩書因以不著于世。"

十先生中庸集解二卷朱熹序

是書即下文石𡟎《中庸集解》之重出。《直齋書錄解題》卷二著錄《中庸集解》二卷，云："會稽石塾子重集録周敦頤、程顥、程頤、張載、呂大臨、謝良佐、游酢、楊時、侯仲良、尹焞凡十家之説，晦翁爲之序。"

三家冠婚喪祭禮五卷　司馬光、程頤、張載定。

王應麟《小學紺珠》卷四云《三家禮範》："司馬氏、程氏、張氏。"注："張宣公杖所次。"朱熹《晦庵集》卷八三《跋三家禮範》云："長沙郡博士邵君困得吾亡友敬夫所次《三家禮範》之書，而刻之學宫。"又張栻《南軒集》卷二四《答朱元晦》有云："《中庸集解》已成，只是覆尤溪版納一部去。見刻《三家昏喪祭禮》（温公、横渠、伊川）未畢也。"是知本書實爲張栻所編次，亦名《三家禮範》。此外，明楊士奇《東里續集》卷十八《文公家禮》稱其"偶於朱季寧家得張南軒《三家禮範》，後有武林應本中所識及《家禮》辨數條，其論皆有理，因録置于後云"。則知是書至明中期猶存世。

吳仁傑禘祫綿蕞書三卷

《遂初堂書目》作吳仁傑《禘祫議》。按：禘祫，指古帝王祭祀始祖之禮儀。綿蕞，亦作"緜蕝"，謂制訂、整頓朝儀典章。

劉彝周禮中義十卷

《直齋書録解題》卷二著録劉彝《周禮中義》八卷，並云："彝，諸經皆有《中義》。"《宋志·經解類》著録劉彝《七經中義》一百七十卷。《周禮中義》爲其中之一。

胡銓禮記傳十八卷

　又周禮傳十二卷

　　二禮講義一卷

周必大《文忠集》卷三〇《胡忠簡公神道碑》稱胡銓所著有《周官解》十二卷、《禮記解》三十卷、《經筵二禮講義》一卷等，楊萬里《誠齋集》卷一一八《胡公行狀》所云同。又，《經義考》卷一二三載胡銓《周官解序》云其"自癸未夏迄辛卯秋，四侍經筵"。按：癸未乃隆興元年，辛卯乃乾道七年。《經筵二禮講義》，即胡銓"四侍經筵"時講義。

汪應辰二經雅言二卷

《遂初堂書目》作《二禮雅言》。似是。

張淳儀禮識誤一卷

諸書目皆作三卷。張淳《儀禮識誤序》稱："此書初刊于周廣順之三年，復校于顯德之六年，本朝因之，所謂監本者也。而後在京則有巾箱本，在杭則有細字本。渡江以來，嚴人取巾箱本刻之，雖咸有得失，視後來者爲善。此皆淳之所見者也。

淳首得嚴本，故以爲據，參以群本，不足則質之《疏》，質之《釋文》；《疏》《釋文》又不足，則闕之，蓋不敢以謭見斷古經也。監本者，天下後世之所祖。巾箱者，嚴本之所祖。故其有誤，則亦辨之，餘則采其所長而已。既畢，哀其所校之字，次爲二卷，以《釋文》誤字爲一卷，附其後，總三卷，題曰《儀禮識誤》。"而《直齋書録解題》卷二云："《古禮》十七卷、《釋文》一卷、《識誤》三卷，永嘉張淳忠甫所校。乾道中，太守章貢曾逮仲躬刻之，首有《目録》一卷，載大、小戴、劉向篇第異同，以古監本、巾箱本、杭細本、嚴本校定，識其誤而爲之序。"按：《宋志》著録一卷者，當誤。

黃幹續儀禮經傳通解二十九卷

黃幹，當作"黃榦"。黃榦，受業朱熹。《宋史》有傳。本書乃續朱熹《儀禮經傳通解》而作。《文獻通考》卷一八〇引楊復《古禮經傳續通解序》曰："昔文公朱先生既修《家》《鄉》《邦國》《王朝禮》，以《喪》《祭》二禮屬勉齋黃先生編之。先生伏膺遺訓，取向來《喪禮》稿本，精專修改，書成，凡十有五卷。……《喪禮》一十五卷，前已繕寫，《喪服圖式》今別爲一卷，附於正卷帙之外，以俟君子，亦先生平日之志云。"又曰："嘉定己卯，《喪禮》始克成編，以次將修《祭禮》，即以其書稿本授復曰：'子其讀之。'蓋欲復通知此書本末，有助纂輯也。復受書而退……日邁月征，今十餘年。南康學宮舊有《家》《鄉》《邦國》《王朝禮》及張侯處續刊《喪禮》，又取《祭禮》稿本併刊而存之，以待後之學者。故四方朋友皆有《祭禮》稿本，未有取其書而修定之者，顧復何人，敢任其責！伏自惟念齒髮浸衰，曩日幸有所聞，不可不及時傳述，竊不自揆，遂據稿本，參以所聞，稍加更定，以續成其書，凡十四卷云。"按：據上則知二十九卷者，合《喪禮》十五卷、《祭禮》十四卷而言，且《祭禮》乃於黃榦死後，由楊復"據稿本，參以所聞，稍加更定"而成。

又儀禮集傳集注十四卷

《新安文獻志》卷二三載朱在《儀禮經傳通解目録跋》云："右先君所著《家禮》五卷、《鄉禮》三卷、《學禮》十一卷、《邦國禮》四卷、《王朝禮》十四卷，今刊於南康道院。其曰《經傳通解》者，凡二十三卷。蓋先君晚歲之所親定，是爲絕筆之書。次第具見於目録，惟《書數》一篇缺而未補，而《大射禮》《聘禮》《公食大夫禮》《諸侯相朝禮》八篇則猶未脫稿也。其曰《集傳集注》者，此書之舊名也，凡十四卷，爲《王朝禮》而下，《卜筮》篇亦缺。餘則先君所草定，而未暇刪改者也。今皆不敢有所增益，悉從其稿。"則是書乃朱熹所撰，《宋志》屬之黃榦者誤。按：後世多合朱熹《儀禮經傳通解》二十三卷、《儀禮集傳集注》十四卷爲一本，總三十七卷行世。

鄭氏三禮名義疏五卷不著名。

又三禮圖十二卷

《宋史·聶崇義傳》載吏部尚書張昭等奏議曰："《四部書目》内有《三禮圖》十二卷，是隋開皇中敕禮官修撰。其圖第一、第二題云梁氏，第十後題云鄭氏，又稱不知梁氏、鄭氏名位所出。今書府有《三禮圖》，亦題梁氏、鄭氏，不言名位。"又《四庫全書總目》卷二二《三禮圖集注》條云："世宗詔崇義參定郊廟祭玉，因取《三禮舊圖》，凡得六本，重加考訂，宋初上於朝。……則所謂六本者，鄭元一，阮諶二，夏侯伏朗三，張鎰四，梁正五，開皇所撰六也。然勘驗鄭《志》，元實未嘗爲圖，殆習鄭氏學者作圖，歸之鄭氏歟？今考書中宮室、車服等圖，與鄭《注》多相違異。"按：則本書乃隋以前鄭玄後學所撰。

三禮圖駁議二十卷

《宋志》注曰："不知作者。"按：《玉海》卷三九《建隆三禮圖》云宋初聶崇義撰《三禮圖》二十卷，又有"《三禮圖駁議》二十卷，不知作者，疏駁崇義舊圖，然互有得失"。而《宋史·聶崇義傳》乃云後周顯德五年，"世宗詔崇義參定郊廟祭玉，又詔翰林學士竇儼統領之。崇義因取《三禮圖》，再加考正，建隆三年四月表上之，儼爲序。太祖覽而嘉之，詔曰：'禮器禮圖，相承傳用，寖歷年祀，寧免差違。聶崇義興事國庠，服膺儒業，計尋故實，刊正疑訛，奉職效官，有足嘉者。崇義宜量與酬獎，所進《三禮圖》，宜令太子詹事尹拙集儒學三五人更同參議，所冀精詳。苟有異同，善爲商確。'五月，賜崇義紫袍、犀帶、銀器、繒帛以獎之。拙多所駁正，崇義復引經以釋之，悉以下工部尚書竇儀，俾之裁定。儀上奏曰：'伏以聖人制禮，垂之無窮，儒者據經，所傳或異。年祀寖遠，圖繪缺然，蹖駁彌深，丹青靡據。聶崇義研求師説，耽味禮經，較於舊圖，良有新意。尹拙爰承制旨，能罄所聞。尹拙駁議及聶崇義答義各四卷，臣再加詳閲，隨而裁置，率用增損，列於注釋，共分爲十五卷以聞。'詔頒行之"。《宋史》卷九八《禮志一》、《續資治通鑑長編》卷二云聶崇義上《三禮圖》在建隆二年。則推知本書乃即"尹拙駁議"，雖初爲四卷，然因聶崇義《三禮圖集注》二十卷，故尹書亦隨卷駁難，釐分作二十卷。

石𥐟中庸集解二卷

與上文朱熹序之《十先生中庸集解》爲一書，重出。

鄭樵鄉飲禮七卷

《宋志·儀注類》又著録鄭樵《鄉飲禮》三卷、又《鄉飲禮圖》三卷。《玉海》卷七三《淳化鄉飲酒儀》引《書目》云云同。然《直齋書録解題》卷二著録鄭樵《夾漈鄉飲禮》七卷。按：此似爲元史臣據《直齋書録解題》補入者。

魏了翁儀禮要義五十卷

又禮記要義三十三卷

周禮折衷二卷

周禮要義三十卷

《儀禮》《周禮》《禮記》三禮《要義》，皆屬魏了翁《九經要義》。

又，《周禮折衷》，《經義考》卷一二五載税與權《後序》，稱其書"上下篇，本名《江陽周禮記聞》。會失其上篇，先生猶子高斯衙搜録以見歸，二篇始完。間舉似泉使、考功郎王辰應氏，貽書云：'鄭諸説於是論定，宜以《鶴山周禮折衷》名之。'"而《直齋書録解題》卷二著録《鶴山周禮折衷》二卷，云："樞密臨邛魏了翁華父之門人税與權所録。條列經文，附以傳注。鶴山或時有所發明。止於《天官》，餘皆未及也。"按：則本書乃由税與權纂成，今收録於《鶴山集》卷一〇四至卷一〇七，共四卷。

趙順孫中庸纂疏三卷

本書乃趙順孫《四書纂疏》之一。《經義考》卷二五二引牟子才《中庸纂疏序》云："予既爲趙君序《大學章句疏》矣，趙君又疏《中庸章句》以胥教誨。"按：《宋志》未收録其《大學纂疏》及《四書纂疏》。

袁甫中庸詳説二卷

《四庫全書總目》卷三五著録袁甫《蒙齋中庸講義》四卷，有云："此書散見《永樂大典》中，而史志顧未之及，惟朱彝尊《經義考》有甫所撰《中庸詳説》二卷，注云已佚，或即是書之別名歟？"

論劉咸炘對《四庫全書總目》經部禮類六分法的評議

徐到穩　中國社會科學院古代史研究所助理研究員

摘　要: 劉咸炘是二十世紀中國目録學史上最重要的學者之一,其主要的目録學成果幾乎都與其《四庫全書總目》研究密不可分。他在"議定經部十類"時,將通禮、雜禮書兩個屬別從經部禮類"别入史部",只留周禮、儀禮、禮記、三禮總義四個屬別。他大致認爲通禮是對官方儀注的考論、雜禮書是私家儀注,不"依經立義",所以不宜歸入經部。實際上,這是大可商榷的。劉咸炘的經部禮類四分法與其對禮學不够重視、對史學期望過高等密切相關。《四庫全書總目》將禮類分爲六個屬別,這是中國目録學史上的重要創新,值得今人繼承與發揚。

關鍵詞: 劉咸炘;《四庫全書總目》;經部禮類六分法;經部禮類四分法;經史觀

一、引言

劉咸炘(1896—1932)是二十世紀中國目録學史上最重要的學者之一,[①]他主要的目録學成果有《續校讎通義》《校讎述林》《目録學》等,幾乎都與其《四庫全書總目》研究密不可分。一方面,劉咸炘對《四庫全書總目》非常重視。如他説:"乾隆欽

---

① 劉咸炘,字鑒泉,别號宥齋,四川雙流人。一生著述頗豐,在經學、史學、子學、文學等方面皆有成就,尤以歷史文獻學見長。劉咸炘的著述集中收録在《推十書》中,此書收入的目録學著述有《續校讎通義》《校讎述林》《目録學》《推十書類録》《歷史目録學》等。學界普遍對劉咸炘的目録學成就評價很高。如王化平指出,劉咸炘的目録學"啟於章學誠,超越章學誠"。見王化平:《劉咸炘先生目録學成就淺述》,《中華文化論壇》2009年第1期。

定《四庫提要》出,而唐、宋以來目錄家糾紛一清,自《隋志》以來,未嘗有也。"①"四部萬不能復爲七略,不得不治四部也。"②另一方面,劉咸炘又對《四庫全書總目》提出很多批評。如他説:"其立例分類,實出紀昀一人之手。紀氏於校讎之學,本未窮竟原委,不明七略、四部大體,徒能於糾紛之中斟酌平妥,使書不至無可歸類例,大小多寡不甚懸殊而已。"③"今將質定四部門目,以《提要》爲本,糾其舛謬,參以張氏。其他收書之法未置論者,皆可從者也。"④劉咸炘對"四部門目"的"質定"可謂全面而深入,具有非常重要的目錄學意義。他在具體問題上的成敗得失,尤其值得今日學者認真探討。⑤

劉咸炘在"議定經部十類"時,將通禮、雜禮書兩個屬別從經部禮類"別入史部",只留周禮、儀禮、禮記、三禮總義四個屬別。⑥ 筆者曾在博士論文《江永禮學研究》中指出:《四庫全書總目》"將禮類分爲六個屬別,這是中國目錄學史上的重要創新"⑦。限於篇幅與時間,筆者的博士論文未正面回應劉咸炘的觀點,這是一個遺憾。本文試圖正面回應劉咸炘的觀點,彌補這個遺憾,並初步分析劉咸炘的經部禮類四分法與其經史觀的關係。

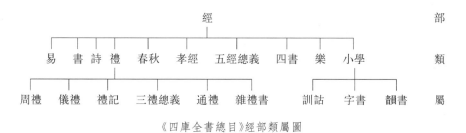

《四庫全書總目》經部類屬圖

①　劉咸炘:《續〈校讎通義〉下冊·〈四庫·經部〉第十》,《推十書》(增補全本)丁輯壹,上海:上海科學技術文獻出版社,2009 年,第 47 頁。
②　劉咸炘:《續〈校讎通義〉上冊·治四部第二》,《推十書》(增補全本)丁輯壹,第 6 頁。
③　劉咸炘:《續〈校讎通義〉下冊·〈四庫·經部〉第十》,《推十書》(增補全本)丁輯壹,第 47 頁。
④　劉咸炘:《續〈校讎通義〉下冊·〈四庫·經部〉第十》,《推十書》(增補全本)丁輯壹,第 47 頁。
⑤　研究劉咸炘目錄學的論文有王化平《劉咸炘先生目錄學成就淺述》(《中華文化論壇》2009 年第 1 期),王化平、周燕《劉咸炘和章學誠的目錄學思想比較研究》(《四川圖書館學報》2009 年第 2 期),滑紅彬《劉咸炘與汪辟疆的目錄學思想比較研究》(《圖書館界》2012 年第 2 期),周燕《略論劉咸炘對四部分類體系的改造》(《古籍整理研究學刊》2014 年第 2 期)等。這些研究大多站從現代圖書館學角度宏觀分析劉咸炘的目錄思想,鮮少從歷史文獻學角度分析劉咸炘在具體問題上的成敗得失。
⑥　劉咸炘:《續〈校讎通義〉下冊·〈四庫·經部〉第十》,《推十書》(增補全本)丁輯壹,第 48 頁、第 52 頁。
⑦　徐到穩:《江永禮學研究》,清華大學歷史系 2013 年博士學位論文,第 1 頁。

二、對劉咸炘經部禮類四分法的反駁

劉咸炘經部禮類四分法與《四庫全書總目》經部禮類六分法相比,最明顯的差異是少了通禮、雜禮書兩個屬別。值得思考的是,劉咸炘如何理解通禮、雜禮書。劉咸炘在《推十書》中對什麼是通禮、雜禮書没有給予特别説明。相關言論主要有:

> 《四庫提要》又以私儀注概附禮經,名曰通禮、雜禮書,此又非《隋·志》所有矣。①
>
> 《禮》類之雜禮、論議答問,皆依經立義,非後世四部目録之通禮、雜禮書也。通禮、雜禮書别入史部。《隋志》分明不謬,後世乃混之耳。②
>
> 《舊書》之大謬有五。一則收《江都集禮》《大唐新禮》《紫宸禮要》於禮類,沿《隋志》之濫樂類者而濫禮類也。自此而後,世通禮、雜禮書之目興焉,經、史於是淆,四部於是不合於七略矣。③

"《四庫提要》又以私儀注概附禮經,名曰通禮、雜禮書",這給人一種感覺:似乎劉咸炘認爲通禮、雜禮書都是私家儀注。按照《四庫全書總目》,雜禮書是私家儀注,通禮並不是私家儀注。劉咸炘對雜禮書的理解基本上接受了《四庫全書總目》的觀點,對通禮的理解則略有出入。從整部《推十書》來看,劉咸炘對通禮的理解其實不是"私儀注"。他又説:

> 禮類通禮、雜禮書當入於此,曾發其義於《治四部篇》矣。通禮之書,當名爲考論,雜禮書當仍舊名爲私儀注。今觀《提要》於典禮中收萬氏《廟制圖考》,則亦知禮書之不盡依經,而不覺自爲歧异也。二目當附禮書爲暗目。或曰:通禮、雜禮書私家議論而入於章程、故事,殆未安也。應之曰:先官書而後私

① 劉咸炘:《續〈校讎通義〉》上册·治四部第二,《推十書》(增補全本)丁輯壹,第5頁。
② 劉咸炘:《續〈校讎通義〉》上册·明〈隋·志〉第七,《推十書》(增補全本)丁輯壹,第25頁。
③ 劉咸炘:《續〈校讎通義〉》上册·唐宋明〈志〉第八,《推十書》(增補全本)丁輯壹,第35頁。

門,著述之源流本然也。①

　　從此處可以看出,劉咸炘大致認爲通禮之書是私人對官方儀注的"考論"。②
這與《推十書》其他處提到"通禮"的地方相合,因此"《四庫提要》又以私儀注概附禮
經,名曰通禮、雜禮書"可以看做劉咸炘一時表達錯誤。
　　在澄清劉咸炘對通禮、雜禮書的理解之後,需要指出劉咸炘的經部禮類四分法
大可商榷:
　　第一,劉咸炘大致認爲通禮是對官方儀注的考論,不"依經立義",所以不歸入
經部。這是大可商榷的。
　　通禮作爲經部禮類之一屬別,源自朱彝尊的《經義考》。其書在周禮、儀禮、禮
記之後,增加通禮一屬別,具有重要的目録學意義。後來的《明史・藝文志》如出一
轍,可它們對什麼是通禮並没有説明。《四庫全書總目》經部禮類"謹以類區分定爲
六目:曰周禮,曰儀禮,曰禮記,曰三禮總義,曰通禮,曰雜禮書"③。將《經義考》的
通禮繼續細分,分爲三禮總義、通禮、雜禮書三類。據其説法,三禮總義就是"其文
不可分屬""義實兼釋三禮"④者,雜禮書是"私家儀注"⑤,説得比較清楚。只是它在
解釋通禮作爲獨立之屬別時説:

　　　　案:通禮所陳,亦兼三禮。其不得併於三禮者,注三禮則發明經義,輯通
　　禮則歷代之制皆備焉。爲例不同,故弗能合爲一類也。⑥

　　它認爲三禮總義與通禮的區分就在於:一注釋,一編纂;一發明經典的含義,
一備有歷代的禮制。今觀通禮之屬所收書有十種:《禮書》一百五十卷(宋陳祥道
撰);《儀禮經傳通解》三十七卷(宋朱熹撰),《續》二十九卷(宋黄榦、楊復撰);《禮書

---

①　劉咸炘:《續〈校讎通義〉下册・〈四庫・史部〉第十一》,《推十書》(增補全本)丁輯壹,第 67 頁。
②　劉咸炘也視《江都集禮》《大唐新禮》《紫宸禮要》爲通禮。這三種著作早已散佚,按照《四庫全書
總目》的劃分,應當屬於史部政書類。劉咸炘對官方儀注入史部政書類没有質疑。
③　(清)紀昀等:《欽定四庫全書總目》(整理本)卷 22,北京:中華書局,1997 年,第 234 頁。
④　(清)紀昀等:《欽定四庫全書總目》(整理本)卷 22,第 279 頁。
⑤　(清)紀昀等:《欽定四庫全書總目》(整理本)卷 22,第 285 頁。
⑥　(清)紀昀等:《欽定四庫全書總目》(整理本)卷 22,第 285 頁。

綱目》八十五卷(清江永撰);《五禮通考》二百六十二卷(清秦蕙田撰);《禮樂合編》三十卷(明黃廣撰);①《禮學彙編》七十卷(清應撝謙撰);《儀禮節要》二十卷(清朱軾撰);《禮樂通考》三十卷(清胡掄撰);《儀禮經傳內編》二十三卷《外編》五卷(清姜兆錫撰);《重刊朱子儀禮經傳通解》六十九卷(清梁萬方撰)。

筆者曾在《何謂通禮?——一種目錄學的分析》一文中指出:《四庫全書總目》經部禮類於周禮、儀禮、禮記之外另增三禮總義、通禮、雜禮書三個屬別,是對《經義考》目錄思想的重要發展。但它對通禮這一屬別説得不清楚,導致後人沿用時更加混亂。在肯定《四庫全書總目》禮類六分法合理性的同時,試圖對通禮的內涵重加厘清。通禮體例上最大的特點是編纂、注釋相結合,意義上最大的特點是試圖貫通經典、構建一個聖人之禮的體系。它是特定歷史時期的産物,由朱熹的《儀禮經傳通解》創始,由江永的《禮書綱目》終結。② 筆者在該文中還重新確認了通禮學著作(將通禮各書大體按照成書順序排列):《儀禮經傳通解》(宋朱熹撰)、《續》(宋黃榦、楊復撰),《三禮考注》(舊本題元吳澄撰),《經禮補逸》(元汪克寬撰),《二禮經傳測》(明湛若水撰),《三禮纂注》(明貢汝成撰),《禮經類編》(明李經綸撰),《三禮編繹》(明鄧元錫撰),《禮樂合編》(明黃廣撰),《禮學彙編》(清應撝謙撰),《儀禮節要》(清朱軾撰),《儀禮經傳內編外編》(清姜兆錫撰),《禮樂通考》(清胡掄撰),《三禮合纂》(清張怡撰),《重刊朱子儀禮經傳通解》(清梁萬方撰),《禮書綱目》(清江永撰)。

因此,通禮並非劉咸炘理解的私人對官方儀注的考論;雖然不是"依經立義",卻是對經的另一種詮釋,完全不該從經部挪入史部。

第二,劉咸炘認爲雜禮書是私家儀注,不"依經立義",所以不歸入經部。這是大可商榷的。

《四庫全書總目》卷二十二經部二十二雜禮書之屬正目列有宋司馬光《書儀》、舊本題宋朱熹《家禮》、明黃佐《泰泉鄉禮》、清李光地《朱子禮纂》、清毛奇齡《辨定祭禮通俗譜》,共五部著作;存目列有元鄭泳《鄭氏家儀》、明邱濬《家禮儀節》、明呂柟《禮問》、舊本題明楊慎編《別本家禮儀節》、明宋纁《四禮初稿》、明林烈《鄉射禮儀

① 此及以下爲存目。
② 徐到穩:《何謂通禮?——一種目錄學的分析》,葉純芳、喬秀岩編:《朱熹禮學基本問題研究》,北京:中華書局,2015年,第39—42頁。

節》、明呂坤《四禮疑》、明呂坤《四禮翼》、明馬從聘《四禮輯》、明韓承祚《明四禮集説》、明呂維祺《四禮約言》、清許三禮《讀禮偶見》、清李塨《學記》、清王復禮《家禮辨定》、清王心敬《四禮寧儉編》、清曹庭棟《昏禮通考》、清張文嘉《齊家寶要》，共十七部著作。爲何將這二十二部著作列於雜禮書之屬？四庫館臣在正目五部著作的提要之後下了一條案語：

> 公、私儀注，《隋志》皆附之禮類。今以朝廷製作、事關國典者隸史部政書類中；其私家儀注無可附麗，謹彙爲雜禮書一門，附禮類之末，猶律吕諸書皆得入經部樂類例也。①

可見，四庫館臣在此區分了兩種儀注：公家儀注、私家儀注。前者的主要特點是朝廷製作、事關國典；後者的主要特點没有明言，但無疑是私家製作、事關民俗。四庫館臣館臣將前者歸入史部政書類，將後者歸入經部禮類，並單獨成爲雜禮書這一屬別。

筆者曾在《何謂實踐禮學？——一種目録學的分析》一文中指出：四庫館臣區分兩種儀注有很大的合理性。四庫館臣將雜禮書之屬與三禮總義之屬、通禮之屬區別開來，也有很大的合理性。當我們以禮學内容將禮學六分的時候，不難發現周禮學、儀禮學、禮記學、總禮學、通禮學基本上能凸顯各自的内容，而雜禮學並不能。當我們以禮學性質（或方法）將禮學四分的時候，考證禮學、義理禮學、體系禮學、實踐禮學基本上可以凸顯它的性質（或方法）。實踐禮學，是私家編寫、以儒家精神指導民間禮儀的學問。它是禮學的一個重要分支，以實踐性爲最大特色，主旨可概括爲"以禮化俗"。這是筆者對"實踐禮學"的定義。需要注意的是，此定義是以《四庫全書總目》經部禮類六分法的合理性爲基礎的。②

因此，劉咸炘否定禮學的實踐性，而這是大可商榷的。

總之，劉咸炘對通禮、雜禮書的理解受《四庫全書總目》影響很大，但對缺少相關閱讀、對經部禮類六分法的精微處缺少瞭解；過於強調"依經立義"，忽視了詮釋方法的多樣性，否定了體系禮學、實踐禮學獨特而重要的經學價值。這是大可商榷的。

---

① （清）紀昀等：《欽定四庫全書總目》卷 22，第 287 頁。
② 徐到穩：《何謂實踐禮學？——一種目録學的分析》，《金田》2015 年第 5 期。

三、劉咸炘經部禮類四分法與其經史觀

劉咸炘爲何堅持經部禮類四分法？ 筆者認爲原因比較複雜,但大致有二：

第一,劉咸炘整體上對經學很重視,但是對禮學不够重視,不够熟悉。

劉咸炘學術上受章學誠(1738—1801)與劉沅(劉咸炘的祖父,1767—1855)影響巨大,這是學界所熟知的。章學誠提倡"六經皆史"説,受到近百年來學界普遍重視。今人對劉咸炘的經學觀頗有關注,[①]但對其經學功力避而不談。但毋庸諱言的是,章學誠對經學不重視,不熟悉,也没有留下經學著作。對劉沅的經學,有人評價很高："劉沅作爲近代學術啟蒙的先驅,治學多元會通,綜貫百家,治經重統體,重宏觀,重體系建構與人倫實踐,對清代嘉道以後今文經學的復興,尤其蜀中今文經學大師廖平之輩的崛起和裔孫劉咸炘的'推十合一'之學産生了重要影響。"[②]這實在有過譽之嫌。筆者曾注意到,劉沅的《儀禮恒論》中的不少内容涉嫌抄襲(此處不展開),此書甚至劉沅的全部經學著作的水準是可疑的。對劉咸炘的經學,學界尚無深入細緻的研究。劉咸炘經學著作主要有：《〈孟子〉章類》《〈禮記〉温知録》《〈周官〉略表》《讀〈書〉小箋》《誦〈詩〉審記》《讀小大〈戴記〉小箋》。這些著作大多帶有隨劄性質,篇幅偏小,但可以看出劉咸炘經學功底頗深厚,對前人經學著作有較廣泛的閱讀經歷與較敏鋭的判斷力。但劉咸炘曾説："吾黨讀《禮》,求其義而已。"[③]因此,他重視對禮記學的研讀,對周禮學、儀禮學、總禮學、通禮學(體系禮學)、雜禮學(實踐禮學)的重視遠遠不够。總的來説,劉咸炘雖然有"尊經"之説,[④]但對禮學不够重視,不够熟悉,這與二十世紀學風非常吻合。

因此,劉咸炘對通禮雜禮書著作缺少閱讀、對經部禮類六分法的精微處缺少瞭解非常正常。

第二,劉咸炘對史學期望過高。

---

① 關於劉咸炘的經學觀,可參考歐陽禎人：《劉鑒泉先生經學思想概述》,《儒家文化研究》第二輯,北京：生活·讀書·新知三聯書店,2008 年,第 356—399 頁；嚴壽澂：《劉咸炘經學觀述略》,《史林》2011 年第 4 期等。

② 劉平中：《劉沅經學詮釋的特點》,《北方文學(中旬刊)》2017 年第 11 期。

③ 劉咸炘：《學略八篇·經略》,《推十書》(增補全本)己輯壹,第 15 頁。

④ 劉咸炘：《續〈校讎通義〉上册·治四部第二》,《推十書》(增補全本)丁輯壹,第 5 頁。

　　劉咸炘認爲應當"廣史"。《四庫全書總目》的史部包括正史類、編年類、紀事本末類、雜史類、別史類、詔令奏議類、傳記類、史鈔類、載記類、時令類、地理類、職官類、政書類、目錄類、史評類十五類，其中詔令奏議類又分詔令、奏議二屬，傳記類又分聖賢、名人、總錄、雜錄、別錄五屬，地理類又分宮殿疏、總志、都會郡縣、河渠、邊防、山川、古迹、雜記、游記、外記十屬，職官類又分官制、官箴二屬，政書類又分通制、典禮、邦計、軍政、法令、考工六屬，目錄類又分經籍、金石二屬。劉咸炘認爲史部應當分爲十二類：紀傳第一，編年第二，紀事本末第三，雜史第四，史學第五，方志第六，譜牒第七，傳記第八，制度第九，地理第十，簿錄第十一，金石第十二。"制度第九，分訓誥、奏議、典要、吏書、户書、禮書、兵書、刑書、工書、時令、官曹十一目。……禮書附考論、私儀注二屬。"①他認爲原來的經部禮類通禮、雜禮書二屬應當入新定的史部制度類禮書屬考論、私儀注二目，他有一段很長的論證：

　　　　禮類通禮、雜禮書當入於此，曾發其義於《治四部篇》矣。通禮之書，當名爲考論，雜禮書當仍舊名爲私儀注。今觀《提要》於典禮中收萬氏《廟制圖考》，則亦知禮書之不盡依經，而不覺自爲歧異也。二目當附禮書爲暗目。或曰：通禮、雜禮書私家議論而入於章程、故事，殆未安也。應之曰：先官書而後私門，著述之源流本然也。私門議論正以輔成官書，本相連屬，固不得割裂歧出也。且政書之名，豈果限於官哉？即《提要》所收職官中，有官箴；政書典禮中有毛奇齡《辨定嘉靖大禮議》；邦計中有諸私家救荒書；軍政中有陳傅良《歷代兵制》。若此類者，非特書不出於官所載，所論亦不在故事中也。由是而推，禮類當附考論、私儀注二目。兵類亦當收私家陣紀、營制及邊防之議，舊誤入地理類者。刑類當收私家斷獄、法式，工類當收河防、水利之議，舊誤入地理類者。然則子部兵家、法家，尚有當移入此者矣。《提要》軍政按語曰：軍伍戰陣之事，多備於兵家。此所錄者，皆養兵之制，非用兵之術。法令類按語曰：法令與法家，其事相近而實不同。法家者私議其理，法令者官者爲令者也。此語有意而未明。營伍之法，將以教其兵，雖不出於朝廷，固懸爲律令，不得謂之非政也。古之法家，乃其理耳，後之法家，如《提要》所收和凝父子、鄭克、桂萬榮、

————————————

① 　劉咸炘：《續〈校讎通義〉下册·〈四庫·史部〉第十一》，《推十書》（增補全書）丁輯壹，第 74 頁。

吴訥之書,固皆記實事而加論斷。正如通禮諸書之考古證今也。存目之中且有魏裔介《禁約》二種,謂非官書而何? 或曰:若此之論,則子史淆矣。徒以禮家書附入禮類太多,而牽及兵、刑專家,可乎? 應之曰:此以六藝源流、六典通法推之,非牽及也。兵家、法家有專家,而無禮家,反似《七略》本未完備,致生此繆轕,而其實不然也。子家言術,史家言制,二者本不相混。其制、術之相混者,則實用之學,如兵家、術數之類,然與諸子之言通理,終不相同,吾已詳論之於首篇矣。《七略》兵書一略,不與諸子同編,是通理與實用之異也。軍禮《司馬法》附《禮經》,而《韓信兵法》入兵書,是實用與史部出入之征也。然其收《韓信軍法》,乃以任宏專校,故並官私虛實而合之。兵家所言實,止用兵之術,而非兵制,與政書不患無別。禮家之所以不同於兵家者,正以禮家止言制,而其術則在儒家耳。若夫法家,則申、商、韓非至崔實、仲長統之論,皆通言政治、刑名,即形名非刑罰也,豈與後世之律學同哉? 向使蕭何《律令》著錄《七略》,必不與申、商書同列明矣。後世法家既衰,著錄者乃以律學及斷獄之事充之,此雖專門,自是官職,豈如古法家之樹立宗旨乎? 更有他證焉。①

　　政書類有六個屬別:通制、典禮、邦計、軍政、法令、考工。劉咸炘認爲"政書"之名並不合適,因爲官箴、毛奇齡《辨定嘉靖大禮議》、陳傅良《歷代兵制》等書"非特書不出於官所載,所論亦不在故事中也"。他認爲這個類別可改名爲"制度",以吸納更多屬別。於是他對制度類積極改造,力圖廓清史部與經部、子部的一些糾葛。對此,我們應該看到《四庫全書總目》史部政書類的設立,與之前各種目錄(如《隋書·經籍志》《文獻通考·經籍考》《明史·藝文志》等)比已經是很大的進步,但也確實存在問題。劉咸炘關於制度類的主張有相當的合理性,②但是就制度類禮書

---

　　①　劉咸炘:《續〈校讎通義〉下冊·〈四庫·史部〉第十一》,《推十書》(增補全本)丁輯壹,第 67—68 頁。

　　②　在劉咸炘之後,不少人有相似觀點。如張舜徽在《四庫提要叙講疏》中評價道:"顧遵用明人錢溥《秘閣書目》例總題'政書',意猶未顯。吾則以爲不如創立'制度'一目以代之,較爲允當。且'政書'二字,所該至廣,如誠循名求實,則《資治通鑒》《經世文編》之類,何一不可納之'政書'乎? 況史部職官類之後,即繼之以'制度'類,依事相承,密近無間。禮以義起,不必全襲前人也。"(張舜徽:《四庫提要叙講疏》,《張舜徽集·舊學輯存》(下),武漢:華中師範大學出版社,2008 年,第 1027 頁。)王晶也指出:"的確,'政書'二字所含括範圍太廣,凡是有關國計民生,朝政典章者均可收入此類。不僅《總目》史部'職官'類的書籍多有可收入此類者,史部'雜史'類中'事係廟堂,語關軍國'者亦可收入此類。如此可以看出,《總目》的類目界限不甚明晰。"(王晶:《〈四庫全書總目〉史部"政書"類淺論》,《濰坊工程職業學院學報》2017 年第 5 期。)

屬來説,可能存在一些問題。制度類分考論、私儀注二目,可是《四庫全書總目》的史部政書類典禮屬相當於此前目録的"儀注",尤其是官方"儀注"。"梁阮孝緒《七録》紀傳録下有'儀典'部,即《隋志》史部'儀注'類。歷代著録,名稱有所差異,'或曰典章,或曰禮注,或曰儀典,其實一也'。《隋志》'儀注'類收書五十九部,二千零二十九卷,其下未分子目。但有諸多書目,鑒於'儀注'類書籍繁多,依照書籍内容,在其下分若干子目。如焦竑《國史·經籍志》在'儀注'類下分禮儀、吉禮、凶禮、賓禮、軍禮、嘉禮等 21 類。'儀注'類在歷代重要的史志目録及私人纂修目録中均有設置,發展較爲穩定。"①像《大唐開元禮》《政和五禮新儀》《大金集禮》算傳統上很典型的儀注,卻不能歸入考論、私儀注二目。再考慮到目已經是第四級分類,而《四庫全書總目》祇到第三級分類,這不禁令人思考:設置第四級分類的目的何在? 真的有必要嗎? 劉咸炘似乎過於强調史部的"制度"性,所以在制度類變革很多,但一些更具體的問題被掩蓋起來了。

劉咸炘在目録學中的"廣史"主張,與其對史學的過高期望密切相關。李桂芳指出:"劉咸炘雖在不遺餘力的批判經學的不足,但其最終目的卻是在研究經學的基礎上,建立一套更加純正的中華學術體系,出於這樣的目的,他'私淑'章實齋的'六經皆史'説,試圖以此作爲一種在形式上打破經學一統天下的武器,從而營造一種通天下一切學術的形態。"②劉咸炘受章學誠"六經皆史"説影響巨大,又受新文化運動以來的新史學影響很大,③而這兩種學説的經史觀都不無可反

<hr>

① 王晶:《〈四庫全書總目〉史部"政書"類淺論》,《濰坊工程職業學院學報》2017 年第 5 期。這基本上是可信的。劉安志注意到"《隋書·經籍志》作者把對唐禮有着直接影響的隋代《江都集禮》列入經部",並據此認爲"綜合前朝禮制而成的《開元禮》,也應該歸屬於禮類著作,故前揭《崇文總目》《遂初堂書目》《通志》《文獻通考》等書把《開元禮》置於經部禮類之屬,是極有道理的"。進而指出:"《開元禮》是漢魏以來五禮的規範和總結,是禮的一般性原則規定,在唐代受到禮經一樣的尊崇,它與儀注之間是體、用關係,二者不能完全等同。"(劉安志:《〈大唐開元禮〉的性質與行用問題》,《中國史研究》2005 年第 3 期。)劉安志的理解不無價值,但是《大唐開元禮》在明清普遍被視爲儀注,不再列入經部,這也需要認真對待。

② 李桂芳:《簡論劉咸炘對章學誠史學思想的繼承和發展》,《中華文化論壇》2013 年第 10 期。

③ 歐陽禎人在《劉鑒泉的經學思想概述》中已經指出:劉咸炘的思想有三大理論來源,第一是其祖父劉止唐,第二是浙東學派的章學誠,第三是風起雲湧的新文化運動。後來,他又在《劉咸炘的思想來源》一文中做了更細緻的分析。(歐陽禎人:《劉咸炘的思想來源》,西華大學、四川省文史研究館、蜀學研究中心主辦:《蜀學》(第八輯),成都:巴蜀書社,2014 年,第 132—140 頁。)

思之處。① 另外，劉咸炘的儒道觀也不無問題，這讓他無法正視清代考證學的巨大成就和獨特意義。

四、結語

雖然《四庫全書總目》被普遍視爲中國古代目錄學的集大成者，但是它蘊含的智慧卻常常被今人忽視。劉咸炘對《四庫全書總目》的研究是全面而深入的，但是其變革之處常常可見"時代精神"對傳統的挑戰。② 這種"古今之爭"在劉咸炘之後就變得更爲普遍了。圍繞着"古籍分類應采用何種分類法"這一焦點，形成了主張沿用"四庫法"、改用《中圖法》及重編新的古籍分類法等三大類

---

① 蒙文通指出："由秦漢至明清，經學爲中國民族無上之法典，思想與行爲、政治與風習，皆不能出其軌範。雖二千年學術屢有變化，派別因之亦多，然皆不過闡發之方面不同而中心則莫之能异。其力量之宏偉、影響之深廣，遠非子、史、文藝可與抗衡。自清末改制以來，昔學校之經學一科，遂分裂而入於數科，以《易》入哲學，《詩》入文學，《尚書》《春秋》《禮》入史學，原本宏偉獨特之經學遂至若存若亡，殆妄以西方學術之分類衡量中國學術而不顧經學在民族文化中之巨大力量、巨大成就之故也。其實，經學即是經學，本爲一整體，自有其對象，非史、非哲、非文，集古代文化之大成，爲後來文化之先導者也。"[蒙文通：《論經學三篇》，《中國文化》編輯部編：《中國文化》（第 4 期），北京：生活·讀書·新知三聯書店，1992 年，第 60 頁。]陳壁生在《經學的瓦解》中說："章太炎的'以史爲本'，是繼承劉歆以來的古文經學傳統，更進一步將經轉化爲史，於是所有典籍都可以成廣義上的史學的内容。章氏所做的，是一種中國傳統内部的'視覺轉換'，這種轉換未脱浙東史學之舊軌轍，而開現代史學之新門徑，至於胡適之後，則完全從'外部視角'看待中國傳統，當一切中國典籍被視爲'史料'，那麽就只有用西方的'學'來部勒之。如果我們把中國過去的一切學問，比喻成一棵大樹，那麽，漢以前經典便是這棵大樹的根系與主幹，一朝一代的典章制度、朝綱政務的記載，一人一事的思考與記録，都是這棵大樹的分支與花葉。按照胡適定義中的'國學'，研究者應該以一種歷史的眼光，把它視爲死去、風乾的標本，用科學、系統的方法，把這棵大樹標本進行切割、分類，具體討論葉脉的紋路、支幹的年輪等等問題，在這樣的研究方法中，一片樹葉細微的紋路，與大樹樹幹的形成自然有同樣的研究價值，歷史的態度與科學的方法，會把一種鮮活的文明對象化爲無生命的、僵化的標本，並將文明不同部分扁平化進行研究。而真正的國學研究，應該把國學還原爲一棵生命不息、流動不止的大樹：不是對這棵大樹的一切部分做一視同仁的研究，而是主要研究它的根系與軀幹，不但要研究它的各個部分，更重要的是，探究它如何在流動中獲得生生不息的生命，並不斷向四面八方生長。"（陳壁生：《經學的瓦解：從"以經爲綱"到"以史爲本"》，上海：華東師範大學出版社，2014 年，第 164—165 頁。）此說頗爲學界認可。如朱傑人說："一部經學史，就是中國人守衛和傳承自己獨特價值觀的歷史。從學術發展的歷史看，所謂'國學'，所謂中國的'學術'，無一不是從'經學'派生出來的，所以，經學又是中國學術的源頭。就此而言，'經學'對中國人、中國文化，其重要性怎麽説恐怕都不過分。"（朱傑人：《把經學還原爲一棵生命不息的大樹》，《光明日報》2015 年 8 月 31 日第 8 版）不難看出陳壁生對朱傑人的直接影響。

② Zeitgeist 原爲一德語詞，由德國哲學家黑格爾最早提出和使用，指一個國家或者一個群體在一定時代環境中的文化、道德、氛圍和趨勢。

不同觀點。① 主張沿用"四庫法"者未必能理解《四庫全書總目》蘊含的智慧，而主張改用《中圖法》及重編新的古籍分類法的學者對《四庫全書總目》批判有加。如認爲用《中圖法》類分中國古籍"完全可行"的張國娟説："4. 禮類：'禮'是記述古代儀禮和禮制的。《總目》把它分爲'周禮''儀禮''禮記''三禮通義''通禮''雜禮'六個子目。《中圖法》設置類目時，依照六個子目和不同內容而分別入類。周禮是記述周代官制的書，應入《中圖法》歷史大類'K224·06 中國西周史料'類。例如：宋王安石撰《周官新義》十六卷、元陳友仁撰《周禮集説》十卷，均入此類；儀禮、禮記兩類都是講古代禮制的，例如：宋朱熹撰《儀禮經傳通解》三十七卷、宋吕大臨撰《禮記傳》十六卷，均應歸入歷史大類中國風俗習慣'K892·9 古代禮制'類；通禮是講各種禮制的，例如：《五禮通考》二百六十二卷應入'K892·96 通禮'類；雜禮是講私家禮制的，例如：明吕柟撰《禮問》二卷，應入'K892·98 專類禮制'類；三禮總義是通論三禮的《總目》，説它總論三禮發明經義。例如：明鄧元錫撰《三禮通譯》四卷、清惠士奇撰《禮説》十四卷，均入'K892·97 禮制通考'類。"②這是以《中圖法》類分經部禮類的典型做法，完全割裂了儒家禮學。近年浙江大學古籍研究所《中華禮藏》專案中將禮學文獻分爲禮經卷、禮儀卷、禮物卷、禮制卷、禮俗卷、禮樂卷、禮數卷、家禮卷、方外卷（包括道教儀軌卷、佛教儀軌卷），"這比以前的視野更爲開闊"③。又如蘭甲雲、陳戍國、鄒遠志説："由於學界對於禮學的概念存在分歧，禮學文獻的分類難以取得一致意見。在總結前人的禮學文獻分類法的基礎上，可以將古代禮學文獻按照其所在古籍類型分爲十類：周禮類、儀禮類、禮記類、禮典與三禮總義及通禮雜禮類、其他經書之禮學文獻、史部禮類文獻、子部禮學文獻、集部禮學文

---

① 參朱震遠：《走出誤區，構建現代化古籍檢索系統》，《圖書館理論與實踐》1996 年第 1 期；張文亮、薄麗輝：《我國古籍數位化標準體系現狀及應對策略研究》，《新世紀圖書館》2016 年第 2 期。《中國圖書館分類法》（原稱《中國圖書館圖書分類法》）是我國建國後編製出版的一部具有代表性的大型綜合性分類法，是當今國內圖書館使用最廣泛的分類法體系，簡稱《中圖法》。《中圖法》第五版已於 2010 年 8 月由國家圖書館出版社正式出版。重編新的古籍分類法設想頗早，但全面深入的相關成果少見。劉樹楨、張金龍、張燕娥編《四庫全書目録新編》（北京：知識産權出版社，2014 年）已經將經、史、子、集四部分類法完全打破，調整爲文化、思想、政法、科技四編。這部著作已經没有必要叫"四庫全書目録新編"，似乎可以叫"中國漢文古籍目録新編"。對這種做法來説，不僅《四庫全書總目》毫無意義，而且整個中國目録學傳統也毫無意義。
② 張國娟：《〈中圖法〉與經部古籍分類》，《社會科學輯刊》1994 年第 3 期。
③ 蘭甲雲、陳戍國、鄒遠志：《古代禮學文獻的分類及其學術意義》，《湖南大學學報》（社會科學版）2013 年第 5 期。

獻、方外(佛教、道教)禮學文獻、出土禮學文獻與地方志族譜少數民族相關的禮類文獻。相比以前的分類,此種分類基本囊括了所有的古代禮學文獻,打破了以前禮學專屬經學的慣性思維,體現出禮學文獻資料遍布經史子集而存在的特點,同時這種分類法有助於當前禮學文獻的全面整理與深入研究。"[1]這兩種做法(或主張)已經不是沿着重編新的古籍分類法的思路了,而是怎麼關於將古籍中關於"禮節"和"儀軌"的文獻編纂到一起的思路了!

回到《四庫全書總目》經部禮類六分法,筆者在此重申:《四庫全書總目》經部禮類六分法是中國目錄學史上的重要創新,它不僅有助於增加我們對禮學的認識,也能增加對經學的認識,因而非常值得學界繼承與發揚。

---

① 蘭甲雲、陳成國、鄒遠志:《古代禮學文獻的分類及其學術意義》,《湖南大學學報》(社會科學版)2013 年第 5 期。

《四庫全書》編纂對方志的禁毀

王振偉　中科院文獻情報中心、中國科學院大學在讀博士

李國慶　天津圖書館研究館員

摘　要：《四庫全書》萃四千餘年之文化，而成歷代典籍之大觀。乾隆爲編纂《四庫全書》進行了近兩年的徵訪遺書，同時爲杜遏邪言、消滅詆觸清朝之語也展開查檢違礙書籍的禁書活動。方志作爲傳統文獻的重要組成部分，也在徵訪禁毀之列。《四庫全書》的編纂對方志的影響主要表現在改毀及全毀，同時也伴隨着對方志的修纂産生了一定的積極影響。

關鍵詞：《四庫全書》；方志改毀；方志全毀

　　《四庫全書》萃四千餘年之文化，以成歷代典籍之大觀，伴隨着其編纂也産生了諸如《四庫全書總目》《四庫全書薈要》《採進書目》《禁毀書目》等大量衍生文獻。它的編纂凝聚了乾嘉時期衆多學者的學識和智慧，通過對其及相關衍生文獻的研究有助於梳理之前的學術發展脉絡。

　　乾隆爲編纂《四庫全書》從乾隆三十八年至乾隆三十九年七月用將近兩年時間大規模徵訪遺書後，古今重要著述大都已被采進四庫館中。隨着訪求遺書基本結束，爲"杜遏邪言，以正人心而厚風俗"，消滅"詆觸本朝之語"。[①] 他轉變起初因搜訪徵集典籍各地督撫及藏書家"懼涉干礙"應者寥寥，特意宣諭解釋"至書中即有忌諱字面，並無妨礙，現降諭旨甚明。即使將來進到時，其中或有妄誕字句，不應留以疑

***

　　① 中國第一歷史檔案館編：《纂修四庫全書檔案·寄諭各督撫查辦違礙書籍即行具奏》，上海：上海古籍出版社，1997年，第240頁。

惑後學者,亦不過將書毀弃"①的論旨,開始對"違礙悖逆"書籍"正當及此一番查辦,盡行銷毀","務令净盡根株,不得使有隻字流傳,以貽人心風俗之害"②。自乾隆三十九年八月頒發"查辦違礙書籍"論旨開始,乾隆四十年以後各省查檄違礙書籍活動的逐漸展開,至乾隆四十七年底大規模查禁結束,最後直至乾隆五十八年全部抽改、換繳活動基本結束,其間展開了曠日持久的禁書、毀書活動。據雷夢辰《清代各省禁書彙考》統計從乾隆四十年到四十七年有兩千六百二十一種書被禁毀,陳乃乾《索引式的禁書總録》收全毀書目二千四百五十三種、抽毀書目四百零二種、銷毀書板五十種、銷毀石刻目二十四種,黄愛平《四庫全書纂修研究》統計全部禁毀書籍達三千一百多種,諸家統計雖不盡一致,但粗略可知遭禁毀書目之多。

乾隆對於所訪求遺書範圍,要求"古今來著作"當首先購覓"有闡明性學治法,關係世道人心者",其"有裨實用者,亦應備爲甄擇"。③ 方志從其"存史、資政、教化"等功用來看,建置興廢、經濟變遷、門第隆衰、遺文逸事等内容皆有涉及,是"有裨實用"的。它作爲傳統文獻的重要組成部分,也在徵訪禁毀之列。

《四庫全書》所收方志列於史部地理類,史部地理類子目分爲十,"宫殿疏"下案語"《太平御覽》所引有漢宫殿疏,劉知幾《史通》所引有晋宫闕名,皆自爲紀載,不與地志相雜。今别立子目,冠於地理類之首"④,其餘"總志""都會郡縣""河防""邊防""山川""古迹""雜記""游記""外紀"九個子目在館臣的認識裏都屬於方志範疇。這與我們今天常説的方志既有範疇大小的差異,如民國時期方志學家李泰棻認爲"方志者,即地方之志",他將地方志分爲總志類、方志類、專志類;《中國方志大辭典》以主體與支流之分大致分爲以行政區劃爲主流的方志、以自然人文爲對象的專志和雜志三個類型;巴兆祥分之爲全志(綜合性記述的志書,即狹義上的方志,包括總志、通志……衛所志)、專志兩大類。從上可知,我們今天習慣把基於行政區劃爲記載範圍的"總志""都會郡縣"作爲志書的主體。也有對"志書"分類更細化的區别,如傅振倫將方志分爲一統志、合志、鄉土志、都邑志、雜志等十類,陳光貽將方

---

① 中國第一歷史檔案館編:《纂修四庫全書檔案·寄諭兩江總督高晋等于江浙迅速購訪遺書》,第70頁。
② 陸錫熊:《寶奎堂集》卷四《爲總裁擬進銷毀違礙書札子》,道光二十九年陸成沅刊本。
③ 永瑢等:《四庫全書總目》,北京:中華書局,1965年,第595頁。
④ 永瑢等:《四庫全書總目》卷首《聖諭》,第1頁。

志分爲總志、通志、府志、州志、廳志、縣志、關鎮軍志、道志等十四類。就《四庫全書》而言，其中"都會郡縣"屬大體言之和我們今天所説的方志最爲近似，也是古今志書的主體。

郡邑志乘不僅有藝文類目，其他如人物傳記、古迹以及金石等部分也會涉及相關的文獻，曾成爲各省督撫搜訪當地名人學者著述的重要依據。如湖北巡撫陳輝祖"兼就郡邑志乘，廣爲查購"、安徽巡撫裴宗錫"令各屬將志書内藝苑一門，覆加詳核，如載有傳記、序述等類，即購覓全書專集"、陝甘總督勒爾謹"查取省郡志乘内所列藝文，並臣等訪聞該省從前士林著望之人，指名購索"、閩浙總督鍾音等"復查閩省通志所載著述頗多，雖歷年久遠，未必盡皆留存，而按籍稽考，或可十得二三，又經行司開單飭屬查訪"、湖南學政褚廷璋"各州縣志人物傳内摘取所著書名，飭各該州縣官訪購"、江西巡撫海成"將省志及各縣志内所載歷代名人著述，摘出書名，分發各府州縣，指名購覓"、陝西學政楊嗣曾"地方官但須按照志乘，親自稽查，雇工摹拓"等，各地巡撫基本都有依照本地志書所載相關内容搜尋訪購書籍，爲四庫館文獻的進呈提供了極大便利。

上文所説湖北巡撫、安徽巡撫、陝甘總督、閩浙總督、湖南學政、江西巡撫、陝西學政等都曾將省郡志乘内所列藝文，摘取所著書名分發各府州縣指名購覓。但郡邑志乘在提供訪求遺書的便利時，隨着采進遺書的基本完成，搜訪查禁違礙内容成爲其主要目的。如：

乾隆四十年十一月初七日，大學士于敏中奏查涉及澹歸和尚《遍行堂集》。案，原韶州府知府高綱兄弟高棚、高積家存書籍，曾上摺"又於《韶州府志》内查有澹歸和尚丹霞山事迹及所作詩詞"[1]，奏請李侍堯、德保查辦撤毀。

乾隆四十年十一月十一日，盛京將軍弘晌等接乾隆諭旨確查函可，即查閲《盛京通志》，並將《盛京通志》"内所載函可事迹，逐一删除"[2]。

乾隆四十年十一月十六日，兩廣總督李侍堯摺"查《丹霞志》載，海螺巖有金堡埋骨之塔，刊刻銘志，亦應刨毀。現又飛飭委員查辦，不使存留。至金堡當日蹈襲虛聲，恐無識之徒，或有將伊詩文采入志乘，臣等已札司調集磨勘，如有記載之處，

————————————

①　原北平故宮博物院文獻館編：《清代文字獄檔》，上海：上海書店出版社，1986 年，第 243 頁。
②　中國第一歷史檔案館編：《纂修四庫全書檔案·盛京將軍弘晌等奏查出函可語録碑記字迹及支派承襲人摺》，第 473 頁。

提板鏟削,以清穢迹"①。

乾隆四十三年閏六月,江西巡撫郝碩查檄明袁繼咸所著《六柳堂集》及板片,即根據"因思袁繼咸既有著作刊行,則該府縣志自應有詩文載入。複同兩司將該府志書,詳細查看",發現:"志內載有原任尚書孫嘉淦撰袁繼咸《未償軒集》序文一篇……臣查有此序,是必另有《未償軒集》";并查《宜春縣志》,並見其中有"袁繼咸作《經觀》《史觀》二書未就等語,亦应有未全之稿"的記載,便"將各府縣志書發局委員分校,詳細查核,凡有似此序文或但有成書名目及著作人姓名者,俱令開單指明,飭行本縣著落根查呈繳,務期剔厘净盡"②,等等。

郡邑志乘因其"往往於名勝、古迹編入伊等詩文,而人物、藝文門內並載其生平事實及所著書目"③、"妄矜著述,凡有撰輯之書,輒列名刊入府縣志",其本身也成了遭查禁的對象。此後,各地督撫紛紛奏祈校删志乘。如:

乾隆四十二年十月十八日,江西巡撫海成摺:"志乘一書,用以考古信今,垂示後世,所關甚巨。臣查應毀各書內,亦有江省人著作。其書既已流傳,未必不散見於原籍志乘,自應悉予劃削"④。

乾隆四十三年十二月十一日,湖南巡撫李湖摺:"湖南士習浮誇,妄矜著述,凡有撰輯之書,輒列名刊入府縣志,以圖標榜。……檢齊通省府州縣志書內刊載本朝同歷代所著書集名目,凡係從前未經呈繳者,俱彙單抄發該州縣"⑤,選派委員悉心校閱,"有悖謬不法之處,即分別應毀應究"。

此時乾隆尚未遍諭各省督撫查核志乘,但各省都已開始紛紛删削志書。乾隆四十四年十月二十九日,安徽巡撫閔鶚元等亦奏請檢查天下郡邑志乘,以防志乘載入應銷各書名目及詩文。乾隆閱閔鶚元摺後,乃於十一月二十四日曉諭各督撫將省志及府縣志書悉心查核,"如有應禁詩文而志內尚復采録并及其人事實書目者,

---

① 中國第一歷史檔案館編:《纂修四庫全書檔案·兩廣總督李侍堯等奏遵旨查辦〈皇明實紀〉〈遍行堂集〉並椎碎澹歸碑石摺》,第 479 頁。

② 原北平故宮博物院文獻館編:《清代文字獄檔》,第 297 頁。

③ 中國第一歷史檔案館編:《纂修四庫全書檔案·寄諭各省督撫將志乘所載應禁詩文及著者事實書目概行删節》,第 1129 頁。

④ 中國第一歷史檔案館編:《纂修四庫全書檔案·江西巡撫海成奏續進備選及應毀各書並祈校删志乘摺》,第 732 頁。

⑤ 中國第一歷史檔案館編:《纂修四庫全書檔案·湖南巡撫李湖奏查出〈國朝詩的〉等違礙書籍分別辦理緣由摺》,第 960—961 頁。

均詳悉查明,概從芟節,不得草率從事,致有疏漏"①。各地督撫在接受諭旨後,便紛紛着手查辦。如:

乾隆四十五年三月初六日,陝甘總督勒爾摺:"臣伏查直省郡邑志書,原以傳信,如有將錢謙益等所著詩文及生平事實混行列入,實於世道人心所關非淺。臣凜遵聖諭,隨檄飭藩司將甘肅省志及各府州縣志書概行調集省城,設局委員校勘,並委蘭州道陳庭學總司其事。如有應禁詩文,志內尚復采錄,並及其人事實書目者,由總理道員會同藩司彙送臣覆核。應行鏟削者,即將板片鏟削,其已經刷印散布民間者,即將某部某頁應行撤出銷毀之處,愷切示知,令其呈繳,務期芟除净盡"②。

乾隆四十六年三月十五日,湖北巡撫鄭大進摺:"臣伏見各郡邑志乘,每載象緯物异占驗,事多附會穿鑿,前蒙諭旨,將各志書中應禁詩文及其人事實書目詳查芟削。現據各屬賫繳,交局員校辦,臣並督飭詳細查明,如星野灾祥等門內,除記事有關徵考,仍聽存留,並偶被偏灾恭紀賑恤殊恩理宜敬載外,其有語涉占驗不經,雖前古陳編並從芟撤,以仰副聖主厘正群言、牖民維俗之至意。"③

乾隆四十六年九月二十五日,湖南巡撫劉墉奏查繳應毀書籍摺:"《湖南省志》及府州縣志書,悉經磨勘,凡應行芟節之處,俱逐條删削抽換另刊。"④於是各省相繼查核本地志乘是否違礙,並對有違礙處作了禁删抽毀。

對於"字義觸礙"書籍的查繳,關於查繳黃愛平將其分爲兩種:四庫館對原呈書籍的檢查、地方督撫的大規模查繳。張春國據此分明人別集禁毀爲"在館明集之禁毀"和"未入館明集之禁毀"。因爲方志體例的特殊,其遭禁毀的情況與其他部類稍微有所不同。王彬將對典籍的銷毀措施分爲:"改字(改易字句)、抽毀(削去禁毀字句)、全毀(全部銷毀)"。⑤ 本文根據查檄銷毀措施,從改毀和全毀兩個角度論述。

方志的改毀,即改字與抽毀。方志横排竪寫、分門别類的編撰方式猶如類書,

① 中國第一歷史檔案館編:《纂修四庫全書檔案·寄諭各省督撫將志乘所載應禁詩文及著者事實書目概行删節》,第 1129 頁。
② 中國第一歷史檔案館編:《纂修四庫全書檔案·陝甘總督勒爾謹奏遵旨查核省志及府州縣志書情形摺》,第 1151—1152 頁。
③ 中國第一歷史檔案館編:《纂修四庫全書檔案·湖北巡撫鄭大進奏遵旨查辦〈天元玉厤祥异賦〉情形摺》,第 1320 頁。
④ 中國第一歷史檔案館編:《纂修四庫全書檔案·湖南巡撫劉墉奏查繳應毀書籍摺》,第 1391 頁。
⑤ 王彬主編:《清代禁書總述》,上海:上海書店出版社,1991 年,第 14 頁。

內容廣博,司馬光贊其爲"博物之書",其纂修內容亦多取自他書。乾隆對"如類書之分門隸事,叢書之分部標目,志傳之分人紀載,及各選本之臚列諸家"這類書,因其"俱與專係一人一事必須全毀者有异",而對其查禁"與專係一人一事必須全毀者有异,此等遇有違礙,亦只須酌量抽毀,毋庸因此概廢其書"①。方志亦屬於此類,各爲門目,不相連屬。志書中所載內容如有強烈民族思想,如關於夷夏之防及論忠奸、關於鼓舞起兵反夷復漢、非議遼金元三朝、關於故國之思及憤懣文辭,亦或詆毀清人如"醜詆外族、詆斥夷風俗、詆斥清兵清政"②,都是乾隆所不容的。因此對"觸礙字樣,固不可存,然只須删去數卷,或删去數篇,或改定字句,亦不必因一二卷帙,遂廢全部"③。方志除要將"言辭觸礙"內容抽毀之外,因方志禁毀起初便是查禁"大逆之人"詩文事迹,其主要還是查辦如"錢謙益、呂留良、金堡、屈大均等,除所自著之書俱應毀除外,若各書內有載入其議論,選及其詩詞者,原係他人所采録,與伊等自著之書不同,應遵照原奉諭旨,將書內所引各條簽明抽毀,於原板內剷除,仍各存其原書"④。因此,吳哲夫説:"對當時各省郡邑志乘的檢查,是以'罪大惡極,悖逆不赦'的著書人所作的詩文及載録其生平事迹者爲主,而以其他忌諱之文詞爲次。"⑤

因"登載應銷各書名目及悖妄著書人詩文者"遭所毀志書甚巨,實爲方志之災難。《纂修四庫全書檔案》中,有不少內容涉及志書的毀改,如尹嘉銓爲夫請謚並從祀文廟遭禁,乾隆《郯城縣志》前有尹嘉銓二十九年重修縣志序。《山東巡撫明興奏彙繳尹嘉銓著應毀書籍情形摺(附清單一)》:"《郯城縣志序文》板片二頁。"方志序文因語涉違礙載入其他書籍也同樣會遭到抽毀,如《湖北巡撫姚成烈奏解第十一次查繳應禁各書並繕單呈覽摺》:吳士奇所撰《緑滋館稿》"集內《桐梓縣志叙》四頁有偏謬語,應抽毀",其所謂"偏謬語",據《桐梓縣志叙》文知,如"當元之季中國聲名文物半淪於腥羶,我明掃除而更新之""其祀姑順夷俗而羈縻之,而逆酋不天""王君用夏變夷,既驅椎髮披氊悉還冠帶",以其有輕蔑元人之語而清人同爲少數民族入主

① 陸錫熊:《寶奎堂集》卷四《爲總裁擬進銷毀違礙書劄子》,第 20 頁。
② 吳哲夫:《清代禁毀書目研究》,臺北:嘉新水泥公司基金會,1969 年,第 214 頁。
③ 中國第一歷史檔案館編:《纂修四庫全書檔案·諭內閣ён人劉宗周等書集只須删改無庸銷毀》,第 554 頁。
④ 謝國楨:《增訂晚明史籍考》,上海:上海古籍出版社,1981 年,第 1027 頁。
⑤ 吳哲夫:《四庫全書纂修之研究》,臺北:"國立故宮博物院",1980 年,第 57 頁。

中原而遭抽毀。

現在我們仍可以看到不少乾隆時刊刻的志書，有挖字、鏟板、删改的現象。不過方志改毀更多是志書本身内容違礙而遭抽毀，現存志書序跋、凡例，後代所修志書序跋及卷首對志乘違礙内容芟除多有叙述，如：

乾隆《同安縣志》雖原刊本尚存，乃乾隆三十二年吴鏞修。四十六年曾經過删校，因衆力難齊、未付之剞劂而倖免於難。據嘉慶《同安縣志》巴哈布序：“今之所修，則乾隆丁亥令尹虔南吴君。間有擇焉不精、文多違礙之處，方伯薌圃楊公設局删校，臻於醇善，發縣重梓而未成其事。”吴堂序：“邑志之不修久矣。自乾隆三十二年修於錢塘吴侯，四十六年方伯薌圃楊公設局校核，命教諭陳君施、知縣唐君燦、牛君世顯、教授魏君瑚等互相删訂，更加精密，檄有司付之剞劂。惟時邑侯集紳士捐資以成其事，因衆力難齊而止。”删改本雖未能刊行，不知哪些内容經過删校。但據乾隆三十二年《同安縣志》内容推計，如志中載有明崇禎年間鄭成功在同安活動的情況，應該難逃删改。

乾隆《通州志》乾隆四十八年順天府尹金壇虞鳴球序：“余以庚子夏有京兆之命，即檄所隸二十四州邑志乘備核。”是以纂修者高天鳳序：“爰於庚子夏陳請上官允舉斯役，延吾鄉金花洲孝廉先取舊志校讎而訂正之。”

乾隆《弋陽縣志》乾隆四十九年喜塔臘氏連柱序：“適上憲復有修輯志乘之檄，余自壬寅莅信檢閲郡邑志稿，次第厘正，繕呈鑒定。”

乾隆四十九年補四十四年《揭陽縣志序》：“今天子一統之盛，修四庫之書，對志中有違礙禁例之事，進行厘訂改易。”

道光十年《漳平縣志》目録後：“乾隆四十六年十二月，景泰陳君彙義奏檄重刻，不過就違礙之處校勘删除，無所增改，今從舊志目録增舉志焉。”等等。

江西爲獲褒美，對於查毀典籍表現積極，到乾隆四十一年十一月兩年間“據各屬搜買以及民間繳呈應毀禁書，前後共有八千餘部之多”①。對於查毀志乘，乾隆四十二年十月十八日江西巡撫海成即上摺：

---

① 中國第一歷史檔案館編：《纂修四庫全書檔案·江西巡撫海成奏續獲應毀書籍板片摺》，第548頁。

　　志乘一書,用以考古信今,垂示後世,所關甚巨。臣查應毀各書内,亦有江省人著作。其書既已流傳,未必不散見於原籍志乘,自應悉予刬削。因飭委辦書局同知潘汝誠、杜一鴻等將通省志書詳加校核,果有前項違礙詩文並載及錢謙益、屈大均、金堡等詩文者,除《江西通志》已抽出篇頁板片咨繳軍機處查銷改正外,現令布政使通行各府州縣,將志書再行細查,概爲删正抽換,並不得留其姓名,仍將廢頁板片解省彙繳軍機處銷毀。臣思各省查出應毀之書,盈千累萬,其著書人事迹以及違礙詩文,正恐各原籍志乘内亦不無濫載,伏乞皇上敕下各省,一體查校删正抽換,以垂永久,以正人心。①

　　乾隆四十四年十一月二十四日,《寄諭各省督撫將志乘所載應禁詩文及著者事實書目概行删節》諭旨尚未發出,江西已開始查禁志書兩年有餘。本文以江西志乘爲例以作説明。如:

　　乾隆四十五年《德化縣志》卷首載“德化縣欽奉上諭事,乾隆四十五年正月初九日奉各憲札開,乾隆四十四年十二月五日承准,廷寄乾隆四十四年十一月十八日奉上諭,據閔鶚元奏各省郡邑志書……寄信前來等因。承准此合札,移行各衙門,一體欽遵。詳悉查明,概從芟節,不得草率從事,致有疏漏。此札。”此志乃乾隆二十年“槐堂高公始創輯之……然距今二十餘年未經續修。適己亥庚子冬春間,奉飭將郡邑各志種有違礙字句及應禁人詩文事實名目,悉行校勘芟除刊改”。沈錫三在續修時除“應增者各以類附,應芟者均遵館臣勘定,不稍假借草率”,“以杜謬妄。所爲裨世教以正人心者,皆聖天子錫福庶民至意也”。而高植所纂《德化縣志》雖“編纂最爲嚴簡,無他志假借之失,列傳尤稱鄉確,遠不遺、近不濫,得史氏法,可與康德涵《武功志》、陸清獻《靈壽志》並稱善本矣”(九江郡守董榕序)。惜今已亡佚,今可見者沈錫三補刊本。

　　乾隆四十八年《浮梁縣志》對於志乘查禁具體方法説明尤爲詳細,卷前序文有所提及。(汪洯序:“邇者承奉憲檄,欽奉上諭整比舊志。既已查核删節歸於簡當。”)序文後載有廷寄乾隆四十四年上諭、查核志乘凡議兩條、修志引言、修志規

---

　　① 中國第一歷史檔案館編:《纂修四庫全書檔案·江西巡撫海成奏續進備選及應毀各書並祈校删志乘摺》,第 732 頁。

條、茲録於下：

　　乾隆四十五年五月二十六日奉藩府憲，轉奉巡撫部院郝（碩）劄布政司知
悉照得志書一項，現今欽奉上諭，著傳諭各督撫，將省志及府州縣志書，悉心查
核。其中如有應禁詩文而志内尚復采録，並及其人事實、書目者，均詳悉查明。
概從芟節，不得草率從事，致有疏漏。欽此，欽遵。劄同轉飭委員遵照。據藩
臬兩司會銜稟報。據南昌府沈榮勳署廣信府鄭邦柱署、九江府徐聯奎稟稱，遵
設局改修志書各條，公同條議臚陳。憲鑒，凡議八條録二：

　　一各府廳州縣志書，先經提取到省，委員逐加磨看。凡有廟諱、御名未經
敬避及一切違礙字樣均據簽出發回更改。尚有未經發回者，今既在省設局應
將各書板一併提到省局分別鎸改。又現奉旨凡有錢謙益、屈大均等詩文應行
删出，仍飭委員再加詳核删削，俾無遺漏。

　　一志書内有甫經修竣之《吉安府志》毋庸調辦。又有南昌、九江、贛州三
府，靖江、安福三縣現在設局纂修，應聽其自行修竣刷印呈驗，此時亦毋庸調
辦。又有崇仁、浮梁、星子、永豐、安義、上猶等縣素無志書，應飭自行籌議補辦
外。其餘各屬應請概行調辦，奉批除星子縣外浮梁等縣雖志板無存，原有志書
自應一面令其設法搜尋舊志送局查辦，一面補辦新志改刻板片。

程廷濟乾隆四十六年三月下浣《修志引言》：

　　欽奉上諭，省府州縣志書悉加磨勘修改，節奉各憲檄催。並諭纂修志書之
府州縣應聽各地方紳士人等損益籌辦，官總其成。重申疊諭，不啻至再至三。
余自莅事以來，亟思所以應功令而存掌故者。既與諸紳士悉心商榷，僉稱闔邑
敦勸捐輸，自可循照舊例。□公議公辦，而督勸稽核則餘所有事也。茲已於二
月二十八日開局備將舊志核勘修改，其有四十年内應行續纂入志各款，亦經出
示限於三月内赴縣呈明以憑查核。

《修志規條》：

　　一志内凡系廟諱、御名，俱宜恭避。其有違礙字樣，均須加意檢點，或應芟

改或應鏟削。其年號、人名字有相同者,俱遵部頒字式改正。

一現經銷毀諸書名目及著書人名,務須詳校,概行刪削。

一本邑名宦名士著有書集序文,無論刻板抄本俱應開出,向各子孫處取出原書,詳核有無干礙。

一詩文記載其字句文義,稍涉疑似閃爍之處,均宜嚴核刪除。

一墓志、壽序、譜序例不入志,若祠堂、碑記上年奉憲嚴查志內倘有登載及存其名目者應削去,其各寺院、庵觀、橋亭等碑文俱應斟酌登載。

一凡宋人之於遼、金、元,明人之於元,其記載事迹有用敵國之詞、語句乖戾者,俱應改正。如有議論偏謬尤甚者,即行刪削。

一各文集內奏疏劄記……如有違礙字句即行刪改……舊志既宜刪節務歸簡當。

乾隆四十八年《浮梁縣志》(十二卷)對前志內容有所刪改,查《中國地方志聯合目錄》收錄《浮梁縣志》六種,其中乾隆四十八年之前有三種,分別爲康熙十二年《浮梁縣志》(八卷首一卷)、康熙二十一年《浮梁縣志》(九卷首一卷)、乾隆七年《浮梁縣志》(二十卷)。以乾隆七年《浮梁縣志》卷十二《選舉志》與乾隆四十八年《浮梁縣志》卷七《選舉》爲例相比勘,如乾隆七年志"崇禎十三年進士鮑文弘",乾隆四十八年志將年號改爲"崇正",七年志"弘"字雖缺末筆,但四十八年志改爲"宏"字,二者皆因避廟諱、御名而改。清世宗名胤禛,避偏諱"禛",一般以"正""禎"字代替。"崇禎"年號改爲"崇正",在《四庫全書總目》裏提到"崇禎"的地方並沒有改爲"崇正",《歷代諱字譜》"改明崇禎年號爲崇正,後不改",但在查禁違礙文字的背景下地方官吏還是做了改正。

方志的全毀,是指那些因違礙遭全部銷毀志乘。有因人而毀,主要是指對那些"罪大惡極,悖逆不赦"者,如錢謙益、屈大均、金堡、王錫侯、徐述夔、卓長齡、戴昆、孔繼汾、李清等皆被乾隆視爲大逆大惡之人,在諭旨中屢屢提及。其"所自著之書俱應毀除",由他們參修過的志書也在全毀之列。如乾隆四十二年,江西舉人王錫侯因刪改《康熙字典》另刻《字貫》,被同鄉王瀧南舉呈案,"序文後凡例,竟有一篇將聖祖、世宗廟諱及朕御名字樣悉行開列",實大逆不法、罪不容誅。"王錫侯身爲舉人,乃敢狂悖若此,必係久困潦倒,胸多牢騷,故吐露於筆墨。其平時所作詩文,尚不知作何訕謗!此等悖逆之徒,爲天地所不容,故使其自行敗露,不可不因此徹底嚴查，一併明正其罪。著海成即速親身馳往該犯家内，詳細搜查，將所有不法書籍字迹即行封固進呈。”①乾隆五十七年二月三十日全毀書籍清單：《唐詩試帖詳解》一本，王錫侯所選，應全毀。這也波及其參修的《望都縣新志》（八卷）。

也有因其書而廢，如陳繼儒因其纂有《建州考》，《抽毀書目》：《廣百川學海》條下查《廣百川學海》……其乙集内《建州考》……多指斥偏謬，應請抽毀。《軍機處奏准全毀書目》：《陳眉公雜録二種》，明陳繼儒撰，一曰《建州考》，一曰《燕市雜詩》。因其述及清入關以前漢滿關係以及清初史實對清統治者不利而遭禁，這也波及其所撰（崇禎）《松江府志》。因内容而廢，如《纂修四庫全書檔案》乾隆四十八年九月應銷毀書籍總檔・續辦第三次應毀書四種：“《東安志》，一本。係明孟際可撰。查此書内顯涉忌諱，應毀。”②

但對志書的全毀也是有所變通的，“又或一人而數書者，彼此原不相妨；兩書而同名者，前後亦多迥異。此等均須詳核區分，不可彼此牽連，致乖平允。如此分別酌辦，於闢邪距詖之中，仍寓進退權衡之義，似於事理更爲詳慎”③。如楊循吉《吳縣志》、《寧海志》雖遭禁毀，但《總目》仍收有其《蘇州府纂修識略》（六卷）、《吳中往哲記》（一卷）、《吳中故實記》、《七人聯句詩記》（一卷）、《吳邑志》（十六卷）、《金山雜志》（一卷）七種著作。

相對因“登載應銷各書名目及悖妄著書人詩文者”遭删改者，因修志者個人政治原因或内容而被禁數量其實不大。現將據《清代各省禁書彙考》《纂修四庫全書檔案》被全毀方志列於下：

奏檄來源	著　者	書　名	版　本
兩江	（清）徐述夔	《拼茶場志》④	亡佚。按：《東臺縣栟茶市鄉土志》序三“據楊大經《中十場志》作拼，今作栟，不知所自始也。”第一章：“栟茶古稱南沙，本隸泰州……場有鹽課司司，後改大使專理鹽務間及民事刑事。”

①　中國第一歷史檔案館編：《纂修四庫全書檔案・寄諭江西巡撫海成等速將王錫侯解京嚴審並搜查其家及流傳各省書板》，第 738 頁。
②　中國第一歷史檔案館編：《纂修四庫全書檔案・應銷毀書籍總檔》，第 1740 頁。
③　陸錫熊：《寶奎堂集》卷四《爲總裁擬進銷毀違礙書札子》，第 20 頁。
④　雷夢辰：《清代各省禁書彙考》，北京：書目文獻出版社，1989 年，第 85 頁。

續　表

奏繳來源	著　者	書　名	版　本
江蘇	（明）楊循吉	（嘉靖）《吴縣志》	亡佚。按：（康熙）《吴縣志》高晫序"縣古無志，明嘉靖中山東濮州蘇公知縣事，始禮鄉達南峰楊公載筆焉"。
		《寧海志》①	亡佚。按：（同治）《寧海州志》王厚階序："乃考州志焦楊二公所修，帙僅二卷。"《明史・藝文志》：楊循吉《寧海州志二卷》、（乾隆）《江南通志・藝文志》載有：楊循吉《寧海志二卷》。
	（明）陳繼儒	《松江新志》（〔崇禎〕《松江府志》，方岳貢修、陳繼儒等纂）	五十八卷本，明崇禎三年（1630）刻本。九十四卷本，明崇禎四年（1631）增刻本（存卷 11—27,66—94）。
浙江	（清）尹嘉銓	《房山縣志》	按：《中國地方志聯合目録》有（乾隆）《房山縣志一卷》，張世法撰，尹嘉銓題名"直隸《房山縣志》一卷，乾隆四十一年寫刻本"。有乾隆四十一年（1776）刻本。
《纂修四庫全書檔案・應銷毁書籍總檔》	（明）孟際可	《東安志》	按：據《中國地方志聯合目録》知河北、廣東兩地皆有東安縣，難以確考。

　　其間也有在查禁違礙書籍背景下，因志乘内容獲罪的。雖涉案志書最終並没遭到禁毁，但這種查禁對志書纂修也有消極影響。如《清代文字獄檔》所載乾隆四十六年葉廷推《海澄縣志》案，縣人周鏗聲借查繳違礙書籍控告葉廷推擔任《海澄縣志》分纂載入碑傳詩句，詞語狂悖。雖經福建巡撫上奏請旨，但最終乾隆批復都是平常詩文中的陳詞套話算不得悖逆而了結。今其志尚存有乾隆二十七年（1762）刻本、民國十五年（1926）重印本。乾隆四十七年高治清《滄浪鄉志》案，湖南巡撫以鄉志"内摘出各種字句，指爲狂悖"，將刊刻志書之高治清父子生監斥革，作序之教授翁峒解任質訊。乾隆以"吹毛求疵，謬加指摘"無庸查辦曉諭，並傳諭安徽巡撫、江西巡撫等毋庸查辦，其志今不存。

---

　　① 雷夢辰：《清代各省禁書彙考》，第 149 頁。

方志在《四庫全書》纂修中雖遭禁毁，但同時在一定程度也促進了方志的發展。既有促進志書纂修，也有其格式爲志書修纂所沿用。

如乾隆三十八年《柘城縣志》何煟序："聖天子統一區宇，文教覃敷，特命史臣纂修《四庫全書》。俾萬邦有所矜式。一時好古力學之士，莫不翕然向風，咸思仰贊盛化……今我皇上復有修書之詔。仰見聖聖相承，悉以稽古右文爲盛典。凡在臣庶際此休明者，可不知所報稱乎。余奉命撫豫，每欲遍訪遺書以備乙夜之覽。時以未及周知爲懼，且大河南北幅員廣闊，興除因革之間憑臆，未嘗冀惟良有司共相砥礪。庶幾無曠職守，而於郡邑志未嘗不惓惓加意焉。"

乾隆三十九年《番禺縣志》廣州府知府李天培序："前者大徵天下郡國志書纂修《大清一統志》，現在《四庫全書》復詔開館亦徵天下郡國書籍。而兹志適成，百餘年曠典一旦臚舉，司土者攬之既有以知政教源流，且足備藜閣之采擇。"

乾隆四十一年《吉安府志》楊魁序："又聖天子在上加意典章，命各直省廣羅散佚，博采遺書充四庫所未備，將以光昭代同文之治，而風海内臣民也。矧江右爲人文淵藪，吉安自唐宋元明以迄我朝英賢輩出，尤爲西江望郡，而志獨因陋就簡奚可乎。"

乾隆四十一年《長興縣志》宋成綏序："且夫聖天子右文崇古，旁稽博考，勒成《四庫全書》。立千古文治之極軌則，雖山圖海録尚將亟爲采葺，用佐同文之盛。是志也，豈特一邑之光也。"

乾隆四十二年《溧水縣志》章攀桂序："皇上稽古右文……癸巳復開四庫館，舉凡通都大邑以及山陬海澨皆得以書奏御用，備西清東觀之儲。"《凡例》云："仰體上憲問俗勤民之至意，詳請重修以備采擇。"

乾隆四十二年《平谷縣志》朱克序："纂《一統志》暨《四庫全書》，典墳丘索，無以尚之。近奉旨考證日下舊聞，核實纂輯。使天下萬世知皇都閎麗，信而有徵。凡畿輔州縣星羅棋布，無不各因志乘追尋往迹，遥溯前徵以焕文治之光華。

乾隆四十三年《富平縣志》畢沅序："四庫館亦未竣事，他時關内諸郡次第成書，將仿古形方訓俗之意，上之館閣用備西清東觀之儲。"

乾隆四十四年《安肅縣志》李策後序："思聖天子稽古右文，名山石室之藏，搜羅殆盡……稗官小説苟足以資考訂而備采摭者，靡不收録，而况一邑之志。"

乾隆四十四年《西安府志》嚴長明序："是以今所編述雖因實創，將上以佐朝廷四庫之儲藏，下以備西安一郡之文獻，斷不敢就簡尚奢，貽譏蕪漏。"

　　乾隆四十七年《安福縣志‧凡例》："繕書行款，惟小序及按語低二格寫……至雙行小注，限於尺幅不能另提。遇單空一字，雙空兩字，此乃《欽定四庫全書》定式，當恪遵之。"

　　乾隆四十八年《盂縣志》孟南英序："開四庫全書館，廣搜天下古今文書圖籍。國史之徵信於郡邑志者，尤在所先。行將以是編獻之朝右，供采擇焉。"

　　志書在《四庫全書》編纂時雖爲訪購遺書起到過按圖索驥的作用，但同時也因此成爲查禁違礙內容的得力工具。方志以其體例的特殊性，志書全書遭禁多是因人而禁，更多的是對所含內容的删改。雖然有志書內容遭到不少删改，這種鏟削或删改並一直影響至乾隆後志書的編纂。如嘉慶二年《東莞縣志》，其《凡例》云："向查辦違礙書籍時，府縣志皆奉文鏟板，今於列傳選舉中删除净盡，遵功令也。"道光二年阮元修《廣東通志‧藝文略》凡全毀書均不收入，其中如屈大均的全部著作未收，亦未收屈大均傳等。但整體來看《四庫全書》的編纂對方志的編纂起到了積極的推動作用。現存的各種地方志，乾隆志特多不能說與《四庫全書》的纂修没有關係。

《愛日精廬藏書志》所載文瀾閣傳抄本考述

蔣鵬翔　湖南大學嶽麓書院助理教授

摘　要： 清人張金吾編撰的《愛日精廬藏書志》所著録的 91 部"文瀾閣傳抄本"皆係據杭州文瀾閣庋藏的《四庫全書》乾隆朝寫本傳抄而成。該志所以多載文瀾閣傳抄本，與作者所受之家學熏陶有直接關係。這些傳抄本的數量比例，可以印證作者的治學旨趣。因爲《四庫全書》文瀾閣本原書已泰半毁損，現存閣本中大部分係光緒以後分多次補抄者，所以《愛日精廬藏書志》根據閣本原書著録的版本細節及序跋款識對今人研究《四庫全書》文瀾閣本的面目流變具有重要的參考意義。

關鍵詞：《愛日精廬藏書志》；《四庫全書》；文瀾閣

清人張金吾編撰的《愛日精廬藏書志》是私家藏書目録中的名作。該志著録各書，皆詳記版本，其中常見"文瀾閣傳抄本"字樣。所謂文瀾閣本，即指當時庋藏於杭州文瀾閣的《四庫全書》。近年來中華書局、上海古籍出版社先後兩次點校整理《愛日精廬藏書志》，杭州出版社也將現存文瀾閣本《四庫全書》影印付梓，但關於《愛日精廬藏書志》（以下簡稱《藏書志》）所載文瀾閣傳抄本之問題，目前尚未見專門而深入的研究，故不揣鄙陋，試加考述，或有抛磚之用耳。

一、背景

作爲藏書家的張金吾异乎尋常地重視舊籍抄本，這與其所受家學熏陶有着直接的聯繫。其父張光基"家藏四部書"，"嘗手鈔《潁濱詩傳》《龍龕手鏡》《新唐書糾繆》《東觀奏記》《三輔黃圖》《洛陽伽藍記》等書"①,其叔張海鵬"矢願以剞劂古書爲己任,乃檢舊藏所有,更廣購自明以來罕見之舊本,互勘去取,其中秘藏書則倩錢唐何上舍元錫從文瀾閣中寫副儲藏,以備彙刊"②。張光基手抄的這些古籍悉以"先君子手抄本"之名收入《藏書志》中,不難想見,《藏書志》著録的數量衆多的文瀾閣傳抄本也必有相當一部分是繼承自張海鵬請何元錫從文瀾閣過録者。

縱觀《藏書志》所録 800 種圖籍(《正志》742 種,《續志》58 種),抄本已居泰半,③故雖其《例言》自稱:"是編所載,止取宋元舊槧及鈔帙之有關實學而世鮮傳本者,其習見之書,概不登載。若明以後諸書,時代既近,搜羅較易,擇其尤秘者間録數種,餘俱從略。"看似以宋元刻本與舊抄本爲兩大主體,實則前者數目遠少於後者,是不足以相提並論的。

清乾隆時抄成《四庫全書》七部,分貯於七閣。與專資藏庋的文淵、文溯、文源、文津四閣不同,南方的文匯、文宗、文瀾三閣在乾隆四十七年敕建之初,就明確了其作用是使《四庫全書》"廣布流傳,以光文治",故應"俾江浙士子得以就近觀摩謄録,用昭我國家藏書美富、教思無窮之盛軌"。至乾隆五十五年時,又再次下詔强調:"著該督撫等諄飭所屬,俟貯閣全書排架齊集後,諭令該省士子,有願讀中秘書者,許其呈明到閣抄閱,但不得任其私自携歸,以致稍有遺失。"④

約而言之,《藏書志》多載文瀾閣傳抄本,其外因是官方敕令的推動(鼓勵江浙士子訪閣抄書),其内因則是張金吾家學熏陶,既受其父酷愛抄書之影響,也直接繼承了其叔傳抄的文瀾閣本。

二、數目

關於《藏書志》所載文瀾閣傳抄本的數量,曾有多家統計過,但各有出入。匡淑紅、李雲《張金吾愛日精廬藏書簡析》據《藏書志》清道光刻本統計爲 92 種(經部 39

---

① (清)張金吾:《言舊録》,《嘉業堂叢書》本。

② (清)黄廷鑑:《第六弦溪文鈔》卷 4《朝議大夫張君行狀》,《後知不足齋叢書》本。

③ 根據匡淑紅、李雲統計,《愛日精廬藏書志》(包括《續志》)著録的鈔本達 502 種。匡淑紅、李雲:《張金吾愛日精廬藏書簡析》,《北京行政學院學報》2005 年第 2 期。

④ 參見《諭内閣著交四庫館再繕寫全書三分安置揚州文匯閣等處》《諭内閣著江浙督撫等諄飭所屬俟全書排架後許士子到閣抄閱》,中國第一歷史檔案館編《纂修四庫全書檔案》,上海:上海古籍出版社,1997 年,第 1589、2189 頁。

種、史部 24 種、子部 6 種、集部 23 種），程惠新、高明《文瀾閣〈四庫全書〉傳抄本考述》據《藏書志》清光緒十三年吳縣靈芬閣徐氏活字本統計爲 90 種，吳傑《愛日精廬藏書志研究》據臺北文史哲出版社 1982 年影印出版的《藏書志》清道光七年家刻本統計爲 89 種（經部 37 種、史部 23 種、子部 6 種、集部 23 種）。

上海古籍出版社於 2014 年出版了由柳向春據清道光刻本點校整理的《藏書志》，今據該本重新統計所載文瀾閣傳抄本之數量，計《正志》經部 38 種（易類 15 種、書類 3 種、詩類 5 種、禮類 6 種、春秋類 5 種、孝經類 1 種、四書類 3 種），史部 23 種（編年類 4 種、雜史類 1 種、傳記類 3 種、載記類 2 種、地理類 8 種、職官類 1 種、政書類 2 種、目録類 2 種），子部 6 種（術數類 1 種、雜家類 2 種、類書類 2 種、小説類 1 種），集部 22 種（別集類 19 種、總集類 2 種、樂府類 1 種），《續志》經部 1 種（書類 1 種），史部 1 種（別史類 1 種），共計《正志》89 種，《續志》2 種。

黃廷鑑《張月霄傳》云：“經學莫盛於本朝，《通志堂經解》實集大成，顧宋元來諸家經説放失尚多，月霄出其家藏秘帙，復傳鈔文瀾閣本，凡羽翼經傳者，得八十餘種，寫定《詒經堂續經解》千四百三十六卷，自是先儒説經之書彙萃無遺矣。”①而從上述統計結果來看，愛日精廬所藏文瀾閣傳抄本中，經部固然數量最多，但史部、集部也各占有相當的比例，只有子部較少（著名的《續資治通鑑長編》木活字印本就是張金吾根據傳抄的文瀾閣本排印的）。因爲登閣抄書是自主選擇品種，故《藏書志》所載文瀾閣傳抄本之各部比例也可在一定程度上反映張氏的學術志趣。我們再來讀其爲《藏書志》所撰自序，云：“《讀書敏求記》……卮言小説、術數方伎居其大半，下至食經、卧法、鶴譜、鴿論以及象戲之局、少林之棍、種樹之書，與夫雷神紀事之荒誕、孟姜女集之無稽，兼收博采，並登簿録，雖小道可觀，恐難語乎擇焉而精矣。若傳注之羽翼經訓，史籍之紀載朝章，及有關學術政治之大者，則寥寥數種，半屬習見，心竊惑之。”②又云：“著録貴乎秘，秘籍不盡可珍；槧本貴乎宋，宋槧不盡可寶。……而要以有裨學術治道者爲之斷，此金吾別擇之旨，不無少异於諸家者也。”③可知其傾向與文瀾閣傳抄本在其藏書目録中所占之比例是一致的。

---

① （清）黃廷鑑：《第六弦溪文鈔》卷 4。
② （清）張金吾撰，柳向春整理：《愛日精廬藏書志》，《張金吾舊序》，上海：上海古籍出版社，2014 年，第 15 頁。
③ （清）張金吾撰，柳向春整理：《愛日精廬藏書志》，《張金吾新序》，第 17 頁。

三、價值

程惠新、高明《文瀾閣〈四庫全書〉傳抄本考述》曾將清人傳抄的文瀾閣本歸納爲三種類型：一是散佚重輯者（以自《永樂大典》中輯出者爲代表）；二是無刻本或刻本已失傳，僅有抄本存世者；三是刻本罕見，或刻本與閣本頗有异同，或刻本不如閣本之善者。這一結論也適用於《藏書志》所載文瀾閣本，需要進一步思考的是：在張金吾所處的時代，信息閉塞，訪書不便，盡量利用文瀾閣允許士子登閣抄錄的便利政策，補足舊籍品種，完善私人的藏書結構自然有其必要性，但在《四庫全書》的文淵閣本、文津閣本、文瀾閣本均已全文影印甚至被製作成可檢索的全文數據庫的今天，《藏書志》這種簡單著錄圖書信息的私家目錄對我們研究文瀾閣本還有多少現實意義？

《四庫全書》的七閣本理論上都應是從同一底本抄出（在個別品種及文本内容上各閣本之間會有極小比例的出入），所以既然有文淵閣本《四庫全書》存世，其他閣本在單書文獻研究中就不會有特別重要的參考意義（這是就整體而言，具體到特定品種當然仍可能存在文淵閣本的文本質量遜色於他閣的情况，如汪受寬用《墨法集要》的文溯閣本校文淵閣本，證明前者優於後者，不過此類同一版本系統内部的衍生版本對校，在文獻學研究中，歷來被認爲是次要的），《藏書志》著錄的文瀾閣本信息在當時所具備的查漏補缺、傳播新知之功用今天已被大大削弱了。但如果我們將眼光從微觀的單書層面轉移到宏觀的《四庫全書》層面，《藏書志》卻自有新的超出作者本旨的重要意義。

文瀾閣本抄成於乾隆末年，咸豐十一年（1861）前後，太平軍攻陷杭州，文瀾閣閣毁書散。從光緒八年（1882）開始，丁申、丁丙、錢恂、張宗祥、陳訓慈等人前赴後繼，補抄文瀾閣本缺失的内容，今存文瀾閣本，補抄本約占四分之三，原閣本僅有四分之一。而《藏書志》成書於道光七年（1827），張金吾又特別重視古籍的版本細節，常詳記書中的牌子款識及稀見序跋。由上述時間可知，《藏書志》所載文瀾閣傳抄本之信息，皆得自閣本原書，與今存補抄本存在本質區別。其所載閣本的絶大部分今既亡佚，則對於研究《四庫全書》各閣本之間异同問題的學者來説，《藏書志》所錄之序跋全文及版本細節就成了珍貴的第一手文獻，非後來補抄者所能比倫。

著錄文瀾閣本較多的清人書目另有陸心源的《皕宋樓藏書志》及丁氏《八千卷

樓書目》(前者共 159 種,後者共 10 種,據程惠新、高明統計結果),但陸氏"收藏圖書始於同治初年"[①],丁氏"最初編纂書目,時在同治二年"[②],都在文瀾閣本毀損之後,其著録文瀾閣本之内容(除至今幸存的閣本原書之外)無疑都得自補抄,與《藏書志》的意義是迥然有別的。

四、抽校

爲了驗證《藏書目》相關條目之價值,筆者選擇其"易類"所載文瀾閣傳抄本之信息與杭州出版社影印的文瀾閣本《四庫全書》、臺灣"商務印書館"影印的文淵閣本《四庫全書》進行了對校,异同如下:

《周易窺餘》

張目:也矣。文瀾:者也。文淵:者也。

張目:鄉先生。文瀾:卿先生。文淵:鄉先生。

張目:封州。文瀾:卦川。文淵:封川。

張目:及乙未春予再守。文瀾:及乙未春序予再守。文淵:及乙未之春予再守。

張目:持憲節。文瀾:特憲節。文淵:持憲節。

張目:是書。文瀾:此書。文淵:是書。

《易變體義》

張目:夫易如天地。文瀾:大易如天地。文淵:大易如天地。

張目:卜筮之學。文瀾:卜筮之易。文淵:卜筮之學。

張目:爲之序。文瀾:爲之序序。文淵:爲之序。

張目:蹈襲之迹。文瀾:蹈襲之蹈。文淵:襲蹈之迹。

張目:得艮之八。文瀾:遇艮之八。文淵:遇艮之八。

張目:自乾之姤以至未濟之解。文瀾:夫自乾之姤以至未齊之解。文淵:夫

---

① 陳海青、王良海:《皕宋樓及其藏書志》,《山東師大學報》(社會科學版)1987 年第 2 期。

② 石祥:《八千卷樓書目考》,《古籍整理研究學刊》2011 年第 2 期。

自乾之姤以至未濟之解。

張目：雜以互體。文瀾：雜以五體。文淵：雜以互體。

張目：推諸五行。文瀾：推之五行。文淵：推諸五行。

張目：愚以頹蒙之資。文瀾：憑以頹蒙之資。文淵：愚以頹蒙之資。

張目：姑集成編。文瀾：始集成編。文淵：姑集成編。

張目：以俟君子。文瀾：以候君子。文淵：以俟君子。

張目：抄録都絜劉子全文。文瀾：無都絜劉子。文淵：抄録都絜劉子全文。

《周易經傳集解》

張目：自序、進表、貼黄、獎諭敕書。文瀾：無此四項。文淵：有自序、進表。

《厚齋易學》

張目：至夏各爲一書。文瀾：至夏、商各爲一書。文淵：至夏、商各爲一書。

張目：見於傳記。文瀾：見於傳説。文淵：見於傳記。

張目：六十四。文瀾：六十有四。文淵：六十有四。

張目：六十又四而止。文瀾：六十有四而止。文淵：六十又四而止。

張目：宗主孔氏。文瀾：宗主孔子。文淵：宗主孔氏。

張目：上下篇改爲上下經。文瀾：改上下篇爲上下經。文淵：改上下篇爲上下經。

張目：天高日白。文瀾：天高日向。文淵：天高日白。

張目：釐爲輯傳。文瀾：釐爲轉傳。文淵：釐爲輯傳。

張目：義有不備。文瀾：義有未備。文淵：義有未備。

張目：昔先君孔子。文瀾：先君孔子。文淵：先君孔子。

張目：孔子没。文瀾：孔子及。文淵：孔子没。

張目：與所傳於古。文瀾：與夫所傳於古。文淵：與夫所傳於古。

張目：綢繆。文瀾：綱繆。文淵：綢繆。

張目：《文言》《説》《序》《雜卦》。文瀾：《文王》《説》《序》《雜卦》。文淵：《文言》《説》《序》《雜卦》。

張目：河内女子。文瀾：河南女子。文淵：河内女子。

張目：《説卦》上、下篇。文瀾：《説卦》上、中篇。文淵：《説卦》上、中篇。

《周易總義》

張目：陳章序（存目無文）。文瀾：無此序。文淵：有此序全文。

《用易詳解》

張目：闕一。文瀾：一缺。文淵：一缺。

張目：聖人之經爲萬世。文瀾：聖人之經萬世。文淵：聖人之經爲萬世。

張目：是《易》之爲《易》。文瀾：《易》之爲《易》。文淵：是《易》之爲《易》。

張目：癸亥六月。文瀾：癸六月。文淵：癸亥六月。

《周易象義》

張目：未成象之。文瀾：未成象也。文淵：未成象也。

張目："愚儒之論也"後脱 24 字。文瀾：愚儒之論也。又有擬易而并擬其名、擬其辭，如重言、重義者，尤愚儒之論也。文淵：愚儒之論也。又有擬易而并擬其名、擬其辭，如重言、重意者，尤愚儒之論也。

張目：必得於變。文瀾：必于於變。文淵：必得于變。

張目：故謂之象。文瀾：故爲之象。文淵：故謂之象。

張目：予空洩道之密。文瀾：予恐洩道之密。文淵：予恐洩道之密。

張目：不得於理。文瀾：不可於理。文淵：不得于理。

張目：止而吉而无咎。文瀾：正而吉而无咎。文淵：正而吉而无咎。

張目：錯之以三體綜之以正變。文瀾：錯之以三體而綜之正變。文淵：錯之以三體而綜之以正變。

張目：朱氏之發。文瀾：朱氏子發。文淵：朱氏子發。

張目：武陵丁易東。文瀾：武林丁易東。文淵：武陵丁易東。

張目：各爲一一爲率。文瀾：各爲一編大率。文淵：各爲一編大率。

《易纂言外翼》

張目：録吳澄自序全文十二篇。文瀾：無吳澄自序。文淵：有吳澄自序。

《易原奧義·周易原旨》

　　張目：天啟昌期時逢至治。文瀾：天啟昌期治。文淵：天啟昌期闕治。

　　張目：之明鑑蓋羲文。文瀾：之明羲文。文淵：之明羲文。

　　張目：筌蹄。文瀾：筌諦。文淵：筌蹄。

　　張目：銖積寸累。文瀾：銖積月累。文淵：銖積寸累。

　　張目：苟得其真。文瀾：苟得具真。文淵：苟得其真。

　　張目：冒於投進。文瀾：冒干於投進。文淵：冒干投進。

　　張目：謹言。文瀾：謹言。太中大夫、前黄州路總管兼管内勸農臣寶巴上箋。文淵：謹言。太中大夫、前黄州路總管兼管内勸農事臣保巴上箋。

　　這十種書，《藏書志》著録爲“文瀾閣傳抄本”，而今印文瀾閣本均係丁氏補抄。從校記來看，《藏書志》不同於文瀾閣本的文字，凡是涉及實際含義的，大部分都與文淵閣本相吻合，只有少數虚詞或句式變化，與文淵閣本不同。這既可能是由於文瀾閣本原書在抄寫時就被隨意更改，也可能是《藏書志》在過録付梓時的手民之失，但就整體而言，足以印證《藏書志》所載文瀾閣本確與文淵閣本同源，而補抄本則來歷複雜，多傳衍自其他版本系統。循此途徑，取《藏書志》所載 91 種文瀾閣傳抄本一一與今印文瀾閣本、文淵閣本對校，相信對文瀾閣本面目源流的認識將更爲完整而精確。

　　《愛日精廬藏書志》的體例設計周密簡明，著録版本詳略得當，關於題識序跋的選録深合於文獻傳布之宗旨，作者之論述悉本實學，鮮事浮談，即使是在傳統文獻學極盛的清代仍不失爲私家目録之翹楚，無怪乎心高氣傲如顧千里輩也稱許其是“聚書之門徑，讀書之脉絡”，“含豪掩卷，重爲之三嘆”。① 本文所揭，不過其價值之一端，管中窺豹，已盡綿薄，踵事增華，猶待時彦，世有沉潜簿録發皇月霄心曲者，予日日引領而望之。

---

① （清）張金吾撰，柳向春整理：《愛日精廬藏書志》，第 21—22 頁。

《敬鄉録》版本流傳考訂及《敬鄉前録》輯佚考證*

于　月　湖南大學嶽麓書院助理教授

張　帆　北京大學歷史學系教授

摘　要： 元末文人吳師道收集婺州先賢事迹、詩文輯成《敬鄉録》一書。此書在民國前僅有少數鈔本，所幸收入《四庫全書》而得以保存至今。但四庫館臣竟未發現所收録十四卷本《敬鄉録》實際爲《敬鄉後録》，而非《敬鄉録》全本。《敬鄉録》原本分爲《敬鄉前録》《敬鄉後録》，共二十三卷，專門記録蘭溪一縣先賢事迹、詩文的《敬鄉前録》大約在万历時已亡佚，現存《敬鄉録》記載婺州金華、東陽、義烏、永康、武義、浦江六縣士人的小傳、詩文。另外，本文通過吳師道文集《吳正傳先生文集》與明代《蘭溪縣志》相關文獻，試圖考證、輯佚《敬鄉前録》所涉及的人物與詩文。

關鍵詞： 《敬鄉録》；《敬鄉前録》；《敬鄉後録》；蘭溪

一、《敬鄉録》的兩個部分

《敬鄉録》是元代後期文人吳師道編纂的一部地方歷史人物傳記集，兼載相關人物的代表詩文或其目録。吳師道（1283—1344），字正傳，婺州蘭溪（今屬浙江）人。少師名儒金履祥，至治元年（1321）登進士第，歷任高郵縣丞、寧國路録事、建德縣尹，入爲國子學助教，升博士。以奉議大夫、禮部郎中致仕，卒於家。著述甚豐，主要包括《蘭陰山房類稿》二十卷、《易雜説》二卷、《書雜説》六卷、《詩雜説》二卷、《春秋胡氏傳附辨》十二卷、《戰國策校注》十卷、《絳守居園池記校注》一卷、《敬鄉

---

*　本文得到湖南大學中央高校基本科研業務費專項資金資助（項目編號：531107051070）。

録》二十三卷。上述生平、著述情況，見於元人張樞所作《元故禮部郎中吳君墓表》。① 師道其餘傳記資料所載，皆大致相同。② 另據吳師道自述，《敬鄉録》編纂於順帝元統二年（甲戌，1334）、至元元年（乙亥，1335）之間。當時他自寧國路録事任上病休回家，"杜門深居，日無所爲"，因而"取家所藏鄉先生遺文逸事裒集之"，定名《敬鄉録》。③

清修《四庫全書》，將《敬鄉録》收入史部傳記類"總録之屬"。館臣所作提要云："是編以宋婺守洪遵《東陽志》所記人物尚有遺漏，因蒐録舊聞，以補其闕。始自梁朝，迄于宋末。每人先次其行略，而附録其所著詩文，亦有止著其目者，或已散佚，或從刪汰也。……元好問《中州集》以詩存史，爲世所重，師道此書殆與相埒，以其因人物以存文章，非因文章以存人物，與好問體例略殊，故隸之於傳記類焉。"④提要還將《敬鄉録》內容與《宋史》《東都事略》《三朝北盟會編》相關記載進行比較，贊揚前者頗具史料價值，"亦可以資考證"⑤。然而，張樞《墓表》記載《敬鄉録》有二十三卷，而《四庫全書》本《敬鄉録》僅爲十四卷。其所用底本，是浙江汪啟淑家藏本。⑥並非《四庫全書》沒有找到更全的本子，目前傳世或知道的清代《敬鄉録》鈔本均爲十四卷（詳下）。對於卷數上的差異，四庫館臣似乎並未注意，《四庫全書總目》和文淵、文溯、文津三閣《四庫全書》書前提要對此均未作解釋。⑦

---

① 這份《墓表》作於至正五年（1345）吳師道下葬前夕，是現存吳氏傳記資料當中年代最早的一種。載吳師道《吳正傳先生文集》附録，臺灣"中央"圖書館《元代珍本文集叢刊》影印明藍格鈔本，1970 年，第637—645 頁。按，吳師道傳世著作另有《吳禮部詩話（附詞話）》一卷，《墓表》失載。該書見於明清多家書目著録，近人丁福保將其輯入《歷代詩話續編》（北京：中華書局，1983 年）。

② 吳師道其餘傳記資料，時間較早者有杜本撰《墓志銘》（《吳正傳先生文集》附録，第 645—649頁）、宋濂撰《吳先生碑》（宋濂：《宋文憲公全集》卷 30，《四部備要》本，上海：中華書局，1929 年，第 365—366 頁），以及《元史》卷 190《吳師道傳》（北京：中華書局，1976 年，第 4344 頁）。其中《墓志銘》不載吳氏著述情況，餘兩種所載皆本于張樞《墓表》而稍簡略。元人黃溍于吳師道去世次年作《吳正傳先生文集序》，所載著述情況亦與張樞《墓表》相同。見《吳正傳先生文集》卷首（原文誤載黃溍爲王溍，第 1—3 頁）。

③ 吳師道：《吳正傳先生文集》卷 17《鄭北山墓志銘跋》，第 506—507 頁。

④ 永瑢：《四庫全書總目》卷 58《史部十四•傳記類二》，北京：中華書局，1965 年，第 522—523 頁。

⑤ 永瑢：《四庫全書總目》卷 58。張樞《墓表》對《敬鄉録》亦有"質而不俚，詳而不穢"的好評。

⑥ 永瑢《四庫全書總目》卷 58《史部十四•傳記類二》於"《敬鄉録》十四卷"題下注"浙江汪啟淑家藏本"（第 522 頁）。參見邵懿辰撰，邵章續録：《增訂四庫簡明目録標注》卷 6《史部七•傳記類•總録之屬》，北京：中華書局，1959 年，第 259 頁。

⑦ 《元代珍本文集叢刊》影印明鈔本《吳正傳先生文集》載昌彼得撰《叙録》，指出傳本《敬鄉録》"僅十四卷，視原本爲少"，但未深入探討。邱居里、邢新欣點校《吳師道集》於《前言》亦云："《敬鄉録》傳世本僅十四卷，似已非完璧。"（長春：吉林文史出版社，2008 年，第 2 頁）

　　實際上，《敬鄉録》一書本來包括前録、後録兩個部分。吳師道本人曾爲兩部分各自作序，可以爲證。

　　《吳正傳先生文集》卷一五《敬鄉前録序》云：

　　　　師道曩侍先大父傍，及見故時遺老談鄉里前輩事，頗竊聽一二。遺文殘稿，借玩傳抄，每樂而不厭。然亦恨其時尚少，弗能問而識其詳也。比年諸父淪喪，衣冠道消，出里門，無與言儒者。時時翻閲故藏，則因近里中火後，散軼已多。俯仰四十年，欲質其事而無從。或子孫僅存者，率遷業變習，問之茫然，反笑怪其不切。嘗發策校庠，舉數人爲問，亦無有能言之者，可勝嘆哉！因念蘭溪縣漢隸會稽，後爲三河戍，唐咸亨始置縣，迄宋季，上下千數百年，山川如昨，清英秀美之氣實鍾於人，其間豈無名世者？而郡志所載僅六人，且仙佛之徒半之，則記載缺略可知已。南渡都杭，近在畿甸，文學之風，何啻什伯于前。碩儒才士，名卿賢相，相望輩出，不可謂不盛矣。易世來，未有紀者。若其人名位論著顯然，固不可泯；不幸而不爲人所稱，今遂浸微。更數十年，豈復有知之者哉？因比次得若干人，略識本末，間采詩文附焉，無則缺之，非徒尚詞藻也。因其言論風旨，而其學問志節與夫當時風俗人物，亦可概見。而祠廟碑志，則又是邦故實之所存，如《東峰亭記》，進士、鄉飲《題名》之屬，亦當在所考，並置於前。名之曰《敬鄉録》焉。嗚呼！"維桑與梓，必恭敬止。"桑梓猶恭且敬之，況賢乎？某生也後，弗獲執御於諸老先生，然仰高山而挹遺風，未嘗不振飭興起，可不知所自耶？君子之學，上希聖人，生乎吾前者，吾之所以階而至於聖也。善無往而弗存，歸求其餘，行遠自邇，況朱、呂之傳，有在是者乎？彼其闊視六合而狹小一鄉，淩屬千古而厭薄近代，則與重鄉土、尊前輩之意不類，非某所敢知也。

　　同書同卷《敬鄉後録序》云：

　　　　宋紹興二十四年，婺通守洪遵修《東陽志》，其紀當代人物，僅僅數人。蓋斷自渡江以前，理則宜然。而其所紀有下及紹興者，又不盡用此例，則所遺固多。且仙釋之徒，與賢士大夫孰愈？若滕章敏、宗忠簡輩，又皆出於其前，而不見列，何也？最後《事類》一卷，凡秤官小説、怪誣猥褻之事涉於婺者悉不弃，博則博矣，無乃詳於所不必錄，而略於所當錄者乎！按吾婺昔隸會稽，後爲東陽郡，以至於今，千幾百年矣。晉、魏以前，如江治中、王徵士，非劉孝標之文則莫得而知，郡志亦失考，而賴是以傳，然猶不得其名，信乎，紀載之不可闕也。況自宋中葉以來，賢材繼出，其顯于靖康、炎、紹之際者，皆生於嘉祐以後，涵濡之深，風氣之開，豈苟然哉！忠義功名，宗公當爲第一。下逮乾道、淳熙，呂太史道德文章，鄒魯一方，師表百代，視前世又遠過焉。於是名卿、賢相、牧伯、大魁、碩儒、名人、偉士，肩摩踵接，蓋不可勝數。而其季年，北山何公、魯齋王公則又紹紫陽之的傳，至今私淑者猶不失其正，亦盛矣哉！夫其名爵在史編、論著在天下，章章傳頌之，決不遂泯没，無俟纂集可也。特沉微不著者，遺文逸事，稱道殆絶，或地望舛錯，久亦失真，逝者有知，豈無憾於其後耶？愚不自量，既集録蘭溪諸賢，因及一郡，兹事體重，而聞見單寡，不能盡知，故所録近止此，方且與同志博考而具載之，非敢有所取捨也。然初意主於表微，而並及顯者，其或人、文俱顯，録所弗及者，亦不無微意焉。吁！士之傳世，視其所立而已。是編不因予録而傳者固多，因予録而傳者間一二然，亦非區區之愚所能使傳也。夫何嫌於僭哉？

　　據以上引文可知，吳師道先纂《敬鄉前録》，繼纂《敬鄉後録》。《前録》專輯其"鄉里前輩"亦即家鄉蘭溪先賢的傳記和詩文，《後録》則繼《前録》之後"因及一郡"，將記載範圍擴大至婺州其餘地區的"先賢"。按，婺州在宋朝下轄七縣，除蘭溪外，還包括金華、東陽、義烏、永康、武義、浦江六縣。到元朝，婺州升爲婺州路，蘭溪升爲蘭溪州，其餘六縣不變。① 因此可以知道，《敬鄉後録》輯録的是金華、東陽、義烏、永康、武義、浦江六縣先賢的傳記和詩文。也就是說：《敬鄉前録》的"鄉"僅限於蘭溪，《敬鄉後録》的"鄉"則是蘭溪以外的婺州其餘六縣，各有特定記述範圍，不應混淆。不過，二《録》雖成書時間有早晚之分，其後則合爲一帙，張樞《墓表》所載《敬鄉録》二十三卷，就是包括《前》《後録》在内的。對此可引宋濂的記載爲證。宋濂《華

① 《宋史》卷88，北京：中華書局，1985年，第2175頁；《元史》卷62，北京：中華書局，1976年，第1497頁。明朝改婺州路爲金華府，蘭溪復降爲縣，又增置湯溪縣，全府共轄八縣。清沿明制不變。（《明史》卷44《地理志五》，北京：中華書局，1974年，第1112頁；《清史稿》卷65，北京：中華書局，1998年，第2142頁。）

川文派録序》載：

> 昔者鄉先達吳公師道，憫前修之日遠而遺文之就泯，乃集婺七邑名人所著，爲《敬鄉前後録》二十三卷。……惜乎官其邦者不使永其傳，兵燹之餘，手稿弗復能存。①

宋濂在此將《敬鄉録》稱爲《敬鄉前後録》，後者顯然是一個更加準確的書名。此後明清兩朝蘭溪縣和金華府的方志所載吳師道傳記，在内容上並無超出張樞《墓表》之處，唯獨述及吳氏著述時采用《敬鄉前後録》書名而不用《敬鄉録》，似乎也是經過斟酌的。②

據今人徐永明考證，宋濂《華川文派録序》的寫作時間約在洪武二年（1369）。③照文中所説，經過元明之際的戰亂，此時《敬鄉前後録》的手稿已經"弗復能存"。但後來的情況表明，該書實際上並未全部亡佚。至遲從明宣宗宣德年間起，《敬鄉録》一再見於明人引用，只不過被引用的内容僅限於《敬鄉後録》，對此將於下節詳述。至於《敬鄉前録》，似乎確已失傳。吳師道家鄉蘭溪的第一部縣志《（弘治）蘭溪縣志》於卷五《雜志類下·經史》分别著録了《敬鄉前録》和《敬鄉後録》，在《敬鄉前録》條下附注云："亦吳師道所纂。其書不存。"④弘治、嘉靖時蘭溪人童品（又名章品，字廷式）在爲自己編纂的《金華文獻録》所作自序中也説："《敬鄉前録》專記蘭溪文獻，其本已亡。"⑤

《（康熙）蘭溪縣志》（《（萬曆）蘭溪縣志》）卷七《雜志·遺書》同樣著録了《敬鄉

---

① 宋濂：《宋文憲公全集》卷2《華川文派録序》，第66頁。
② 《（萬曆）蘭溪縣志》卷4《人物類上·吳師道》，明萬曆刊清康熙間補刊本；《（嘉慶）蘭溪縣志》卷13《人物志·吳師道》，清嘉慶五年刊本；《（萬曆）金華府志》卷16《人物·吳師道》，明萬曆刻本；《（康熙）金華府志》卷16《人物·吳師道》，清宣統元年嵩連石印本。
③ 徐永明：《宋濂年譜》，杭州：浙江大學出版社，2011年，第127頁。
④ 《（弘治）蘭溪縣志》卷5《雜志類下·經史》，《浙江圖書館藏稀見方志叢刊》第39册，北京：國家圖書館出版社，2011年，第353頁。
⑤ 《（光緒）蘭溪縣志》卷7《經籍志》，清光緒十四年（1888）刊本。洪焕春《浙江方志考》稱："《金華文獻録》明蘭溪童品纂。此書未刊行，見《金華經籍志》卷七著録。已佚。"（杭州：浙江人民出版社，1984年，第777頁。）《（康熙）蘭溪縣志》卷7《雜志類·遺書》云："《春秋辨疑》《禮記大旨》《四書旁訓》《金華文獻録》《正蒙發微》《皇極經世書内篇注》，俱章品著，家藏有板。"明萬曆刊清康熙間補刊本。《（嘉慶）蘭溪縣志》卷13《人物志·童品》載："按廷式本姓章，出繼母舅童氏，故曰童品。後其子孫歸宗，仍姓章，參《金華先民傳》。"清嘉慶五年刊本。

前錄《後錄》,然後説:"二《錄》皆吳師道纂。《前錄》不存。"①清東陽人王崇炳《金華徵獻略》卷五《儒學傳二‧吳師道》稱:"師道……因采蘭溪之人物言行可後法者,爲《敬鄉前録》,繼又采金華一郡之人物言行,而爲《敬鄉後録》。迄今金華之修郡邑志,皆取裁于師道。然《敬鄉前録》竟不傳。"②清浦江人戴殿江《金華理學粹編》卷七《理學正傳‧許文懿門人‧吳正傳》亦云:"然《(敬鄉)前録》竟不傳,唯傳《後録》十四卷。"③根據戴殿江所言,《敬鄉後録》的卷數就是十四卷,與今本《敬鄉録》相符。《(光緒)蘭溪縣志》卷七《經籍》更明確地指出:《四庫全書》收録的《敬鄉録》十四卷"爲師道《敬鄉後録》也"。檢核今本《敬鄉録》的内容,一共記載先賢 73 人,其中金華縣 44 人,東陽縣 13 人,義烏縣 8 人、永康縣 4 人、武義縣 1 人、浦江縣 3 人,唯獨蘭溪縣人物竟不一見。④ 這完全可以印證《(光緒)蘭溪縣志》的上述説法,即以《四庫全書》本爲代表的今本《敬鄉録》十四卷,其内容僅限於吳師道原稿中的《敬鄉後録》,而不包括《敬鄉前録》。換句話説,吳師道《敬鄉録》全書二十三卷,迄今只是局部傳世,已非完璧,遺失的部分爲《敬鄉前録》九卷。⑤

二、《敬鄉録》在明代的流傳

據前引宋濂《華川文派録序》所言,《敬鄉録》原稿很可能毀於元明之際的戰亂。即使在戰亂之前,這部書的傳播範圍似乎也不廣。

就目前所知,《敬鄉録》成書後並未刊行,而且傳播範圍很小。一個重要旁證,就是宋濂在至正十年(1350)編纂成書的《浦陽人物記》,儘管編纂時間與《敬鄉録》相距不過十幾年,記載内容也與《敬鄉録》有重合,⑥但卻顯然没有參

① 《(康熙)蘭溪縣志》卷 7《雜志類‧遺書》,明萬曆刊清康熙間補刊本。
② 王崇炳:《金華徵獻略》卷 5《儒學傳二‧吳師道》,《四庫全書存目叢書》史部第 119 册影印清雍正金律刻本,濟南:齊魯書社,1996 年,第 725 頁。
③ 戴殿江:《金華理學粹編》卷 7《理學正傳‧許文懿門人‧吳正傳》,《四庫未收書輯刊》第 6 輯第 12 册影印清光緒十五年(1889)刻本,北京:北京出版社,2000 年,第 171 頁。
④ 以上對《敬鄉録》立傳人數的統計,係據《續金華叢書》本《敬鄉録》卷首《目録》。個別列爲附傳者,因該《目録》未開列,此處亦未予統計。然其間並無蘭溪人,則可以肯定。
⑤ 雒竹筠遺稿,李新乾編補《元史藝文志輯本》於卷 7《史部傳記類》(北京:北京燕山出版社,1999年,第 128 頁)著録吳師道"《敬鄉前後録》二十三卷",下注"存"字,是不準確的。
⑥ 《浦陽人物記》爲浦江縣名人立傳,而浦江縣人物亦在吳師道《敬鄉後録》的記載範圍之内。參見宋濂:《宋文憲公全集》卷 53《浦陽人物記》,第 591—601 頁。

考《敬鄉録》。① 宋濂自稱于吳師道"固弟子行",曾在洪武十三年(1380)受師道之子吳沈所托撰寫《吳先生碑》,②不過就現有資料來看,他在早年與吳師道並無密切交往,未能看到吳氏家藏的《敬鄉録》是可以理解的。

然而它大概有鈔本流散在外,並未真正失傳。宋濂的學生、浦江人鄭柏(1361—1432)在編纂《金華賢達傳》時,就引用了《敬鄉録》的內容。《金華賢達傳》十二卷,《四庫全書》列于史部傳記類存目,今有《續金華叢書》本。其書"輯金華一郡人物,各爲小傳,係之以贊,凡三百六十餘人,分忠義、孝友、政事、儒學、卓行五門"③,"自漢唐以來,以至明初,懿行嘉言,粲然具備"④。《金華賢達傳》記載截止到明初的金華府(元婺州路)人物事迹,內容與《敬鄉録》相當接近。不同之處,亦有數端。首先,前者唯立傳記,不録詩文,體例與後者有異。其次,前者涵蓋元朝及明初人物,記述範圍比後者更廣。再次,即使僅就元以前人物而言,由於後者成書較晚,能够利用《宋史》一類官修權威著作,因此收録人數之多、記載人物事迹之全面,也都明顯超出後者。⑤ 但不管怎樣,《金華賢達傳》曾經參考《敬鄉録》,是可以肯定的。例如卷三《政事》在南宋人王師心、王師愈兄弟傳記後附有如下贊語:

> 贊曰:吳師道《敬鄉録》稱,師心"紹興末年,知虜釁將起,憂國之心,至忘寢食"。師愈"爲政以仁恕爲本,而綱目整嚴,所至賑饑荒,寬民力,繩權豪。長沙之捕妖巫,信州之攝驕兵,饒州之擒治妖賊韓政、淮賊劉五徒衆,皆卓卓可傳。斥外二十年,不得登朝,人皆以不究其用爲恨云"。

---

① 《浦陽人物記》卷首《凡例》第一條詳列其參考書籍,表示"事迹皆有所據,一字不敢妄爲登載"(宋濂:《宋文憲公全集》卷53《浦陽人物記凡目》,第591頁),所列並無《敬鄉録》。該書記述範圍起于東漢,終於元朝,共爲29人立傳,其中《敬鄉録》有傳者5人,包括正式立傳者4人(其中誤載籍貫爲義烏者1人),附傳1人。以此五人傳記兩相比較,《浦陽人物記》對《敬鄉録》全無因襲之迹。

② 宋濂:《宋文憲公全集》卷30《吳先生碑》,第365—366頁。

③ 永瑢:《四庫全書總目》卷61《史部十七·傳記類存目三》,第548—549頁。按,今所見《續金華叢書》本《金華賢達傳》立傳人數共325人,與四庫館臣所言小异。

④ 鄭柏:《金華賢達傳》卷末胡宗懋《跋》,《續金華叢書》本。

⑤ 《金華賢達傳》共收録元以前人物195人,除去蘭溪14人外,其餘金華等六縣合計181人。而今本《敬鄉録》(即《敬鄉後録》)收録金華等六縣人物73人,數量僅爲《金華賢達傳》的40%。《敬鄉録》所收73人中,兩宋人物占了69人。《四庫全書總目》卷58《敬鄉録》提要謂"至所編輯宋人小傳,猶在《宋史》未成以前,故記載多有異同"。這固然可以視爲《敬鄉録》史料價值所在,但相關宋人傳記主要出自吳師道個人撰寫,在資料占有的廣泛性和記載的全面性、準確性上,較之《宋史》這樣的官修著作畢竟有所遜色。相比之下,《金華賢達傳》可以參考《宋史》,其內容當然更加完備一些。

整篇贊語即由轉引《敬鄉録》的兩段話組成。所引見於今本《敬鄉録》卷五,除個別文字外内容全同。卷六《政事·宋潘時傳》贊語則云:

> 贊曰:吳師道《敬鄉録》稱:"德鄜(引者按:潘時字德鄜)游張栻、吕祖謙間,故居官咸著風迹,當時號稱精吏道而寬猛得宜者,無出其右。"又云時"嘗與朱熹雅契,故熹爲其志墓云。"

所引《敬鄉録》亦見於今本卷二,内容略同。[①]據《金華賢達傳》卷首鄭熜《序》,該書刊行於宣德三年(戊申,1428),上距宋濂寫作《華川文派録序》之時不過五十餘年。如此則《敬鄉録》失踪的時間并不算長。又過了將近七十年,在弘治九年(丙辰,1496)前後,明朝地方官員動工修建金華府鄉賢祠,也參考了《敬鄉録》(以及《金華賢達傳》)來擬定"鄉賢"名單。李東陽《金華府鄉賢祠記》記載:

> 金華府鄉賢祠,浙江布政參議吳君紀所建也。府舊多賢……吳君稽古問俗,慨其遺闕,乃取舊所傳《敬鄉録》《賢達傳》及諸史籍,擇其德業文藝之卓然者,分爲五類,合五十二人。相地得廢寺于城南隅,構祠堂一區,名之曰鄉賢祠。經始於弘治丙辰之冬,而成于丁巳之秋,歲春秋帥僚屬生徒修祀事。又志諸賢名姓、爵謐、事行、述作之概,各著義例,以見其所爲祭者,其用心亦勤矣。[②]

然而就在金華府修建鄉賢祠的時候,吳師道的家鄉蘭溪卻有《敬鄉録》亡佚的說法。明人章懋《蘭溪縣志序》略云:

> 吾郡在宋洪遵有《東陽志》,元瞻思又有《續志》,皆統紀一郡之事,而於諸邑未暇致詳,故他邑亦皆各自爲志。獨蘭溪自唐咸亨始爲縣,歷宋元迄今八九

---

① 此外,鄭柏《金華賢達傳》卷6《政事·宋賈廷佐傳》贊語也引用了吳師道的一段評論,見於吳師道《敬鄉録》卷5《賈廷佐》(《續金華叢書》本);詳見吳師道:《吳正傳先生文集》卷11《賈删定畫像贊》,第289—291頁。
② 李東陽:《懷麓堂全集》文後稿卷6《金華府鄉賢祠記》。參見周寅賓點校:《李東陽集》第3卷,長沙:岳麓書社,1985年,第93頁。

百年，未聞有爲之志者。其疆域、山川、民物、貢賦、人材、風俗與政事之損益，吏治之得失，漫無登載，缺典甚矣。邑先正禮部吳公嘗著《敬鄉録》，略識前代碩儒才士、名卿賢相之本末，而附以詩文，又取祠廟碑志及鄉進士題名等記，以存是邦之故實，庶幾可補邑乘之闕。而書又亡逸不存，可勝嘆哉！乃弘治癸丑，崑山王侯用檢來爲邑宰，莅政之暇欲考圖經，求故典而不可得。謂是邦爲浙東要會之區，素稱望縣，而文獻不足若是，豈非爲政者之責乎？乃命庠士之秀者分詣各鄉，訪遺老，詢故事，凡寺觀祠廟之壁題石刻，故家名族之志傳譜集，悉皆采摭以來，而屬前進士靖江令鄭君威甫爲之詮次，予亦與焉。鄭君暨予辭不獲命，乃據洪、贍二志爲準，益以故所傳聞，新所采録，參諸史傳及先輩文集中有及於縣事者，咸以類附。其目五十有六，厘爲五卷。草稿粗具，未及删定，而王侯有召命入爲臺察，其事遂寝。厥後西蜀許侯鵬舉欲踵成之，而又不果。正德戊辰，丹徒許侯補之始至，適值艱歲，撫綏靡暇。越再期，而政成愛立，百廢具舉，爰謂昔人所爲有益於後人者，弗可以莫之繼也。乃取前稿躬自校閱，重加審訂而損益之，以成一邑之典，仍繪圖以冠其首，且將鋟梓以廣其傳。以予於是昔嘗與有力焉，俾述顛末、識歲月於其首。①

　　章懋（1436—1522），蘭溪人，明成化二年（1466）狀元。其所序《蘭溪縣志》，是弘治六年（癸丑，1493）知縣王俌（字用檢）主持編纂的，章懋當時致仕家居，親與其事，是該志的主要執筆人。縣志初稿完成後一度擱置，至正德五年（庚午，1510）始由知縣許完（字補之）重訂并刊行。② 根據章懋上述記載，在《蘭溪縣志》開始纂修以前，《敬鄉録》即已"亡逸不存"，直到正德五年縣志定稿刊行，似乎《敬鄉録》也一直没有找到。在金華府下轄各屬縣中，如果不算治所金華縣的話，蘭溪縣距離府治直綫距離是最近的。難道府治存有《敬鄉録》的消息，蘭溪的士大夫竟然不知道嗎？事實上，金華府修建鄉賢祠時專門編纂了一部《鄉賢祠志》，也就是上引李東陽文提到的"又志諸賢名姓、爵謚、事行、述作之概，各著義例，以見其所爲祭者"。《蘭溪縣志》的作序者和主要執筆人章懋，也爲這部《鄉賢祠志》撰

---

① 章懋：《楓山集》卷 4《蘭溪縣志序》，《文淵閣四庫全書》第 1254 册，第 111—112 頁。
② 參見洪焕椿：《浙江方志考》卷 8《金華府縣志·（正德）蘭溪縣志》，杭州：浙江人民出版社，1984年，第 326 頁。

寫了《後序》。^① 這樣，對於金華府鄉賢祠的興修始末，包括擬定"鄉賢"名單時參考過《敬鄉錄》一事，章懋應當不會全無瞭解。^② 既然如此，爲什麼在《蘭溪縣志序》中還說《敬鄉錄》"亡逸不存"，並未提及金華府鄉賢祠曾經利用的《敬鄉錄》呢？ 在此可以做出一種合乎邏輯的推測，即兩部《敬鄉錄》並非一書。"亡逸不存"的只是《敬鄉前錄》，流傳於金華的則是《敬鄉後錄》。《敬鄉前錄》專記蘭溪一縣人物、藝文，是纂修《蘭溪縣志》亟需取材的資料，而《敬鄉後錄》的内容基本不涉及蘭溪，對纂修《蘭溪縣志》沒有什麼幫助，章懋在《蘭溪縣志序》中自然也就沒有必要提到它了。^③ 至於鄭柏編纂《金華賢達傳》時參考的《敬鄉錄》是否完璧，尚不易遽下斷語。不過就其引用的幾條《敬鄉錄》材料來看，並無出於今本《敬鄉錄》即《敬鄉後錄》以外者，則仍以非完璧的可能性較大。也就是説，很可能也不包括《敬鄉前錄》。

明朝中葉，具體來説大約是成化到嘉靖時期，《敬鄉錄》偶見於學者引述，但似乎都僅限於《後錄》而不包括《前錄》。引述《敬鄉錄》者，目前所知有以下三部書：

A. 童品《金華文獻錄》，卷數不詳。

童品，字廷式，蘭溪人。弘治九年（1496）進士，時年已逾半百。官至南京兵部武選司員外郎，致仕家居十九年而卒，卒年八十八。先世由章氏出嗣童氏，中進士後始復姓章，故史籍記載其名，有時亦作章品。^④ 有《春秋經傳辨疑》二卷傳世，^⑤其餘著作大多亡佚。所撰《金華文獻錄》，今亦不傳，^⑥然其序文略載于《（光緒）蘭溪縣志》卷七《經籍》，其中有云：

---

① 章懋：《楓山集》卷 4《鄉賢祠志後序》，第 110—111 頁。根據這篇《後序》的内容來看，它應當撰寫於《鄉賢祠志》編定後不久，在時間上早於正德五年撰寫的《蘭溪縣志序》。在《文集》中，其排序亦在《蘭溪縣志序》之前。

② 在金華府修建鄉賢祠期間（或前夕），章懋曾給當時的知府韓鼐寫信，就鄉賢祠入選人物的取捨、分類、排序等問題發表重要意見。參見章懋：《楓山集》卷 2《與韓知府（鼐）》，第 51—53 頁。

③ 《（光緒）蘭溪縣志》卷 7《經籍》云："《（敬鄉）前錄》，正德邑志已云不存。"即認爲章懋所説"亡逸不存"的《敬鄉錄》所指實爲《敬鄉前錄》。

④ 參見應廷育《金華先民傳》卷 2《名儒傳·童品》、《（萬曆）金華府志》卷 17《人物·國朝蘭溪縣·童品》、《（康熙）蘭溪縣志》卷 4《人物類上·儒林·童品》。

⑤ 該書收入《四庫全書·經部·春秋類》。參見永瑢：《四庫全書總目》卷 28《經部二十八·春秋類三》著錄，第 230 頁。提要謂其卷數爲一卷，然所載實分爲上下兩卷。

⑥ 《金華文獻錄》不見清代以來藏書家書目載錄。應廷育：《金華先民傳》卷 2《名儒傳·童品》謂該書並未"板行"，僅"藏於家"（《續金華叢書》本）。民國胡宗懋所編《金華經籍志》於卷 7《史部·傳記類》著錄該書，亦云"未見"，"按此書未刊行"，民國十四年（1925）永康胡氏夢選樓刻本。

　　金華素稱東南文獻之邦，自漢以來，賢才輩出，典籍無傳，泯没莫考。尚賴元有吳禮部先生作《敬鄉録》，我朝有鄭清逸處士作《賢達傳》，然後金華文獻傳播四方。《敬鄉前録》專記蘭溪文獻，其本已亡。《後録》統記各邑文獻，不及百人，著作則隨人而見。《賢達》……爲小傳，係之以贊，而於著作則闕如也。夫著作之謂文，賢才之謂獻，二者闕一，文獻不足矣。故愚廣《敬鄉》之録，采《賢達》之傳，合二書而一之，名曰《金華文獻録》。

　　這篇序文闡明了作者編纂《金華文獻録》的宗旨之一就是"廣《敬鄉》之録"，但明確指出其所見到的《敬鄉録》僅爲《後録》，《前録》則"其本已亡"。童品與章懋同爲蘭溪人，生活年代亦大致相仿，他的話可以從側面證明，章懋在《蘭溪縣志序》中所説《敬鄉録》"亡逸不存"實際上指的只是《前録》。

　　B. 趙鶴《金華文統》，十三卷。

　　趙鶴，字叔鳴，江都（今江蘇揚州）人。與童品同爲弘治九年（1496）進士，曾于正德四年（1509）任金華府知府，官至山東提學副使。① 擔任金華知府期間，選録當地名人文章，編爲《金華正學編》《金華文統》二書，前者選録吕祖謙、何基等金華理學家之文，後者選録金華其他名人之文，均傳世。② 清四庫館臣認爲《金華文統》的編纂係以《敬鄉録》"爲藍本"，而"删汰漫無義例，殊不及師道本書"③。按《文統》在編纂體例上可能受到《敬鄉録》影響，但作爲一部文章選集，其基本取材對象應當是相關作者的詩文集。具體內容與《敬鄉録》有關之處，主要是卷首載有《例訓》五條，旨在説明編纂原則，其中引用了吳師道《敬鄉後録序》末尾的一句話，即"其或人、文俱顯，録所弗及者，亦不無微意焉"。另外，亦有個別文章似乎直接取材於《敬鄉録》。④ 這

---

① 《（嘉靖）浙江通志》卷35《官師志》，明嘉靖四十年（1561）刊本；《（萬曆）金華府志》卷14《宦迹·本府宦迹·皇朝》。

② 《四庫全書》以二書列入存目，提要見永瑢：《四庫全書總目》卷192《集部四十五·總集類存目二》，第1743—1744頁。今《四庫全書存目叢書》分别將其影印，底本各爲明萬曆十八年（1590）刻本、明正德七年（1512）刻萬曆重修本。

③ 永瑢：《四庫全書總目》卷192《集部四十五·總集類存目二》，第1744頁。

④ 主要的例子是卷1所收録南宋賈廷佐《上高宗論遣使第二書》一文，參見趙鶴編：《金華文統》卷1《上高宗論遣使第二書》，《四庫全書存目叢書》第297册影印明正德七年刻萬曆重修本，第299—302頁。賈廷佐並無詩文集傳世，吳師道在《敬鄉録》中收録他的兩封上書，屬於僅傳之孤本，得之于賈氏七世孫賈權，參見吳師道：《敬鄉録》卷5所附《賈删定畫像贊》（亦載吳師道：《吳正傳先生文集》卷11，第289—291頁）。《金華文統》所載賈廷佐上書，應當是從《敬鄉録》中選取的。

些有關係的地方,目前看來僅限於《敬鄉後録》。結合上文的討論來推測,趙鶴參考的《敬鄉録》似乎也不大可能包括《前録》。

C. 應廷育《金華先民傳》,十卷。

應廷育(1497—1578),字仁卿,永康人。嘉靖二年(1523)進士,官至福建按察司僉事。① 所纂《金華先民傳》,成書於嘉靖三十七年,是繼鄭柏《金華賢達傳》之後又一部金華地區名人傳記。《四庫全書》列于史部傳記類存目,提要略云:"是書取金華歷代人物,自漢迄明,各爲之傳。分道學、名儒、名臣、忠義、孝友、政事、文學、武功、隱逸、雜傳,爲十類。自正史外,并參以諸家文集及家狀碑記,於每傳之下各注明用某書。"② 今有《續金華叢書》本,卷首開列"引用古今書籍凡四十餘種",《敬鄉録》即在其内。③ 全書共立傳 367 篇,但並非全都"注明用某書",列出材料來源的傳記只有一小部分。其中,明確提到利用《敬鄉録》"修"或"參修"者 9 篇,傳主包括金華人 6 名(吕祖儉、潘良貴、王師心、王埜、潘祖仁、汪大度)、永康人 1 名(陳亮)、東陽人 1 名(葛洪)和義烏人 1 名(吳圭)。而另一方面,書中共爲 27 位元朝以前的蘭溪人立傳,注明材料來源者共 8 篇,卻無一涉及《敬鄉録》。上述情況表明:應廷育參考的《敬鄉録》,應當也是僅限於記載金華等六縣人物的《敬鄉後録》,而不包括記載蘭溪人物的《敬鄉前録》。

綜合以上討論,可以得出的結論是:在元明之際的戰亂中,《敬鄉録》一度亡佚。雖然不久重現,但傳世者很可能已經僅剩《後録》。明朝前、中期,鄭柏、童品、趙鶴、應廷育諸人先後編纂金華地區文獻著作,以及金華府興修鄉賢祠,均曾參考傳世的《敬鄉後録》。而《敬鄉前録》始終不見有人收藏或引用,看上去確已佚失。

然而,到隆慶、萬曆年間,情況似乎出現了變化。生活在這一時期的著名學者、藏書家胡應麟(1551—1602)曾一再提到《敬鄉録》,並且聲稱《敬鄉前録》仍存於世。胡應麟,字元瑞,蘭溪人,萬曆四年(1576)舉人,著述甚豐,藏書亦多達四萬兩千餘卷。他對於吳師道宣傳鄉賢、保存鄉邦文獻的功績十分推崇,自命爲師道的異世知音。所撰《題吳禮部敬鄉録詩話雜記後》略云:

---

① 《(萬曆)金華府志》卷 18《科第·皇明進士》。
② 永瑢:《四庫全書總目》卷 61《史部十七·傳記類存目三》,第 553 頁。
③ 應廷育:《金華先民傳》卷首《先民傳目録叙》,《續金華叢書》本。

　　吾邑自范浚先生始用著述顯。金吉父氏系興，于經典發攄無遺力，而他固未遑也。禮部吳公師道生視吉父稍後，而于著述尤殫心。……至《敬鄉二録》及《詩話》等編，舉郡邑凡有聞者，緝其製作、履歷，粲若指掌。下逮畸流逸客，片語隻詞，亦博采旁證，竟其隱伏，耳目所及，點綴弗遺。噫，其爲力至勤，而用意良獨厚矣！①

　　從本文篇題來看，胡氏既爲《敬鄉録》作題跋，表明該書很可能在他的收藏之列。對於文中提到的范浚、金履祥（字吉父）、吳師道三人，胡氏又另作《邑三賢詩》進行題咏。其中《吳禮部正傳》一首注云：“正傳著《敬鄉前後録》《禮部詩話》等編，采掇故實，勤至亡比。”②在所撰詩歌評論著作《詩藪》中，胡應麟這樣寫道：

　　吳禮部師道，字正傳，吾邑人。邃經史，饒著述。嘗校補《戰國策》，大行于世。尤喜搜獵里中文獻，所輯《敬鄉二録》《禮部詩話》等編，與同郡柳道傳、黃晉卿、吳立夫切劘酬倡。今《集》四十卷及他書皆傳。③

　　從這幾段話來看，胡應麟一再稱“敬鄉二録”“敬鄉前後録”，看上去他收藏或見到的《敬鄉録》是涵蓋《前録》《後録》在内的。特別是最後一條資料説“今《集》四十卷及他書皆傳”，似乎《敬鄉前録》在胡應麟的時代又重新面世了。如果僅就胡氏所言來判斷，屬於孤證，尚難遽加采信。但這一時期的方志資料爲我們提供了旁證。通過將明代《蘭溪縣志》有關蘭溪人的記載，與《吳正傳先生文集》《吳禮部詩話》以及弘治以前其他傳世文獻加以比對，我們基本可以判斷《敬鄉前録》在明朝確曾被引用的三條材料。

　　《（弘治）蘭溪縣志》卷三《人物類·道學·楊與立》云：

----

　　①　胡應麟：《少室山房集》卷106《題吳禮部敬鄉録詩話雜記後》，《文淵閣四庫全書》第1290册，第770頁。

　　②　胡應麟：《少室山房集》卷17《邑三賢詩》，《文淵閣四庫全書》第1290册，第103頁。

　　③　胡應麟：《詩藪·外編》卷6《元》，上海：上海古籍出版社，1979年，第244頁。按這段話説，吳師道的文集有四十卷，與史料相關記載不符，疑誤。師道文集初名《蘭溪山房類稿》二十卷，後世版本或名《吳正傳先生文集》，或名《吳禮部文集》，然内容相沿，卷帙不异，皆爲二十卷，未聞有四十卷者。關於師道文集版本流傳情況，參閱邱居里、邢新欣點校《吳師道集》之《前言》及《後人題跋》（第8—11頁、503—516頁）。

楊與立,字子權,本浦城人,受業朱子之門。嘗知處之遂昌縣,因家於蘭溪。以道淑人,學者多宗之,稱爲船山先生,所輯有《朱子語略》二十卷。其《幽居詩》云:"柴門閴寂少人過,盡日觀書口自哦。餘地不妨栽竹木,放教啼鳥往來多。《溪頭詩》云:溪頭石磴坐盤桓,時見修鱗自往還。可是水深魚極樂,不須妄意要投竿。"吳師道云:"有道之言意象自別,頗與禽語相關,窗草不除意同。"①

同書卷三《人物類·隱逸·徐畸》云:

徐畸,字南夫,一字叔範,蘭溪人。自幼穎敏絕倫,力學好修,嘗受《易》於漢上朱先生震,得其旨要,兼明《春秋》《戴記》,皆造其微。嘗言:"人出而仕必行道濟時,求不負其君處,而隱必立身行善,求不負其先,否則碌碌耳。"其居家孝友,處朋友鄉黨一於義,正直不阿。爲文雅贍有法,隱居教授,學者稱爲天民。乾道間詔求賢良,意旨諄切,務在得人。有司以畸應詔,力辭不就。或有勸之仕者,曰:"以經淑人得之,而仕是亦仕也。"其所著書有《周易解微》三卷、《禮記心法》二十卷、文集若干卷。東陽吳文炳作安田東塾,以教其鄉之學者,嘗聘先生爲主學,率其子弟敬事之。先生有《東塾記》云:"葉水心稱畸弓兩斛,力射令中。文章得歐、曾筆外法。"吳師道又稱其"材兼文武,然卒以不仕,亦高亢之士也"。②

同書卷三《人物類·文學·丘一中》云:

丘一中,字履常,橫山人。能文章,有聲望。仕至武學博士,嘗添倅江州,爲閩帥汪紫源所知。一中閑居,薪米不繼,戲作《自寬詩》云:"仙都有敕到林泉,誰信祠官無俸錢?陶醉猶能麾客去,顏飢何至乞人憐?鹿蕉已是今無夢,枸杞曾傳昔有仙。餓死亦堪垂不朽,無緣箇箇珥貂蟬。"吳師道稱:"其詩清隽警拔,多可愛。"③

---

① 《(弘治)蘭溪縣志》卷3《人物類·道學·楊與立》,第173頁。
② 《(弘治)蘭溪縣志》卷3《人物類·隱逸·徐畸》,第193—194頁。
③ 《(弘治)蘭溪縣志》卷3《人物類·文學·丘一中》,第192頁。

　　值得我們注意的是,《(弘治)蘭溪縣志》所引楊與立《幽居詩》《溪頭詩》、徐畸《東塾記》、丘一中《自寬詩》以及吳師道對三人的評語,均不見於《吳正傳先生文集》或《吳禮部詩話》,以及弘治以前的其他傳世文獻。現存《吳正傳先生文集》與《吳禮部詩話》均爲完帙,内容並無佚失。那麼,楊與立的《幽居詩》《溪頭詩》、徐畸《東塾記》、丘一中《自寬詩》與吳師道評語從何而來呢? 筆者推斷其出處極有可能是《敬鄉前録》。至少我們可以推斷弘治時期,《敬鄉前録》並非完全亡佚,甚至有零星内容輾轉保存於《(弘治)蘭溪縣志》。因此,藏書家胡應麟在萬曆時期通過多方探尋,獲得《敬鄉前録》稀世鈔本也不無可能。只可惜胡應麟所藏《敬鄉前録》仍未逃脱亡佚的命運。

　　根據以上討論,目前得出的結論是：在元明之際的戰亂中,《敬鄉録》一度亡佚。後來雖然重現於世,但存者僅剩《後録》。明朝中期,金華府興修鄉賢祠,應廷育編纂《金華先民傳》,均曾參考傳世的《敬鄉後録》。但是,《(弘治)蘭溪縣志》卻輾轉保留了《敬鄉前録》的零星内容。可見弘治時期《敬鄉前録》並非完全佚失,但很可能僅限私家收藏。萬曆時期藏書家胡應麟很可能通過多方尋找,重獲《敬鄉前録》鈔本,并留下題跋。然而《前録》一書命途多舛,很快再次亡佚而湮没無聞。

三、《敬鄉録》版本考訂

　　《敬鄉録》(《後録》)雖然在戰火後倖存,但歷明清兩朝未見刊刻,僅以鈔本形式輾轉流傳。目前所知清代以來《敬鄉録》鈔本共有 17 種,入民國後始有刻本 2 種。以鈔本爲綱,大體可分爲四類。兹開列於下：

(一) 前期鈔本

　　這是清修《四庫全書》以前見於記載的《敬鄉録》鈔本,今似皆已不存。共 3 種：

　　A. 王崇炳藏本。

　　王崇炳(1653—1739),字虎文,號鶴潭,東陽人。科舉不第,一生致力於金華鄉邦文獻的蒐集和整理,編有《金華徵獻略》《金華文略》各二十卷。雍正十一年(1733),正在編纂《宋詩紀事》的杭州學者厲鶚爲所購元刻本《吳禮部詩話》作跋曰："獨《敬鄉録》無從訪求,向曾晤東陽王先生虎文,云有其書,恨不借鈔,以成合璧。"①本文第一節所引《金華徵獻略》有云"然《敬鄉前録》竟不傳",可知王崇炳藏有《敬鄉録》,然僅限於《後録》。今本《宋詩紀事》有引用《敬鄉録》之處,②則屬鶚後來仍從王崇炳處得見其書。

B. 汪啟淑藏本,四册。

如本文第一節所言,這是《四庫全書》本《敬鄉録》的底本。汪啟淑(1727—?),安徽歙縣人,寓居杭州。爲雍正、乾隆時期著名藏書家,藏書樓名爲"開萬樓"。清廷開四庫館,廣求遺書,汪啟淑進書多達 524 種,在私人藏書家中排名第四位,《敬鄉録》即在其中。這批書籍後來並未歸還。③

C. 范氏天一閣藏本,册數不詳。

清開四庫館時,浙江地方官府奉旨徵書,將所得編目爲《浙江採集遺書總録》,其中載有《敬鄉録》十四卷,下注"天一閣寫本",所撰提要誤以吳師道爲浦江人。④天一閣自明代以來即以藏書之富著稱,天一閣主人范懋柱於四庫開館時進書 602種,其數目在私人藏書家中排名第三。⑤《敬鄉録》此本雖經採集進呈,然四庫館臣並未用爲底本,似亦未歸還。今所見諸種天一閣書目皆未著録其書。

(二)《四庫全書》系統鈔本

《四庫全書》所收《敬鄉録》,是以汪啟淑藏本爲底本抄録的。其抄録並非嚴格逐字過録,而是凡遇"夷狄""醜虜""胡羯""腥膻"一類具有民族歧視色彩的詞彙,即改爲"强敵""强鄰""北方""北邊"等中性詞彙。《敬鄉録》所收宋人詩文涉及民族關係者,如卷八及卷九陳亮上宋孝宗諸書、卷十吕殊《上林樞密書》、卷十一時少章《大節堂碑》之類,皆遭此篡改,并影響到由《四庫全書》傳抄的其他鈔本。本系統鈔本共 7 種:

　　① 黃丕烈:《蕘圃藏書題識再續録》卷 3《集類·吳禮部續集》轉引,《清人書目題跋叢刊》第 6 册《黃丕烈書目題跋》影印 1940 年王大隆輯刊本,北京:中華書局,1993 年,第 378 頁。該跋亦見厲鶚:《樊榭山房集》卷 8《吳禮部詩話跋》,《四部叢刊》本,文字略同,然未署撰寫年代。
　　② 參見厲鶚:《宋詩紀事》卷 39《潘良貴·陳光禄挽詩》附注,上海:上海古籍出版社,1983 年,第 989 頁。
　　③ 吳慰祖校訂:《四庫採進書目》,北京:商務印書館,1960 年,第 100 頁。黃愛平:《四庫全書纂修研究》,北京:中國人民大學出版社,1989 年,第 30、36—37 頁。
　　④ 沈初:《浙江採集遺書總録》戊集,上海:上海古籍出版社,2010 年,第 251 頁。
　　⑤ 黃愛平:《四庫全書纂修研究》,第 30、37 頁。

D.《四庫全書》本。

《四庫全書》共抄録七部，分貯七閣。其中，文淵、文溯、文津三閣《四庫全書》迄今尚存。文瀾閣《四庫全書》在咸豐十至十一年(1860—1861)太平天國進攻杭州之役中散失，後經補抄，也基本恢復全帙。由《四庫全書》傳抄的《敬鄉録》鈔本，基本抄自文淵、文瀾二閣。

E. 阮元文選樓藏本。

阮元(1764—1849)，江蘇儀徵人，乾隆五十二年(1787)進士，仕宦通顯，歷任湖廣、兩廣、雲貴總督，官至體仁閣大學士，謚文達。于揚州築文選樓藏書，所撰《文選樓藏書記》著録《敬鄉録》十四卷，鈔本，未記册數。提要謂吳師道爲浦江人，似沿襲《浙江採集遺書總録》之誤。① 文選樓藏書後因火災、戰亂等原因散失，其中一部分歸入北京大學圖書館、上海圖書館等處。② 北京大學圖書館今藏有《敬鄉録》十四卷，八册，著録爲“清抄《四庫全書》本”③，行款與文淵閣《四庫全書》本相同，裝幀、抄寫精美，并鈐有“嘉慶鑒賞”“嘉慶御覽之寶”“阮元珍玩”三印，應即文選樓舊藏。其書當自文淵閣《四庫全書》抄出，曾經嘉慶皇帝御覽。

F. 張金吾愛日精廬藏本。

張金吾(1787—1829)，江蘇常熟人。所撰《愛日精廬藏書志》著録《敬鄉録》十四卷，注明“文瀾閣傳鈔本”，當自文瀾閣《四庫全書》抄出。其解題備載吳師道《敬鄉前録》《後録》二序。④ 以張金吾生活年代考之，此本抄出時間顯然在文瀾閣焚毀之前。愛日精廬藏書後來散失，此本去向不明。

G. 陸心源藏本。

陸心源(1834—1894)，浙江歸安(今湖州)人。咸豐九年(1859)舉人，官至福建鹽運使，其藏書樓有皕宋樓、十萬卷樓、儀顧堂、守先閣等名。所撰《皕宋樓藏書志》著録《敬鄉録》十四卷，注明“文瀾閣傳鈔本”，解題亦徑録吳師道《敬鄉前録》《後録》

――――――――

①　阮元：《文選樓藏書記》卷1，上海：上海古籍出版社，2009年，第47頁。
②　參見王章濤：《阮元傳》，合肥：黃山書社，1994年，第248—249頁。
③　北京大學圖書館編：《北京大學圖書館藏古籍善本書目》，北京：北京大學出版社，1999年，第91頁。
④　張金吾：《愛日精廬藏書志》卷13《史部·傳記類》，《清人書目題跋叢刊》第4册影印道光間刊本，1990年，第390頁。

二序,與《愛日精廬藏書志》同。① 未知此本與愛日精廬藏本有無關係。陸氏藏書後被售至日本。日本静嘉堂文庫今藏有《敬鄉録》十四卷,二册,著録爲"文瀾閣傳寫本""原陸心源十萬卷樓等舊藏",當即此本。②

　　H. 丁氏八千卷樓藏本。

　　八千卷樓爲杭州丁申(? —1887)、丁丙(1832—1899)兄弟藏書之所。丁丙及其子丁立中所撰《善本書室藏書志》《八千卷樓書目》均著録鈔本《敬鄉録》十四卷,未記册數及來源。③ 民國胡宗懋在概述《敬鄉録》版本情況時説:"陸氏皕宋樓、丁氏八千卷樓胥由文瀾閣轉録,僞舛滋繁,校讐匪易。"④按丁氏昆仲與文瀾閣關係密切,於蒐訪、抄配文瀾閣《四庫全書》貢獻尤巨,則八千卷樓《敬鄉録》抄自文瀾閣似頗有可能。然胡宗懋在另外一處記載中又謂八千卷樓《敬鄉録》出自鳴野山房鈔本。⑤ 鳴野山房係嘉慶、道光間沈復粲(1779—1850)藏書之所。其書于沈氏身後流散,民國初年人樊鎮稱"近代藏書家俱有其舊本,而丁氏八千卷樓所蓄較多"⑥。惟今傳《鳴野山房書目》中並無《敬鄉録》一書,胡宗懋後一説法不知是否屬實,姑存疑。丁氏藏書後歸江南圖書館,又歸今南京圖書館。然今南京圖書館所藏《敬鄉録》係殘本(詳下),未知是否丁氏舊藏。

　　I. 繆荃孫藏本。

　　繆荃孫(1844—1919),江蘇江陰人。光緒二年(1876)進士,近代著名文獻學家、藏書家,藏書之所有藝風堂、藕香簃、云自在龕等名稱。所撰《藝風藏書記》著録《敬鄉録》十四卷,解題云:"傳抄閣本,吾友章小雅故物。"⑦此"閣本"之"閣"未知係文淵閣抑或文瀾閣。章小雅未詳。臺灣"國立中央圖書館"藏有藕香簃鈔本《敬鄉

　　① 陸心源:《皕宋樓藏書志》卷 27《史部·傳記類二》,《清人書目題跋叢刊》第 1 册影印清光緒八年(1882)歸安陸氏十萬卷樓刊本,1990 年,第 305 頁。
　　② 嚴紹璗編:《日藏漢籍善本書録》第 1 册,北京:中華書局,2007 年,第 696 頁。賈貴榮輯:《日本藏漢籍善本書志書目集成》第 5 册,北京:北京圖書館出版社,2003 年,第 560 頁。
　　③ 丁丙:《善本書室藏書志》卷 9《史部七》,《清人書目題跋叢刊》第 2 册影印清光緒三十四年(1908)錢唐丁氏刊本,1990 年,第 506 頁;丁立中:《八千卷樓書目》卷 5《史部·傳記類》,《海王邨古籍書目題跋叢刊》影印民國十二年(1923)丁氏鉛印本,北京:中國書店,2008 年,第 69 頁。
　　④ 《敬鄉録》跋文,《續金華叢書》本。
　　⑤ 胡宗懋:《金華經籍志》卷 7《史部·傳記類》,民國十四年(1925)永康胡氏夢選樓刻本。
　　⑥ 沈復粲編,潘景鄭校訂:《鳴野山房書目》卷首樊鎮《題識》,上海:古典文學出版社排印本,1958 年,第 4 頁。
　　⑦ 繆荃孫:《藝風藏書記》卷 4《史學第五》,《清人書目題跋叢刊》第 7 册影印清光緒二十六年(1900)江陰繆氏刊本,1993 年,第 197 頁。

録》十四卷，共四册。左右雙邊，每半頁十行，行二十一字。欄外題"藕香簃鈔"，正文中有朱筆校改。① 當即此本，其校改應即繆荃孫所作。②

J. 張鈞衡藏本。

張鈞衡（1872—1927），湖州人。光緒二十年（1894）舉人。家富藏書，於民國初年刊刻《適園叢書》，所收多係稿本、鈔本等未刻著作。其中收録《敬鄉録》，刊行於民國三年（1914），注明底本爲文瀾閣傳鈔本。此係《敬鄉録》首次以刻本傳世。雖以文瀾閣傳鈔本爲底本，但刊刻時重新進行了校勘，用《駢體文鈔》《三唐人集》《唐文粹》《宋文鑒》《中州集》《宋元學案》《宋詩紀事》等多種書籍校對《敬鄉録》所載諸賢詩文，《四庫全書》擅改之字多已恢復。

（三）後期"舊鈔本"

與上一類《四庫全書》系統鈔本不同，清朝後期還有一部分《敬鄉録》鈔本著録爲"舊鈔本"，當源於上述第（一）類即清朝前期鈔本，甚或明朝鈔本，其文字未經纂改。共 4 種：

K. 瞿氏鐵琴銅劍樓藏本。

鐵琴銅劍樓係清代以來藏書世家常熟瞿氏藏書之所。其創建者瞿鏞（1794—1846）所編《鐵琴銅劍樓藏書目録》載有《敬鄉録》十四卷，注"舊鈔本"。并附簡略提要曰："元吴師道撰并序。專紀婺地人物，并録詩文，始梁代迄宋末。婺人如喻叔奇良能、何茂恭恪之文，皆陳龍川所劇賞者，多托此以傳。"③鐵琴銅劍樓所藏大批善本書籍後由瞿氏後人捐贈至北京圖書館（今國家圖書館）。該館現藏《敬鄉録》十四卷，著録版本信息爲"李小雅鈔本，繆荃孫、瞿熙邦校并跋，四册，八行二十一字無格"④，當即此本。李小雅未詳。該本鈐有"云輪閣""荃孫""北京圖書館藏"諸印，時

① 國立"中央圖書館"特藏組編輯：《國立中央圖書館善本書目》第 1 册，臺北：國立"中央圖書館"，1986 年，第 194 頁。"國家圖書館"（台灣）編：《國家圖書館善本書志初稿》史部（一），臺北："國家圖書館"，2000 年，第 292 頁。

② 據繆荃孫《藝風老人日記》自述，他曾於民國二三年間對《敬鄉録》進行校勘并撰跋。詳見繆荃孫：《藝風老人日記》第 7 册，北京：北京大學出版社，1986 年，第 2593、2604、2606、2607、2610、2638、2698、2718 頁。參見季秋華：《繆荃孫晚年書事繫年要録》，《圖書館工作與研究》2000 年第 5 期。

③ 瞿鏞編纂，瞿果行標點，瞿鳳起覆校：《鐵琴銅劍樓藏書目録》卷 10《史部三·傳記類》，上海：上海古籍出版社，2000 年，第 260 頁。

④ 北京圖書館編：《北京圖書館古籍善本書目》，北京：書目文獻出版社，1989 年，第 429 頁。

有墨筆校語。卷末附瞿鏞曾孫瞿鳳起（1908—1987，原名瞿熙邦）跋文：“乙亥夏日，以正德本《金華文統》校讀一過。鳳起。”乙亥，爲 1935 年。

L. 朱學勤結一廬藏本。

朱學勤（1823—1875），浙江仁和（今杭州）人。咸豐三年（1853）進士，官至大理寺卿。所撰《結一廬書目》載有《敬鄉録》十四卷，二册，注“舊鈔校本”①。中山大學圖書館今藏有鈔本《敬鄉録》十四卷，見於《中國古籍善本書目》著録，注曰“清朱氏結一廬鈔本”②，當即此本。民國廣東藏書家莫伯驥（1878—1958）於其藏書目録中著録《敬鄉録》二十三卷，注爲“結一廬藍格寫本”。且云：“此爲仁和朱氏藍格精寫，蓋出舊本。”③這是目前清代以來僅見之二十三卷本《敬鄉録》尚存的材料，然僅係孤證，是否可靠尚難斷定。如結一廬曾有一全本二十三卷《敬鄉録》後歸莫伯驥收藏，而《結一廬書目》起初竟未著録，亦不見其他版本目録著作提及，亦殊不可解。況且莫伯驥爲廣東人，其藏書于抗戰時大批散失，中山大學圖書館今存結一廬鈔本十四卷《敬鄉録》頗有可能即來自莫氏。又查莫伯驥所撰《敬鄉録》提要内容，基本抄自胡宗懋《金華經籍志》卷七《史部·傳記類》。《金華經籍志》係地方藝文目録，著録之書爲所知者而不限於所存者，故著録《敬鄉録》爲二十三卷，疑莫氏失察而誤抄。綜合考慮，莫伯驥自稱藏有二十三卷本《敬鄉録》，恐難采信。其所藏《敬鄉録》當亦爲十四卷，與《結一廬書目》所載及中山大學圖書館今藏實爲一本。

M. 胡宗懋藏本。

胡宗懋（1867—1939，懋一作楙），浙江永康人。光緒二十九年（1903）舉人。與其父胡鳳丹（1823—1890）父子兩代致力於金華地方文獻的整理和刊刻。④ 胡鳳丹在世時，廣泛蒐集金華鄉賢著作，輯爲《金華叢書》陸續印行，至光緒二十一年（1895）復由胡宗懋結集刊刻，共 67 種，340 册。此後胡宗懋繼續蒐集相關書籍，補其父之未備，於民國十三年（1924）刊印《續金華叢書》，共 58 種，120 册。《敬鄉録》

① 朱學勤藏編：《結一廬書目》，林夕主編《中國著名藏書家書目匯刊·近代卷》第 3 册影印清光緒二十八年（1902）湘潭葉氏刊本，北京：商務印書館，2005 年，第 477 頁。
② 《中國古籍善本書目》編輯委員會編：《中國古籍善本書目·史部》卷 8《傳記類一》，上海：上海古籍出版社，1993 年，第 456 頁。
③ 莫伯驥：《五十萬卷樓藏書目録初編》卷 6，《海王邨古籍書目題跋叢刊》影印東莞莫氏鉛印本，北京：中國書店，2008 年，第 186 頁；同氏：《五十萬卷樓群書跋文·史部二》，《國家圖書館藏古籍題跋叢刊》第 27 册影印民國三十七年（1948）鉛印本，北京：北京圖書館出版社，2002 年，第 555 頁。
④ 參閱施新：《胡宗懋輯刻金華鄉邦文獻考述》，《浙江社會科學》2010 年第 12 期。

的作者出於金華府，其内容又涵蓋金華府人物的傳記和詩文，自然在胡氏父子蒐集之列。但胡鳳丹編纂《金華叢書》時並未找到《敬鄉錄》①，直至胡宗懋編纂《續金華叢書》，才將《敬鄉錄》收入，末署"永康胡宗楙據傳鈔本校錄"。刊刻時附有胡宗懋所作《考異》一卷，在張鈞衡《適園叢書》校勘的基礎上繼續用"各家原集"參校，并列舉與文瀾閣本、《適園叢書》本的异文。從《考異》内容來看，胡宗懋用作底本的這部"傳鈔本"，文字未經改動，當非《四庫》系統鈔本，而是屬於"舊鈔本"。胡宗懋另編有《金華經籍志》二十七卷，於《續金華叢書》刊行次年出版，其中卷七《史部·傳記類》在《敬鄉錄》解題下附載《辨疑》一篇，就書中個別内容進行了考證。與其他收藏《敬鄉錄》的藏書家相比，胡宗懋不僅收藏此書，還對它作了比較深入的研究。因此《續金華叢書》刻本目前來説是《敬鄉錄》傳世諸本當中品質較好、便於利用的版本。②

N. 劉承幹嘉業堂藏本。

劉承幹(1882—1963)，湖州人。其藏書樓名爲嘉業堂，收藏之富，爲民國江浙私家藏書之冠。所藏有《敬鄉錄》十四卷，四册，著錄爲"舊鈔本"③。此本去向不明。

(四) 其他鈔本

此類鈔本版本著錄信息不明，或已不知去向，或雖存而暫時無法查閲，難以判斷應當歸入上述(二)(三)哪一類系統。共3種：

O. 丁日昌持静齋藏本。

丁日昌(1823—1882)，廣東豐順人。官至福建巡撫。曾長期在江浙地區任職，購求書籍甚多，藏書之所名爲持静齋。其書目載有《敬鄉錄》十四卷，未記其

---

①　胡鳳丹曾編《金華文萃書目提要》八卷，有同治八年(1869)金華胡氏退補齋刻本，是其"擬刻"《金華叢書》(初名《金華文萃》)的總目。其中開列諸書，凡"已得原本付梓"者，皆在書名上添加紅圈標識，其餘皆僅知書名，未見原書，僅列目。《敬鄉錄》即屬於後者，列於卷2《史部》，其"提要"全抄《四庫全書總目》。胡氏在《金華文萃書目提要》扉頁刊有一段"謹白"，針對後一類書籍，"伏求海内藏書家如有善本，敬祈原書借鈔，俟刊刻成編，即將原書奉繳，并送初印各本以公同好"。但《金華叢書》結集刊刻之時，胡氏已去世數年，而其中仍無《敬鄉錄》，則蓋始終求其書而未得。

②　除校勘較詳外，《續金華叢書》本《敬鄉錄》還編有目錄，便於查檢，亦爲《四庫全書》本、《適園叢書》本等易見諸本所無。

③　周子美：《嘉業堂鈔校本目錄》卷2《史部·載記類》，上海：華東師範大學出版社(與《天一閣藏書經見錄》合刊)，1986年，第28頁；繆荃孫、吳昌綬、董康撰，吳格整理點校：《嘉業堂藏書志》卷2《史部·傳記類》，上海：復旦大學出版社，1997年，第290頁。

他信息。① 此本來源、去向均不明。

P. 南京圖書館藏本。

該本見於《中國古籍善本書目》著録,爲殘本,僅存卷一至六、卷十、卷十二至十四,有徐時棟校、跋。② 徐時棟(1814—1873),浙江鄞縣(今寧波)人,道光二十六年(1846)舉人,家富藏書,有《烟嶼樓讀書志》傳世。徐氏生活年代與八千卷樓丁氏兄弟大體接近。該本既有其校、跋,當爲徐氏烟嶼樓所藏,又係殘本,與丁氏八千卷樓藏本應非一本。

Q. 中國社會科學院文學研究所藏鈔本。

該本亦見《中國古籍善本書目》著録,十四卷,僅注"清鈔本"③,無其他信息。查閲未果,情況不明。

以上開列了今天知道的清代以來《敬鄉録》鈔本 17 種。由於信息所限,或有不完全或不準確之處,但大概可以反映清代以來《敬鄉録》流傳的基本情況。基本可以肯定,這些鈔本的内容均只限於《敬鄉後録》。確定至今尚存者,除 D《四庫全書》本外,尚有 E、G、I、K、L、P、Q 共 7 種鈔本。其中 G 本在日本,I 本在中國臺灣,其餘 5 種皆在中國大陸。《中國古籍書目》《中國古籍善本書目》均僅著録 L、P、Q 三本,不録 E、K 兩本,未知何故。《敬鄉録》刻本共有兩種,皆刊行於民國。其中《適園叢書》本源於 J 本,《續金華叢書》本源於 M 本。《續金華叢書》本後出,品質較優。

四、《敬鄉前録》内容管窺

《敬鄉前録》雖已亡佚,但其基本内容是元朝以前蘭溪名人的事迹和詩文,這一點能够肯定。根據現存零散資料,可以推測其中收録了哪些人物。總體而言,應當大體不出以下三方面資料所載範圍:第一,是現存明清《蘭溪縣志》的"人物門";第二,是現存明清《金華府志》"人物門"中的蘭溪人;第三,是吴師道文集《吴正傳先生文集》中的蘭溪人。因此筆者將通過以上三方面資料,試圖考證、輯佚《敬鄉前録》涉及的人物與詩文。

① 丁日昌撰,路子强、王雅新標點:《持静齋書目》卷 2,上海:上海古籍出版社,2008 年,第 158 頁。
② 《中國古籍善本書目》編輯委員會編:《中國古籍善本書目·史部》卷 8《傳記類一》,第 457 頁。
③ 《中國古籍善本書目》編輯委員會編:《中國古籍善本書目·史部》卷 8《傳記類一》,第 457 頁。

(一)《蘭溪縣靈隱寺東峰新亭記》

　　民國學者胡宗懋認爲四庫本《敬郷録》中《蘭溪縣靈隱寺東峰新亭記》一文最初編入《前録》，而非《後録》，四庫本《敬郷録》混合了兩者的内容。他在《續金華叢書》本《敬郷録》卷末跋文中稱："是原書本分前、後二《録》，今四庫所列之序即後録序文，作者多郡人，疑即《後録》。惟卷一有馮宿《東峰亭記》，馮蘭溪人不應羼入，似此本已前、後《録》合併，不知始何時。"①胡宗懋認爲馮宿《蘭溪縣靈隱寺東峰新亭記》一文即是吴師道所言《敬郷前録》中的《東峰亭記》，此點筆者贊同。但是胡宗懋卻誤認爲馮宿爲婺州蘭溪人。據《舊唐書》《新唐書》及《四庫全書》本《敬郷録》可知馮宿(767—836)爲婺州東陽人，而非蘭溪人。吴師道纂《敬郷録》以婺州七邑先賢文士的郷里籍貫分編爲前、後二《録》，因此筆者認爲吴師道將東陽人馮宿的小傳及其文《蘭溪縣靈隱寺東峰新亭記》編入《敬郷後録》。根據《敬郷前録序》的記載吴師道將蘭溪當時所存《蘭溪縣靈隱寺東峰新亭記》《進士郷飲題名》等碑刻記録成文，而這些碑志文字又關乎蘭溪歷史、藝文，因此同時將《東峰亭記》作爲蘭溪古迹遺存文字單獨列在《敬郷前録》卷首。因此筆者推斷《敬郷前録》卷首應録有《東峰亭記》一文，但不列馮宿小傳。而《敬郷後録》則列有馮宿傳記，同時附列《東峰亭記》。《四庫全書》本《敬郷録》並非是《敬郷前録》與《敬郷後録》的合編或混編，仍基本保持了《敬郷後録》的原貌。

(二) 杜汝霖杜氏家族

　　杜汝霖，北宋人，字仁翁，蘭溪人。嘗師從胡瑗，精通經學。胡瑗(993—1059)，字翼之，泰州人，祖籍安定，故稱安定先生，以經術教授吴中。杜氏一門以科舉、文學見稱，自杜汝霖至杜浚之六世，皆有詩文傳世。吴師道曾見祖父與杜旃之子杜去輕(字端父)來往詩帖，因而留心收集杜氏家族事迹與詩文。《吴正傳先生文集》卷一六《杜端父墨迹》云：

　　　　杜公世居吾郷之紫岩，諱汝霖者，字仁翁，學於安定胡公，嘗爲李公擇所稱。其孫陵，陵五子：旟伯高，旃仲高，斿叔高，旐季高，旛幼高。伯高登吕成

————————
①　《敬郷録》跋文，《續金華叢書》本。

公門,同時陸務觀、陳君舉、葉正則、陳同父咸稱其文;淳熙、開禧中,兩以制科薦,有《橋齋藁》。仲高占湖漕舉首,吳獵、楊長孺與之善,著《杜詩發微》《癖齋藁》,孫得之爲序。叔高嘗問道朱子,與辛幼安諸人游,端平以布衣召入秘閣校讎。季、幼文皆相上下,幼有《粹裘集》,葉正則序。人稱"金華五高",而伯高爲最。旂子去偽,斾子去輕,斿子去非,旜子去華,亦皆有名。守臣趙汝騰嘗薦去偽,請官之。其子浚之若川明《春秋》,領鄉貢,易世後感激自悼,矯行晦迹,寄食西峰僧寺而終。自汝霖至浚之六世,仕雖不顯,而文采聲華,聯襲不墜,亦吾鄉罕有也。此帖乃去輕手筆,蓋先大父碧溪翁之友。愚幼及見詩帖尚多,今存者止此。當宋季,仕競舉子習,而杜氏一門子孫咸尚古文,今里中殘碑斷碣可見者,悉有家法,下至字畫亦異。此紙尚深得山谷老人筆意,要非不習而能也。愚嘗覽《朝野雜記》,"杜旂"誤爲"杜福",續郡志者又泯其名。今遺澤既斬,傳裔殆絶矣。每惜其片言隻字,輒取而録之於此,又因詳著其世及所見聞,庶來者尚有考焉。……①

按:據吳師道《杜端父墨迹》記載,杜汝霖之孫杜陵有五子:杜旂(字伯高)、杜斾(字仲高)、杜斿(字叔高)、杜旞(字季高)、杜旜(字幼高)以詩文著稱於世,人稱"金華五高"。杜旂子去偽,杜斾子去輕,杜斿子去非,杜旜子去華,詩文亦皆有名。杜去偽之子杜浚之曾爲鄉貢進士,時逢宋元鼎革之際,後半生隱居西峰僧寺終老。吳師道稱贊杜氏家族曾言:"自汝霖至浚之六世,仕雖不顯,而文采聲華,聯襲不墜,亦吾鄉罕有也。"吳氏哀嘆杜氏家族之盛名於元代日漸泯滅,因而"每惜其片言隻字,輒取而録之於此,又因詳著其世及所見聞,庶來者尚有考焉"。因此,筆者推斷《敬鄉前録》當録有杜汝霖、杜旂、杜斾、杜斿、杜旞、杜旜、杜去偽、杜去輕、杜去非、杜去華、杜浚之等人的小傳及詩文。

(三) 范浚

《吳正傳先生文集》卷一四《香溪先生文集後序》載:"浚字茂明,婺之蘭溪人。因其里居,稱香溪先生,祠於學宫,舊矣。某幼即訪其文集,不可得。……又得前輩

---

① 吳師道:《吳正傳先生文集》卷16《杜端父墨迹》,第484—485頁。

誦傳《姑蘇臺賦》《雜興》諸詩,滋欲見其餘。……至順辛未,始得先生文七卷於親友應氏,蓋其首編也,陳公肖巖序稱:'從子端臣右史所纂,凡二十一卷。'則逸者尚多。一日,先生族孫來言,家藏缺自一至五卷,惜其無從補也。於是忻然畀之,足以成編。……先生當紹興中舉賢良方正,以秦檜當國,不起,大節偉矣。其學多本於經,貫串精核,諸文皆嶄絕矯健,鑿然明整,卓然名家。鄉先正有集,蓋自先生始也。"①

按:范浚(1102—1150),北宋人,字茂明,蘭溪人,世稱"香溪先生"。紹興初復制舉,大臣舉薦應賢良方正科試,力辭不起,居家講學。紹興二十年(1150)卒,年四十九。范浚之學多本于經,尤得於《孟子》。朱熹撰《孟子集注》,將范浚所著《心箴》全部收載,由是知名。亦工詩。事迹詳見朱熹《香溪小傳》、童品《范先生傳》(均附於《香溪集》卷首)。吳師道嘗編《香溪先生文集》。吳師道於至順二年(1331)得范浚文集七卷,至元統二年(1334)及三年(1335)編録《敬鄉前録》時,筆者推測其編纂范浚小傳,并收録其詩文。

(四) 范端臣

《吳正傳先生文集》卷一六《范元卿詩帖》載:"此吾鄉范端臣元卿舍人書也。元卿問學該洽,詞翰奇逸,豈(爲)[惟]②負才過人? 蓋內而父兄之漸摩,出而與紹興、乾、淳諸賢游,亦一時之盛也。和詩稱'三一叔'者,名津,字茂通,香溪先生浚(字茂明)之從弟。而元卿父渭(茂載),則香溪之兄也。詩有'蠻雨瘴烟,人歸隴北'之句,蓋元卿以乾道庚寅守晉康,癸巳出嶺北,當在其後也。《與德章秘校帖》,乃里中陳氏元卿,屢和其詩,見《蒙齋集》云。"③

按:范端臣,字元卿,學者稱蒙齋先生,蘭溪人,受學于叔父范浚。紹興二十四年(1154)登進士第,官至中書舍人。文詞典雅,又工篆、楷、草、隸。著有詩集三卷、文集二十餘卷,已佚。元至順間刻范浚《香溪集》,輯《蒙齋遺文》附其後,有《四部叢刊》續編影印明萬曆刻本。又著《杜詩説》,已佚。事迹詳見《香溪集》附《范蒙齋遺文序》。據《吳正傳先生文集》卷一六《范元卿詩帖》吳師道曾見范端臣手書詩文。又據《吳正傳先生文集》卷一四《香溪先生文集後序》載:"……又以右史《蒙齋集》未

---

① 吳師道:《吳正傳先生文集》卷14《香溪先生文集後序》,第405—406頁。
② 吳師道著,邱居里、邢新欣點校《吳師道集》(第386頁)據清鈔本、《四庫》本、《金華》本改。
③ 吳師道:《吳正傳先生文集》卷16《范元卿詩帖》,第487頁。

及刊,則以其與香溪唱酬諸詩先附見焉。"吳師道當時亦曾編纂范端臣詩文集,推斷《敬鄉前録》當録有其傳記及詩文。

《(弘治)蘭溪縣志》卷三《人物類・文學・范端臣》與《(萬曆)金華府志》卷一六《人物・范端臣》均記載:"吳師道亦稱其天才俊逸,詞翰絶人,乾、淳中著聲館閣。"筆者推斷吳師道這段評論可能出自《敬鄉前録》,《前録》全書雖已亡佚不存,但仍有隻言片語輾轉保存于明代蘭溪、金華方志中。

(五) 邵困　(六) 應鏞

《吳正傳先生文集》卷一六《邵氏今是堂藁跋》載:"吾鄉先輩,宋南渡後如邵公困,應公鏞,特深究經學。邵於《易》《禮記》,應于《易》《書》《禮》,皆有論著成書。邵即朱子集中所稱長沙博士,以張宣公《三家禮範》及公《釋奠儀式》刻之學官者也。余嘗見應氏《書約義》,及於衛湜《禮集説》,間得所引一二,他則未之識,淺陋竊自愧。……《今是堂藁》者,邵公所著也,其曾孫均示予,往往賦、咏、箋、記之作,該洽瞻麗,皆可傳誦。因范藻以驗其根抵,則公之學之蘊亦可得之於此矣。"①

按:邵困,字萬宗,蘭溪人。淳熙八年(1181)進士,授潭州教授,晚年由楚州通判致仕。著有《禮記解》《讀易管見》《今是堂遺稿》等。師道稱嘗見《今是堂稿》,多爲賦咏詩文,而此書今已不存。應鏞(?—1221),字子和,蘭溪人。慶元五年(1199)進士,復中博學宏詞科,官至太常寺主簿出知開州。著有《書約義》《禮記纂要》等。推斷《敬鄉前録》應録有邵困、應鏞傳記及二人詩文。②

(七) 潘慈明

《吳正傳先生文集》卷一八《張氏先世敕黃後題》載:"権貨交代潘慈明,乃吾蘭溪人,紹興二十一年進士。嘗知江州,建濂溪書院,朱子爲作記者。仕至秘書丞、荆湖北路轉運判官,亦名士,宜附見於此。"③

---

①　吳師道:《吳正傳先生文集》卷 16《邵氏今是堂藁跋》,第 472 頁。

②　《(弘治)蘭溪縣志》卷 3《人物類・儒林・應鏞》與《(萬曆)蘭溪縣志》卷 4《人物類・應鏞》均載:"吳師道云:'吾鄉前輩如邵、應二公,深究經學,邵于《易》《禮》,應于《易》《書》《禮》,皆有論著成書。余嘗見應《書約義》,及于衛湜《禮記集解》中引諸應氏,間得一二,他則未之識,淺陋竊自愧也。'"明代《蘭溪縣志》吳師道評語當取自《吳正傳先生文集》卷 16《邵氏今是堂藁跋》(第 472 頁)。

③　吳師道:《吳正傳先生文集》卷 18《張氏先世敕黃後題》,第 553 頁。

　　按：潘慈明，字伯龍，蘭溪人。紹興二十一年（1151）進士，嘗知江州，建濂溪書院，朱子爲作記。仕至秘書丞、荆湖北路轉運判官。吳師道稱潘慈明"亦名士"，由此推測其《敬鄉前録》可能著有潘慈明傳記及詩文。

（八） 金履祥

　　《吳正傳先生文集》卷二十《請鄉學祠金仁山先生》載："竊見故仁山金先生，諱履祥，字吉父，世蘭溪人。少而好學，有經世志。凡天文、地形、禮樂、刑法、田乘、兵謀、陰陽、律曆，靡不博通。長師魯齋王文憲公柏，從登北山何文定公基之門。北山實學於勉齋黃公而得朱子之傳者。……"①

　　按：金履祥（1232—1303），字吉父，號次農，蘭溪人。因家居蘭溪仁山下，學者稱仁山先生。與其師王柏及柏之師何基和其弟子許謙並稱爲"金華四先生"。吳師道曾追溯其學脉源流云："君師仁山金先生履祥，仁山師魯齋王先生柏，從登北山何先生基之門；北山則學於勉齋黃公，而得朱子之傳者也。"②金履祥考進士不中，遂摒弃科舉。宋亡，避居金華山從事講學著述。對天文、地理、禮樂、田乘、兵略、陰陽、律曆等均有研究。學術上受何基、王柏影響偏於訓釋考證。著作有《仁山集》等。《（萬曆）蘭溪縣志》卷三《官政類·鄉賢祠》將金履祥列入宋代鄉賢，因此筆者推斷《敬鄉前録》收録金履祥傳記與詩文。

（九） 于石

　　《吳正傳先生文集》卷一七《于介翁詩選後題》載：

　　　于介翁先生名石，因所居鄉，自號紫岩；徙城中，復號兩溪翁。貌古氣剛，喜詼諧。早慕杜氏五高之爲人，後師王定庵，業詞賦。接聞諸老緒論，故其學多所通解，自負甚高。世變後一意於詩，出入諸家，豪宕激發，氣骨蒼勁，望而知其爲（出）［山］③林曠士。一時吾鄉言詩者，皆莫及也。……平生刊薰七卷，其子以板借人，爲所匿，餘篇或購以錢，久將妄爲己作，薄俗甚可嘆也！予暇日

---

①　吳師道：《吳正傳先生文集》卷20《請鄉學祠金仁山先生》，第609頁。
②　吳師道：《吳正傳先生文集》卷15《讀四書叢説序》，第428頁。
③　吳師道著，邱居里、邢新欣點校《吳師道集》據清鈔本、《四庫》本、《金華》本改。

因即其傳本，及所藏續抄者，摘選之爲三卷。……舊見《金華山賦》及樂府、隱括《出師表》等作，先生自以爲得意者，今皆無所考，姑俟訪求。又嘗得仁山金先生所爲集序，當時不列于編，豈所見有不同歟？然其歷敘山川、人物，而歸重期待之意，亦不爲薄，特温雅之評，似未切爾。並附于後，以示覽者云。①

按：于石（1250—?），字介翁，因居鄉自號紫岩，晚號兩溪翁，蘭溪人。早慕"杜氏五高"，後從王定庵業詞賦，自負甚高。年三十而宋亡，隱居不仕，專意於詩。生前刊有詩集七卷，其集後散佚，門人吳師道摘爲《紫岩詩選》三卷。事迹詳見《（萬曆）金華府志》。《（萬曆）蘭溪縣志》卷三《官政類·鄉賢祠》將于石列入宋代鄉賢，因此筆者推斷《敬鄉前錄》收錄于石傳記與詩文。

（十）楊與立

《吳正傳先生文集》卷一九《鄉校堂試策問》云：

……吾鄉蘭溪，實婺之望，山川明秀，人物效奇，古昔概可知矣。世遠失傳，若唐［徐］②安貞以文顯，近代董少舒、金景文以孝著，郡志可考也。當宋之南，群彥輩出。范浚《心箴》，獨爲子朱子所取，且有不知從誰學之嘆；而楊與立則又親受業於朱子者，今惟《語略》一書，僅見于世。……③

《吳正傳先生文集》卷二〇《節錄何王二先生行實寄史局諸公》也曾提及楊與立：

北山先生何基，字子恭，婺州金華人。……居盤溪上，因朱子門人楊公與立一見推服，自此來學者始衆。……
魯齋先生王柏，字會之，婺州金華人。……歷從朱子門人游，獨楊公與立告以北山何基子恭學于勉齋，得朱子傳，宜往從之。……④

---

① 吳師道：《吳正傳先生文集》卷17《于介翁詩選後題》，第509—510頁。
② 臺灣國立"中央圖書館"藏明鈔本無，《吳師道集》點校本據清鈔本、《四庫》本、《金華》本補。
③ 吳師道：《吳正傳先生文集》卷19《鄉校堂試策問》，第575頁。
④ 吳師道：《吳正傳先生文集》卷20《節錄何王二先生行實寄史局諸公》，第619、622頁。

按：楊與立，字子權，本福建浦城人（今屬福建南平），曾在船山結廬讀書，又稱船山先生。隆興元年（1163），朱熹在武夷講學，楊與立偕族兄弟、侄前往拜師求學。紹熙四年（1193）中進士，知遂昌（今屬浙江麗水），遷居蘭溪。北山先生何基、魯齋先生王柏均曾拜訪、問學于楊與立。著有《壬子問答》《朱子語略》二十卷。

《（弘治）蘭溪縣志》卷三《人物類》與《（萬曆）蘭溪縣志》卷四《人物類》均有楊與立小傳，并記載了楊與立的兩首絕句。① 《（弘治）蘭溪縣志》卷三《人物類·道學·楊與立》載：

> 楊與立，字子權，本浦城人，受業朱子之門。嘗知處州遂昌縣，因家於蘭溪。以道淑人，學者多宗之，稱爲船山先生，所輯有《朱子語略》二十卷。其《幽居詩》云：“柴門闃寂少人過，盡日觀書口自哦。餘地不妨栽竹木，放教啼鳥往來多。”《溪頭詩》云：“溪頭石磴坐盤桓，時見修鱗自往還。可是水深魚極樂，不須妄意要投竿。”吳師道云：“有道之言意象自別，頗與禽語相關，窗草不除意同。”②

值得注意的是，楊與立《幽居詩》《溪頭詩》以及吳師道的評語，不見於《吳正傳先生文集》與《吳禮部詩話》。與此同時，《幽居詩》《溪頭詩》亦不見於明弘治以前的傳世文獻中。現存《吳正傳先生文集》與《吳禮部詩話》均爲完帙，内容並無佚失。那麼，楊與立的《幽居詩》《溪頭詩》與吳師道評語從何而來呢？筆者推斷其出處極有可能是《敬鄉前録》。

（十一）范鍾

《吳正傳先生文集》卷一九《鄉校堂試策問》云：“范鍾以高科爲賢相，而言論風旨，述者蓋鮮。”③

按：范鍾（1171—1248），字仲和，蘭溪人。嘉定二年（1209）進士。歷官武學博士、吏部郎中、兵部尚書，兼侍讀。嘉熙三年（1239），拜端明殿學士、簽書樞密院事。四年，授參知政事。淳祐三年（1243），特拜左丞相，兼樞密使。六年，致仕歸鄉。八

---

① 《（萬曆）金華府志》卷 16《人物·楊與立》亦有相似記載。
② 《（弘治）蘭溪縣志》卷 3《人物類·道學·楊與立》，第 173 頁。
③ 吳師道：《吳正傳先生文集》卷 19《鄉校堂試策問》，第 575 頁。

年卒,贈少師,諡文肅。著有《禮記解》。《宋史》卷四一七《范鍾傳》稱:"鍾爲相,直清守法,重惜名器,雖無赫赫可稱,而清德雅量,與杜範、李宗勉齊名。"①筆者推測吳師道曾收集范鍾事迹、言論與詩文,列入《敬鄉前録》之中。

(十二) 徐畸

《(弘治)蘭溪縣志》卷三《人物類·隱逸·徐畸》載:

> 徐畸,字南夫,一字叔範,蘭溪人。自幼穎敏絕倫,力學好修,嘗受《易》於漢上朱先生震,得其旨要,兼明《春秋》《戴記》,皆造其微。嘗言:"人出而仕必行道濟時,求不負其君處,而隱必立身行善,求不負其先,否則碌碌耳。"其居家孝友,處朋友鄉,鄰一於義,正直不阿。爲文雅贍有法,隱居教授,學者稱爲天民。乾道間詔求賢良,旨意諄切,務在得人。有司以畸應詔,力辭不就。或有勸之仕者,曰:"以經淑人得之,而仕是亦仕也。"其所著書有《周易解微》三卷、《禮記心法》二十卷、文集若干卷。東陽吳文炳作安田東塾,以教其鄉之學者,嘗聘先生爲主學,率其子弟敬事之。先生有《東塾記》云:"葉水心稱畸弓兩斛,力射令中。文章得歐、曾筆外法。"吳師道又稱其"材兼文武,然卒以不仕,亦高亢之士也"。②

按:徐畸(1127—1210),字南夫,一字書范,蘭溪人。爲朱震門人,終身隱居講學,學者稱其爲"天民先生"。著有《周易解微》三卷、《禮記心法》二十卷、文集若干卷。《(弘治)蘭溪縣志》所引徐畸《東塾記》與吳師道評語不見於《吳正傳先生文集》《吳禮部詩話》,以及弘治以前其他傳世文獻。因此,徐畸《東塾記》與吳師道評語極有可能來自於《敬鄉前録》。

(十三) 丘一中

《(弘治)蘭溪縣志》卷三《人物類·文學·丘一中》載:

---

① 《宋史》卷 417《范鍾傳》,第 12496 頁。
② 《(弘治)蘭溪縣志》卷 3《人物類·隱逸·徐畸》,第 193—194 頁。

丘一中,字履常,橫山人。能文章,有聲望。仕至武學博士,嘗添倅江州,爲閫帥汪紫源所知。一中閑居,薪米不繼,戲作《自寬詩》云:"仙都有敕到林泉,誰信祠官無俸錢?陶醉猶能麾客去,顏飢何至乞人憐?鹿蕉已是今無夢,枸杞曾傳昔有仙。餓死亦堪垂不朽,無緣箇箇珥貂蟬。"吳師道稱:"其詩清雋警拔,多可愛。"①

按:丘一中生平及《自寬詩》不見於《吳正傳先生文集》,《自寬詩》亦不見於明弘治以前的其他傳世文獻。不過,《吳禮部詩話》則提及丘一中曾作《景蘇堂記》與《答主簿短啓》,《吳禮部詩話》云:

東坡自黃移汝,別子由於高安,過瑞昌亭子山,題字崖石,點墨竹葉上,至今環山之竹,葉葉有墨點。景定中,王景琰主瑞昌簿,移植廳事,扁其堂曰景蘇,蓋簿廳東坡夜宿處也。吾鄉橫山丘一中,爲江州添倅,記其概,一時多賦詩者。僧道璨《無文》詩云:"一葉復一葉,也道幾翻覆。一點復一點,書墨要接續。親見長公來,一節不肯曲。見竹如見公,北麓能不俗。回首熙豐間,幾人愧此竹。翰墨直枝葉,點化到草木。長公有深意,此事付北麓。"語雖直致而意佳。北麓,景琰號也。丘記未見。其遺藁有《答主簿短啓》,中有云:"移來三兩竿之清風,拈起二百年之公案。所恨無顛米之筆,十丈捲船,何當登景蘇之堂,一尊酌月。"亦爲里人所傳誦云。②

筆者推測《敬鄉前錄》收錄了蘭溪人丘一中生平事迹與詩詞文章,《(弘治)蘭溪縣志》所載丘一中《自寬詩》與吳師道評語很可能出自《敬鄉前錄》。此外,《吳禮部詩話》所載丘一中《答主簿短啓》或許亦收入《敬鄉前錄》。

---

① 《(弘治)蘭溪縣志》卷3《人物類·文學·丘一中》,第192頁。
② 吳師道:《吳禮部詩話》(據《知不足齋叢書》本排印),北京:中華書局,1985年,第18頁。

四庫館臣收録《大明會典》的政治考量[*]

原瑞琴　河南師範大學歷史文化學院

摘　要：《大明會典》有一百八十卷弘治本和二百二十八卷萬曆本。《四庫全書總目》提要以"未見其本，莫知存佚，不足爲訓，世不甚傳"的態度抛開萬曆本而只收弘治本。筆者經考證，認爲四庫館臣修《四庫全書》時，内府實藏有萬曆本《大明會典》，但因萬曆本較弘治本有更多關于女真、元、蒙等部族史實的内容且帶有濃厚的"胡虜"色彩，四庫館臣出于重塑或維護清統治者形象，以利于清統治等政治考量做出取舍。

關鍵詞：四庫館臣；《大明會典》；政治考量

《大明會典》是一部明代官修的專述有明一代典章制度的典制體史書。其始纂于弘治十年(1497)三月，成于弘治十五年，經正德時參校後刊行，共一百八十卷，名曰《(弘治)大明會典》。[①] 嘉靖時兩次增補，萬曆時又加修訂，纂成重修本二百二十八卷，名曰《(萬曆)大明會典》。作爲有明一代典章制度之集大成者，《(萬曆)大明會典》已趨于完善，自問世以來一直受到明史研究者的重視。明人王世貞就認爲"《大明會典》一書實我祖宗經世大法，修典章以昭國紀，百司庶僚奉而行之"。對于《大明會典》，筆者曾撰文《〈大明會典〉的社會影響》專門説明了《大明會典》作爲明王朝各級官吏施政之依據，對于明代政權的有序運行産生的重要作用。本文擬就四庫館臣收録《大明會典》的政治考量談談自己的看法。

---

　　* 本文係河南省高等學校哲學社會科學優秀學者資助項目"《大明會典》整理研究"(項目編號：2015－YXXZ－05)的階段性成果。

　　① 《(正德)大明會典》實際上是正德皇帝對《(弘治)明會典》的校正、删補和刊行，並非重加改修。因此，筆者認爲通常所説的"《(正德)大明會典》"改稱爲"《(弘治)明會典》"則更妥當些。參見拙文《弘治〈大明會典〉纂修考述》，《中國社會科學院研究生院學報》2009年第3期。

一

《(萬曆)大明會典》刊行于萬曆十五年(1587),明朝各職能部門諸司即以此作爲施政之綱領行使職權,明清兩代許多公、私藏目錄書對《(萬曆)大明會典》都有著錄,如:明代著名的藏書家祁承爜的《澹生堂藏書目》卷三《史類第一·國朝史》記載:"《大明會典》四十册,一百八十卷,正德四年李東陽等輯。又六十册,二百二十八卷,萬曆十五年申時行等輯。"①此記載説明《(弘治)大明會典》和《(萬曆)大明會典》均被收藏。明代著名的藏書家、目錄學家徐燉所著《徐氏家藏書目》記載:"《大明會典》二百二十八卷,序作于萬曆壬寅初秋。"②同是明代著名藏書家的萬曆時秀才陳第所著書目《世善堂藏書目錄》亦記載:"《大明會典》二百三十八卷,萬曆初補修。"③清代著名學者、藏書家,《明史》總裁官徐乾學所著《傳是樓書目》記載:"《大明會典》二百二十八卷,十本。"④這些著名藏書家能如此著錄,説明了一個很重要的問題,那就是《(萬曆)大明會典》從萬曆十五年刊行到清初就一直在流傳使用,且著名的收藏家多有收藏。

以上是私修書目的記載,官修書目又是如何呢? 乾隆四十年(1775)纂修的《欽定天禄琳琅書目》,可謂是官修的最具權威性的内府藏書目,此書目記載:"《大明會典》二十函七十四册,明萬曆間重修,二百二十八卷,前孝宗弘治十五年《御製序》,次武宗正德四年《御製序》,次神宗萬曆十五年《御製序》,次弘治、正德、嘉靖、萬曆四朝《敕諭》,次《纂輯諸書》,次《開報文册衙門》,次《弘治間凡例》,次《嘉靖間續纂凡例》,次萬曆四年張居正、吕調陽、張四維等請敕禮部編輯事例送館《札子》,次萬曆間《重修凡例》,次萬曆十五年申時行、許國、王錫爵等《進書表》,次重修諸臣銜名。考《大明會典》一書,始修于弘治,重訂于正德,嘉靖時復加參補,增入弘治十六年以後事例,至萬曆間又增入嘉靖二十八年以後條例,校刊成書。故《明史·藝文

① (明)祁承爜:《澹生堂藏書目》卷3,馮惠民、李萬健等選編《明代書目題跋叢刊》,北京:書目文獻出版社,1994年,第952頁。
② (明)徐燉:《徐氏家藏書目》卷2,馮惠民、李萬健等選編《明代書目題跋叢刊》,第1625頁。
③ (明)陳第:《世善堂藏書目錄》,馮惠民、李萬健等選編《明代書目題跋叢刊》,第810頁。筆者按:《大明會典》二百三十八卷,蓋"二十"誤寫成了"三十"。
④ (清)徐乾學:《傳是樓書目》卷2。

志》稱爲萬曆中重修《大明會典》。"①這亦可以説明乾隆四十年内府中確實藏有《（萬曆）大明會典》。然而同是乾隆時期纂修的《四庫全書總目》僅僅著録弘治《明會典》的提要，稱："嘉靖八年復命閣臣續修《會典》五十三卷，萬曆四年又續修《會典》二百二十八卷。今皆未見其本，莫知存佚。殆以嘉靖時祀典太濫，萬曆時秕政孔多，不足爲訓，故世不甚傳歟。"②嘉靖八年續修《會典》未問世是不爭的事實，而"萬曆四年又續修《會典》二百二十八卷"，四庫館臣説"未見其本，莫知存佚"，未免有些過分。乾隆三十七年《四庫全書》開始修，乾隆四十七年初成，《四庫全書總目》基本與《四庫全書》同時纂修，《欽定天禄琳琅書目》的著録稱内府中藏有"《（萬曆）大明會典》二十函七十四册"，難道四庫館臣真的未能見到《（萬曆）大明會典》嗎？對于這個問題，目前學界也是衆説紛紜，莫衷一是。比如：清代律學家沈家本在《萬曆〈大明會典〉跋》中説："復修于萬曆即此本是。《明·藝文志》'故事類'所録者，此書也。所不可解者，天禄琳琅既藏有此書，何以《四庫全書總目》所收者但有弘治本，提要云：'嘉靖八年續修《會典》五十三卷，萬曆續修《會典》二百二十八卷。今皆未見其本，莫知存佚。'"他認爲四庫館臣實未見此書，故所言如此。他接着説："豈《天禄琳琅書目》編自内直諸臣之手，故館臣不及知歟？迨《書目》既成之後藏之内廷，館臣不獲寓目歟？"爲了説明四庫館臣真的"未見其本"，他還舉例説："有如《天禄琳琅書目》所載萬首唐人絶句，前編所録有兩宋本並一百一卷，而《四庫全書》所録，乃九十一卷。"他認爲"當日中秘之書不盡發交四庫館校閲。故館臣無從編述此書，亦其比也"。在當時收藏家書目所録"並弘治本，而無萬曆本"。沈家本認爲萬曆本"流傳甚希"，他便"以重值購置"，用于法律學堂學習參稽，以助于明制的研究。由此可見，萬曆本還是"殊可寶貴"的。著名目録學家王重民先生在著録《（萬曆）大明會典》時稱："四庫館中未有此本。"他認爲四庫館臣真的未見到《（萬曆）大明會典》。學界對此有不同意見。李晋華先生在其所撰《明代敕撰書考》中，對清《四庫全書》著録《大明會典》，據正德一百十八卷本而提出疑問，他説："《提要》云：'嘉靖續修本及萬曆續修本，今並不知存佚，殆以嘉靖間祀典太濫，萬曆間秕政孔多……'云云，不知何故四庫纂修時竟未見萬曆本也。"③以商傳先生和鞠明庫先生爲代表的學者

① （清）于敏中等：《欽定天禄琳琅書目》，《景印文淵閣四庫全書》第 675 册。
② （清）永瑢等：《四庫全書總目》卷 81《明會典》提要，北京：中華書局，1965 年。
③ 李晋華：《明代敕撰書考》，北平：燕京大學出版社，1932 年，第 54 頁。

亦認爲,四庫館臣修四庫時"未見"萬曆《大明會典》,並非確實。商傳先生認爲《(萬曆)大明會典》中記載了許多清統治者忌諱的内容,而《(正德)大明會典》不述,因此而有意回避。① 鞠明庫先生經過詳細考證,撰文《〈四庫全書〉緣何不收萬曆〈大明會典〉》論證《四庫全書》對《(萬曆)大明會典》是諱而不録。《提要》所稱"未見其本[《(萬曆)大明會典》],莫知存佚,世不甚傳"的説法,是有意撒謊。②

　　那麼,四庫館臣爲什麼要撒謊説"未見其本"呢? 四庫館臣在其收録時是以什麼爲標准呢? 筆者認爲,四庫館臣主要是從政治上來考量的。

二

　　明朝政權承續的是元的"正統",因此明初禮俗多因襲元朝,且盤踞在北方草原的元朝殘餘的蒙古部落與明朝廷仍然保持着朝貢關係,《(萬曆)大明會典》經過三修趨于完善嚴謹,較《(弘治)明會典》有更多關于元、蒙的内容,帶有濃厚的"胡虜"色彩。

　　如:《(萬曆)大明會典》卷一百七《朝貢三》記載:"自胡元遁歸沙漠,其餘孽世稱可汗。"③而《(弘治)明會典》中無此記載。《(萬曆)大明會典》卷一百三十《鎮戍五·各鎮分例二》記載:"固原在寧夏之南,成化以前,套虜未熾,獨靖虜一面備胡。"④《(萬曆)大明會典》卷一百七《朝貢三》記載:"嘉靖間,虜吉囊駐牧河套,近延宁。……夷使二十名。"⑤而《(弘治)明會典》均無此記載。《(萬曆)大明會典》卷一百七《朝貢三》又載:"國初設北平行都司。洪武十四年,以大寧地封子權爲寧王。二十一年,東夷遼王、惠寧王、朵顔元帥府元帥等各遣使來朝。二十二年,乃分兀良哈爲三衛于横水之北,曰朵顔,曰福餘,曰泰寧,以處降胡。"⑥而《(弘治)明會典》亦無此記載。

　　《(弘治)明會典》中涉及元、蒙的"胡""虜"字眼,四庫館臣對此進行了篡改,如:《四庫全書》本《明會典》中所載的弘治《明會典序》説:"惟我太祖高皇帝以至聖之

① 商傳:《〈明會典〉及其史料價值》,《史學史研究》1993 年第 2 期。
② 鞠明庫:《〈四庫全書〉緣何不收萬曆〈大明會典〉》,《河南圖書館學刊》2003 年第 3 期。
③ (明)申時行:《(萬曆)大明會典》卷 107《朝貢三·北狄》,北京:中華書局,1989 年,第 578 頁。
④ (明)申時行:《(萬曆)大明會典》卷 130《鎮戍五·各鎮分例二》,第 670 頁。
⑤ (明)申時行:《(萬曆)大明會典》卷 107《朝貢三·北狄》,第 578 頁。
⑥ (明)申時行:《(萬曆)大明會典》卷 107《朝貢三·北狄》,第 579 頁。

德，代前元而有天下。"①再看日本汲古書院 1989 年據東京大學圖書館藏本明正德六年司立監刻本影印《（正德）大明會典》本，弘治《明會典序》的行文則爲："惟我太祖高皇帝以至聖之德，驅胡元而有天下。"②顯見，四庫館臣是將"驅胡元"改成了"代前元"。③

又如：《（萬曆）大明會典》卷七十三《大宴樂》記載："拔劍起淮土，策馬定寰區。王氣開天統，寶曆應乾符。武略文謨，龍虎風雲創業初。將軍星繞弁，勇士月彎弧，選騎平南楚，結陳下東吳。跨蜀驅胡，萬里山河壯帝居。"④《四庫全書》本《明會典》卷七十一《禮部三》則記作："跨蜀驅長。"⑤將"胡"寫作"長"。而汲古書院本《（正德）大明會典》則記作："跨蜀驅胡。"⑥這正説明四庫館臣是有意改寫。

筆者認爲，《四庫全書》之所以全文收錄《（弘治）明會典》主要在于其絶大部分内容基本符合清統治者的要求，且對極少部分瑕疵已做過删改，在政治上得到了許可。

三

乾隆皇帝爲維護清朝的正統地位和統治的合法性，借修《四庫全書》之機，大力宣導文治，教化人心，特別看重對有益于教化世道人心的書籍。對影響清王朝統治的著述公開禁毀、摒棄；對書籍中違礙清人祖先的不雅字眼進行改易，甚至抽毀；對清先世女真人在崛起過程中大肆搶劫、長期向明廷朝貢、求討等有礙清統治者史料，進行封殺和毀棄。《（萬曆）大明會典》與《（弘治）明會典》在内容上相比，突出的表現即《（萬曆）大明會典》記載清人祖先女真的史實較爲詳細。

首先，《（萬曆）大明會典》載有關于明代統治者對清先人女真人聚居地的管治、女真人向明廷進貢、明廷賞賜女真朝貢人員、女真頭目向明廷求討等史實。比如：

① （明）孝宗：《明會典序》，（明）徐溥等撰、（明）李東陽等重修《明會典》，《景印文淵閣四庫全書》第 617 册。
② （明）孝宗：《御製大明會典序》，《（正德）大明會典》第一册，東京：汲古書院，1989 年，第 3 頁。
③ 原瑞琴：《〈大明會典〉版本考述》，《中國社會科學院研究生院學報》2011 年第 1 期。
④ （明）申時行：《萬曆大明會典》卷 73《大宴樂》，第 423 頁。
⑤ （明）徐溥等撰、（明）李東陽等重修：《明會典》卷 71《禮部三》，《景印文淵閣四庫全書》第 617 册。
⑥ 《（正德）大明會典》第二册，第 138 頁。

《(萬曆)大明會典·東北夷》載：

女直，古肅慎地。在混同江東、開原城北，東濱海，西接兀良哈，南鄰朝鮮，爲金餘孽。永樂元年，野人頭目來朝，其後悉境歸附。九年，始設奴兒干都司，建州兀者等衛及千百户所，以其酋長爲都督、都指揮、指揮、千百户鎮撫，賜敕印。又置馬市開原城以通貿易。蓋女直三種，居海西等處者爲海西女直，居建州、毛憐等處者爲建州女直。各衛所外又有地面、有站、有寨，建官賜敕，一如三衛之制。其極東爲野人女直。野人女直去中國遠甚，朝貢不常；海西、建州歲遣一人朝貢。建州衛、建州左衛、建州右衛、毛憐衛，每衛歲許一百人，建州寄住毛憐達子，歲十二人，其餘海西各衛並站所地面，每處歲不過五人。其都督來朝許另帶有進貢達子十五人同來。貢道由遼東開原城。近年定海西每貢一千人，建州五百人，歲以十月初驗放入關，十二月終止。如次年正月以後到邊者，邊臣奏請，得旨方准驗放。①

又如：《(萬曆)大明會典》卷一百十一《給賜二》記載：

東北夷女直進貢到京，都督每人賞彩緞四表裏，折鈔絹二匹。都指揮每人彩緞二表裏、絹四匹，折鈔絹一匹，各織金紵絲衣一套。指揮每人彩緞一表裏、絹四匹，折鈔絹一匹，素紵絲衣一套。以上靴襪各一雙。千百户、鎮撫、舍人頭目每人折衣彩緞一表裏、絹四匹，折鈔絹一匹。奏事來者每人紵絲衣二件、彩緞一表裏，折鈔絹一匹，靴襪各一雙。嘉靖十年奏准，女直進貢賞賜視敕書官職爲隆殺。

……

(嘉靖)四十三年題准，女直正賞彩緞絹匹，俱准折給銀兩。

求討。……建州左衛都督奏討大帽金帶，亦准與。嘉靖三年，毛憐衛都督奏討大帽金帶，查已授職三年，準與。②

<hr>

① （明）申時行：《(萬曆)大明會典》卷107《東北夷》，第579頁。
② （明）申時行：《(萬曆)大明會典》卷111《給賜二》，第594頁。

這几則史料詳細地記載了清室先世女真野人明初的聚居地、歸附、向明朝廷朝貢、明朝廷賞賜進京朝貢的女真官員及女真頭目向明朝廷求討等史實,而《(弘治)明會典》無此記載。

再如:《(萬曆)大明會典》卷一百一十五《番夷土官使臣下程》記載:"萬曆四年題准,朝鮮、琉球、暹羅、安南差來使臣下程,除欽賜及常例日支外,每三人五日加給鵝一隻、鷄二隻、酒四瓶、米一斗、果子五斤,隨從人等不加給。野人女直都督下程一次,每一人鵝一隻、鷄二隻、酒二瓶、米二斗、面二斤、果子四色、蔬菜厨料。"①而《(弘治)明會典》亦無此記載。

如此《(萬曆)大明會典》中有關"女直"的記載,而《(弘治)明會典》均無此記載,因而使其祖先女真之不光彩史迹隱匿。清朝統治者自稱受命于天,成爲當今之君主,然而其祖先女真人曾爲"東北夷",長期向明王朝朝貢、稱臣,有亂臣賊子奪權的嫌疑,所以四庫館臣稱"未見其本",則可冠冕堂皇地收錄《(弘治)明會典》,以完全隱没其臣屬曆史爲旨歸。

其次,《(萬曆)大明會典》對清室用了"虜寇"等不敬之語,並記載了清人祖先女真人在崛起的過程中曾頻繁地在遼東乃至入關搶掠的史實。如:《(萬曆)大明會典》卷一百二十九《鎮戍四·各鎮分例》載:

> 遼東孤懸千里,國初廢郡縣置衛所,以防虜寇。獨于遼陽、開原,設自在、安樂二州,處降夷。東北則女直建州、毛憐等衛,西北則朵顔、福餘、泰寧三衛,分地授官,通貢互市,寇盜亦少。嘉靖間虜入,大得利去,遂剽掠無時,邊人不得耕牧,城堡空虛,兵馬凋耗,戰守之難,十倍他鎮矣。②

這則史料反映了嘉靖以後,女真人勢力漸長,開始逐漸脱離明政府的統治,經常在遼東搶劫的歷史。而《(弘治)明會典》無此記載。

第三,《(萬曆)大明會典》涉及四夷内容的卷目較多,四夷名物稱謂亦不同,出現的違礙字詞極多,且蒙古部落、西南番族、西域部落名稱謂均有變化。這些内容

---

① (明)申時行:《(萬曆)大明會典》卷115《番夷土官使臣下程》,第604頁。
② (明)申時行:《(萬曆)大明會典》卷129《各鎮分例》,第666頁。

也是清政權非常忌諱或不屑的。如：《（萬曆）大明會典》記作"朵顔"，而《（弘治）明會典》記作"諾延"。《（弘治）明會典》卷九十九《禮部五十八·朝貢四》記作"諾延衛"。《（萬曆）大明會典》記作"朵甘思"，而《（弘治）明會典》記作"朵甘斯"。《（萬曆）大明會典》記作"達達"，而《（弘治）明會典》記作"韃靼"。《（萬曆）大明會典》記作"瓦剌"，而《（弘治）明會典》記作"衛喇特"。《（萬曆）大明會典》記作"畏兀兒"，而《（弘治）明會典》記作"輝和爾"。《（萬曆）大明會典》中的"哈辛"在《（弘治）明會典》中記作"喀三"。《（萬曆）大明會典》中記作"帖必力思"的，而在《（弘治）明會典》中記作"塔布喇實"。《（萬曆）大明會典》中的"剌麻"，《（弘治）明會典》中記作"喇嘛"。如此等等。兩部《大明會典》對同一四夷名物稱謂時有差异，但諧音多相近，四庫館臣對《大明會典》收録時檢其所愛，實爲在很大程度上掩蓋歷史以美化其形象。

綜上所述，清人祖先女真人曾長期臣服于明廷。有關明代統治者對清先人女真人聚居地的管治、女真人向明廷進貢、明廷賞賜女真朝貢人員、女真頭目向明廷求討以及女真崛起過程中曾在遼東、入關頻繁搶掠等史實，正是清代統治者所忌諱的，而《（萬曆）大明會典》又偏偏更多地記載了這些内容，這深深地觸痛了清統治集團，故而四庫館臣在纂修《四庫全書》時收録《（弘治）明會典》，而對藏于内府的《（萬曆）大明會典》不予收録，表面上以"未見《（萬曆）大明會典》，莫知存佚。以嘉靖時祀典太濫，萬曆時秕政孔多，不足爲訓，世不甚傳"爲理由，但隱藏其後的真正原因卻是清統治者對女真史實的忌諱。當然，四庫館臣對《大明會典》收録的政治考量並非是單一現象，亦通見于《四庫全書》對其他著作的著録和收録中，在此不再贅述。

《經義考》四庫本三種平議①

張宗友　南京大學古典文獻研究所副教授

摘　要：作爲經學總目，《經義考》集經學目録之大成，以著録宏富、體例完備、考證精詳而著稱，獲得清聖祖玄燁的襃獎，更受到清高宗弘曆的特别重視，不僅納入《四庫全書》，更優選進入《四庫全書薈要》，從而爲該著增加了系列四庫本。通過對《經義考》前四卷的校理與比較（以盧刻本爲底本），三種四庫本之品質與内在差异，因此得以論定：《薈要》本較佳，文淵本次之，而文津本復次之。

關鍵詞：朱彝尊；《經義考》；四庫本；傳本比較；校勘取徑

　　《四庫全書》是清高宗弘曆（1711—1799。年號乾隆，1736—1795 在位）爲構建極權帝國文獻體系而組織纂修的一部叢書②，“集古今學術之大成，一朝盛業，古所未有也”③，影響極爲深遠。關於此套叢書之文化貢獻，學界討論較多，有所批評，多集中於弘曆“寓禁于徵，寓毀于修”之禁毀策略④所帶來的文化破壞；叢書之傳本價值，也往往因其纂修、抄寫時存在各種訛誤而受到輕視，有底本傳世者尤其如此。本文意在通過《經義考》三種四庫本之考察，爲討論四庫本之得失等問題，提供一個案例，俾能推動四庫學及經學文獻整理等進一步走向深入。

---

① 本文係國家社會科學基金一般項目“朱彝尊論學詩研究”（17BZW118）的階段性成果。
② 參見張宗友：《論清高宗構建極權帝國文獻體系的歷史背景與制度設計——〈四庫全書〉與文獻傳承研究之一》，《古典文獻研究》第十八輯上卷，南京：鳳凰出版社，2015年，第15—37頁。
③ 金梁：《四庫全書纂修考跋》，《東方雜志》第二十一卷第九號，1924年，第106頁。
④ 關于弘曆禁毀策略，下列著述可參趙録綽《清高宗之禁毀書籍》（《國立北平圖書館館刊》，1933年，第七卷第五號，第1—33頁）、郭伯恭《四庫全書纂修考》第二章《寓禁于徵之實際情形》（收入周康燮主編《四庫全書》之纂修研究》，香港：大東圖書公司，1980年，第23—67頁）、張宗友《寓禁于徵，寓毀于修：論清高宗弘曆纂修〈四庫全書〉的禁毀策略——〈四庫全書〉與文獻傳承研究之二》（上篇載《古典文獻研究》第十九輯上卷，南京：鳳凰出版社，2016年，第1—27頁；下篇載《古典文獻研究》第十九輯下卷，南京：鳳凰出版社，2017年，第1—26頁）。

一、《經義考》及其四庫諸本

　　《經義考》(原撰三百卷,實際刻成二百九十七卷)係清初大家朱彝尊(號竹垞,字錫鬯,浙江秀水人)學術代表作之一。朱彝尊以詩、詞、古文等文學成就蜚聲文壇,稱一代文宗;復以治學勤勉、博通雅正聞名于世,所著如《詞綜》《明詩綜》《日下舊聞》等,均享譽學林。《經義考》通考上自先秦、下迄清初的歷代經學著述,凡八千四百餘條,著者四千三百餘家,堪稱"二千年來經部群籍之總匯"[1],"既是一部經學著述與資料的匯編,堪稱經學目錄的集大成之作;在一定程度上,又是一部有着目錄形式的、蘊含了朱氏本人經學見解的獨特的經學史"[2],"實史部譜録類一部最重要的書,研究'經史學'的人最不可少"[3]。

　　《經義考》問世後,針對其成例與不足,學人競起效仿、校訂、補正,相關成果,在清季即已形成校訂、補作、續作三個系列,從而形成以《經義考》爲核心文獻的著作群。[4] 但更應引起注意的是清廷對《經義考》的表彰與揄揚。康熙四十四年(1705)四月,清聖祖玄燁在杭州,向前來進獻《經義考》已刻之《易》《書》二種的朱彝尊,頒賜"研經博物"[5]匾額。前此之康熙十八年,玄燁親自將參與博學鴻儒試的朱彝尊拔擢爲一等,授翰林檢討,使與修《明史》。其後三藩平定,清祚漸固,鴻儒諸人漸被冷落,朱彝尊於兩度罷官(康熙二十三年、三十一年)後,再無仕意,歸田園居。玄燁此賜,既嘉獎朱氏能潛心著述,亦對其仕履失意,有所慰勉。使前明遺民、漢人知識分子上層,皓首於典籍與學問,從而消彌其抗清、復明之志氣,也正是玄燁徵召鴻儒的政治用意所在。

　　因朱彝尊財力有限,《經義考》僅刻成《易》《書》《詩》《禮》《樂》五類,凡一百六十七卷;餘下部分,直至乾隆二十一年(1756),方由盧見曾捐資刻成,並將全本上進,但當時未引起清廷的足够重視。弘曆發動《四庫全書》纂修工程(乾隆三十七年正

---

　　① 陳鴻森:《〈經義考〉劄迻》,鄭卜五主編《經學研究集刊》第五期,2008 年,第 101 頁。
　　② 張宗友:《〈經義考〉研究》,北京:中華書局,2009 年,第 343 頁。
　　③ 梁啟超:《中國近三百年學術史》之十三《清代學者整理舊學之總成績》,《飲冰室合集》第 10 冊,北京:中華書局,1989 年,第 203 頁。
　　④ 參見張宗友:《〈經義考〉研究》第七章《論〈經義考〉之學術影響》,第 234—248 頁。
　　⑤ 張宗友:《朱彝尊年譜》,南京:鳳凰出版社,2014 年,第 509 頁。

月初四日[1772 年 2 月 7 日]開始下詔求書),《經義考》重新進入弘曆的視野。乾隆四十二年(1777)四月壬寅,弘曆諭軍機大臣等:"朕閱四庫全書館所進鈔本朱彝尊《經義考》,於歷代説經諸書,廣搜博考,存佚可徵,實有裨於經學。朕因親製詩篇,題識卷首。此書現已刊行於世,聞書板尚在浙江。著將御製詩録寄三寶,就便詢問藏板之家,如願將朕此詩添冠卷端,聽其刊刻,亦使士林咸知朕闡崇經學之意。"詩云:

> 秦燔弗絶殆如繩,未喪斯文聖語曾。疑信雖滋後人議,述傳終賴漢儒承。天經地緯道由托,一貫六同教以興。蔡閣炎劉校誠趮,竹垞昭代撰堪稱。存亡若彼均詳注,文獻於兹率可徵。遠紹旁搜今古會,焚膏繼晷歲年增。考因晰理求其是,義在尊經靡不勝。枕葄寧惟資汲鑒,闡崇將以示孫曾。①

此詩頗能道出《經義考》之佳處,可證弘曆曾經細讀此書,也可證弘曆對文化史、學術史上著名事件(如焚書坑儒、劉向父子校書等),實諳熟於心;從建構文獻體系、實施文化方略的高度來審視《經義考》,弘曆更能發現此書的獨到價值。《經義考》以著録宏富、體例完備、考證精詳著稱,正好符合喜以文治武功自炫的極權統治者的文化需要,故而被視作本朝斯文興盛的表徵。明乎此,下列事實便順理成章:《經義考》不僅入選《四庫全書》,而且被優選進入《四庫全書薈要》,成爲弘曆手邊備覽的常備之書。

《經義考》進入弘曆視野並被選入《四庫全書》之後,遂于初稿本、初刻本、補刻本(盧見曾捐助。乾隆二十年刻成。此係《經義考》第一個較全之刊本,爲此後各種傳本之祖本。以下簡稱盧刻本)之外,又出現了成系列的四庫本,現存的主要有《四庫全書薈要》本(以下簡稱《薈要》本)、文淵閣《四庫全書》本(以下簡稱文淵本)、文津閣《四庫全書》本(以下簡稱文津本)等。《經義考》四庫諸本之優劣問題(包括四庫諸本相較于盧刻本之優劣、四庫諸本之間之優劣等),在四庫學、經學文獻整理等領域,都是重要論題;因爲《經義考》雖經弘曆揄揚,但並不意味着在"寓禁于徵,寓

---

① 《高宗實録》卷 1030,《清實録》第 21 册,北京:中華書局,1985 年,第 808 頁。三寶時任浙江巡撫。

毁于修"文化方略的籠罩下,《經義考》能够幸運地避免被删削改易的命運。那麽,四庫館臣怎樣對《經義考》進行改動? 這些改動出於何種目的? 其中有何種謬誤,有無正確之處? 如此種種,都有賴於對四庫諸本的深入研究。

　　實際上,對于四庫館臣如何改易《經義考》的問題,學界已有不少探索,尤其集中在如何篡改錢謙益諸説的問題上。 錢謙益(字受之、號牧齋、蒙叟、東澗老人,常熟人)因其士林領袖之身份、歷仕二朝之轉捩、暗結抗清之作爲,特别受到弘曆之憎惡,目之爲"貳臣",其著述自然是四庫館禁毁之重點。因此,從錢謙益等"問題"人物入手(同錢氏相類者還有金堡、曹溶、屈大均等),最能見出弘曆之好惡,易于探討四庫禁毁政策之實施。1992 年,吴政上先生對《四庫全書》本和《薈要》本《經義考》引録錢氏諸説的方式,有初步的整理。① 1998 年,楊晉龍先生對四庫館臣如何改易《經義考》中錢氏諸説,有較爲詳盡之研究。楊氏考察了弘曆對朱彝尊、錢謙益二氏及其詩文集的不同態度,清晰地揭示了弘曆對錢氏由輕視到仇視的轉變歷程;復對《經義考》中相關的七十條引文(其中實際引用錢氏文字者六十八條,由他人轉引者二條),一一詳考其出處,並對《薈要》本、文淵本改易情形,作了詳細考察②,得出了頗爲中肯而堅實的結論。③ 如楊氏認爲:"《經義考》在鈔録錢謙益之文時,已將違礙的'虜''夷''胡'等字主動删改,可見'文字獄'對朱彝尊的影響,也可能朱氏的'自我審查'使得《經義考》非常純净,因而得乾隆的特别青睞。"④這一探索,對於正確把握《經義考》的文字面貌及朱彝尊的著述心理,頗具啟示意義。"自我審查"的揭出,對政治高壓下士林心態的研究,提供了一個頗有創意的切入視角。在楊晉龍先生

───────────

　　① 楊晉龍:《〈四庫全書〉處理〈經義考〉引録錢謙益諸説相關問題考述》,《國立高雄師範大學國文學系第七屆所友學術討論會論文集》,1998 年,第 32 頁注 2。
　　② 據楊氏考察,《經義考》引録錢謙益之文六十八條,他人轉引二條,合計同錢氏有關者七十條;其中出自《初學集》和《有學集》者各五條,出自《列朝詩集小傳》者五十五條。《薈要》本改作"錢陸燦"者六十四條,改作"陸元輔"者一條,改作"錢啟新"和"錢有終"者各一條等,可能出於一人之手;文淵本改動情形則較爲複雜,可能由各負責人任意填充。(楊晉龍:《〈四庫全書〉處理〈經義考〉引録錢謙益諸説相關問題考述》,第 41—45 頁。)
　　③ 例如,四庫館臣將"錢謙益"改作"錢陸燦",楊氏分析云:"《列朝詩集小傳》實則錢陸燦(1612—1698)鈔輯《列朝詩集》前諸家《小傳》而成,那麽將出自《列朝詩集小傳》的文字,改稱爲'錢陸燦曰',豈非相當合宜。一則可應付乾隆的要求;再則可暗示後世讀者引文的來源;三則可免删削過多,影響文獻的完整。可見四庫館臣在改動時應當有過一番考慮,這當然以《薈要》本的修纂者表現較爲明顯,至文淵閣本則較爲紊亂,或者出於多人之手,故僅能達到應付乾隆和保持文獻完〔整〕的目的,無法暗示引文來源。"極爲精到。(楊晉龍:《〈四庫全書〉處理〈經義考〉引録錢謙益諸説相關問題考述》,第 46 頁。)
　　④ 楊晉龍:《〈四庫全書〉處理〈經義考〉引録錢謙益諸説相關問題考述》,第 48 頁。

既有研究的基礎上,林慶彰先生從明末以降的經學演進出發,對四庫館臣篡改《經義考》的情況,逐一加以例析,指出館臣"看似更用心篡改,其實是肆意妄作"之實際。[①]

以上從弘曆文化禁毀政策的角度研究《經義考》,可知在四庫館臣大加改動的前提下,《經義考》四庫本已然非復舊貌;就傳本優劣而言,四庫館臣的此類行爲,無疑是負面的、消極的,嚴重削弱了四庫本的傳本價值。

《經義考》四庫諸本皆是鈔本。在鈔寫過程中,不可避免地產生各類文字差异。那麼,在這些文字差异中,除了諸如改易錢謙益相關文字等禁毀舉措外,有無其他有益的、積極的改動,能够校正《經義考》之訛誤,從而提升該著之品質? 四庫諸本同盧刻本相比,其質量如何? 四庫諸本之間,有無差別? 此類問題的解決,均有賴于細緻的全文比勘與校理;在此基礎上,才能得出較爲謹慎的結論。

基于上述認識,現選取《經義考》前四卷作爲考察範圍,以盧刻本爲底本,對現存《薈要》本、文淵本、文津本進行全文對讀、細校,全面比較其中細微的文字差异,作爲對《薈要》本、文淵本、文津本予以進一步申論的基礎。

二、《經義考》四庫本三種前四卷校考

《經義考》前四卷,第一卷御注、敕撰類,第二卷至第四卷易類(分別是《連山》《歸藏》《周易》專卷)。此次校考,以盧刻本爲底本(《經義考》前一百六十七卷出於朱彝尊自刻,因此,前四卷實爲初刻本),對《薈要》本(《摛藻堂四庫全書薈要》,臺北:世界書局,1988 年影印本,第 237 册)、文淵本(《景印文淵閣四庫全書》,臺北:臺灣商務印書館,1986 年影印,第 677 册)、文津本(《文津閣四庫全書》,北京:商務印書館,2005 年影印,第 225 册)予以通校。必要時,也會引及《備要》本(北京:中華書局,1998 年影印)、點校本(《點校補正經義考》,林慶彰等,臺北:"中央研究院"文哲研究所籌備處,1997 年)、新校本(《經義考新校》,林慶彰等,上海:上海古籍出版社,2011 年)。爲討論方便,每條均加上序號。

---

① 林慶彰:《四庫館臣篡改〈經義考〉之研究》,《兩岸四庫學:第一屆中國文獻學學術研討會論文集》,臺北:臺灣學生書局,1998 年,第 261 頁。

（1）朕惟孝者，首百行而爲五倫之本，天地所以成化，聖人所以立教，通之乎萬世而無斁，放之於四海而皆準。（《經義考》卷一，"《御注孝經》"條，"順治十三年二月十五日，世祖章皇帝御製《序》曰"文。）

按："通之乎萬世而無斁"之"乎"字，文淵本（頁3）、文津本（頁449）同，而《薈要》本（頁412）脱。

（2）是知孝者，乃生人之庸德，無甚玄奇，抑固有之秉彝，非由外鑠，誠貴乎篤行，而非語言之間所得而盡也。（《經義考》卷一，"《御注孝經》"條，"順治十三年二月十五日，世祖章皇帝御製《序》曰"文。）

按："抑固有之秉彝"之"彝"字，《薈要》本（頁412）、文淵本（頁3）同，而文津本作"懿"（頁449）。檢《御注孝經》文淵本前此序，以"彝"爲是。

（3）總以孝之爲道甚大，而平故不必旁求隱怪，用益高深，誇示繁縟，徒滋複贅。（《經義考》卷一，"《御注孝經》"條，"順治十三年二月十五日，世祖章皇帝御製《序》曰"文。）

按："總以孝之爲道甚大"之"爲"字，《薈要》本（頁413）、文津本（頁450）同，文淵本（頁4）脱。

（4）朕紹祖宗丕基，孳孳求治，留心問學，命儒臣撰爲講義，務使闡發義理，裨益政治，同諸經史進講，經歷寒暑，罔敢間輟。（《經義考》卷一，"《日講四書解義》"條，"康熙十六年十二月八日，皇帝御製《序》曰"文。）

按："罔敢間輟"之"輟"字（"輟"之异體），《薈要》本（頁414）、文淵本（頁5）、文津本（頁450）俱作"輟"。按句意，當以"輟"爲是。《新校》注云："'輙'，依《四庫薈要》本、文淵閣《四庫》本、文津閣《四庫》本、《備要》本應作'輟'。"（頁4）《備要》本實誤作"輙"字（頁19），《新校》者誤校。

（5）分撰官十一人……日講官起居注翰林院侍讀學士加二級臣蔣弘道。（《經義考》卷一，"《日講四書解義》"條，"臣謹按"文。）

按："弘"，盧刻本缺末筆，文淵本（頁6）、文津本（頁450）同，《薈要》本（頁414）則作"宏"。均係避清高宗弘曆名諱。

（6）分撰官十一人……日講官起居注右春坊右中允兼翰林院編修臣董訥、儒林郎日講官起居注左春坊左贊善兼翰林院檢討臣王鴻緒。（《經義考》卷一，"《日講四書解義》"條，"臣謹按"文。）

按:"臣董訥儒林郎",《薈要》本(頁 415)、文淵本(頁 6)同,而文津本(頁 450)作"儒林郎臣董訥"。按署名書法,當以文津本爲是。知文津館臣對盧刻本有所是正。

(7)分撰官十三人……日講官起居注翰林院侍讀學士加二級臣蔣弘道,日講官起居注翰林院侍讀學士食正四品俸臣張英。(《經義考》卷一,"《日講書經解義》"條,"臣謹按"文。)

按:"蔣弘道",盧刻本缺末筆,文淵本(頁 7)、文津本(頁 451)同,《薈要》本作"宏"(頁 416)。均係避諱。

(8)朕夙興夜寐,惟日孜孜勤求治理,思古帝王立政之要,必本經學,嘗博綜簡編,玩索精蘊。(《經義考》卷一,"《日講易經解義》"條,"康熙二十二年十二月十八日,皇帝御製序曰"文。)

按:"玩索精蘊"之"蘊",《薈要》本(頁 416)、文淵本(頁 8)同,文津本則誤作"微"(頁 451)。

(9)若乃體諸躬行,措諸事業,有觀民設教之方,有通德類情之用,恐懼修省以治身,思患豫防以維世,引而伸之,觸類而長之,而治理備矣。(《經義考》卷一,"《日講易經解義》"條,"康熙二十二年十二月十八日,皇帝御製《序》曰"文。)

按:"措諸事業"之"諸",《薈要》本(頁 417)、文津本(頁 451)同,文淵本(頁 8)則誤作"之"。

(10)分撰官十八人……資政大夫日講官起居注詹事府少詹事兼翰林院侍講學士仍加詹事府詹事蔣弘道。(《經義考》卷一,"《日講易經解義》"條,"臣謹按"文。)

按:"弘",盧刻本缺末筆,文淵本(頁 9)、文津本(頁 451)均同,《薈要》本作"宏"(頁 417)。均係避諱。

(11)康熙二十九年四月二十四日皇帝御製序曰……(《經義考》卷一,"《孝經衍義》"條,"康熙二十九年四月二十四日皇帝御製《序》曰"文。)

按:"二十四日",《薈要》本(頁 418)、文淵本(頁 9)同,文津本(頁 451)脫。

(12)是故衍至德之義,則仁、義、禮、智、信之說備矣;衍要道之義,則父子、君臣、夫婦、昆弟、朋友之倫備矣。(《經義考》卷一,"《孝經衍義》"條,"康熙二十九年四月二十四日皇帝御製《序》曰"文。)

按:"朋友之倫備矣"之"倫"字,《薈要》本(頁 419)、文津本(頁 452)同,文淵本誤作"論"字(頁 10)。

(13) 臣謹按：《孝經衍義》總裁官二人：經筵講官翰林院學士兼禮部侍郎加禮部尚書管刑部右侍郎事葉方藹……(《經義考》卷一，"《孝經衍義》"條，"臣謹按"文。)

按："刑部右侍郎"之"刑"字，《薈要》本(頁 419)、文津本(頁 451)同，惟文淵本(頁 11)脱之。

(14)《連山》首乎《艮》，其卦具内外而一體，其位居東北之兩間，則向乎人之時焉，夏用人正，故其書以之。(《經義考》卷二，"《連山》"條，"方愨曰"文。)

按："其卦具内外"，《薈要》本(頁 421)、文淵本(頁 13)同，文津本作"其卦具乎内外"(頁 453)。朱彝尊《兩淮鹽策書引證書目》(國家圖書館藏劉履芬鈔本)載有方愨《禮記解義》一種，知朱氏曾利用此本，或竟藏有全帙。惜此書一時未能檢得。考衛湜《禮記集説》中所引("嚴陵方氏曰")，正作"其卦具内外而一體，其位居東北之兩間"①云云。則"乎"字顯係衍文。

(15) 卦爻之辭皆九六，惟《連山》《歸藏》以七八占。(《經義考》卷二，"《連山》"條，"方愨曰"文。)

按："占"字，《薈要》本(頁 421)、文淵本(頁 13)同，惟文津本脱之(頁 453)。

(16) 鄭諤曰：《連山》以《艮》爲首……言如山之相連也。(《經義考》卷二，"《連山》"條，"鄭諤曰"文。)

按："諤"，《薈要》本(頁 422)、文淵本(頁 13)、文津本(頁 453)均同。《新校》注云："'鄭諤'，各本俱誤，應作'鄭鍔'。"(頁 14)此能校出盧刻本之誤，極佳。檢點校本，已有注云："'諤'當作'鍔'，各本皆誤。"(頁 19)《新校》實承自點校本。

(17)《艮》，東北之卦也，故重《艮》以爲始，所謂《連山易》也。(《經義考》卷二，"《連山》"條，"羅泌曰"文。)

按："東北"，《薈要》本(頁 423)、文津本(頁 453)同，文淵本作"東方"(頁 14)。《新校》有校。朱彝尊《兩淮鹽策書引證書目録》(國家圖書館藏劉履芬鈔本)載有《路史國名記》一種，度朱氏或藏有《路史》全帙。羅泌《路史·後紀三·禪通紀·炎

---

① 衛湜：《禮記集説》卷 54，江蘇廣陵古籍刻印社影印《通志堂經解》本，1996 年，第 12 册，第 610 頁；又《景印文淵閣四庫全書》本，第 118 册，第 131 頁。

帝》記云：“炎帝神農氏，姓伊耆，名軌，一曰石年，是爲後帝皇君，炎精之君也。……乃命司怪主卜，巫咸、巫陽主筮，於是通其變以成天地之文，極其數以定天下之象，八八成卦，以酬酢而祐神，以通天下志〔之〕志，以定天下之業，謂始萬物終萬物者莫盛乎《艮》。《艮》，東北之卦也，故里〔種〕《艮》以爲始，所謂《連山易》也。”①此即朱彝尊所本。知確作“東北”，文淵本作“東方”有誤。考《路史》亦有文淵本，並作“東北”無誤。《經義考》此本，蓋四庫館謄鈔偶誤耳。

（18）春分，其卦也《臨》，其宿也氐、房。（《經義考》卷二，“《連山》”條，“朱元昇曰”文。）

按：“氐”，文淵本（頁15）、文津本（頁453）同，而《薈要》本作“氏”（頁424）。氐爲二十八宿之一，當以“氐”爲是。《新校》注云：“‘氐’，依文淵閣《四庫》本、文津閣《四庫》本應作‘氏’。”（頁18）所校相反，其誤顯然。

（19）長分消翕者，《連山易》至精至變至神之理寓焉。《乾》與《坤》對，《乾》之長即《坤》之消，《乾》之分即《坤》之翕，《坤》之長即《乾》之消，《坤》之分即《乾》之翕。《兑》與《艮》對，《離》與《坎》對，《震》與《巽》對，餘五十六卦，兩兩相對，長、分、消、翕，悉準八卦。（《經義考》卷二，“《連山》”條，“朱元昇曰”文。）

按：“五十六卦”，《薈要》本（頁424）、文津本（頁454）同，而文淵本作“六十四卦”（頁16）。此前已列八卦，其餘則有五十六卦，文淵本誤。

（20）八卦以序相循環，《連山》《歸藏》亦各有序，而其義未備。（《經義考》卷二，“《連山》”條，“孫宜曰”文。）

按：“有序”之“序”，《薈要》本（頁425）、文淵本（頁17）同，惟文津本誤作“叙”（頁454）。

（21）隋牛弘購得寓內遺書至三十七萬卷。（《經義考》卷二，“《連山》”條，“胡應麟曰”文。）

按：“寓”（“宇”之異體），文淵本（頁17）、文津本（頁454）均同，而《薈要》本徑作“宇”字（頁425）。《新校》作“寓”，注云：“依《四庫薈要》本應作‘宇’。”（頁19）檢《備要》本作“寓”（頁25），點校本亦作“寓”（頁25）。知《新校》作“寓”，實承自點校本。

---

① 羅泌：《路史》卷12，明嘉靖洪梗刻本，《四庫提要著録叢書》第191冊，北京：北京出版社，2013年，第79—81頁。

按句意，當以"宇"爲是。

（22）艮爲山，上下兩艮，故曰《連山》。（《經義考》卷二，"《連山》"條，"郝敬曰"文。）

按：《連山》，《薈要》本（頁 425）、文淵本（頁 17）同，文津本脱"山"字（頁 454）。

（23）孫奇逢曰……（《經義考》卷二，"《連山》"條，"孫奇逢曰"文。）

按："逢"，《薈要》本（頁 425）、文淵本（頁 17）同，惟文津本誤作"峰"字（頁 454）。

（24）桓譚謂《連山》八萬言，《歸藏》四千三百言。（《經義考》卷二，"《連山》"條，"黃宗炎曰"文。）

按："四千"，《薈要》本（頁 426）、文津本（頁 454）同，惟文淵本誤作"七千"（頁 17）。

（25）有馮羿者，得不死之藥於西王母，姮娥竊之以奔月。（《經義考》卷二，"《連山》"條，"（朱彝尊）按"文。）

按："姮娥"，《薈要》本（頁 426）、文淵本（頁 18）同，而文津本誤作"姮嫦"（頁 454）。

（26）黃佐《六藝流別》載《連山》繇辭……《姤·初八》曰："□蛇于窟，滋葦之牙。"（《經義考》卷二，"《連山》"條，"（朱彝尊）又按"文。）

按："□蛇于窟"首字，《薈要》本（頁 426）、文津本（頁 454）注文作"闕"，文淵本作"聚"（頁 18）。《新校》已予注出。據校語，知四庫館臣已將《經義考》所闕之字補足。考黃佐《六藝流別·易藝》"《連山》繇"條："《復·初七》曰：'龍潛于津，存神無畛。'《象》曰：'復以存神，可致用也。'《剥·上七》曰：'數窮致剥，終吝。'《象》曰：'致剥而終，不知變也。'《姤·初八》曰：'□蛇于窟，滋葦之牙。'《象》曰：'陰滋牙，不可長也。'《中孚·初八》曰：'一人知女，尚可以去。'《象》曰：'女未歸，孚不中也。'"[1]此明刻本，"聚"字已脱，或即朱彝尊所據者。文淵館臣能補"聚"字，極佳（惟所據何本，尚不能考知）。

（27）《歸藏》之經，大明迁怪，乃稱羿斃十日，常娥奔月。（《經義考》卷三，"《歸藏》"條，"劉勰曰"文。）

按：經檢，《薈要》本（頁 429）、文津本（頁 455）俱作"常"，惟文淵本作"嫦"（頁 18）。據《文選》中《月賦》《宣貴妃誄》《祭顏光録》等篇注引《歸藏》"昔常娥以不死之

①　黃佐：《六藝流別》卷 20，明嘉靖四十一年歐大任刻本，《四庫全書存目叢書·集部》第 300 册，第 487 頁。

藥奔月”之文,知初作“恒娥”(《淮南子·覽冥篇》高誘注引),因避諱作“常娥”,後又寫作“嫦”或“姮”①。當從盧刻本作“常娥”。

(28)《歸藏》《初經》,卦皆六位,其卦有《明夷》《熒惑》《耆老》《大明》之類。昔啟筮《明夷》,鯀治洪水、枚占《大明》,桀筮《熒惑》,武王伐商、枚占《耆老》,曰“不吉”,是也。(《經義考》卷三,“《歸藏》”條,“羅苹曰”文。)

按:“熒惑”,文淵本(頁 20—21)、文津本(頁 455)同,而《薈要》本作“熒惑”(頁 430)。熒惑係火星之別名,《歸藏》用作卦名。《薈要》本所正爲是。

(29)《歸藏》之文,有乾爲天、爲君、爲父、爲大赤、爲辟、爲卿、爲馬、爲禾、爲血卦之類,知與今《易》通矣。(《經義考》卷三,“《歸藏》”條,“(羅苹)又曰”文。)

按:“爲馬”,《薈要》本(頁 430)、文津本(頁 455)同,文淵本(頁 21)脱。

(30)《節卦》云“殷王其國,常毋谷月”之類,其卦是也,其文非也。(《經義考》卷三,“《歸藏》”條,“(羅苹)又曰”文。)

按:“毋”,《薈要》本(頁 430)、文淵本(頁 21)、文津本(頁 455)俱作“母”。“毋”“母”形近易混。朱彝尊藏有羅氏《路史注》一書(載《兩淮鹽策書引證書目》),但上引羅氏之説尚無考,須別求旁證。考宋人黃仲元《四如講稿》所引《節卦》云:“殷王其國常母谷。”②王應麟《玉海》所引同。③ 知當以“母”爲是。(《經義考》“谷”後一“月”字,不知是羅氏原文如此,抑或朱氏誤衍。)

(31) 夏后氏《連山易》不可得而見,商人《歸藏易》今行於世者,其經卦有八,重卦已有六十四。經卦八……謂《震》爲《薑》,薑者,理也,以帝出乎《震》,萬物所始條理者也。(《經義考》卷三,“《歸藏》”條,“(李過)又曰”文。)

按:“者也”,《薈要》本(頁 431)、文淵本(頁 26 同),文津本誤作“也者”(頁 455)。

(32)《連山》《歸藏》乃夏、商之《易》……而《連山》出於劉炫僞作,《北史》明言之,度《歸藏》之爲書亦此類爾。(《經義考》卷三,“《歸藏》”條,“馬端臨曰”文。)

按:“此類”,《薈要》本(頁 431)、文津本(頁 456)同,而文淵本誤作“類此”

① 以上參《增訂文心雕龍校注》所考(黃叔琳注,李詳補注,楊明照校注拾遺,中華書局,2000 年,第240—241 頁)。胡應麟嘗考“嫦娥”源流,以爲實因“常儀占月”而誤(見胡氏《藝林學山(七)》,《少室山房筆叢》卷 25,上海:上海書店出版社,2001 年,第 243 頁)。
② 黃仲元:《四如講稿》卷 5,《景印文淵閣四庫全書》第 183 册,第 789 頁。
③ 王應麟撰,武秀成、趙庶洋校證:《玉海藝文校證》卷 1,南京:鳳凰出版社,2013 年,第 12 頁。

（頁27）。

（33）《蠱》爲蜀，蜀亦蠱也，但《蠱》之義深遠矣。（《經義考》卷三，"《歸藏》"條，"黃宗炎曰"文。）

按："蜀亦蠱也"之"蠱"，《薈要》本（頁433）、文津本（頁456）同，而文淵本誤作"蠹"（頁40）。

（34）《漢志》："十二篇。"（《經義考》卷四，"《周易》"條。）

按："《漢志》"之"志"，《薈要》本（頁437）、文淵本（頁21）同，而文津本誤作"制"（頁458）。

（35）《易》始八卦，而文王六十四。（《經義考》卷四，"《周易》"條，"楊雄曰"文。）

按：本條文津本全脫。"楊雄"之"楊"，《薈要》本（頁437）、文淵本（頁29）俱作"揚"，較佳。

（36）《易緯》云"因代以題周"是也。（《經義考》卷四，"《周易》"條，"孔穎達曰"文。）

按："是"，《薈要》本（頁439）、文淵本（頁30）同，惟文津本作"故"（頁458）。此句本諸孔穎達《周易正義序·第三論三代易名》，以"是"爲是。

（37）《易·繫辭》云："《易》，窮其變，變則通。"（《經義考》卷四，"《周易》"條，"胡瑗曰"文。）

按："窮則變"之"則"，《薈要》本（頁440）、文津本（頁458）同，而文淵本（頁31）誤作"其"。

（38）《易》從日從月，天下之理，一奇一偶盡矣。（《經義考》卷四，"《周易》"條，"鄭厚曰"文。）

按："一奇一偶"之"偶"，《薈要》本（頁442）、文淵本（頁33）同，而文津本作"耦"（頁459）。奇、偶相對，"耦"與"偶"通。《經義考》卷二十五著錄有鄭厚《存古易》一種，而其書已佚，其說無考。胡一桂《周易啟蒙翼傳·上篇·天地自然之易》，所引"鄭氏（厚）曰"[1]文字，《經義考》所引者與之全同，正作"偶"字。朱彝尊或即據胡著析出。故此處仍當作"偶"。文津本因音同而傳抄偶誤。

---

① 胡一桂：《周易啟蒙翼傳》，《通志堂經解》第3冊，揚州：江蘇廣陵古籍刻印社，1996年，第490頁；又《景印文淵閣四庫全書》第22冊，第201—202頁。

（39）竊疑卦爻之辭本爲卜筮者斷吉凶，而因以訓誡。至《彖》《象》《文言》之作，始因其吉凶訓戒之意，而推説其理義以明之。（《經義考》卷四，“《周易》”條，“朱子曰”文。）

按：“吉凶訓戒”之“戒”，《薈要》本（頁 444）、文淵本（頁 36）作“戒”，而文津本作“誡”（頁 43）。朱子此語，引述者衆，常“戒”“誡”相混。朱鑑《文公易説》[①]、董真卿《周易會通》二書較早[②]，文中兩處均引作“訓戒”。如以二書爲據，仍以盧刻本“戒”字爲是。文津本作“誡”，蓋書手蒙前一“誡”字而誤。

（40）諸卦之名，以象取之，聖人重復殷勤其辭以訓釋之，多至數十百言未已，蓋其難明如此。（《經義考》卷四，“《周易》”條，“（葉適）又曰”文。）

按：“殷勤其辭”之“辭”，《薈要》本（頁 446）、文淵本（頁 37）同，文津本作“詞”（頁 461）。古人“辭”“詞”常混。考朱彝尊所録葉適之語，出於葉氏《習學記言》：“按：《上、下繫》《説卦》浮稱泛指，去道雖遠，猶時有所明。惟《序卦》最淺鄙，於《易》有害。按諸卦之名，以象取之，與文字錯行於世者少，聖人重復殷勤其詞以訓釋之，多至數十百言而未已，蓋其難明如此。今《序卦》不然，以是爲天地萬物之所常有也，鱗次櫛比而言之，以是爲鉛槧篆籀之常文也。嗟乎！使其果若是，則束而聯之，一讀而盡矣，奚以《易》爲？學者尺寸不辨，而謂有見於無窮，吾不知也。”[③]據此，知其字當以“詞”爲是，故應據文津本改。

（41）夫《關雎》《鵲巢》，明指義類，自家形國，以是爲后妃夫人者，蓋以其事言也。若天地陰陽，則象之而已，其父母、夫婦、男女安在耶？（《經義考》卷四，“《周易》”條，“（葉適）又曰”文。）

按：“自家形國”之“形”，文津本（頁 461）同，而《薈要》本（頁 446）、文淵本（頁 38）俱作“刑”。考葉氏《習學記言》之明鈔本、文淵本、標點本[④]，俱作“形”。

---

① 朱鑑：《文公易説》卷 21。“而因以訓誡”，《景印文淵閣四庫全書》本（第 18 册，第 829—830 頁）同，而江蘇廣陵古籍刻印社影印《通志堂經解》本（題《晦庵先生朱文公易説》。第 2 册，第 365 頁），引作“而具訓誡”。

② 董真卿：《周易會通·朱子説易綱領》。“而因以訓誡”，《景印文淵閣四庫全書》本（第 26 册，第 109 頁）同，而江蘇廣陵古籍刻印社影印《通志堂經解》本（題《周易經傳集程朱解》。第 4 册，第 187 頁），引作“而具訓誡”。

③ 葉適：《習學記言》卷 4，國家圖書館藏明鈔本；《習學記言序目》卷四“序卦”條，標點本（北京：中華書局，1977 年，第 50 頁）。

④ 葉適：《習學記言序目》卷 2“咸恒”條，第 19 頁。

（42）聖人作《易》，本以明道，其緒餘可以卜筮而已。而後之言陰陽者、言星曆者、言樂律者，莫不於《易》求之；求之自以爲得，配之自以爲合，然於聖人之意則非也。（《經義考》卷四，"《周易》"條，"章如愚曰"文。）

按："求之自以爲得"之"得"，《薈要》本（頁 447）、文淵本（頁 38）同，而文津本作"配"（頁 461）。檢章如愚之説，出自《群書考索・別集卷三・經籍門》"易"類"當期之日"條，其字乃作"得"字[①]。知文津本涉下文"配"字而誤。（又，章著"然於"之"於"，原作"則"字。）

（43）《上經》以四正卦爲主，首《乾》《坤》而終《坎》《離》，與《先天圖》南北東西四方卦合。（《經義考》卷四，"《周易》"條，"胡一桂曰"文。）

按："四方"之"四"，《薈要》本（頁 447）、文淵本（頁 39）同，文津本（頁 461）脱。

（44）或疑《上經》卦三十，《下經》卦三十四，多寡不均，殊不知卦有對體、有覆體。（《經義考》卷四，"《周易》"條，"俞琰曰"文。）

按："均"，《薈要》本（頁 448）、文淵本（頁 40）同，而文津本作"同"（頁 461）。所引俞琰文字，出於俞氏《周易上下經説》（載氏著《周易集説》卷首）。經檢，原文正作"均"字[②]，文津本有誤。朱彝尊曾助徐乾學、納蘭性德刻《通志堂經解》，對此書當較爲知悉。

（45）《易》有聖人之道四，而伊川《易傳》止尚其辭，康節數學止尚其象，《漢上易説》止尚其變，晦庵《本義》止尚其占。（《經義考》卷四，"《周易》"條，"王申子曰"文。）

按："尚其辭"，《薈要》本（頁 449）、文淵本（頁 41）同，而文津本作"尚存其辭"（頁 462）。檢王申子答"問辭象變占"條[③]，知"尚其辭"者，原本諸《繫辭》，故文津本衍一"存"字。《新校》有校，未加按斷。

（46）善讀《易》者……又須分別四聖之《易》，通卦名義，然後以《本義》、程《傳》相參考，沿流溯源，由蘊探精，分合看之，遠近取之，則數存象列，言盡理得。（《經義考》卷四，"《周易》"條，"王希旦曰"文。）

---

① 章如愚：《山堂考索》，北京：書目文獻出版社，1991 年，第 1280 頁。
② 俞琰：《俞氏易集説》卷首，《通志堂經解》第 3 册，第 306 頁。
③ 王申子：《大易緝説》卷 2，《通志堂經解》第 2 册，第 402 頁；又《四庫全書薈要》本，第 11 册，第 455 頁。

按：“由蘊探精”之“蘊”，《薈要》本（頁 449）、文淵本（頁 41）、文津本（頁 462）俱改作“粗”。檢《周易傳義大全》（文淵本實即胡廣《周易大全》）之《易説綱領》，注引“葵初王氏曰”（王希旦，字愈明，號葵初，饒州德興人），乃作“蘊”字①，知盧刻本爲正，而《薈要》本、文淵本、文津本俱誤。《新校》以“粗”爲是，誤校。

（47）吾邱衍曰：俗儒談《易》，多鄙象數。（《經義考》卷四，“《周易》”條，“吾邱衍曰”文。）

按：“邱”，文津本（頁 462）同，而《薈要》本（頁 450）、文淵本（頁 41）俱作“丘”。清世宗胤禛下令，爲避孔子諱，“丘”改作“邱”。文津館臣不改，蓋一時疏忽。

（48）又按《説文》，蒼頡製易字，象蜥蜴形，蜥蜴善變，則知古人托之以喻其變不疑也。〔《經義考》卷四，“《周易》”條，“（吾邱衍）又曰”文。〕

按：“托之”，文淵本（頁 41）同，文津本作“託之”（頁 462），而《薈要》本（頁 450）脱。

（49）郭于章曰：《書》皆始於人，惟《易》始於天。（《經義考》卷四，“《周易》”條，“郭于章曰”文。）

按：“郭于章”之“于”，《薈要》本（頁 451）、文津本（頁 462）同，而文淵本作“子”（頁 43）。《經義考》卷五十七有“郭氏（子章）《蟫衣生易解》”條，下引陸元輔曰：“郭子章，字相奎，號青螺，又號蟫衣生，泰和人。隆慶辛未進士，累官都察院巡撫貴州。”知當作郭子章。盧刻本有誤，《薈要》本、文津本均承誤未改，而文淵本獨能正其誤。

（50）《小畜》《履》《隨》《蠱》皆隱用文、武爲象。（《經義考》卷四，“《周易》”條，“郝敬曰”文。）

按：“爲”，《薈要》本（頁 452）、文津本（頁 463）同，而文淵本誤作“之”（頁 44）。

（51）孔子神明天縱……而世儒猶謂孔子有未盡之《易》，以待夫陳摶、魏伯陽、邵堯夫《先天》《後天》《方圓》等圖出而後義《易》見。〔《經義考》卷四，“《周易》”條，“（郝敬）又曰”文。〕

按：“見”，《薈要》本（頁 453）、文淵本（頁 44）同，文津本（頁 463）脱。

---

① 《周易傳義大全》，《景印文淵閣四庫全書》第 28 册，第 64 頁。

（52）以交易、變易言《易》，不若"生生之謂《易》"一語括其要也。（《經義考》卷四，"《周易》"條，"張伯楓曰"文。）

按：本條，《薈要》本（頁 454）、文津本（頁 463）同，文淵本（頁 45）脱。

（53）《易》之有《彖》《象》《文言》也，猶文家之有注釋也；《易》之有《繫辭》也，猶文家之有評論也。（《經義考》卷四，"《周易》"條，"洪化昭曰"文。）

按："評論"，《薈要》本（頁 454）、文淵本（頁 45）同，而文津本誤作"議論"（頁 463）。

（54）世謂包羲作八卦，文王重爲六十四，文王係《彖辭》，周公繫《爻辭》，俱非也。（《經義考》卷四，"《周易》"條，"徐在漢曰"文。）

按："文王係《彖辭》"之"係"，當作"繫"，《薈要》本（頁 454）、文淵本（頁 46）、文津本（頁 463）均承盧刻本之誤。

（55）世儒有今《易》、古《易》之分。夫文王演羲皇之《易》，孔子翼文王之《易》，後學由孔子之《易》求文王之《易》，由文王之《易》求羲皇之《易》，則知三聖人無二《易》，千萬世無二《易》，聖人先得我心所同然。（《經義考》卷四，"《周易》"條，"徐在漢曰"文。）

按："由文王之《易》"之"易"，《薈要》本（頁 455）、文淵本（頁 46）同，而文津本誤作"翼"（頁 464）。

（56）易，從旦從勿。（《經義考》卷四，"《周易》"條，"黄宗羲曰"文。）

按："易"，《薈要》本（頁 456）、文淵本（頁 47）、文津本（頁 464）同，備要本（頁 38）作"昜"。按句意，當以"昜"爲是。三種四庫本均承盧刻本而誤。

（57）勿者，指其象若旗旀也。（《經義考》卷四，"《周易》"條，"黄宗炎曰"文。）

按："旗"，《薈要》本（頁 456）、文津本（頁 464）同，而文淵本作"旂"（頁 47）。"旂"是"旗"之異體，以"旗"爲正。

三、《經義考》四庫本三種前四卷异文之統計

以上對《經義考》盧刻本及三種四庫本（《薈要》本、文淵本、文津本）前四卷文本逐一予以校考，其結果，可以簡略地用下表表示：

表 1　《經義考》盧刻本及三種四庫本前四卷异文匯總表

條　數	盧刻本	《薈要》本	文淵本	文津本	備　注
(1)	乎	——	乎	乎	《薈要》本脱
(2)	彞	彞	彞	懿	文津本誤
(3)	爲	爲	——	爲	文淵本脱
(4)	輙	輒	輒	輒	盧刻本誤
(5)	弘	宏	弘	弘	均係避諱缺筆或改字
(6)	臣董訥儒林郎	臣董訥儒林郎	臣董訥儒林郎	儒林郎臣董訥	倒文,文津本正
(7)	弘	宏	弘	弘	均係避諱缺筆或改字
(8)	蘊	蘊	蘊	微	文津本誤
(9)	諸	諸	之	諸	文淵本誤
(10)	弘	宏	弘	弘	均係避諱
(11)	二十四日	二十四日	二十四日	——	文津本脱
(12)	倫	倫	論	倫	文淵本誤
(13)	刑	刑	——	刑	文淵本脱
(14)	具内外	具内外	具内外	具乎内外	文津本衍"乎"字
(15)	占	占	占	——	文津本脱
(16)	譌	譌	譌	譌	當作"鍔",各本皆誤
(17)	東北	東北	東方	東北	文淵本誤
(18)	氐	氏	氐	氐	《薈要》本正,盧刻本、文淵本、文津本誤
(19)	五十六卦	五十六卦	六十四卦	五十六卦	文淵本誤
(20)	序	序	序	叙	文津本誤
(21)	寓	宇	寓	寓	异體,以"宇"爲正
(22)	連山	連山	連山	連	文津本脱
(23)	逢	逢	逢	峰	文津本誤
(24)	四千	四千	七千	四千	文淵本誤
(25)	姮娥	姮娥	姮娥	姮嫦	文津本誤
(26)	□	注"闕"	聚	注"闕"	文淵本能補其字,佳
(27)	常娥	常娥	嫦娥	常娥	以"常娥"爲正

續　表

條　數	盧刻本	《薈要》本	文淵本	文津本	備　注
(28)	熒惑	熒惑	熒惑	熒惑	《薈要》本爲正,盧刻本、文淵本、文津本當改
(29)	爲馬	爲馬	——	爲馬	文淵本脱
(30)	毋	母	母	母	盧刻本誤,《薈要》本、文淵本、文津本正
(31)	者也	者也	者也	也者	文津本誤倒
(32)	此類	此類	類此	此類	文淵本誤倒
(33)	蟲	蟲	蠱	蟲	文淵本誤
(34)	志	志	志	制	文津本誤
(35)	楊雄曰……	揚雄曰……	揚雄曰……	——	文津本本條全脱
(36)	是	是	是	故	文津本誤
(37)	則	則	其	則	文淵本誤
(38)	偶	偶	偶	耦	文津本誤
(39)	戒	戒	戒	誡	文津本誤
(40)	辭	辭	辭	詞	文津本正,盧刻本、《薈要》本、文淵本誤
(41)	形	刑	刑	形	《薈要》本、文淵本誤
(42)	得	得	得	配	文津本誤
(43)	四方	四方	四方	方	文津本脱
(44)	均	均	均	同	文津本誤
(45)	尚其辭	尚其辭	尚其辭	尚存其辭	文津本衍
(46)	蘊	粗	粗	粗	盧刻本正,《薈要》本、文淵本、文津本誤
(47)	邱	丘	丘	邱	文津本未諱改,誤
(48)	托之	——	托之	託之	《薈要》本脱,文津本異體
(49)	于	于	子	于	文淵本正,盧刻本、《薈要》本、文津本誤
(50)	爲	爲	之	爲	文淵本誤

續　表

條　數	盧刻本	《薈要》本	文淵本	文津本	備　注
(51)	見	見	見	——	文津本脱
(52)	張伯樞曰	張伯樞曰	——	張伯樞曰	本條文淵本脱
(53)	評	評	評	議	文津本誤
(54)	係	係	係	係	均誤
(55)	易	易	易	翼	文津本誤
(56)	易	易	易	易	均誤
(57)	旗	旗	旂	旗	以"旗"爲正

　　以表1爲基礎,《經義考》之盧刻本以及三種四庫本(《薈要》本、文淵本、文津本)存在之异文類型及所涉條數,可歸納爲下表:

表 2　《經義考》盧刻本及三種四庫本前四卷异文統計表①

傳　本	异文類型	所涉條數	小　計	合　計
盧刻本	誤	(4)(16)(18)(28)(30)(40)(49)(54)(56)	9	10
	倒	(6)	1	
	避諱	(5)(7)(10)	3	
《薈要》本	誤	(16)(40)(41)(46)(49)(54)(56)	7	10
	脱	(1)(48)	2	
	倒	(6)	1	
	避諱	(5)(7)(10)	3	
文淵本	誤	(9)(12)(16)(17)(18)(19)(24)(27)(28)(33)(37)(40)(41)(46)(50)(54)(56)	17	24
	脱	(3)(13)(29)(51)(52)	5	
	倒	(6)(32)	2	
	避諱	(5)(7)(10)	3	

---

　　①　説明:第(26)條涉及補闕(盧刻本有闕字,《薈要》本、文津本僅注出之,而文淵本能補之),不易歸入异文類型内,因此未計入此表。

續　表

傳　本	异文類型	所涉條數	小　計	合　計
文津本	誤	(2)(8)(16)(18)(20)(23)(25)(28)(34)(36)(38)(39)(42)(44)(46)(47)(49)(53)(54)(55)(56)	21	30
	脱	(11)(15)(22)(35)(43)	5	
	衍	(14)(45)	2	
	倒	(31)	1	
	异體	(57)	1	
	避諱	(5)(7)(10)	3	

四、結論

通過上文對《經義考》盧刻本及三種四庫本（《薈要》本、文淵本、文津本）前四卷之校考與匯總、歸納，可以得出如下結論（因避諱所造成的文字形體差异除外）：

1. 盧刻本出現誤字 9 處，倒文 1 處，合計 10 處。作爲《經義考》第一個較全之刻本（前四卷屬於初刻本，朱彝尊親手爲之），盧刻本在諸本中文字差异最小，體現了該本作爲初刻本的優越性，理應作爲《經義考》整理之底本。

2.《薈要》本有誤字 7 處，脱文 2 處，倒文 1 處，合計 10 處。如所周知，《四庫全書薈要》是四庫館臣精心挑選的一套叢書，目的是供乾隆帝親覽，因此其傳鈔水平是很高的。《經義考》《薈要》本前四卷僅有 10 處文本差异，竟同底本（盧刻本）持平，即是明證。

3. 文淵本有誤字 17 處，脱文 5 處，倒文 2 處，合計 24 處。作爲第一份辦理完訖的《四庫全書》，四庫館臣對此書花費了巨大的心血與精力。儘管如此，《經義考》文淵本前四卷存在文字差异的數量，竟是《薈要》本的兩倍多；可見文淵館臣用心有差，且此本之品質，實不如《薈要》本精善。

4. 文津本有誤字 21 處，脱文 5 處，衍文 2 處，倒文 1 處，异體字 1 處，合計 30 處。從文字差异類型上看，文津本較《薈要》本、文淵本多出衍文、异體字兩個類型；從差异數量上，文津本比文淵本多出五分之一，更是《薈要》本的三倍；近占三種四庫本文字差异總數之一半。可證文津館臣在辦理此書時,其態度又不能同文淵館臣相提並論,更較《薈要》館臣相去甚遠。

5. 綜合起來看,在四庫諸本中,《薈要》本質量最佳,文淵本次之,文津本最下。

6.《薈要》本、文淵本、文津本雖然質量有差異,但是各有其佳處,甚至分別能糾正底本(盧刻本)之誤(如(4)(16)(18)(28)(30)(40)(49)等條),因此,都是《經義考》很重要的傳本;在進行《經義考》之點校、整理及深入研究之時,都不可或缺,需予參考。

7. 當然,由于本文選取的樣本僅有四卷,如果推及全書,上述統計數字之比例,可能有所出入;但從總體上看,上述結論之準確性,應予定論。本題之研究與結論,實爲討論四庫本之優劣等問題,提供了一個較爲可信的樣本。

討論四庫本之優劣,有兩種取徑,一是從乾隆帝之禁毀政策入手,選取有代表性之人物作爲切入點,探討清廷所以禁毀之原因及其文化破壞性;二是從校勘入手,通過現有傳本之校考,發現各傳本對于底本之文字差异,判斷其中之是非,爲傳本比較、平議提供堅確之證據。可以預見的是,校勘取徑全面展開以後,第一種取徑必然是包涵于內的;因此,校勘取徑可以説是最爲根本的方法。本文對《經義考》三種四庫本之校考與平議,正是此一取徑之有益嘗試。

《四庫全書》撤出本《書影》被撤原因考析

李士娟　故宮博物院圖書館研究館員

摘　要：《四庫全書》是由清政府組織一批著名學者編纂的中國古代最大的一部叢書，對乾隆以前歷代典籍進行了系統整理。但同時乾隆帝借編纂《四庫全書》之際，嚴厲檢查古今圖書，對有所違礙的圖書，一是銷毀，二是肆意删削。《四庫全書》撤出本即是在已繕校完並庋置七閣之後，仍檢查出有"違礙"之處，而抽出擬準備銷毀的書籍，《書影》即爲其中的一種。本文以刊刻本《書影》與故宮圖書館收藏的《四庫全書》撤出本《書影》比對，以該書删改處爲著眼點分析其撤出緣由，從版本學視角探究該書價值及撤出本出現的歷史必然。

關鍵詞：《四庫全書》撤出本；《書影》；周亮工；撤出原因；版本價值

《四庫全書》自乾隆三十七年(1772)徵書第一階段開始到編纂、繕校完畢並庋置以後，乾隆帝不時抽閱、檢查。撤出本是在乾隆五十二年(1787)三月續繕三分全書即將告竣時，乾隆帝偶然抽閱閣書，發現已繕校完成的書籍中仍然有違礙之處，隨即撤出，前後共撤出十一種，庋置方略館。這些撤出本，故宮博物院圖書館大都有收藏，並原樣保存。如今留存在宮中的撤出本共十種，每種有數部不等，應是準備銷毀而未毀之書，每部皆爲孤本書，極爲珍貴，本文所談及的《書影》即爲其中一種。此文筆者以刊刻本《書影》與故宮博物院圖書館留存《四庫全書》撤出本《書影》爲依據，比對版本之异同，以書中删改處爲著眼點，結合著述人身世、經歷分析其被撤出的歷史原因，並從版本學視角探究該書的價值，對撤出本出現的歷史現象及史料的特殊意義予以剖析。

一、《書影》簡介及版本略考

(一)《書影》介紹

《書影》10卷,周亮工撰。該書卷前有乾隆五十二年(1787)三月紀昀等恭校《書影》提要,書後有"總校官編修吳裕德"等字樣。《書影》是明末清初周亮工所著的一本見聞札記,該書卷前提要記載了其書名的由來:"是編乃其(指周亮工)官户部侍郎、緣事逮繫時、追憶平生見聞而作。因圜扉之中無可檢閲,故取'老人讀書只存影子'之語,以'書影'爲名。"①由於該書撰於因樹屋,故又名《因樹屋書影》,也有作《恕老堂書影》。該書是明清之際的一部重要的學術筆記,其"記述典贍,議論平允,遺文舊事,頗足文獻之徵"②。周亮工一生足迹遍及大江南北,見聞益多,涉獵廣泛。書中有很多評詩賦,論文風,談藝壇掌故,述文人軼事的篇章,且所涉及的範圍之廣,又遍及小説、戲曲、繪畫諸多方面,以及記載繪畫、畫評的言論等都有論述。該書提供了許多文學、史學上的資料,所以一向爲學人所重視,經常被旁徵博引,是研究明清史不可多得的豐富的有價值的史料。

(二)《書影》版本略考

《書影》初刻於康熙六年(1667),後有雍正三年(1725)懷德堂刻本,乾隆時期被禁後,亦很少流傳。孫殿起《販書偶記》卷十一《雜説之屬》著録爲"《書影》十卷,大梁周亮工撰,康熙六年丁未因樹屋刊,賴古堂藏板"③。《清史稿·艺文志》子部杂家类也有著録。其子周在延在雍正三年所刻《書影》一書卷前识语曰:

> 丁未之冬,刻是書於金陵。又五年辛亥,一夕,忽取《賴古堂文集》、《詩集》、《印人傳》、《讀畫録》、《閩小紀》、《字觸》、賴古堂百種藏書,並《書影》板毁之……獨《書影》板毁已六十年,家藏舊本,盡爲友朋索去,欲再覓一部,收藏者

① 周亮工:《書影》卷前提要,故宮藏清乾隆年《四庫全書》撤出本。
② 紀昀總纂:《四庫全書總目提要》,石家庄:河北人民出版社,2000年,第5538頁。
③ 孫殿起録:《販書偶記》,上海:上海古籍出版社,1999年,第280頁。

珍重，吝惜不與。辛丑，由汝寧之武昌，道過固始，于祝孝廉□□齋中得數
卷……壬寅於滁陽金子子位、穀似昆仲，予倩金麗中外孫彝鉉案間得五册，猶
缺卷之第三。渡江訪栖霞高士張瑶星先生令孫敬思於白雲庵，先君子所敬禮
者，獨張公一人，凡有著作必出以請政……敬思兄見予訪求甚苦，欣然……出
以授予……而是書始得完全如初。①

　　從其子周在延訪書之艱難可知，該書版本稀缺。因此，其書傳布不廣。清康熙
六年(1667)丁未刻本爲《書影》的最早刊本，卷前有杜濬、徐芳、姜承烈、高阜、黃虞
稷序，卷後有張遂辰、鄧漢儀、周銘跋。周亮工暮年有焚書之舉，《書影》藏板在被毁
之列。板毁之後六十年，即雍正三年(1725)，周在延收集舊本重刊。之後還有嘉慶
十九年(1814)周亮工裔孫周恒福重刊本。

　　故宫博物院圖書館存《四庫全書》撤出本《書影》共存三部，應是據康熙本繕録。
第一部：《書影》10 卷 8 册，半頁 8 行，行 21 字，白口，四周雙邊。開本長 29.2 釐米，
寬 17.5 釐米，内欄長 21.9 釐米，寬 14 釐米。白皮紙面，右下角書第一分。卷前有
乾隆五十一年(1786)五月紀昀等恭校《書影》提要，版心上方有"欽定四庫全書"六
字，每册卷前鈐"古稀天子之寶"朱印，卷後鈐"乾隆御覽之寶"朱印，再後有"總校官
編修吳裕德"等字樣。第二部：《書影》存 5 卷，4 册，存卷一、三、八至十卷，與上一
部裝幀相同。以上兩部從書籍裝幀看，與南三閣相符，印章均有"古稀天子之寶"朱
印及"乾隆御覽之寶"朱印，符合南三閣的用寶規制，應該是南三閣撤出本。第三
部：《書影》10 卷 8 册，半頁 8 行，行 21 字，白口，朱魚尾，四周雙邊。開本長 31.7 釐
米，寬 20 釐米，欄長 22.2 釐米，寬 15.5 釐米。藍綢面，墨筆楷書，書寫工整。卷前
有乾隆四十九年(1784)二月紀昀等恭校《書影》提要，版心上方有"欽定四庫全書"
六字，每册卷前鈐"文津閣寶"朱印，卷末鈐"避暑山莊"朱印。是書開本寬大，字迹
工整，符合北四閣特點，應爲文津閣撤出本。

　　周亮工一生著述頗多，但多已遭毁。據周亮工之子周在浚編述的周亮工《年
譜》載，康熙九年(1670)春二月，周亮工五十九歲時，"一夕，慷慨太息，盡取生平著
作與板行者盡毁之"。這是其晚年陷入絶望才爲之。再有就是此次編纂《四庫全

①　周亮工：《書影》，上海：古典文學出版社影印，1957 年，第 13—14 頁。

書》,他的書籍已被抄進四庫又被撤出。因此,今藏於故宫博物院圖書館的三部《書影》四庫撤出本亦是劫後餘生。撤出本雖然從《四庫全書》裏撤出,但它們仍然是《四庫全書》不可或缺的組成部分。三部撤出本,既有北四閣書,也有南三閣書,這一點,我們可從書籍的裝幀、繕寫等多方面可辨别出七閣的不同。北四閣裝幀華麗,用料極爲考究,開本寬大,這些區别還是比較明顯的。南三閣開本小於北四閣,紙張也有不同,北四閣選用的是浙江上等的開化紙,紙張潔白且非常堅韌,南三閣所用堅白太史連紙,色澤及韌度相對遜色。

二、撤毁原因

(一) 因書涉人

在清乾隆四十七年(1782)第一分《四庫全書》完成時,收有周亮工著述 5 種,存目 3 種。但在乾隆五十二年覆勘《四庫全書》時,詳校官發現周亮工的《讀畫録》中"語有違礙",於是將周亮工的著述撤出,連帶將存目者一並撤出。據乾隆五十二年(1787)八月十一日上諭稱:

> 現在覆勘文淵等閣所藏《四庫全書》,據詳校官祝堃簽出周亮工《讀畫録》、吳其貞《書畫記》内,有違礙猥褻之處,已照簽撤改矣。又前據吳(胡)高望、吉夢熊、阮葵生詳校文溯閣書,簽出《尚書古文疏證》《松陽講義》二書,並有違礙字句,業經撤出銷毁。[①]

在乾隆帝的親自檢查下,在查出有"違礙字句"書後,再行撤出或銷毁。乾隆五十二(1787)年十月三日,由《四庫全書》總裁官紀昀領銜報告檢查結果,並列出應撤出的圖書九種。其中周亮工的著述占五種,即《印人傳》《讀畫録》《書影》《閩小紀》《同書》。書籍本來經過删改,並已大部分被庋藏七閣了,但因《讀畫録》中載有詩句内有"語涉違礙"處,乾隆帝一怒之下竟連周亮工所撰其他書籍一並查毁,也由此可見對其憤恨之深。

---

① 中國第一歷史檔案館編:《纂修四庫全書檔案》下册,上海:上海古籍出版社,1997 年,第 2057 頁。

　　周亮工(1612—1672),字元亮,號櫟園,又有陶庵、適園、櫟園等別號,學者稱其爲"櫟園先生""櫟下先生"。明末清初祥符人(今河南開封),著名學者、藝術家、藏書家。精于詩文、書畫篆刻和藝術鑒賞。崇禎十三年(1640)進士,曾任監察御史、濰縣令。入清後,于清順治四年(1647)被擢爲福建按察使,歷任兩淮鹽運使、户部右侍郎等職。順治十二年,被劾入獄,擬絞被赦。康熙元年(1662)任青州海防道。五年,擢江南江安督糧道。八年,被劾去職。著述甚豐,除《四庫全書》撤出的五種書外,還著有《賴古堂集》。曾編選刻印了《賴古堂近代古文選》《尺牘新鈔》等。精於書畫鑒賞,且與當年的許多畫家有過接觸,他的著作裏保留了許多畫家的資料和自己對他們的評價。

　　周亮工身爲"貳臣",一生爲宦兩朝,飽經宦海沉浮,仕途坎坷,有着複雜的仕宦生涯。他曾兩次下獄,晚年有焚書之舉。正因周亮工的這一經歷,他在自己所著的《讀畫録》一書曾寫下贈胡元潤的話"人皆魏晉上,花亦義熙餘",也就有了其特定的含義。此五律詩載于《讀畫録》卷二"胡元潤"條下,《夢至元潤家,見所餞菊》:"只似曾過境,柴桑處士居。人皆漢魏上,花亦義熙餘。質樸無繁卉,蕭條伴野蔬。此中真自好,肯更憶吾廬。"①

　　《讀畫録》也正是因詩内有"人皆漢魏上,花亦義熙餘",語涉違礙,經文源閣詳校簽出,奏請銷毁。"此係文淵閣繕進之本,其違礙語句,已經原辦之總校挖改。全書應毁。"②"花亦義熙餘",原本不過是説所看到的花也是前朝遺留下來的,而這一頗具象徵意義的遣詞,其中的兩句詩確是借古喻今,用的是魏晉及東晉的歷史,來表明他對明末清初亂世的否定態度。詩中的"義熙",是晉安帝的年號,義熙十四年(418),安帝爲其大臣劉裕所殺,又過了兩年,劉裕便做了皇帝,建國號爲宋。劉裕是東晉末無所作爲的皇帝,而他所建立的宋又是處於内憂外困的末世。明末崇禎時處於外族入侵和農民大起義風起雲涌的窘境。一次次的文字獄興起,清朝皇帝就是爲了嚴厲打擊、清除有種族思想的文人及其著述。

　　乾隆帝在四十一年(1776)曾下令編纂《貳臣傳》。周亮工曾被列入"《清史列傳》貳臣乙編"③。"貳臣"的標準,首先是以是否忠君來評判。清初時不管是降清還

---

① 周亮工:《讀畫録》卷二,故宫博物院藏清乾隆年《四庫全書》撤出本。
② 中國第一歷史檔案館編:《纂修四庫全書檔案》下册,第 2145 頁。
③ 王鍾翰點校:《清史列傳·貳臣傳乙編》,北京:中華書局,1987 年,第 6574 頁。

是抗清,衹要持忠於本朝的政治立場皆非貳臣。而乾隆帝提出,要改變這個標準,不問降清反清,唯以忠君爲標準,在諭中把降清的明朝官員均稱爲"貳臣"。乾隆四十三年二月二十四日諭旨中説:

> 我國家開創之初,明季諸臣望風歸附者多,雖皆臣事興朝,究有虧於大節,自不當與范文程諸人略無區別,因命國史館以明臣之降順者另立《貳臣傳》,據實直書,用彰公是。兹念諸人立朝事迹既不相同,而品之賢否邪正亦判然各異,豈可不爲之分辨淄澠?……然朕所以爲此言者,非獨爲臣子勵名教而植綱常,實欲爲君者當念苞桑而保宗社。蓋此諸人,未嘗無有用之才,誠使明之守成者能慎持神器而弗失,則若而人皆足任心膂股肱,祖業於是延,人才即於是萃。故有善守之主,必無二姓之臣,可不儆懼乎!①

乾隆帝曾下令纂修《明史》,其中另外增立《貳臣傳》,其目的是給那些降清的明臣以永久記載。清朝皇帝最爲提防和極力彌除的有種族思想的文人及其著述。一次次的文字獄興起,主要的是嚴厲打擊、取締那些所謂"顛倒是非""違礙悖逆"等不利於清朝統治的著作,是編修《四庫全書》的目的之一,撤毁周亮工諸書的深層因素也不過於此吧。

(二) 因人廢文

《書影》被撤還有一個重要原因是與錢謙益其人有關。該書中引錢謙益語録、書籍處甚多。筆者在懷德堂復刊的賴古堂原本《書影》中發現該書徵引錢謙益語尤多,經統計有近二十處。如:

> 錢牧齋先生曰:余嘗謂自宋以來,學杜詩者莫不善於黃魯直;評杜詩者,莫不善於劉辰翁。……杜詩:"別裁僞體親風雅,轉益多師是汝師。"虞山解云:別,分别也;裁者,裁而去之也。别裁僞體,以親風雅,文章流别,可謂區明矣。又必轉益多師,遞相祖述,無效嗤點輕薄之流,而甘於未及前賢也。

---

① 中國第一歷史檔案館編:《纂修四庫全書檔案》上册,第784—785頁。

杜詩"晴天養片雲"，吳季海本作"養"，他本皆作"卷"。錢虞山云：晴天無雲，而養片雲于谷中，則崖谷之深峻可知矣。山澤多藏育，山川出雲，皆叶"養"字之義。"養"字似新而實穩，所以爲佳。如以尖新之見取之，此一字卻不知增詩家幾丈魔矣。

杜詩"伯仲之間見伊吕，指揮若定失蕭曹"。錢虞山云：張輔《葛樂優劣論》云，孔明殆將與伊、吕争儔，豈徒樂毅爲伍！後魏崔浩著論：亮不能爲蕭、曹亞匹，謂陳壽貶亮，非爲失實。公此詩以伊、吕、蕭、曹相提而論，所以伸張輔之論，而抑崔浩之黨陳壽也。①

錢虞山云：唐較杜詩，時有新義。如解"溝塍疏放"句，云出於向秀賦"稽志遠而疏，吕心放而曠"，亦前人所未及也。②

上述諸條内有錢謙益評論及錢牧齋、錢虞山字樣甚多，但在故宮博物院圖書館所藏的《四庫全書》撤出本中，凡是有關錢謙益的這些字句，已被修改，再没有出現。既然已經删除掉錢謙益的字句了，爲什麽還要再次撤出呢？這也是乾隆帝及四庫館臣們所認爲的，周亮工引用錢謙益文太多，必受其思想影響，不能再存世，故一併撤出，這也符合了肆意删銷的特點。已删銷的書還要被撤出，這不能不説是因周亮工其人的原因了。因人廢書，即是把已删銷完的書再因其人的緣故再次撤出。

乾隆四十一年(1776)十一月十六日，乾隆帝下令對奏繳書應區别對待"區别甄核"，"删改抵觸字句，不必焚毁之諭旨"。③ 也就是説，有的書只須删改，不必銷毁。而錢謙益是乾隆帝比較厭惡的人，凡是有他的文字都片紙不留。乾隆三十四年(1769)六月，諭曰：

錢謙益本一有才無行之人，在前明時身躋膴仕。及本朝定鼎之初，率先投順，游涉列卿，大節有虧，實不足齒於人類。……夫錢謙益果終爲明朝守死不變，即以筆墨騰謗，尚在情理之中；而伊既爲本朝臣僕，豈得復以從前狂吠之語，列入集中？其意不過欲借此以掩其失節之羞，尤爲可鄙可耻。錢謙益業已

---

① 周亮工：《書影》卷 3，第 44—45 頁。
② 周亮工：《書影》卷 3，第 80 頁。
③ 中國第一歷史檔案館編：《纂修四庫全書檔案》上册，第 552 頁。

身死骨朽，姑免追究。但此等書籍，悖理犯義，豈可聽其留傳？必當早爲銷毀。①

故於乾隆三十四年(1769)連下諭旨，令銷毀錢氏所著諸書。乾隆四十三年二月，諭曰："錢謙益素行不端，及明祚既移，率先歸命，乃敢於詩文陰行詆謗，是爲進退無據，非復人類。若與洪承疇等同列《貳臣傳》，不示差等，又何以昭彰癉？錢謙益應列入乙編。"②周亮工對錢謙益十分推崇，不然也不會在他的著作裹引用錢謙益的諸多文句。因乾隆帝對錢謙益的憎惡，不能在書中見到有他的任何文字，他人引用文句也不可以，周亮工所有著作被撤勢必是受到錢謙益的牽連。而周亮工本人的思想、觀念、意識是決定其行爲的根本，將其所有著作在入藏四庫七閣後又全部撤出，不得不說是因人廢文了。

(三) 皇權獨裁

錢謙益在中國文學史上的地位是爲人們公認的，是當時詩壇領袖，被譽爲"士林領袖，文壇盟主"。他主張詩文要本諸性情，因此他的詩都很能表現當時的現實境況，是當時社會生活的真實寫照。我們從錢謙益的詩文集中，不僅可以看到錢謙益在其爲政以及經學、史學、文學等各方面的成就，還可看到錢謙益在降清後力圖在傳統道德觀上重建自己的人生價值。這種進退維谷、反復無常的尷尬狀態，不僅給自己造成心理的鬱結，更爲明朝遺民所斥責，還爲清朝皇帝所憎惡。撤毀周亮工之書遠不是徵書初始乾隆帝爲讓進書者打消疑慮，不要顧忌書中"尋摘瑕疵，罪及收藏之人"③(乾隆三十八年三月二十八日上諭)那麼簡單，實際上取締所謂"顛倒是非""違礙悖逆"等不利於清朝統治的著作是編修《四庫全書》的目的之一，亦是在思想文化領域內樹立其絕對的君主權威之策略。因此，乾隆帝對兼仕兩朝，內心不忠於本朝的"官員"大加貶斥，並大肆譴責清初降清的漢官漢將爲"貳臣"，這是出於清朝統治的需要，是爲清廷能千秋萬代統治下去而竭力宣揚的忠君意識。

乾隆帝非常憎恨錢謙益，下令把他列入《貳臣傳乙編》。對他在道德上的"無

① 王鍾翰點校：《清史列傳·貳臣傳乙編》，第 6577 頁。
② 王鍾翰點校：《清史列傳·貳臣傳乙編》，第 6578 頁。
③ 中國第一歷史檔案館編：《纂修四庫全書檔案》上冊，第 68 頁。

行"否定到極致。對周亮工雖然没有明確的諭令,但被視爲同類而同等對待。在《貳臣傳》中,周亮工同樣被列在乙編,排在錢謙益之前。其原因之一,應是乾隆帝懼怕錢、周這樣的"貳臣"對社會的影響,更是生怕民族矛盾影響社會,因而對他們所有著作予以禁毁。周亮工與錢謙益爲好友,互相欣賞。錢謙益還爲周亮工《賴古堂文選》作序,在《牧齋有學集》卷三十八《答王于一秀才論文書》曰:"乙未冬,爲周元亮叙《賴古堂文選》,數俗學流派,擢掏病根,多所破斥。"①這也充分表明了他們關係很密切。乾隆帝在禁書政策上實際采用的是因人廢文的策略,大興文字獄在毁掉錢謙益全部書籍的同時,還撤毁了周亮工全部書籍也就不足爲奇了。

隨着"康乾盛世"的出現,爲了讓清廷統治更加穩固,就要大力提倡"一朝一主"的忠君思想。因此,乾隆帝對兼仕兩朝的"官員"大加貶斥,並大肆譴責清初降清的漢官漢將爲"貳臣",這是出於清朝統治的需要,是爲清廷能千秋萬代統治下去,竭力宣揚忠君意識所爲。乾隆帝爲進一步鞏固統治,緩和民族矛盾,瓦解民族意識,借編修《四庫全書》達成統一思想之目的也是非常明確的,亦是在思想文化領域内樹立其絶對的君主專制、皇權專制的直接體現。

三、《書影》撤出本版本價值

《四庫全書》撤出本共11種,故宫博物院圖書館存10種,《書影》爲其中1種。據清室善後委員會人員著録,原存方略館。方略館爲清代編纂方略等官修書的機構,隸屬於軍機處。《樞垣記略》曰:"獨方略館以樞臣總領,於事無所不當問,館書無不彙集。"②紀昀爲《四庫全書》總纂官,方略館總校官。因此,撤出書存放此處也是必然的。這些書籍有從北四閣《四庫全書》中撤出,還有江浙三閣撤出的。由於其中一部分早在李清著作被撤毁之前已經發往江浙,其餘部分雖經覆校完畢才陸續發往,但校勘人員並未完全按諭令行事,現存宫中的撤出本完全能説明這一情况。從南三閣撤出的書,已經校勘人員在書中勾畫出要删削的内容,因此可以説,

---

① (清)錢謙益著,(清)錢曾箋注,錢仲聯標校:《牧齋有學集》下册,上海:上海古籍出版社,2010年,第1327頁。

② (清)梁章鉅、(清)朱智撰,何英芳點校:《樞垣記略》卷28《雜記二》,北京:中華書局,1984年,第341頁。

撤毀各書實際情況是已經全部撤下,但並没有被全部銷毀。

　　儘管乾隆瘋狂地禁書,仍有不少書籍通過各種途徑被保存下來,《書影》即爲留存撤出本之一種,一直保存至今。幸存的撤出本以其自身具有的歷史真實性,必將受到後人們的珍視。这些禁毀書,每種書存世的數量都很少,且皆是孤本、善本。而今天我們看到有幸存世的《四庫全書》撤出本,保留了當時四庫館臣們删改過程的原貌,客觀地反映了當時的修書過程,我們從中亦可瞭解删改過程中皇帝專權跋扈的濃重痕迹。

結語

　　周亮工一生爲宦兩朝,幾起幾落,仕途坎坷。但他在學術、藝術、文學、印章學等方面都有很高造詣,留下了諸多著作。周亮工的著作與其命運很是相似,同樣坎坷,歷經兩毁,散佚頗多。一毁於晚年自焚。由於他生前從仕明到降清,後又不得清廷信任,感傷之餘,心灰意冷地燒毀自己一生著作,其子孫在他死後又將他的著作搜羅出版,不料幾十年後再遭乾隆帝禁毀。因此,周亮工存世書籍已不多,今藏於故宮博物院圖書館的《四庫全書》撤出本就愈發顯得彌足珍貴。本文通過對《書影》不同版本的考校,不同的版本真實記録並還原了那段歷史,使後人透過歷史的紛雜表象能更爲清晰地認識其本質,也更爲直觀的透視出皇帝的旨意、折射出的皇權思想。以史實爲依據,從版本學視角分析該書撤出的原因,這也是我們今天研究《四庫全書》撤出本出現的歷史必然性的意義所在。

文瀾閣《四庫全書》本《四庫全書考證》考論①

——兼與文淵閣《四庫全書》本《四庫全書考證》之比較

張春國　河北大學文學院　湖南大學嶽麓書院

摘　要:《四庫全書考證》是四庫學研究的重要課題。學界主要關注其清內府抄本、四庫本、武英殿本等版本,而四庫本僅以文淵閣本作爲研究對象,而忽略了諸閣本《考證》之間的差異。本文重點對文瀾閣本《考證》進行探討。文瀾閣本《考證》一百卷中有十五卷爲館臣原抄,尤其珍貴。本文通過將文瀾閣本《考證》原抄部分與清抄本、文淵閣本《考證》進行比較,認爲文瀾閣本《考證》的繕録底本爲清抄本《考證》而非文淵閣本《考證》,文瀾閣本《考證》最大程度上保存了清抄本《考證》的面貌,而文淵閣本《考證》則對清抄本《考證》作了諸多的調整和變動。文瀾閣本《考證》原抄殘卷有重要的價值:厘清諸版本之關係;考察《四庫全書》編纂過程中的若干細節,客觀評價館臣的校勘工作;補正他本《考證》之闕誤;爲《四庫全書》閣本的研究提供一個典型例證。

關鍵詞: 文瀾閣本《四庫全書考證》;文淵閣本《四庫全書考證》;清抄本《四庫全書考證》

　　《四庫全書考證》(以下簡稱"《考證》")是四庫學研究的重要課題,已引起學界越來越多的關注。② 目前學界主要關注其清抄本、四庫本、武英殿本等版本③,而四

---

　　① 本文爲 2016 年度國家社會科學基金資助項目"《四庫全書考證》研究"(項目編號:16CZS011)的階段性成果。

　　② 張昇《〈四庫全書考證〉的成書及其主要内容》(《史學史研究》2011 年第 1 期)一文是目前對《四庫全書考證》研究影響最大的成果,周曉聰、何燦、高遠、琚小飛等文皆受其啓發。

　　③ 琚小飛:《清代内府抄本〈四庫全書考證〉考論》,《文獻》2017 年第 5 期;琚小飛:《〈四庫全書考證〉的版本及校勘價值述略》,《史學史研究》2017 年第 2 期。

庫本僅以文淵閣《四庫全書》本作爲研究對象。事實上,《考證》被館臣謄錄了七個閣本,現存四庫本《考證》至少有文淵閣《四庫全書》本(以下簡稱"文淵閣本")、文溯閣《四庫全書》本(以下簡稱"文溯閣本")、文瀾閣《四庫全書》本(以下簡稱"文瀾閣本")。限於客觀條件,文溯閣本尚不可見,本文重點以清抄本《考證》、文淵閣本《考證》爲參照對文瀾閣本《考證》進行探討。

先從清代藏書家傅以禮《華延年室題跋》對《考證》的考辯談起。其"《欽定四庫全書考證》"條載:"謹案:是書《四庫全書總目》無提要之文,以成書在後之故,爰據《總目》卷首所載乾隆四十一年諭旨恭錄簡端,用識纂輯緣起。考此書體例,本按《四庫》所收經史子集各種,考證异同得失。乃經部載有《易韻》《增修書説》《儀禮經傳通釋》暨《續編》《春秋條貫篇》《春秋遵經集説》《中原音韻》《古音駢字》暨《續篇》,史部載有《季漢書》《閩學源流》《水經注釋、附錄》《史義拾遺》,子部載有《小心齋劄記》《問學錄》《廣治平略》《餘冬序錄》《戒菴漫筆》《廣事類賦》《玄學正宗》《簡端錄》《天官翼》,集部載有《瓊琯集》《雙江集》《三易集》《鬲津草堂集》《哄堂詞》《後村別調》,共二十八種,皆出《四庫全書》之外。雖其中亦有《總目》附存其目者,究非《四庫》著錄之書也。至《政和御製冠禮》即《政和五禮新儀》之首帙,並非另爲一編。《性理大全書》乃明永樂中奉敕撰,冠以'欽定'字樣,係沿襲舊文,未及删削。……他若宋葉夢得《岩下放言》,仍舊題《蒙齋筆談》。"[1]我認爲,對《考證》進行研究最重要的前提是要辨别《考證》的不同版本,其版本不同,面貌可能有諸多差异,不能一概而論。傅以禮已經意識到《考證》所收之書籍與文淵閣《四庫全書》有差异,但其所言《考證》亦僅限於清抄本《考證》之面貌。如對於《小心齋劄記》《問學錄》《蒙齋筆談》等書籍,清抄本《考證》與文瀾閣本《考證》皆有之,但文淵閣本《考證》皆無。對於各種書的位置,各種版本也有不同。如《簡端錄》,清抄本《考證》與文瀾閣本《考證》均將其置於子部,而文淵閣本《考證》將其調整至經部,各版本《考證》面貌不同。同時,由於《考證》的編纂也如《總目》一樣,一直處於不斷調整與改動中,尤其文淵閣《考證》由於各種原因對清抄本《考證》作了諸多調整與改動,更需要我們對不同版本《考證》之差异引起足够的重視。

---

① (清)傅以禮:《華延年室題跋》卷上,上海:上海古籍出版社,2009年,第92—93頁。

一、現存文瀾閣本《考證》概況

文瀾閣本《考證》一百卷現藏於浙江圖書館。[①] 其中有十五卷爲原抄，分別爲：卷六、卷十四、卷二十、卷四十九、卷五十、卷五十三、卷五十八、卷六十二、卷七十一、卷七十二、卷七十八至卷八十、卷九十五、卷九十六，其他均爲丁氏補抄。[②] 凡卷端鈐"古稀天子之寶"，卷末鈐"乾隆御覽之寶"者，均爲文瀾閣《考證》原抄之製。因文瀾閣《考證》原抄十五卷完好地保存着文瀾閣《考證》的原貌，尤其珍貴，本文所有探討均以其館臣原抄十五卷爲依據。

文瀾閣本《考證》有許多地方與清抄本《考證》[③]、文淵閣本《考證》[④]一致。如每卷卷前均有目録列出本卷所收書籍；每卷重新編排頁碼，卷前目録作爲本卷首頁被編入目録；各種書籍校記分別謄抄，單獨占據若干整頁，其前後書籍校記另頁書寫，方便對單種書籍校記掣出、抽換或調整順序。

但文瀾閣本《考證》與清抄本《考證》、文淵閣本《考證》又有顯著的區別。如文瀾閣本《考證》（見圖一）在版式、行款、撰者謄録格式等方面與清抄本《考證》、文淵閣本《考證》（見圖二）有較大差異：

第一，版心不同。清抄本《考證》與文淵閣本《考證》版心上記子目書名、卷數，下記頁數，我們可據版心知悉該頁校記出自何書。文瀾閣本《考證》版心上記"《欽定四庫全書考證》"這一總書名及其卷數，下記頁數；其版心製作貪圖省事，一律統稱爲"《欽定四庫全書考證》"，並未詳細注明校記出自何書。

第二，行款不同。文瀾閣本《考證》半葉八行，行二十一字，而清抄本《考證》半葉十行，行二十一字，文淵閣本《考證》半葉九行，行二十一字。文瀾閣本《考證》行款與清抄本《考證》、文淵閣本《考證》不同，故其頁數與其他兩本不完全一致。

第三，單種書籍書名與撰者謄録格式不同。清抄本《考證》與文淵閣本《考證》

① （清）王太岳等：《欽定四庫全書考證》，《文瀾閣四庫全書》，杭州：杭州出版社，2015 年影印本。
② 《文瀾閣四庫全書版況一覽表》，《浙江圖書館古籍善本書目》，杭州：浙江教育出版社，2002 年，第 968 頁。
③ （清）王太岳等：《欽定四庫全書考證》，清內府抄本。
④ （清）王太岳等：《欽定四庫全書考證》，《景印文淵閣四庫全書》，臺北：臺灣"商務印書館"，1982—1986 年影印本。

均將書名與撰者置於一行之中,上大字録書名,下單行小字録撰者及時代。但文瀾閣本《考證》將書名與撰者分置兩行謄録,首行書名,上空一字,次行下爲撰者時代、姓名。

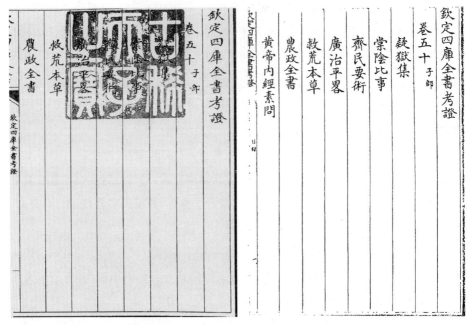

圖一　文瀾閣本《四庫全書考證》　　　　　圖二　文淵閣本《四庫全書考證》

二、文瀾閣本《考證》原抄殘卷的謄録底本

清抄本《考證》與文淵閣本《考證》編纂時間均在文瀾閣本《考證》之前,文瀾閣本《考證》究竟是以文淵閣《考證》爲謄録底本,還是直接據清抄本《考證》謄録而成?我將文瀾閣本《考證》原抄十五卷内容跟清抄本《考證》、文淵閣本《考證》一一對比,發現其與清抄本《考證》面貌相同,而與文淵閣本《考證》差異很大。可以肯定,文瀾閣《考證》的謄録底本爲清抄本《考證》而非文淵閣本《考證》。

(一) 根據各版本《考證》是否收録書籍校記進行判斷

《考證》是對《四庫全書》收録的一千多種書籍校記的彙編,但文瀾閣本《考證》

與清抄本《考證》所收録書籍校記完全相同，而文淵閣本《考證》所收則有諸多不同。這些不同可分爲兩種情况：

第一種，文淵閣本《考證》收録，而清抄本《考證》與文瀾閣本《考證》均未收録。試舉數例。

（1）《儀禮經傳通解》與《儀禮經傳通解續》。文淵閣本《考證》在卷十四收録此兩種書籍，而文瀾閣本《考證》與清抄本《考證》均未收録，這説明，文瀾閣本《考證》的繕録底本爲清抄本《考證》而非文淵閣本《考證》。

（2）《海録碎事》。清抄本《考證》與文瀾閣本《考證》卷六十二均無《海録碎事》，而文淵閣本《考證》卷六十二收録《海録碎事》，這説明文瀾閣本《考證》源自清抄本《考證》。

（3）《雲仙雜記》。文淵閣本《考證》卷七十一有該書校記，而清抄本《考證》與文瀾閣本《考證》均無，這説明，文瀾閣本《考證》源自清抄本《考證》。

（4）《文忠集》。文淵閣本《考證》卷七十八收録了此種書籍，而文瀾閣本《考證》該卷與清抄本《考證》均未收録，這説明文瀾閣本《考證》源自清抄本《考證》。

第二種，文淵閣本《考證》未收，而清抄本《考證》與文瀾閣本《考證》均收録。試舉數例。

（1）《小心齋劄記》《思辨録輯要》《問學録》。文瀾閣本《考證》與清抄本《考證》卷四十九均收録此三種書籍校記，文淵閣本《考證》該卷無此三種。這説明文瀾閣本《考證》繕録底本爲清抄本《考證》。

（2）《欽定康濟録》《御定性理大全書》《蒙齋筆談》。文瀾閣本《考證》與清抄本《考證》卷七十一均有此三種書籍，但文淵閣本《考證》該卷無之。這説明，文瀾閣本《考證》源自清抄本《考證》。

（3）《玄學正宗》。文瀾閣本《考證》與清抄本《考證》卷七十二均有該書，但文淵閣本《考證》該卷無之，這説明文瀾閣本《考證》據清抄本《考證》謄録。

（4）《青山集》（元趙文撰）。文瀾閣本《考證》與清抄本《考證》卷七十九均有該書，而文淵閣本《考證》該卷無之，這説明文瀾閣本《考證》據清抄本《考證》謄録。

（5）《潛山集》。文瀾閣本《考證》與清抄本《考證》卷八十均收録了宋釋文珦所撰《潛山集》，但文淵閣本《考證》無之，證明文瀾閣本《考證》據清抄本《考證》謄録。

以上數例充分説明，文瀾閣本《考證》原抄殘卷的繕録底本爲清抄本《考證》而非文淵閣本《考證》。我們從現存文瀾閣本《考證》原抄十五卷面貌亦可推斷,文瀾閣本《考證》一百卷的繕録底本爲清抄本《考證》而非文淵閣本《考證》。

(二) 根據各版本《考證》所收録書籍位置進行判斷

文瀾閣本《考證》與清抄本《考證》所收録書籍位置與文淵閣本《考證》所收多有不同,文淵閣本《考證》對諸多書籍的位置均進行了調整,而文瀾閣本《考證》保持了清抄本《考證》的原貌,未對這些書籍位置進行調整,這説明,文瀾閣本《考證》源自清抄本《考證》。試舉數例。

(1)《六藝綱目》。清抄本《考證》與文瀾閣本《考證》均將其置於卷二十,而文淵閣本《考證》該卷無之,而將其另調整置於卷二十二,這説明文瀾閣本《考證》源自清抄本《考證》。

(2)《簡端録》。清抄本《考證》與文瀾閣本《考證》均將其置於卷七十二,但文淵閣本《考證》該卷無之,而將其調整置於卷十八,結合《總目》考察,文淵閣本《考證》將該書自子部小説類調整至經部五經總義類,這説明文瀾閣本《考證》據清抄本《考證》謄録。

(3)《節孝集》。清抄本《考證》與文瀾閣本《考證》均將其置於卷四十八,而卷四十八多爲子部典籍,文淵閣本《考證》將該書調整移至卷七十八集部作品中,這説明文瀾閣本《考證》源自清抄本《考證》。

(4)《御定性理大全書》。清抄本《考證》與文瀾閣本《考證》均將其置於卷七十一,结合《總目》,可知該卷均爲子部類書類典籍,而文淵閣本《考證》將其調整至卷四十九,該卷均爲子部儒家類書籍,這説明文瀾閣本《考證》源自清抄本《考證》。

(5)《儀禮經傳通解》與《儀禮經傳通解續》。清抄本《考證》與文瀾閣本《考證》將《儀禮經傳通解》置於卷九,將《儀禮經傳通解續》置於卷十,而文淵閣本《考證》對兩書位置進行了調整,將兩書均置於卷十四,這説明文瀾閣本《考證》源自清抄本《考證》。

(三) 根據各版本《考證》收録校記的内容進行判斷

從各版本《考證》所收録校記的内容進行判斷,若文瀾閣本《考證》沿襲清抄本《考證》之誤,但文淵閣本《考證》不誤,這將是文瀾閣本《考證》抄自清抄本《考證》的最重要的證據。同時，清抄本《考證》上保留着一些館臣所作校簽或校改文字，查文瀾閣本《考證》皆從改，而文淵閣本《考證》却未改，此爲文瀾閣本《考證》源自清抄本《考證》的重要證據。下舉數例。

（1）文淵閣本《考證》卷七十一子目目録爲"《唐國史補》"，清抄本《考證》與文瀾閣本《考證》子目目録均爲"《唐國史譜》"，檢各本正文均爲"《唐國史補》"，知"譜"字乃文瀾閣本《考證》沿襲清抄本《考證》之誤，此係文瀾閣本《考證》底本爲清抄本《考證》底本之鐵證。

（2）清抄本《考證》卷七十一第二十八頁前三行《賈氏譚録》"原序"條校記，原有"疑序文"三字，館臣劃掉。文瀾閣本《考證》仍作"疑序文"，文淵閣本《考證》改爲"序文疑"，這説明文瀾閣本《考證》底本爲清抄本《考證》而非文淵閣本《考證》。

（3）清抄本《考證》卷七十八第三十九頁後六行《東坡全集》卷九："中秋見月寄子瞻，刊本'瞻'訛'由'，據施注本改。"對兩個"瞻"字與一個"由"字，館臣均圈出。查文淵閣本《考證》卷七十八第四十九頁後九行《東坡全集》卷九已改作"中秋見月寄子由，刊本'由'訛'瞻'，據施注本改"，但文瀾閣本《考證》未作改動，完全依從清抄本《考證》原文。這説明文瀾閣本《考證》底本爲清抄本《考證》而非文淵閣本《考證》。

（4）清抄本《考證》卷五十三第六頁前三行《野客叢書》卷十二："灰釘條代王元茂檄，原本'代'訛'伐'，又'元茂'二字互倒，並據《樊南集》及《文苑英華》改。"館臣於該校記下作校簽曰："據《唐書》及《李商隱集注》並作'王茂元'，此誤改作'王元茂'，宜删。卷五十三，六頁前三行。"文瀾閣本《考證》完全依據清抄本《考證》原本，未據校簽改動，而文淵閣本《考證》則據清抄本《考證》校簽進行了改動，删去"又'元茂'二字互倒"句。這説明文瀾閣本《考證》底本爲清抄本《考證》而非文淵閣本《考證》。

（5）清抄本《考證》卷七十八第十五頁前九行《郢溪集》卷二十四："《老樹》'窟穴盡發露，羍羊皆遠屏'，原本'羊'訛'莘'，據《魯語》'木石之怪曰夔、蝄蜽，土之怪曰墳羊'改。"館臣將"墳"字偏旁"土"圈出，表示此字偏旁有誤。文淵閣本《考證》將"墳"字改作"羵"，文瀾閣本《考證》完全依據清抄本《考證》原本，仍作"墳"字，未加改動。這説明文瀾閣本《考證》底本爲清抄本《考證》。

（6）清抄本《考證》卷七十九第十三頁後一行《欒城集》卷十六"《安厚卿樞密母大人挽詞》"，館臣將"挽"字圈出。文淵閣本《考證》將"挽"改作"輓"，文瀾閣本《考證》完全依據清抄本《考證》原本，仍作"挽"字，未加改動。這説明文瀾閣本《考證》底本爲清抄本《考證》。

上述證據充分説明，文瀾閣本《考證》繕録底本爲清抄本《考證》而非文淵閣本《考證》。在南三閣《四庫全書》絶大多數慘遭毀損的情況下，文瀾閣本《考證》原抄十五卷尚完好地保存着其原始面貌，對於我們探究《考證》的版本源流以及文瀾閣《四庫全書》的編纂歷史至關重要。

值得注意的是，由於文瀾閣本《考證》無專門機構與人員進行校理，故其絶大部分據清抄本《考證》一字不改地原文照録，導致其沿襲了清抄本《考證》的一些錯誤。但在極特殊的情況下，文瀾閣本《考證》辦理館臣有時也在底本出個别校簽，對内容進行校改。目前我們發現了一例，如清抄本《考證》卷五十三第四十五頁前九行《嬾真子》卷四"紫慎微條"。館臣於卷五十三第四十四頁末行粘貼校簽曰："'柴'訛'紫'，卷五十三，四十五頁前九行。"查文淵閣本《考證》卷五十三第四十七頁前九行《嬾真子》卷四"紫慎微條"，該本未改，仍爲"紫"。而文瀾閣《考證》卷五十三第四十九頁後二行《嬾真子》卷四"柴慎微條"，已改爲"柴"。這説明，該校簽在辦理文淵閣本《考證》時尚無，乃辦理文瀾閣本《考證》時所製。

三、文瀾閣本《考證》原抄殘卷之價值與不足

學界忽視了四庫閣本《考證》以及清抄本《考證》之間的差異，僅以文瀾閣本《考證》代替四庫本《考證》的版本面貌，或者以清抄本《考證》代替文淵閣本《考證》的面貌，得出結論難免以偏概全。我認爲文瀾閣本《考證》原抄殘卷具有重要的文獻價值。

1. 對研究《考證》的版本源流問題至關重要。

文瀾閣本《考證》是厘清《考證》版本源流的關鍵環節。通過上文文瀾閣本《考證》原抄十五卷與清抄本《考證》、文淵閣本《考證》對勘，發現文瀾閣本《考證》與文淵閣本《考證》有很大差異，文瀾閣本《考證》的繕録底本爲清抄本《考證》而非文淵閣本《考證》。這説明，儘管文淵閣本《考證》對清抄本《考證》做了大量的改動和調整，但這些改動並未影響到文瀾閣本《考證》，文瀾閣本《考證》並没有選擇文淵閣本《考證》作底本，仍然據清抄本《考證》進行繕録。文瀾閣本《考證》與文淵閣本《考

證》雖出同源，却有諸多差異，文瀾閣本《考證》原抄殘卷完好地保存着《考證》的早期面貌，是《考證》研究中不可或缺的關鍵版本。

2. 可還原《四庫全書》及《考證》的纂修過程，客觀評價館臣的校勘工作。

對文瀾閣本《考證》原抄殘卷的深入研究，有助於我們考察《四庫全書》編纂過程中的若干細節，客觀評價館臣的校勘工作。試舉兩例。

如《六藝綱目》。清抄本《考證》與文瀾閣本《考證》卷二十均收《六藝綱目》《隸辨》《重修廣韻》三種書，文淵閣本《考證》該卷僅收《隸辨》與《重修廣韻》兩種，却將《六藝綱目》置於卷二十二。而文淵閣本《考證》調整《六藝綱目》位置的原因可據《總目》知悉。《總目》卷四十二《經部四十二・小學類三》收録了《六藝綱目》①，專門論及《六藝綱目》位置調整之緣由："案：六藝皆古之小學。而自《漢志》以後，小學一類惟收聲音訓詁之文，此書轉無類可歸。今附録於小學之末，存古義也。"由此可知文淵閣本《考證》與《總目》關係密切，文淵閣本《考證》根據《總目》對書籍位置進行調整，而文瀾閣本《考證》却並未吸收文淵閣本《考證》的成果，仍據清抄本《考證》繕録。

再如《小心齋劄記》。清抄本《考證》與文瀾閣本《考證》卷四十九均收《小心齋劄記》一書，由於《總目》將其歸入子部儒家類存目，故文淵閣本《考證》亦將該書校記撤出。文瀾閣本《考證》並未據文淵閣本《考證》撤出該書校記。這説明，文瀾閣本《考證》謄録時，没有吸收文淵閣本《考證》辦理者的新成果，依然用未經修改的清抄本《考證》作繕録底本，對《考證》一書的編纂，館臣純粹應付差事爲編而編，並非是對書籍反復進行精審的校勘以求接近書籍原貌。

3. 可據文瀾閣本《考證》補正他本《考證》之闕誤。

如文瀾閣本《考證》可補文淵閣本《考證》之闕。以《青山集》爲例。文淵閣本《考證》卷七十九目録在《濟南集》後緊接《書墁集》，查清抄本《考證》與文瀾閣本《考證》卷七十九目録，兩書中間爲《青山集》。細審文淵閣本《考證》卷七十九正文，《濟南集》與《書墁集》兩書校記頁分别爲三十三頁、三十五頁，其頁數並不相連，可以肯定，中間撤出了第三十四頁。據清抄本《考證》與文瀾閣本《考證》可知，該撤出頁爲《青山集》校記頁。這説明，文淵閣本《考證》據底本抄好之後，由於某種原因直接將

① （清）永瑢等：《四庫全書總目》，北京：中華書局，1965 年，第 369、370 頁。

《青山集》校記頁撤出，其他頁之頁數未及重改，僅將該卷《考證》目録頁删去《青山集》並重新抄録。文瀾閣本《考證》正可補文淵閣本《考證》之闕。

文瀾閣本《考證》可正文淵閣本《考證》之誤。以《述异記》爲例。清抄本《考證》子目目録與正文、文瀾閣本《考證》子目目録與正文皆作《述异記》。文淵閣《考證》子目目録與正文皆作《述异志》。查文淵閣《四庫全書》與《總目》，該書當作《述异記》。文淵閣本《考證》作《述异志》，誤，可據文瀾閣本《考證》正之。

文瀾閣本《考證》可正清抄本《考證》之誤。如清抄本《考證》卷七十二子目目録處誤將《佛祖歷代通載》一書著録爲《歷代佛祖通載》，此處倒文可據文瀾閣本《考證》正之。

4. 爲《四庫全書》閣本的研究提供一個典型例證。

目前學界對閣本與底本、閣本與閣本的關係問題上存在許多盲點，如現存《四庫全書》各閣本面貌爲何有差異？《四庫全書》各閣本所據是否爲同一底本？而《四庫全書考證》是研究這些問題的一個絶佳的典型。文瀾閣本《考證》與文淵閣本《考證》出現差異是源於兩者成書過程不同，兩者雖同源自清抄本《考證》，但文淵閣本《考證》進行了大量的改動，文瀾閣本《考證》幾乎據清抄本《考證》原文照録。對文瀾閣本《考證》原抄殘卷的深入研究爲《四庫全書》閣本的研究提供了一個新視角。

當然，文瀾閣本《考證》原抄殘卷也有許多不足。最爲明顯的是，其謄録時有訛誤。如文瀾閣本《考證》卷十四《陳氏禮記集説補正》誤作《春氏禮記集説補正》；卷四十九《思辨録輯要》脱"輯要"二字；《三鱼堂賸言》誤"鱼"爲"余"；卷五十三誤《坦齋通編》作《坦齋通論》；卷六十二誤《古今姓氏書辯證》作《古今姓氏書辨證》；卷七十一《東齋紀事》一書，書名行與正文行中間空出一行，乃謄録漏抄撰者及其時代；卷七十一子目目録誤《桯史》爲《程史》。再如，清抄本《考證》卷七十二《夷堅志》"完顔亮詞條：'坐視銀蟾出海'，原本'銀蟾'訛'蟾宫'，'海'訛'現'，並據《桯史》改"，文瀾閣本《考證》將《桯史》誤作《程史》。如此種種，足見文瀾閣本《考證》原抄謄録粗疏。

瑕不掩瑜，文瀾閣本《考證》原抄殘卷有十分重要的文獻價值，值得進一步研究和利用。

今傳本《香譜》非洪芻作辨①

董岑仕　人民文學出版社古典文學編輯室

提　要： 洪芻曾在沈立《香譜》的基礎上，編爲洪芻《香譜》。《香譜》今傳本，有《百川學海》叢書本與《説郛》雜抄本二系統。今傳《百川學海》中《香譜》二卷，宋咸淳刊本及明弘治年間華珵刊本、嘉靖鄭氏宗文堂本卷端不題撰人，《百川學海》標目頁此書署"洪芻《香譜》"，萬曆以後，從《百川學海》而出的《香譜》翻刻本在卷端增署撰人爲"洪芻"。陶宗儀編《説郛》時，卷六五收有題"唐無名氏"的《香譜》一卷的節録本，與《百川學海》本《香譜》同源而内容大同小异。在宋代，後出的香譜文獻，往往援引之前成書的香譜文獻，文獻層次較爲複雜。通過辨析洪芻《香譜》在宋代的流傳、摘抄、節録情况，可知洪芻《香譜》最早有曾慥《類説》的節略本，題作"《香後譜》"，而今收入《百川學海》的《香譜》及其衍生版本，當爲南宋時無名氏對當時香譜文獻進行的彙編，在宋理宗朝前成書，並非洪芻之作，該書也是陳敬《新纂香譜》中彙纂諸譜的文獻來源。

關鍵詞：《香譜》；洪芻；《類説》；《説郛》；《百川學海》；譜録

洪芻，字駒父，爲黄庭堅之甥，其所著《香譜》，屢見諸於宋代目録記載。如《郡齋讀書志》衢本於《子部·類書類》著録"《香譜》一卷，右皇朝洪芻駒父撰"。《郡齋讀書志》袁本，亦載《子部·類書類》，而略有异文。② 《遂初堂書目》《子部·譜録類》著録了兩部香譜：其一爲《沈氏香譜》，即沈立所著《香譜》；其二爲《洪氏香譜》，即

---

①　文中對於《類説》各抄本的版本調查，得到了北京大學中文系關静博士的幫助；寫作過程中，得到北京師範大學文學院董婧宸老師的幫助，特此致謝。

②　晁公武著，孫猛校證：《郡齋讀書志校證》卷14，上海：上海古籍出版社，1990年，第670頁。

洪芻《香譜》[1]，均不記卷數。《宋史・藝文志》在《子部・農家類》著録"洪芻《香譜》五卷"[2]。《文獻通考・經籍考》在《子・雜藝術》著録"《香譜》一卷"，其後引"晁氏曰"，所引内容，同衢本《郡齋讀書志》。[3] 陳振孫《直齋書録解題》中，則未著録沈立、洪芻之書，僅著録了另外一本"不知名氏"的《香譜》一卷。[4]

今傳本《香譜》，有《百川學海》叢書本與陶宗儀《説郛》雜抄本兩種。《百川學海》叢書本《香譜》，明中期以前刊本卷端均無撰人，僅標目中有"洪芻"之名；《説郛》雜抄本《香譜》中，署"唐無名氏"。清四庫館即因今傳本二卷與《郡齋讀書志》所記洪芻本"一卷"不合，而疑二卷本《香譜》或爲二卷本侯氏《萱堂香譜》。[5]

臺灣學者劉静敏撰文考訂洪芻生平事迹及諸版本的詳細情況，並認定《百川學海》本《香譜》及《説郛》本《香譜》爲洪芻所作。[6] 之後，沈暢對於《百川學海》叢書本《香譜》與《説郛》雜抄本《香譜》的版本系統做了更爲細緻的考察[7]，文中雖注意到不少版本中撰人不題洪芻，不過，這一問題，並未引發今傳本是否確爲洪芻所撰的質疑。此前對《香譜》撰人的討論中，往往疏忽了曾慥《類説》中《香後譜》與洪芻《香譜》間的聯繫，筆者擬結合相關文獻，辨明今傳本《香譜》絶非洪芻《香譜》，應當只是一部南宋時的香譜文獻彙編本。

一、曾慥《類説》中《香後譜》即洪芻《香譜》節略本

曾慥於紹興年間編纂《類説》，其中收有《香後譜》，此即洪芻《香譜》之節引。因《類説》版本存在异文，以往研究往往未措意。[8]

① 尤袤：《遂初堂書目》，《譜録類》，《説郛》卷28，北京：商務印書館，1935年，第31頁。
② 脱脱：《宋史》卷205，北京：中華書局，1985年，第5206頁。
③ 馬端臨：《文獻通考》卷229《經籍考》，影印元西湖書院本，北京：北京圖書館出版社，2005年，頁6a。
④ 陳振孫：《直齋書録解題》卷14《雜藝類》，上海：上海古籍出版社，2015年，第416頁。
⑤ 《四庫全書總目》卷105《譜録類・器物之屬》，第27—29頁，影印殿本，收入《文淵閣四庫全書》第三册，臺北：臺灣"商務印書館"，第497—498頁。
⑥ 劉静敏：《宋洪芻及其〈香譜〉研究》（《逢甲人文社會學報》2006年第12期）及劉静敏：《宋代〈香譜〉之研究》（臺北：文史哲出版社，2007年）。
⑦ 沈暢：《宋洪芻〈香譜〉版本源流考》，《古籍整理研究學刊》2018年第1期。
⑧ 劉静敏《宋代〈香譜〉之研究》中，依據版本存在缺陷的天啓本《類説》，視《類説》中的《香譜》與《香後譜》爲編纂《類説》的曾慥所作。對此，筆者不敢認同。

　　《類説》有五十卷本與六十卷本系統，五十卷本爲宋代以來《類説》目録著録中的主要形態①，傳本以明清抄本爲主。《類説》六十卷本爲後出本，以天啓刻本爲代表。兩系統卷數差别，主要體現在子目的分卷差異上。上海圖書館（以下簡稱“上圖”）今存五十卷全帙清抄本②，反映五十卷本《類説》的分卷情況。

　　五十卷本與六十卷本《類説》的較大差别，在於是否保留各書子目撰人。③ 天啓刻本《類説》，除卷一《趙后外傳》、卷二三《續博物志》外，均無撰人。明清五十卷抄本《類説》中，多題子目撰人，這些子目撰人，應當是曾慥編纂《類説》時題寫的。④《類説》五十卷本卷四九載各譜録，北京國家圖書館（以下簡稱“北京國圖”）藏有嘉堂明抄本殘本存卷四九，《香譜》脱書目名，作者亦脱；《香後譜》題“洪芻集”。上圖藏清抄本卷四九，《香譜》書名未脱，撰人題“丘立撰”，而“丘立”當爲“沈立”之形訛⑤，《香後譜》題“洪芻集”。從眾多抄本可知，《類説》中《香後譜》，原題“洪芻集”，天啓刻本載卷五九而删削撰人。

　　南宋時，高似孫《緯略》與《嘉泰吳興志》等可印證當時《類説》中題有撰人。高似孫《緯略》卷十“水麝”條，全同《類説·香後譜》所引“水麝”條，而注出“芻《香後譜》”；《嘉泰吳興志》卷十八《事物雜志》中引《類説·香後譜》“文石”一條，注出“洪蒭《香後譜》”⑥，“蒭”當爲“芻”之形誤，故南宋時《類説》傳本，題名作“香後譜”，著者署“洪芻”。

　　《類説》中所收《香後譜》，首有序，序文與陳敬《新纂香譜》卷首録《洪氏香譜序》及明周嘉冑《香乘》卷二八所收《洪氏香譜序》同。從序文的一致來看，知《類説》中節引《香後譜》，實即洪芻《香譜》。《類説·香後譜》最末有跋語：

　　① 關於《類説》卷數，《郡齋讀書志》有異文，衢本作“《類説》五十六卷”，袁本作“《類記》六十卷”，明卧雲山房本、馬端臨《文獻通考·經籍考》引作“《類説》五十卷”，參見孫猛《郡齋讀書志校證》（上海古籍出版社，1990年，第595—596頁）；《直齋書録解題》《宋史·藝文志》等早期著録，均作“五十卷”。明祁承㸁《澹生堂藏書目》中，亦著録了五十卷《類説》。
　　② 上圖館藏號：790389—420。
　　③ 關於《類説》的版本研究，參見昌彼得《舊鈔本〈類説〉題識》（《增訂蟫菴群書題識》，臺北：臺灣“商務印書館”，1997年，第158頁）、趙庶洋《略論清抄宋本〈類説〉的文獻價值》（《文獻》2012年第3期）、陳静怡《〈類説〉版本及引書研究》（臺北大學2012年碩士論文）、關静《曾慥〈類説〉編纂及版本流傳研究》（北京大學2015年碩士論文）等。
　　④ 存世《類説》抄本較夥，下文主要依筆者目驗的五十卷抄本系統的北京國圖藏有嘉堂明抄本、上圖藏清抄本而論，間或補充其他《類説》抄本中的版本信息。
　　⑤ 上圖藏有另一殘四十八卷抄本（館藏號：8211189—217），其中《香譜》下題“邢部侍郎沈立撰”，臺灣“國家圖書館”藏明嘉靖伯玉翁跋《類説》抄本，亦題“刑部侍郎沈立撰”，可證“丘立”爲“沈立”形訛。不過，此二本中，《香後譜》下均不題撰人。
　　⑥ 談鑰：《嘉泰吳興志》卷18，民國嘉業堂《吳興先哲遺書》叢書本。

予頃見沈立之《香譜》,惜其不完,思廣而正之,因作《後譜》,拆爲五部。

從跋語來看,洪芻《香譜》在沈立熙寧七年(1074)以前撰成的《香譜》基礎上"廣而正之","拆爲五部"表明了《類説》中洪芻《香後譜》的底本,原分五類,《宋史·藝文志》著録的"五卷",可能就是當初分爲"五類"所帶來的卷帙之數。跋語中言"因作《後譜》","後譜"之名,可能爲曾慥編入《類説》時隨文而改,其原因或有二:其一,《類説》先收沈立《香譜》,再收洪芻《香譜》,兩書均名"香譜";其二,洪芻《香譜》是在沈立《香譜》基礎上編成的,故曾慥改洪芻"《香譜》"爲"《香後譜》",以示區別。

二、今傳本《香譜》的版本系統與撰人題名

今傳本《香譜》有兩個版本系統,其一爲從南宋編《百川學海》而出的叢書本系統,其二爲從《説郛》而出的雜抄本系統。《百川學海》的叢書本系統,現存的最早刊本爲作爲祖本的南宋咸淳年間刊本《香譜》,《説郛》本來源於元末明初陶宗儀的雜抄,兩者條目數量不同,文字互有异文,但重合度極高,當爲同源。然而,在撰人題名和分卷上,各系統内情况不一。

南宋咸淳年間刊《百川學海》中,收録《香譜》二卷,宋刻本《百川學海》的卷端,有《香譜》目録頁三頁,目録頁及正文二卷卷首均僅有"《香譜》"書名,而無撰人。書分四類,其中《香之品》《香之异》載上卷,《香之事》《香之法》載下卷。《百川學海》咸淳本宋槧有標目頁,在丁集下有"洪芻《香譜》"①。明弘治十四年(1501)無錫華珵刻本《百川學海》、嘉靖十五年(1536)鄭氏宗文堂刊本《百川學海》,《香譜》均有目録,卷端仍不題撰人。其中,弘治本的正文,基本依照咸淳本翻刻,但標目對咸淳本排序進行了較大的更定。咸淳本標目,十集各十種書,每一集雜糅多部性質不同的書籍,弘治刊本依照書籍性質分集,各集收書數量不等,其中,在壬集、癸集中,集中安放譜録類書籍。故弘治本標目中,《香譜》改隸壬集,仍題"洪芻《香譜》"。值得注意的是,標目上,自宋咸淳本《百川學海》起,不少正文不題撰人的子目書籍,僅出現了

---

① 今宋槧《百川學海》,存世有多部殘卷,北京國圖、日本宫内廳所藏卷帙最多。其中,有宋槧標目的,僅日本宫内廳本。

撰人，如《歙州硯譜》，標目中題作"洪景伯《歙硯譜》"，而書中有"大宋治平丙午歲重九日"，知此本實即陳振孫《直齋書錄解題》中著錄的唐積撰《歙硯圖譜》一卷①，標目誤題刊刻者洪适（字景伯）作撰人②。其次，《百川學海》標目中，一般書字或號，如"洪芻"般直呼其名，較爲少見。另外，《百川學海》中刊入分卷本書籍時，一般逐卷卷首書作者，而《香譜》正文的目錄及二卷卷端，嘉靖以前刻本中均無撰人。至萬曆胡文煥《格致叢書》本與明末一卷本，始於卷端署作者爲洪芻。清張海鵬《學津討原》二卷本從華珵刊《百川學海》而來，卷端不題撰人。

《説郛》雜抄本系統，在《説郛》百卷抄本中，《香譜》載卷六五③，今存世的明抄本《説郛》中，有五種收錄《香譜》，包括明弘治十三年（1500）藍格抄本（今藏北京國圖）、明弘治十八年黑格抄本（原爲傅增湘舊藏三種《説郛》明抄拼配本之一，今藏上圖）、臺北"國圖"藏嘉靖間抄本（以下簡稱"臺圖本"）、涵芬樓舊藏明萬曆間抄本（今藏北京國圖）、鈕氏世學樓抄本（今藏北京國圖）。涵芬樓舊藏本有錯頁，《説郛》卷六五《續齊諧記》結尾、《采異記》、《神異記》至《香譜》首頁錯頁在《説郛》卷六六《酒譜》"温克五"後，書大字"香譜"，細字小書"一弓"，後脱"香品一"一行；弘治十八年抄本、臺圖本底本來源近，二本均作大字"香譜"，下出細字小注"一卷"，兩本亦脱"香品一"一行。弘治十三年抄本、世學樓抄本底本來源近，均先出大字"香品一"，其下細字小注"香譜一弓"。撰人署名上，各本均署"唐無名氏"。唯弘治十八年抄本下有墨筆細字小注"洪芻"，筆跡與原抄不同，當爲後來添如。張宗祥校勘《説郛》六種明抄本，整理爲《説郛》商務印書館鉛印本（以下簡稱"商務本"）。六種抄本，包括傅增湘舊藏明抄三種拼配本、涵芬樓舊藏本、京師圖書館舊藏本（今藏北京國圖，其中無《香譜》）、臺圖本④。《説郛》商務本題"《香譜》"，題下小注"一卷，此書與今本出入删節甚多"，爲張宗祥校增。商務本署"唐無名氏撰"，細字小注"洪芻"，蓋從傅增湘舊藏弘治十八年抄本而來。⑤ 從舊

① 陳振孫：《直齋書錄解題》卷 14，上海：上海古籍出版社，2006 年，第 414 頁。
② 《百川學海》中收錄了洪适弟洪邁的刊刻跋文，可知該書底本原爲洪适刻本。
③ 按，此特指雜抄本系統《説郛》中的情況，並不闌入混淆版本源流的《説郛》宛委山堂本一卷本。
④ 張宗祥：《〈説郛〉跋》，《説郛三種》第 2 冊，上海：上海古籍出版社，2012 年，第 1358 頁。張宗祥跋語中明確交代了前五種，但未詳細介紹第六種版本。據陳福康整理《鄭振鐸等人致舊中央圖書館的秘密報告》（《出版史料》2001 年 1 期）等可知，第六種《説郛》抄本即係今臺圖百卷本《説郛》。
⑤ 按，張宗祥任京師圖書館館長時，請人以"京師圖書館鈔書紙"稿紙抄錄副傅增湘舊藏本，今藏北京國圖。張宗祥整理爲《説郛》商務本時，又有稿本，今藏浙江圖書館。綜合各卷校勘來看，在張宗祥的整理過程中，傅增湘舊藏本一直是主底本。

抄本來看,陶宗儀編纂《説郛》時,底本原爲一卷本,撰人題"唐無名氏"。

以下用以明抄本爲底本并加校勘的《説郛》商務本爲主要參考本,間或補充明抄本異文,在整體上統稱該系統本爲"《説郛》本",以咸淳《百川學海》二卷本(以下簡稱"《百川》本")與《説郛》本分別作爲叢書本系統與雜抄本系統的代表,比較兩者的异同:

其一,分類上,《百川》本分四類,香之品、香之异、香之事、香之法;《説郛》本四個分類,相當於《百川》本四目均爲删去"之"後形成,并在其後加入一、二、三、四。①

其二,條目數量上,在統計時,咸淳本有目錄頁,目錄中,"香之品"下"馣香"與"黄熟香"分爲兩目,"香之事"下"述香"下有"國香"一目,但是在正文之中,"黄熟香"與"國香"這兩目,均不换行,不另出標題,計數時,只按正文條目數計。

《説郛》本中,弘治十八年抄本、臺圖本、商務本"芳草"條,當作"芳香"。此條中,三本有"又用合馬蹄香"一句,"合"下實誤脱一"香"字,而誤斷句。弘治十三年抄本、涵芬樓舊藏本、世學樓抄本此處作"又用合香。馬蹄香,用合香②,即杜蘅也。形如馬蹄,道家多用服之,令人身及衣皆香"。四字以後,實當另起爲"馬蹄香"。《説郛》本"馬蹄香"條内容,與《百川》本卷一"芳香"次條"蘹香"條同,據陳敬《新纂香譜》卷一,有"馬蹄香""蘹香",《新纂香譜》"馬蹄香"條文全同《説郛》本《香譜》"馬蹄香"條,即與《百川》本"蘹香"條同;而陳敬《新纂香譜》"蘹香"條另有其文,知"蘹香"別爲一種香,《百川》本誤題"馬蹄香"爲"蘹香",至少脱漏了"蘹香"條文辭及"馬蹄香"條的標目。今從簡,百川本僅計算"蘹香(馬蹄香)"一條之數,而將《説郛》本"芳香"與"馬蹄香"分別計爲二條。依據上述原則,二本條目數,如下表所示:

	《百川》本	《説郛》本
	香之品　42 條	香品一　26 條
	香之异　38 條	香异二　15 條
	香之事　43 條	香事三　18 條
	香之法　22 條	香法四　7 條(2 條不見於《百川》本)
合計	145 條	66 條

① 按,弘治十八年抄本、臺圖本、商務本誤乙作"异香二",他本不誤。
② 按,"用合香"三字,《説郛》涵芬樓舊藏抄本、弘治十八年抄本、臺圖本及商務本鈞無。

其中，《說郛》本僅“香法四”最末“清神香”條及“熏衣香”二條，不見於《百川》本。次第上，除鷄骨香、青桂香次第在《百川》本、《說郛》本中相反外，《說郛》本雖條目數量少於《百川》本，次第先後均同《百川》本。

其三，條目内容上，《說郛》本文字，基本爲《百川》本的節略。唯“香之品”中“沉水香”條，《百川》本有“餘見下卷《天香傳》中”，在“香之事”中，《百川》本有《天香傳》一條，作“見丁晋公文集”，而未見《天香傳》引文；《說郛》本則在“香品一”的“沉水香”條，引用“丁相《天香傳》曰”云云七十五字，在“香之事”中未別立《天香傳》條。另外，“青桂香”“鷄舌香”兩條，二本差别較大。

整體上，《百川》本與《說郛》本關係密切，當出同一祖本，《百川》本爲刻本而整體較《說郛》本爲全，部分條目，《說郛》本可以提供補足之用。《百川》本《香譜》在刊刻時，至少脱漏了“薇香”内容與“馬蹄香”的標目，另欠“清神香”“熏衣香”二條，今存的《百川》本《香譜》與《說郛》本《香譜》，應當都是不全之本。

就撰人而言，《百川學海》爲咸淳年間左圭所編叢書，編纂底本當不晚於咸淳年間成書；卷端的目録、各卷開頭均無撰人，僅叢書的標目頁有“洪芻《香譜》”之説；《說郛》爲元末明初陶宗儀所編，本題“唐無名氏撰”，而《說郛》本引及《天寶遺事》（五代王仁裕著）、《開寶本草》（北宋初年修）、“丁相《天香傳》”，丁相指丁晋公丁謂，爲北宋人，“唐”之説有誤。《百川學海》往往會翻刻底本序、跋，而《百川》本、《說郛》本《香譜》，均未見於《類説》中《香後譜》等的洪芻的序、跋。

三、《類説·香譜》、《類説·香後譜》、今傳本《香譜》、陳敬《新纂香譜》之關係

（一）陳敬《新纂香譜》與宋代香譜文獻

討論洪芻《香譜》與今傳本《香譜》等關係時，宋末元初陳敬所編纂的《新纂香譜》，是重要的參考。

陳敬，字子中，所編四卷《新纂香譜》，後由其子陳浩卿續成。舊抄本中，各卷卷端題“新纂香譜”，書前序題“河南陳氏香譜序”。四庫本有改題，文淵閣本、文津閣本卷端、版心等，據底本書前序而題“陳氏香譜”，《四庫全書總目》的殿本、浙本中，

書名作"《香譜》",而略去"陳氏"①。《新纂香譜》原爲四卷本,今存世的四卷本,有中國科學院文獻情報中心藏清初抄本《新纂香譜》②、四庫閣本《陳氏香譜》③;另外,清抄本中,還有前二卷的殘本,包括北京國圖藏鐵琴銅劍樓舊藏清雍正抄本《新纂香譜》、清末瞿啓甲影抄本、臺北"國圖"藏張鈞衡舊藏本。二卷殘本中,後二種均從清雍正抄本而出。《適園叢書》刻本據張鈞衡舊藏二卷本刊刻。

　　陈敬《新纂香譜》書前列"集會諸家香譜目録",包括十一部書:沈立《香譜》、洪駒父《香譜》、武岡公庫《香譜》、張子敬《續香譜》、潛齋《香譜拾遺》、顏持約《香史》、葉庭珪《香録》、《局方》第十卷、《是齋售用録》、《温氏雜記》、《事林廣記》。書中還逐録了《洪氏香譜序》《顏氏香史序》《葉氏香録序》。④ 陈敬書中,會在部分的香事典故和香方下,標注出處。這些出處,可以用來稽考宋代香譜文獻的遞傳來源。今傳本以抄本爲主,抄本中小注間或脫漏。版本系統上,比對异文、編次等可知,清初抄本爲一系,雍正抄二卷殘本與四庫本的底本四卷本另爲一系。四庫本謄抄過程中,删削序跋及出處小注。文淵閣本、文津閣本,卷三、卷四部分异文,爲文淵閣本大量删削小注,文津閣本則保留了少量小注,其中以注"補"的香方爲多。明代嘉靖時,周嘉胄編纂《香乘》,依據所得陳敬《新纂香譜》四卷傳本,並據《香乘》體例,進行了重新調整、編輯。周嘉胄《香乘》中,往往改定同名香方排序,將《新纂香譜》中無出處的香方羅列在前,有出處的香方挪在後。考慮《香乘》體例,並比勘香方文字系統、出處標注、條目次第等,可知周嘉胄所得四卷本《新纂香譜》,與清初抄本當屬同一系統。⑤

　　① 《四庫全書總目》卷105《譜録類·器物之屬》,第27—29頁,影印殿本,收入《文淵閣四庫全書》第3册,臺北:臺灣"商務印書館",第497—498頁。《四庫全書總目》,影印浙本,北京:中華書局,1965年,第987頁。
　　② 中科院本爲底本的點校本,見陳敬《新纂香譜》,收入沈暢點校《香譜·新纂香譜》,香港承真樓,2015年。
　　③ 存世者,有文淵閣本、文津閣本、文溯閣本及文瀾閣本。文瀾閣本,據錢恂言,卷一爲原抄,見錢恂編《壬子文瀾閣所存書目》卷三(《明清以來公藏書目彙刊》第1册,北京:北京圖書館出版社,2008年,第248頁)。據浙圖所編目,卷一至三爲原抄,卷四爲張宗祥補抄,見浙江圖書館編《浙江圖書館古籍善本書目》(杭州:浙江教育出版社,2002年,第937頁)。文溯閣本、文瀾閣本,筆者未見,文瀾閣原抄卷數尚待目驗。
　　④ 按,陳敬《新纂香譜》版本較複雜,"目録"和三部香譜序,四庫閣本無,據《四庫提要》等可知,四庫館采進四卷本原有"目録"及序,但未抄入閣本,此外,閣本還删削香方出處。
　　⑤ 在《新纂香譜》兩個傳本系統中,卷二、卷三各存在一處錯頁現象。雍正抄本二卷本、四庫本四卷本中,卷二存在相同的錯頁現象,在"内府龍涎香(補)"的香料與香法間,錯入了從"久窖濕香"的"藿香"一味起至"清神香(武)"中香料部分的内容,而周嘉胄《香乘》卷十四、卷十五可見,除改定同名香方排序造成的不同外,其所依《新纂香譜》與清初抄本的排序同。卷三中,文淵閣本、文津閣本未錯頁,而清初抄本與《香乘》所依《新纂香譜》,存在相同的錯頁情況,而錯頁後,二本又有不同面貌的脱文。(轉下頁)

考察陳敬《新纂香譜》時，周嘉胄《香乘》亦爲重要的參校本。[①]

　　成書年代上，沈立《香譜》最先出，洪芻《香譜》後出，紹興年間，二書被節引入曾慥《類説》，爲《香譜》《香後譜》；《百川學海》本《香譜》的底本，是一部不晚於南宋咸淳年間之書；而陳敬的《香譜》，會集上引"集會諸家香譜目録"諸書而成，熊朋來序稱"自子中至浩卿，再世乃脱稿"，李琳序則稱"陳浩卿於清江出其先君子中齋公所輯《香譜》"[②]，時已入元，熊朋來、李琳序均作於元至治二年壬戌（1322）。

（二）《類説·香後譜》多不見於今傳本《香譜》

　　分類上，《類説》的《香後譜》最末一條，言洪芻所集《香後譜》對沈立《香譜》"廣而正之"，"拆爲五部"，《百川》本、《説郛》本《香譜》分四類，均未設五部，兩者無法對應。

　　曾慥《類説》編纂中，逐則設題。原書有分則標題的，曾慥往往襲用，原書所無的，則往往爲曾慥自擬。沈立《香譜》不存，不詳原書的標目情況；《類説》中《香譜》《香後譜》中部分條目，可以在今傳本《香譜》、陳敬《新纂香譜》中找到，但是，這些條

（接上頁）陳敬《新纂香譜》中共有十三條帶"頓香"之名的香方，清初抄本與《香乘》所依《新纂香譜》的錯頁，發生在十三條"頓香"香方内部。其中，四庫本第九條"寶梵院主頓香"的香名起，至第十二條"頓香"的"檀香一兩，沉香半兩，丁香三錢，蘇合油半兩"四味香料部分，錯入四庫本之前第四條"頓香（武）"的香料、用香法之後、第五條"頓香"的香名之前。該錯頁現象在一條之内有割裂，而前後條目恰爲完整條目的換頁，錯頁後，原來的第十二條"頓香"香方，前半香名、香料存，而無用香法，排於四庫本第十一條"頓香"香方後、第五條"頓香"香方之前；而原來第十二條"頓香"香方的後半香料、製香法，排於完整的四庫本第八條"瞿仲仁運使頓香"條的製香法後。清初抄本，復脱去十二條上半的"頓香"香名、香料，而僅在"瞿仁仲運使頓香"條目後另出"又方"二字；周嘉胄《香乘》中，據已錯頁的陳敬《新纂香譜》重排"頓香"香方次第，四庫本十二條上半的"頓香"，以"頓香五"爲名，列於四庫本第十一條香方"頓香四"後，另有周嘉胄校補的製香法："以三種香拌蘇合油，如不澤，再加油。"（四庫本、清初抄本均未見）而四庫本十二條後半的香料、製香法則脱去。關於《香譜》卷二的錯頁情況，參見沈暢《〈四庫全書〉本〈陳氏香譜〉考論》（第三屆中國四庫學高層論壇會議論文，2018 年 5 月）。不過，卷三的錯頁情況，沈暢未察。從類似的錯頁、相似的香方來源等來看，周嘉胄《香乘》所依《新纂香譜》，當與清初抄本出源。

　　① 通過比勘《新纂香譜》清初抄本、雍正抄本卷二與《香乘》所載對應香方的香方來源，可以發現，今《新纂香譜》卷二共計 145 則，三本之中，有 78 則出現香方來源，其中，清初抄本 68 則，雍正抄本 67 則，《香乘》62 則，三者中有 46 則香方來源完全相同，存在異文的有 32 則，但异文往往是三本中各有脱漏注文的情況，僅"金粟蘭香"條，清初抄本、《香乘》注"洪"而雍正抄本注"沈"，存在互歧。卷三以後部分，清初抄本、周嘉胄《香乘》、文津閣本的香方出處，亦多爲脱漏産生异文，僅卷三"香餅"則，清初抄本、《香乘》注"沈譜"而文津閣本注"洪譜"，存在互歧。整體上，依靠清初抄本、雍正抄本，保留少量香方出處的文津閣本及周嘉胄《香乘》來考察陳敬《新纂香譜》編纂的香方來源的注文是可行的。鑒於陳敬《新纂香譜》複雜的版本面貌，下文討論《新纂香譜》時，前二卷主要依清初四卷本、雍正二卷本，參校文淵閣本、文津閣本，後二卷以清初抄本和文津閣本爲主，並逐條比核周嘉胄《香乘》中轉引《新纂香譜》的面貌。

　　② 按，熊朋来序，各清抄本及四庫采進本有；李琳序，清初抄本有，《香乘》卷末"附諸譜序"迻録，雍正抄本及四庫采進本脱。

目往往只是節引，和今傳本《香譜》、陳敬《新纂香譜》中的擬名差別較大。

《類説》本沈立《香譜》收十五條，《類説》本洪芻《香後譜》序後收三十四條。[①]《類説》中《香譜》《香後譜》見於《百川》本《香譜》、陳敬《新纂香譜》（表中省稱作“《陳譜》”）的面貌，見下表所示[②]：

《類説·香譜》	《百川》本	《陳譜》	《陳譜》出處及備註
1 龍腦香	一 1 龍腦香	1 龍腦香	
2 香皮紙			所叙爲“馢香/棧香”，《百川》本、《陳譜》有條目，内容未及“香皮紙”。
3 降真香	一 17 降真香	15 降真香	
4 龍鱗香	一 25 葉子香	9 葉子香	
5 燕尾香	見備註	61 蘭香	《川本草》。《陳譜》“蘭香”作“俗呼爲鼠尾香”，《百川》本一 28 有“蘭香”，内容少。
6 馬蹄香	一 30 薆香	63 馬蹄香	《百川》本“薆香”内容當作“馬蹄香”，脱漏“薆香”正文及“馬蹄香”標目；《説郛》本此條即作“馬蹄香”
7 龍涎香	無		《陳譜》51“龍涎香”條，與此載異。
8 异國香	二 3 辟寒香	86 辟寒香	
9 神香	二 4 月支香	87 月支香	《瑞應圖》。
10 九和香	二 23 九和香	113 九和香	《三洞珠囊》。
11 如厠過香爐上	三 11 愛香	537 愛香	《襄陽記》。
12 香篆	三 27 百刻香	見備註	《陳譜》157“百刻篆圖”叙沈立“序百刻香印未詳”。

---

① 此按《類説》明清抄本中條目計算，天啓刻本有脱文，“熏爐銘”下脱“（劉向）《熏爐銘》”文辭及“（梁元帝）香爐銘”一條標目，明有嘉堂抄本、上圖藏清抄本《類説》及《百川學海》本《香譜》、陳敬《新纂香譜》均載劉向、梁元帝兩則。

② 曾慥《類説》，主要依據有嘉堂抄本，參校通行的天啓刻本及上圖藏清抄本；《百川》本《香譜》編號，據咸淳本《百川學海》中《香譜》一書標目，每類重新記數。陳敬《新纂香譜》標目序號，參考劉静敏《宋代〈香譜〉之研究》附録一《宋代四家香譜條目一覽》。劉静敏《宋代四家香譜條目一覽》中，以《陳氏香譜》文淵閣本爲綱，標宋代香譜條目。劉静敏表格中，將曾慥《類説》本《香譜》《香後譜》，統稱爲“曾譜”，不過往往未注意到不少條目名異而内容實同，另有名同而内容異的錯誤歸類。本文稽考時，均以譜中所記宋代香事内容爲准，比核諸書。

續　表

《類説・香譜》	《百川》本	《陳譜》	《陳譜》出處及備注
13 蕊香	無	370 玉蕊香(二)	《陳譜》卷三,周嘉胄《香乘》有,均不注此方出處。
14 入窨	四 14 窨香法	151 窨香	《陳譜》、《香乘》卷十三注出"沈《譜》"。
15 熏衣法	四 15 熏香法	153 熏香	《百川》本、《類説》文字同;《陳譜》《香乘》文字稍有異文,清初抄本、《香乘》卷十三注"洪《譜》",雍正抄本無出處。

《類説・香後譜》	《百川》本	《陳譜》	《陳譜》出處及備注
1 被草負笈		560 被草負笈	洪《譜》。
2 柏香		497 柏香臺	《本紀》。
3 日碑自合香	二 30—金碑香	110 金碑香	《洞冥記》。
4 魏武禁熏香		535 熏香	《三國志》。
5 宗超香		492 宗超香	洪《譜》。
6 五方香床		512 香床	《隋書》。
7 沉香堂		501 沉香堂	無出處。
8 失博山香爐		581 失爐筮卦	《集异記》。
9 香中忌麝		559 香中忌麝	洪《譜》。
10 屑沉泥壁		500 沉香亭 504 沉屑泥壁	洪《譜》;本傳。 "沉香亭"條《百川》本《香譜》有,《類説》所引部分恰無。
11 香纓			按,《陳譜》487"香纓"條,不同。
12 賜龍腦		534 賜香	無出處。
13 三清臺		498 三清臺	《五代史》。
14 五色香囊		488 香囊	並《本傳》。 《百川》本《香譜》三 14"香囊",僅爲《陳譜》488 條前半;"五色香囊"爲488 條後半。
15 地上邪氣		557 除邪	洪《譜》。

《類説·香後譜》	《百川》本	《陳譜》	《陳譜》出處及備注
16 三班吃香		464 三班吃香	《歸田録》。
17 威香	二 17 威香	96 威香	孫氏《瑞應圖》。
18 千步香	二 20 千步香	99 千步香	《述异記》《貢籍》。
19 水麝		53 麝香	洪氏云。《百川》本《香譜》一 2"麝香",爲《陳譜》53 條前半。
20 文石		106 文石香	洪氏云。
21 薔薇水		59 薔薇水	無。
22 返魂香		22 返魂香	洪氏云。
23 熏爐銘	三 41 漢劉向熏爐銘	590 博山爐銘	無。
24 香爐銘	三 42 梁孝元帝香爐銘	591 香爐銘	無。
25 麝療蛇毒	一 2 麝香	53 麝香	《類説》作《本草》云;《香譜》《新纂香譜》作"陶隱居云"。
26 沉箋香		3 沉水香	《談苑》《倦游雜録》。《百川》本《香譜》一 3"沉水香"爲《新纂香譜》之節引,無《類説》此段。
27 乳香	一 13 乳香半條	22 乳頭香	《類説》作《筆談》云;《陳譜》作"沈存中"云;《夢溪筆談》條,《百川》本《香譜》無。
28 鷄舌香		32 丁香	《日華子》;《百川》本《香譜》一 11"丁香"條,同《陳譜》33"丁香"條前半,無後半段。
29 五香		101 五香	《雜修養方》;《百川》本《香譜》二 31"五香"條,同《新纂香譜》"五香"條前半,無後半段。
30 都梁香	一 33 都梁香	48 都梁香	《荆州記》。
31 意可香		357 意可	山谷曰。
32[意]和香		(356 意和)	(《陳譜》、周嘉胄《香乘》"黄太史四香"下有"意和",無此段。清初抄本、文津閣本注"跋附,沈"。)

續　表

《類説·香後譜》	《百川》本	《陳譜》	《陳譜》出處及備注
33 笑蘭		588 笑蘭香序	僧馨宜《笑蘭香序》。洪《譜》(僅清初抄本)。
34 清真香		225 丁晋公清真香	丁晋公《清真香歌》(《陳譜》注：武[《武岡公庫香譜》])

值得補充説明的是：

《類説·香譜》"燕尾香"條："蘭葉，尖長有花經①，紅白色，俗呼爲燕尾香，煮水浴②，療風。"《新纂香譜》卷一"蘭香"條："《川本草》云：味辛平，無毒，主利水道，殺蟲毒，辟不祥，一名水香，生大吴池澤。葉似蘭，尖長有岐，花紅白色而香，俗呼爲鼠尾香。煮水浴，治風。"俗呼作"鼠尾香"，與"燕尾香"有异文，然前所後所記葉、色等類似。《百川》本《香譜》有"蘭香"條，與《新纂香譜》類似，唯少"俗呼爲燕/鼠尾香"一句，但比較可知，"鼠尾香""燕尾香"當爲其中一本有形訛，而《類説》"燕尾香"一條，對應《新纂香譜》"蘭香"條。

《類説》的沈立《香譜》"熏衣法"條，與《百川》本《香譜》"熏香法"同，《新纂香譜》卷一"熏香"同源而稍有异文，雍正抄本無出處，清初抄本、周嘉冑《香乘》卷十三言出"洪《譜》"。洪芻《香譜》是在沈立《香譜》基礎上撰成的，故作"洪《譜》"亦有可能。

《類説·香後譜》的"[意]和香"條，作："賈天錫作意和③，清麗閑遠，自然有富貴氣，覺諸人家香殊寒氣也。"有嘉堂抄本、天啓本標目脱漏"意"字④。"意和香"，實即黄庭堅"黄太史四香"中"意和香"。《新纂香譜》與周嘉冑《香乘》均載"意和香"的香方，但"意和香"均無説⑤，未見《類説·香後譜》所引語。黄庭堅集中有《跋自書所爲香詩後》，載：

賈天錫宣事作意和香，清麗閑遠，自然有富貴氣，覺諸人家和香殊寒。乞

---

① "經"字，天啓刻本無，有嘉堂抄本有。
② "浴"字，有嘉堂抄本誤作"俗"，據天啓刻本改。
③ 上圖清抄本，"意和"下有"香"字。
④ 上圖清抄本，標目即作"意和香"，不脱"意"字。
⑤ 按，文淵閣、文津閣本均脱"意和香"標目，他本不脱。

天錫屢惠此香,惟要作詩,因以"兵衛森畫戟,燕寢凝清香"作十小詩贈之,猶恨詩語未工,未稱此香爾。然余甚寶此香,未嘗妄以與人。①

據黃庭堅語可知,此即爲"意和香"。乾道間劉仲吉宅刊本《類編增廣黃先生大全文集》卷四九有"香方"門,有"意和香",與陳敬《新纂香譜》、周嘉胄《香乘》香方同,"意和香"末引黃庭堅跋語,與《類說》所引《香後譜》同②,可知《類說·香後譜》的"意和香"與陳敬《新纂香譜》、周嘉胄《香乘》中"黃太史四香"之"意和香"實指同物,《類說》節引黃庭堅香説而不録香方,陳敬《新纂香譜》與周嘉胄《香乘》有香方而無香説。"黃太史四香",在清初抄本、文津閣本題下,有"跋附沈"的雙行小注。不過,沈立《香譜》作於熙寧七年以前,當時"黃太史四香"並未産生,洪芻爲黃庭堅之甥,在其《香譜》中收録"黃太史四香",而抄本中出現了"沈""洪"互訛。

《類説》中《香後譜》"笑蘭"中异文,易産生誤讀,各本《類説》首句均作"吳僧馨宜作笑蘭香,予曰",《新纂香譜》卷四"序"類下收"《笑蘭香序》",首句作"吳僧馨宜《笑蘭香序》曰",則知《類説》的"予曰",實爲"序曰"之形近之誤,而此篇"笑蘭香"之意見,實爲馨宜所發,非《香後譜》作者洪芻或《類説》編者曾慥之意見。

比勘可見,曾慥《類説》引沈立《香譜》十五條,《百川》本《香譜》無"香皮紙""龍涎香""蕊香"三條,"蘭香"條無"俗呼爲鼠/燕尾香"句,餘下十一條均見。陳敬《新纂香譜》中無"香皮紙""龍涎香"二條,"熏香法"與《類説·香譜》略有文字异文,其他基本全同。這些條目中,以香事爲主,陳敬《新纂香譜》中,僅"窨香"注"沈《譜》"③,其餘諸條,都襲用舊文,未注出處。陳敬編纂時,彙纂類事的材料,並未有標注出處爲"沈《譜》"的必要。同時,值得注意的是,《類説》中曾慥摘出的《香譜》的條目次第上,與這些條目見於《百川》本《香譜》中的次第與大體一致。

曾慥《類説》中洪芻《香後譜》的被徵引情況,則有所不同。《香後譜》總計三十四條,除"[意]和香"香説實與陳敬《新纂香譜》"意和香"當指同物,《新纂香譜》僅録香方而無香説外,其餘三十三條《香後譜》條目,均見諸陳敬《新纂香譜》中;而《百

---

① 黃庭堅:《豫章黃先生文集》卷25《跋自書所爲香詩後》,《四部叢刊初編》本。
② 筆者推測,《類編增廣黃先生大全文集》的"香方"門,當從洪芻《香譜》南宋傳本而來。
③ 另有"熏香"一條,清初抄本、《香乘》注出"洪《譜》"。

川》本《香譜》中，則只有八條見諸徵引。香事典故上，部分《類説》中《香後譜》引文已另有出處，故陳敬不注；另有九條《香後譜》條目，陳敬《新纂香譜》中注爲“洪《譜》”或“洪曰”①，表明所引來自於“洪芻《香譜》”。

　　《類説·香後譜》載“清真歌”條，作：“丁晋公《清真香歌》云：‘四兩玄參三兩松②，麝香半分密和同③。丸如彈子金爐爇，還似茶心噴曉風④。’”陳敬《新纂香譜》卷二“丁晋公清真香（武）”條作：“歌曰：‘四兩玄參二兩松，射香半分蜜和同⑤。丸如茨子金爐爇，還似千花噴曉風。’”兩相比照，可見略有數量、文字异文，但當爲同一香方。清初抄本、雍正抄本《新纂香譜》與周嘉冑《香乘》均注“武”，指武岡公庫《香譜》。《新纂香譜》中有三十九個香方出自“武岡公庫《香譜》”，其中包括“洪駒父荔枝香”“楊吉老龍涎香”等⑥，洪駒父即洪芻，楊吉老指楊介，爲北宋末南宋初人，故此《香譜》爲南宋武岡軍公使庫所編。武岡公庫《香譜》中既收錄了洪芻創製的香方，而吸收洪芻《香譜》中記載的香方歌訣，也不無可能。《百川》本《香譜》中無此香方。陳敬《新纂香譜》中將此香標注爲晚於洪芻《香譜》的“武岡公庫《香譜》”，蓋後出的香譜會采納之前的香方等，標注出處時，陳敬根據采納的香方的具體出處，未必溯源至最早的香方出處。

　　《類説》節錄的《香後譜》，與陳敬《新纂香譜》中標爲的“洪《譜》”“洪曰”有着高度的一致性，再次證明了《類説》的《香後譜》，即爲洪芻《香譜》，而且，應當是洪芻《香譜》的一個節本。然而，作爲節本的《類説》本《香後譜》中的内容，已經大多不見於今傳本《香譜》。曾慥編纂《類説》，叢抄摘引的過程，往往是依照原書次第摘出條目。《類説》中《香後譜》爲從洪芻《香譜》中摘出，《類説·香後譜》的次第與今傳本《香譜》不合，亦值得注意。

---

①　另有“黄太史四香”一條，注“沈”而當爲“洪”之形訛。

②　天啓刻本《類説》脱“玄參三兩”四字；“三兩松”，上圖藏清抄本作“二兩松”。

③　“密”，天啓刻本、上圖藏清抄本作“蜜”，是。

④　“茶心”，天啓刻本、上圖藏清抄本作“花心”。

⑤　清初抄本、文淵閣本、文津閣本作“麝”，雍正抄本“麝”，書中均作俗字“射”；“分”，文淵閣本、文津閣本誤作“兩”。

⑥　按，“洪駒父荔枝香”載《新纂香譜》卷三，僅《香乘》注“武”，清初抄本脱出處。另外，《新纂香譜》卷二“定州公庫印香”條下，清初抄本有注：“武岡《譜》。下不注者同。”雍正抄本、《香乘》“定州公庫印香”條下均無注，若據清初抄本注，以下“不注”者均當視爲“武岡《譜》”，但後文何以出現衆多“武”之注，似難以解釋，故不從。

(三) 今傳本《香譜》與陳敬《新纂香譜》關係

　　在討論今傳本《香譜》(《百川》本、《説郛》本)時，前人多未注意到今傳本《香譜》與陳敬《新纂香譜》間有密切聯繫。事實上，今本《百川》本《香譜》，加上關係密切的《説郛》本《香譜》有而《百川》本《香譜》所無條目，可計爲一百四十七條。經比核可見，僅"香之事"有"百刻香"一條，"香之法"有"窨酒龍腦丸法"一條不見於《新纂香譜》，《説郛》本《香譜》二條中，"熏衣香"之香方，在陳敬《新纂香譜》中無考。故一百四十七條中，僅有三條不見於陳敬《新纂香譜》。

　　今傳本《香譜》有一百四十四條被編入陳敬《新纂香譜》，陳敬《新纂香譜》共六百餘條，遠超今傳本《香譜》的範圍。陳敬《新纂香譜》後出，彙聚衆譜，編纂中有較多調整。如《百川》本《香譜》"香之事"中的"金香"一條，而"香之事"往往隸《新纂香譜》卷四的"事類"，此條則改至《新纂香譜》卷三"香異"類中"金香"。《百川》本《香譜》"香之法"下不再分類，而陳敬《新纂香譜》則根據功用，分爲印篆諸香、凝合諸香、佩熏諸香、塗傅諸香等；部分條目，《百川》本《香譜》與陳敬《新纂香譜》完全相同，條目名則有變；部分條目，陳敬《新纂香譜》在内容上有所增加，間或以"今按"的方式，舉明補充。

　　見於今傳本《香譜》而不見於陳敬《新纂香譜》的三例中，有兩例或有緣故可尋。《百川》本《香譜》"百刻香"一條，實即曾慥《類説》中沈立《香譜》的"香篆"條，《類説》作："近世作香篆，其文惟十二辰①，分百刻，凡然一晝夜已。"《百川》本《香譜》"百刻香"條作："近世尚奇者，作香篆，其文准十二辰，分一百刻，凡然一晝夜已。"陳敬《新纂香譜》卷二"百刻篆圖"條，曾引沈立熙寧七年(1074)石刻跋："昔嘗撰《香譜》，序百刻香未甚詳，廣德吳正仲製其篆刻並香法，見貺，較之頗精審，非雅才妙思，孰能至是，因鎸於石，傳諸好事者。"沈立先前成書的《香譜》中曾叙百刻香，但當時"序百刻香未甚詳"，故後來重立石，傳香圖，而清初抄本、雍正抄本《新纂香譜》卷二、周嘉胄《香乘》卷二二，均有"百刻篆香"的"篆香圖"，可能因南宋已有詳細的"百刻香"的圖法，故而陳敬《新纂香譜》替換刪削了沈立《香譜》、《百川》本《香譜》原先已有的"百刻香"的文字介紹。

　　《百川》本的"窨酒龍腦丸法"不見於《新纂香譜》，蓋此香法屬服食香，而《新纂

香譜》中,除了作爲掌故的刁存含鷄舌香以消口臭的香事及"香藥"門的丁沉煎圓、木香餅子兩方養生香藥和四方香茶法以外,並無香酒之類。至於《説郛》本"熏衣香"不見於陳敬《新纂香譜》的緣故,則已難以揣度。

　　對於陳敬《新纂香譜》標注文獻來源的體例,也需有準確的認識。沈立《香譜》、洪芻《香譜》、武岡公庫《香譜》等書籍,完整傳至南宋末,成爲陳敬纂修《香譜》的文獻來源。陳敬《新纂香譜》,在處理不同層次的文獻時,實采納了不同的方式。陳敬《新纂香譜》中主要會集了三類文獻:其一爲香品、出産、典故的介紹等;其二是香方、香法;其三是有關香的詩文。香品、出産、典故之類,在徵引時因舊有《香譜》引經據典,故陳敬《新纂香譜》中往往據《香譜》轉引,而有時不會明言掌故出自具體哪部香譜。在對待香方、香法的來歷時,陳敬《新纂香譜》往往附注出處。詩文則注撰人,間或注總集名。問題在於,宋代香譜編撰過程中,後出的香譜,往往吸收早期香譜文獻的成果,香學知識不斷積累;伴隨着知識的更新,不少後出的《香譜》或改變原來《香譜》中部分配方,或改變説解,以至於有大同小異的情況,故陳敬的標注,有時只是其具體香方所本,未必代表更早或更晚的香譜中未收。故而,陳敬或將見於沈立、洪芻二譜的香方注爲"洪",或將見於洪芻《香譜》與《武岡公庫香譜》的香方注爲"武"。

　　《百川》本《香譜》與《説郛》本《香譜》合計二十二條香方①,共計二十條香方見於陳敬《新纂香譜》,其中有三條來源於沈立《香譜》②,八條來源於洪芻《香譜》③,另有九條,陳敬《新纂香譜》不注香方來源。今傳本《香譜》在陳敬《新纂香譜》中,除去引用沈、洪等譜以外,未見有其他文獻出處;而今傳本《香譜》亦未列於陳敬書前的"集會諸家香譜目録"之中,其緣故,或在於《百川》本《香譜》的祖本,原即無撰人名氏——因其無撰人名氏,便不足以名"家"而單獨列入"集會諸

---

①　按,《百川》本《香譜》"香之法"二十二條,排除"窨香法""熏香法"二則用香法,另加入《説郛》本《香譜》二則,共計二十二條香方。

②　注爲"沈"的,包括"印香法""梅花香""造香餅子法"。"印香法",《新纂香譜》作"龍麝印香",各本均注"沈";"梅花香法",清初抄本、雍正抄本注"沈",《香乘》不注;"造香餅子法",《新纂香譜》作"香餅",清初抄本、《香乘》均注"沈",共計三條。

③　注爲"洪"的,包括"蜀主薰御衣法""唐化度寺衙香""雍文徹郎中牙香法""延安郡公蕊香法""供佛濕香法""傅身香粉法""衣香法"與"毬子香法"。其中,"唐化度寺衙香""雍文徹郎中牙香法",清初抄本脱出處,雍正抄本、《香乘》有注;"供佛濕香",僅雍正抄本注;"衣香法",僅《香乘》注"洪"而清初抄本脱;"毬子香法",《新纂香譜》作"寶毬香"。

家香譜目録"之中①。稽考宋代目録，此書或即陳振孫《直齋書録解題》著録的"不知名氏"的一卷本《香譜》，而《直齋書録解題》著録書籍當爲宋理宗以前所成書。陳敬《新纂香譜》中有《百川》本所無而《説郛》本有的"清神香"條，有"薝香""馬蹄香"兩條而文字並未脱訛，可知陳敬《新纂香譜》編纂時的底本，並非咸淳刊本《百川學海》，而出自咸淳以前舊本。《百川學海》實爲該舊本的翻刻本。元末明初陶宗儀《説郛》雜抄的底本，亦爲無名氏所著一卷本，有完整的"馬蹄香"條與"清神香""熏衣香"等；但陶宗儀在編《説郛》時，誤以此書爲唐人著，故增爲"唐無名氏"，"唐"之説不盡然，但"無名氏"之説，實爲底本面貌的反映。《直齋書録解題》著録爲不知名氏的一卷本，咸淳《百川學海》爲二卷本，卷帙的變化，或由咸淳年間左圭編《百川學海》時翻刻舊本，根據内容，將這部"不知名氏"的《香譜》的四部分内容，拆爲上下二卷。正文卷端不題撰人，是底本舊貌的反映；標目頁的"洪芻《香譜》"，爲刊刻標目頁時誤增。

　　從《百川》本《香譜》編次與《類説》所引沈立《香譜》略近來看，今傳本《香譜》的祖本，可能延續了《類説》中沈立《香譜》的編次框架，並續補增添加入了包括了當時可見的洪芻《香譜》香方與事類，但徵引並不全面。香方部分，陳敬《新纂香譜》中保留了三十餘條沈立《香譜》的香方，在《百川》本《香譜》中僅收録了三條。另外，陳敬《新纂香譜》所徵引的"修製諸香"下的"飛樟腦""龍腦""檀香""煅炭"等條目，也自沈立《香譜》徵引，而這些條目，亦不見載與《百川》本《香譜》。由是，這本《百川》本《香譜》編纂時，若延續了沈立《香譜》的框架，可能也僅僅爲南宋時《類説》本沈立《香譜》，而非全本的沈立《香譜》。

　　《百川》本《香譜》卷上"香之品"中"沉水香"下有"餘見下卷《天香傳》中"，卷下"香之事"下"《天香傳》"條，則言"見丁晉公本集"，"見丁晉公本集"的記載與北宋時譜録流傳面貌不合。在北宋時，譜録不入作者别集。在《秘書省續編到四庫闕書目》《遂初堂書目》中，均單獨著録丁謂的《天香傳》②，可見《天香傳》曾以單書流傳；

---

　　① 按，陳敬《新纂香譜》"集會諸家香譜目録"中包括十一部書，在陳敬《新纂香譜》中，唯獨未見稱引"張子敬《續香譜》"。張子敬其人不詳，《續香譜》一書也不見於目録，陳敬《新纂香譜》中亦未見明確引用，不過，此本當非《百川》本《香譜》的异名。
　　② 葉德輝校證《秘書省續編到四庫闕書目》卷 2"子·小説"類，有"丁謂《天香傳》一卷"，觀古堂刊本，頁 64b；尤袤《遂初堂書目》"譜録"類，有"《天香傳》"，《説郛》商務本卷 28，頁 31b。

在北宋人所撰的墓志銘、行狀中，譜録往往作爲別集以外的雜著單獨記録，至南宋王十朋重編《蔡襄集》、周必大編《歐陽修集》，及陸游自編《渭南集》，才開始將譜録收入別集，而陸游亦曾向其子陸子遹解釋《渭南集》中收《天彭牡丹譜》："（陸游）嘗謂子遹曰：'……如《入蜀記》、《牡丹譜》、樂府詞，本當別行，而异時或至散失，宜用廬陵所刊《歐陽公集》例，附於集後。"[①]"本當別行"，是對譜録不收入別集的認識的反映，《百川》本《香譜》中所言"《香譜》見丁晋公本集"這一説法的來源可能較晚，南宋以後重編《丁謂集》時，或附入《天香傳》。《丁謂集》後又散佚，南宋時收入"本集"的狀况、編次的順序已不得考。由此看來，《百川》本《香譜》，亦非北宋時成書的文獻面貌。當然，《百川》本的"見丁晋公本集"，也可能爲刊刻時的省略和改動。在陶宗儀在摘抄《説郛》時，在"香事三"中無"《天香傳》"條，而在前"香品一"的"沉水香"條下，引"丁相《天香傳》曰"七十餘字，或兩者的底本原均有《天香傳》原文，載於"香之事"下，陶宗儀從"香之事"下將《天香傳》文字移入"香品"的"沉水香"條下，而《百川學海》略去"香之事"中長篇累牘的《天香傳》引文，省簡改作"見丁晋公本集"。

四、結語

通過稽考、比核文獻，基本厘清了上述幾部題名爲"香譜"的宋代文獻的基本面貌。

北宋熙寧七年以前，沈立撰《香譜》一書。宣和年間，洪芻在沈立的基礎上，"廣而正之"，作《香譜》，洪芻《香譜》原有序、有跋。南宋紹興年間，曾慥編纂《類説》，其中有《香譜》《香後譜》，在南宋流傳的《類説》版本中，《香譜》署"沈立"，《香後譜》署"洪芻"，分別爲沈立《香譜》與洪芻《香譜》的節本。《香後譜》，應當爲洪芻《香譜》的最早的一個節本，當時，洪芻已謝世。[②] 同時，《香後譜》的命名，可能是曾慥在編纂時改寫的。在南宋時期，沈立《香譜》、洪芻《香後譜》曾經以《類説》節本形式流傳。宋末元初，陳敬編《新纂香譜》，彙纂歷代香方、香譜，其中"集會諸家香譜目録"中，

---

① 陸子遹：《刊渭南文集跋》，影印南宋嘉定十三年刊本《渭南文集》卷首，北京：北京圖書館出版社，2004 年。

② 參見韋海英《江西詩派諸家考論·洪芻行年考》（北京大學出版社，2005 年）、劉静敏《宋洪芻及其〈香譜〉研究》（《逢甲人文社會學報》，2006 年 6 月）、劉静敏《宋代〈香譜〉之研究》（文史哲出版社，2007 年）。

有"沈立之《香譜》""洪駒父《香譜》",書中内容多溢出《類説》所引"沈立《香譜》""洪芻《香後譜》",可知至南宋末年仍有二書全本存世,二書可能亡於明代①,後來私人書目中著録的"洪芻《香譜》",往往是誤據《百川學海》中標目頁的"洪芻《香譜》"而著録,該書實非洪芻所編。在卷數上,洪芻《香譜》在目録中有二説,一説爲晁公武《郡齋讀書志》中的"一卷";一説爲《宋史·藝文志》著録的"五卷",其中"五卷"之説,與《類説》中洪芻《香後譜》"拆爲五部"相合。

今傳本《香譜》,包括《百川學海》中的二卷叢書本《香譜》與《説郛》中的一卷雜抄本《香譜》,兩者來自於同源的文獻底本,當爲南宋理宗以前無名氏所編《香譜》一卷本,著録於《直齋書録解題》。此本亦爲陳敬《新纂香譜》的文獻來源。咸淳刻本《百川學海》本《香譜》卷端不題著人,陶宗儀《説郛》舊抄本題"唐無名氏"撰,但是唐人撰不符合書中所載内容的實際情況。《百川》本、《説郛》本《香譜》不載洪芻《香譜》的序、跋;叢書本與雜抄本在處理丁謂"《天香傳》"引文時,作了不同的改易處理。《説郛》本最末二條"清神香""熏衣香",不見於《百川》本《香譜》,《百川》本《香譜》中,還至少脱漏了"蘹香"一條的内容與"馬蹄香"一條的標題。

洪芻《香譜》分五部,與今傳本《香譜》分四類不同。通過考察《類説》所收沈立《香譜》、洪芻《香後譜》與叢書本、雜抄本《香譜》的條目内容的收録情況、比較叢書本、雜抄本《香譜》香方與陳敬《新纂香譜》香方來源,並比核目録題跋記載的情況等,可以發現,叢書本、雜抄本《香譜》的内容,與作爲節本的《類説》本洪芻《香後譜》已相去甚遠。曾慥《類説》往往依次從原書摘抄,而《類説》中洪芻《香後譜》中少量見於叢書本、雜抄本《香譜》的條目,次第亦十分凌亂。陈敬《新纂香譜》中,另有四條洪芻《香譜》中香事典故和五條香方,在今傳本《香譜》及《類説·香後譜》所無;《郡齋讀書志》中提及洪芻《香譜》所收五條香方及不少傳世文獻中提及的洪芻《香譜》内容,亦不見今傳本《香譜》,故今傳本《香譜》,並非洪芻《香譜》。叢書本、雜抄本《香譜》的底本,是南宋時所編,晚於沈立《香譜》與洪芻《香譜》,其中或以《類説》中沈立《香譜》爲綱,進行了補充與增附②。

---

① 按,《文淵閣書目》"辰字號第二厨書目"的"畫譜(諸譜附)"中有兩部《香譜》,其一爲《香譜》一部一册",其二爲《香譜》一部二册",均無撰人,不詳爲何人所作,姑且存疑。

② 洪芻撰《香譜》,但今傳本《香譜》並非洪芻所作,此前依今傳本《香譜》探討洪芻的香學,恐不盡正確,而洪芻《香譜》,亦有待重新輯佚。關於輯佚洪芻《香譜》,筆者擬另文撰文。

　　此外，陳振孫《直齋書録解題》卷十四著録了"《香譜》一卷。不知名氏"。另有
"《萱堂香譜》一卷，稱侯氏萱堂而不著名。《香嚴三昧》一卷，不知名氏"①。馬端臨
《文獻通考·經籍考》中，重新打亂次第編排，並有异文，《萱堂香譜》作一卷，注"一
作二卷"②。清代四庫館中撰寫提要時，往往依據《文獻通考·經籍考》。四庫閣本
《香譜》，底本實爲卷端不題撰人的華珵刻《百川學海》二卷本的遞修本。③ 館臣關注
到《郡齋讀書志》中言及洪芻《香譜》之内容，不見於今傳本《香譜》，卷數亦不合，故
提出"《書録解題》有《侯氏萱堂香譜》二卷，不知何代人，或即此書耶?"④轉從《文獻
通考》中《直齋書録解題》而擇取其中書名與卷數存在异文的二卷本"《侯氏萱堂香
譜》"加以附會解釋，來匹配二卷本的《香譜》今傳本。陳振孫之前，《萱堂香譜》曾見
於尤袤的《遂初堂書目》的著録⑤，其後見於《宋史·藝文志》，但陳敬《新纂香譜》中
未見徵引，可能在南宋晚期已佚失，《百川》本《香譜》與陳敬《新纂香譜》關係密切，
《新纂香譜》並未徵引侯氏《萱堂香譜》，故可知，四庫館臣的推測純屬臆測，實不
足據。

---

　　① 陳振孫：《直齋書録解題》卷 14《雜藝類》，上海：上海古籍出版社，2015 年，第 417 頁。
　　② 馬端臨：《文獻通考》卷 229《經籍考》，影印元西湖書院本，北京：北京圖書館出版社，2005 年，
第 6 頁。
　　③ 參見沈暢：《宋洪芻〈香譜〉版本源流考》，《古籍整理研究學刊》2018 年第 1 期。
　　④ 《四庫全書總目》卷 115《譜録類·器物之屬》，第 27—29 頁，影印殿本，收入《文淵閣四庫全書》
第 3 册，臺北：臺灣"商務印書館"，第 497—498 頁。在《四庫簡明目録》中，這一論斷更轉肯定。
　　⑤ 尤袤《遂初堂書目·譜録類》中有《萱堂香譜》，見《説郛》商務本卷 28，頁 31b。

試論《四庫全書·子部·醫家類》館臣的編修觀念①

楊　勇　湖南大學嶽麓書院

摘　要：四庫館臣隆崇醫經,在編纂《四庫全書·子部·醫家類》時構建了以内經學説和傷寒學説爲主的醫經及其注疏和闡發體系,與此相關的醫籍共計 47 部(包括存目),約占《四庫全書·子部》所收全部醫籍的 24％。四庫館臣以儒醫爲正宗,排斥方仙道術,將神仙、房中類文獻移出醫家類,對部分醫籍中涉及方仙道數的内容予以貶斥,并注意從内容上區分醫術與數術。同時,四庫館臣以"醫無定法,病情萬變,難守一宗"爲依據,主張兼收並蓄,破除門户之見,將宋元以來有創見的醫學主張一并收録,而不拘泥于其形式與真僞。以上三方面是宋元以來中醫學發展的實際以及四庫館臣兼容並包的醫療觀念共同作用的結果。

關鍵詞：《四庫全書·子部·醫家類》;四庫館臣;編修觀念

《四庫全書·子部·醫家類》共收醫籍 97 部,1816 卷;《醫家類存目》共收醫籍 100 部,707 卷(其中包括附録 6 部,25 卷),兩者合計 197 部,2523 卷,基本囊括了先秦至清代中期主要的醫學典籍,可謂内容豐富,收録完備。《四庫全書總目》對這些醫籍的作者、撰作年代、内容等有詳略不一的考證、提要,並注重從學術史、醫療史的角度闡述其價值,爲深入研究這些著作提供了重要參考。目前學術界對這些醫籍的研究主要集中在對具體醫籍的版本、作者、成書年代、學術成就等方面内容

---

①　本文爲貴州省 2018 年度哲學社會科學規劃國學單列課題(項目編號：18GZGX31)階段性成果。

的考辨，而較少涉及四庫館臣的編修旨趣。① 筆者不揣冒昧，擬對《四庫全書·子部·醫家類》館臣的編修觀念略加探討，不足之處，祈請方家指正。

一、尊經

醫療文本在中國的傳統醫學中具有特殊的重要性，醫術的習得和傳承在很大程度上仰賴于醫療文本。醫者習醫過程中的讀、解、驗實質是與醫療文本的雙向互動的過程，而醫療經驗的傳承也多通過文本的方式傳之後世。特別是在印刷術及儒醫興起之後，許多並無醫學根基的儒生進入到醫者的行列，研讀醫療文本是他們習醫的主要方式。正因爲如此，中醫自漢代起便逐漸建立起了經注體系，時代愈後，愈加强調經典對習醫的重要性。筆者曾推測，醫療文本中"經"的概念或源于劉向、劉歆父子在整理内府秘書時對於儒學的比附。《漢書·藝文志》將當時的醫療文本劃分爲醫經、經方、房中、神仙四大類，明確將部分醫療文本歸入經典之列。當然，由漢至清，醫經的内涵也發生了歷史性的變化。總的來説，唐宋以後，醫經的範圍逐漸縮小，内容也相對固定。

四庫館臣雖未於《四庫全書·子部·醫家類》中明確提出隆崇醫經的編修主張，但通過對其所收醫籍的比較分析，其尊崇醫經的理念仍有迹可循，同時也能對《四庫全書》中醫經的含義有着較爲明確的認識。《四庫全書總目》已經指出，《四庫全書》對醫籍的排列是"通以時代爲次"②，將每一時代具有代表性的醫籍依次編入其中。在所有醫籍中，時代較早的《黄帝内經》及張仲景的傷寒學著作成爲了四庫館臣心目中無可爭辯的經典，這也反映了宋以來中醫學術發展的實際情況。

四庫館臣所擇取的醫經包括《黄帝素問》《靈樞經》《難經本義》《金匱要略論注》《傷寒論注》（其後附有《傷寒明理論》三卷、《論方》一卷）等五部醫籍，清晰地呈現了以内經學説和傷寒學説爲綱領的選編旨趣。其中，《黄帝素問》《靈樞經》《難經本

---

① 就筆者目力所及，目前關於《四庫全書·子部·醫家類》的研究有如下論著。余嘉錫：《四庫提要辨證》，北京：中華書局，1980 年。胡玉縉撰，王欣夫補：《四庫全書總目提要補正》，上海：上海書店出版社，1998 年。李經緯、孫學威編校：《四庫全書總目·醫家類及續編》，上海：上海科學技術出版社，1992 年。王育林主編：《四庫全書總目彙子部彙醫家類彙考》，北京：學苑出版社，2013 年。

② （清）永瑢等：《四庫全書總目》卷 103《子部·醫家類一》，北京：中華書局，1965 年影印本，第856 頁。

義》均可看作是内經學説一系的醫籍。四庫館臣認爲,《黄帝素問》即《漢書·藝文志》所載《黄帝内經》十八篇中的九篇,將《黄帝素問》與《黄帝内經》聯繫了起來。關於《靈樞經》與《黄帝内經》的關係,四庫館臣一方面否認《靈樞經》即"《黄帝内經》十八卷之九","其爲王冰僞托可知",另一方面又認爲"其書雖僞,而其言則綴合古經,具有源本,譬之梅賾古文,雜采逸書,聯成篇目,雖牴牾罅漏,贋托顯然,而先王遺訓,多賴其蒐輯以有傳,不可廢也"。① 將之列于《黄帝素問》之後,《難經本義》之前,仍視其爲先秦秦漢時期重要的醫經,可與《内經》互相發明。② 至於《難經》,四庫館臣認爲其"本《靈樞》《素問》之旨,設難釋義"是經脉學説之淵藪。③ 而《金匱要略論注》《傷寒論注》都是傷寒學説一系的醫籍。傷寒學説從宋代以來地位逐漸上升,張仲景的著作也逐漸取得了經典的地位。《四庫全書總目》云:"然自宋以來,醫家奉爲典型,與《素問》《難經》並重。得其一知半解,皆可以起死回生,則亦岐黄之正傳,和扁之嫡嗣矣。"④

在確立醫經的同時,四庫館臣也收録了大量闡釋、發揮經義的著作,圍繞醫經建立了數量龐大著作群,既作爲醫經之輔翼,又寓新説於其中。但受編寫體例的限制,這些著作散見於各卷之中。經筆者粗略統計,四庫館臣收録的這些著作共計47部(包括存目),約占《四庫全書·子部》所收全部醫籍的24%。

這些著作可以分爲兩類,第一類是以闡釋經義爲主的注疏之學。注疏推求經義,闡發奧旨,在整理、保存經學文本之外,對於正確理解文本幽義有着不可替代的作用。四庫館臣所收録的内經學及傷寒學説的注疏之書主要有《金匱要略論注》《傷寒論注》《尚論篇》《素問入式運氣論奧》《傷寒微旨》《傷寒論條辨》《類經》《傷寒類方》《素問鈔補正》《續素問鈔》《素問懸解》《靈樞懸解》《圖注難經》《難經經釋》《難

① (清)永瑢等:《四庫全書總目》卷103《子部·醫家類一》,第856頁。
② 《漢書·藝文志》載有《黄帝内經》十八篇,而無《素問》《靈樞》之名。《隋書·經籍志》載有《素問》九卷、《針經》九卷,而無《黄帝内經》之名。關於《素問》《靈樞》與《漢書·藝文志》中《黄帝内經》十八篇之關係,學術界歷來有諸多不同的説法。總的來説,晋宋間人大抵相信《素問》《靈樞》即《漢書·藝文志》中的《黄帝内經》十八篇。如晋皇甫謐《針灸甲乙經·序》稱《針經》九卷、《素問》九卷合計十八篇,即爲《漢書·藝文志》中的《黄帝内經》十八篇。唐人王冰也持此説。宋人在校正醫書時則指出,《靈樞》之名出自唐王冰,亦即《隋書·經籍志》中的《針經》。宋元以降,漸有人懷疑《靈樞》非《黄帝内經》中的九卷。《四庫全書總目》采信杭世駿《道古堂集》之説,定其爲僞書。這一問題至今尚未定讞。但目前多數學者仍采信皇甫謐之説。
③ (清)永瑢等:《四庫全書總目》卷103《子部·醫家類一》,第857頁。
④ (清)永瑢等:《四庫全書總目》卷103《子部·醫家類一》,第857頁。

經懸解》《傷寒懸解》《傷寒説意》《金匱懸解》《長沙藥解》《傷寒指掌》《運氣定論》《傷寒續論》《釋骨》《傷寒論條辨續注》等 25 部。這些著作對醫經文本或辨其真僞,或明其舛誤,或改定其次序,或闡其本旨,或發其幽微,均以訂正文本,闡釋經義爲主。

　　第二類是借經義以闡發新的醫療學説,尤其偏重於借助醫經某些篇章、某些句子創立新説。這些著作主要包括《三因極一病證方論》《素問元機原病式》《宣明論方》《傷寒直格方》《傷寒標本心法類萃》《脾胃論》《此事難知》《金匱鈎元》《醫經溯洄集》《奇經八脉考》《瀕湖脉學》《傷寒舌鑒》《傷寒兼證析義》《素問運氣圖括定局立成》《東垣十書》《傷寒醫鑒》《傷寒治例》《醫學管見》《運氣易覽》《針灸節要》《四聖心源》《素靈微藴》等 22 部。其中有不少内容係借《黄帝内經》運氣學説闡發新説。如劉完素所撰《素問元機原病式》,以《素問》中的"至真要論篇"詳細討論五運六氣的盛衰勝復之理,又對該篇中的病機"反復辨論以申之",藉此來闡發其六氣皆從火化的學術主張。而元王履所撰《醫經溯洄集》係在深入研讀《傷寒論》的基礎上,闡發醫經奥旨,提出了亢害承制及四氣所傷等前人所未及的中醫理論。

二、拒斥方仙道術

　　四庫館臣以儒醫爲正宗,認爲醫者當明於醫理,深于經方。而將那些醫理未明,憑經驗和醫技行醫者稱爲術家。《四庫全書總目》:"蓋方藥之事,術家能習其技而不能知其所以然,儒者能明其理而又往往未經試驗。"[1]四庫館臣在尊崇既明醫理又能習技的儒醫的同時,又對先秦以來與醫術關係極其密切的方術予以排斥。這表現在兩個方面。第一,摒弃、貶斥方仙道術的相關内容。《四庫全書總目》:"《漢志》醫經、經方二家後有房中、神仙二家,後人誤讀爲一,故服餌導引,歧途頗雜,今悉删除。"[2]四庫館臣認爲,將《漢志》中的房中、神仙二家視作醫術,係後人誤讀,服餌導引非醫之正途,應將其與醫術剥離。因此,在選擇醫籍時,四庫館臣將漢代同屬於方技之學的房中、神仙這兩大類别的書籍悉數删除,不再承認其與醫術的關聯,從而也割斷了從漢代延續至宋元的醫療傳統。另外,四庫館臣在輯軼醫籍

---

① 　(清)永瑢等:《四庫全書總目》卷 103《子部·醫家類一》,第 861 頁。
② 　(清)永瑢等:《四庫全書總目》卷 103《子部·醫家類一》,第 856 頁。

時，也將其中的方仙道術退之末簡，以顯其謬。如《博濟方》爲宋王袞所撰，其書久無傳本，唯《永樂大典》載有其文。王袞"頗好奇异，往往雜以方術家言"，四庫館臣批評其"殊誕妄不足信"，將"服食諸法，編附卷末，以著其謬。俾讀者知所持擇焉"。① 雖保留其内容，但仍點出其錯謬之處。即便是在《存目》中，四庫館臣也會對醫籍中所涉及的方仙道術内容加以貶斥。明李中梓所撰《删補頤生微論》分爲二十四篇，其中第一篇所論涉道書修煉，比如去三尸行呵吸等法，四庫館臣明確指出這些内容"皆非醫家本術"。② 此外，四庫館臣還對部分醫籍中排斥道教服食、煉氣、導引等内容的做法予以贊同。如宋政和中編纂的《聖濟總録》，原本二百卷，"繁重難行"，散佚頗多，清人程林删定其書爲《聖濟總録纂要》，二十六卷。程林删定是書時將其中所涉道教修煉之法一併删除，四庫館臣肯定了其做法。《四庫全書總目》云："原本之末有《神仙服餌》三卷，或言烹砂煉石，或言嚼柏咀松，或言吐納清和，或言斬除三尸。蓋是時道教方興，故有是妄語。林病其荒誕，一概汰除。"③

第二，四庫館臣重新審視了醫術與術數的關係，注意從内容上對二者進行區分。在先秦秦漢時期，醫學理論、醫療手段的建立和成熟在很大程度上源於術數之學的催化。如《黄帝内經》中所記載的十二經脉體系、臟腑學説等中醫的重要理論，皆是術數之學剪裁的結果。《靈樞·九宫八風篇》借太乙游宫的風占模式來占測疾病之所起及愈後，也是術數之學在中醫理論及實踐中的具體應用。在四庫館臣看來，假托醫學而行術數之實的"醫籍"應該被排除在醫家之外。如《四庫全書總目》指出："《太素脉法》不關治療，今别收入術數家，兹不著録。"④《太素脉法》一書，撰者不詳，是書通過診脉之法辨别人的貴賤吉凶。宋代王珪已疑其荒誕，而王安石認爲其或有之。四庫館臣則云是術與疾病之診脉無涉，亦不作診病之用，推測此書爲方技之流所依托，將之歸入術數類，誠爲卓見。⑤

術數是中醫賴以存在的風土，不論其理論還是療法，均不同程度地受到術數的影響，二者很難割裂開來。四庫館臣對方術的拒斥主要是對神仙、房中等方仙道術以及托名醫學而行方術之實的相關荒誕内容的摒弃。中醫學發展至宋明以後，由

---

① （清）永瑢等：《四庫全書總目》卷 103《子部·醫家類一》，第 863 頁。
② （清）永瑢等：《四庫全書總目》卷 103《子部·醫家類存目》，第 886 頁。
③ （清）永瑢等：《四庫全書總目》卷 103《子部·醫家類一》，第 863 頁。
④ （清）永瑢等：《四庫全書總目》卷 103《子部·醫家類一》，第 856 頁。
⑤ （清）永瑢等：《四庫全書總目》卷 111《子部·術數類存目二》，第 951 頁。

重術而轉向重理，視醫學爲徵實之學，講求明其理而采其證，方仙道術等不能以理推之的内容，再也難以入儒醫之眼。四庫館臣以儒者編校醫籍，對方仙道術及托僞之術的摒弃，恰是對儒醫理念的認同和踐行。

三、兼收並蓄

中醫學自周秦突破以來，理、法、方、藥日益完備，歷經漢唐間的融合與發展，至宋元間已經呈現出多元競進的態勢。宋、金、元時期，多種不同甚至是針鋒相對的醫療學説漸次出現，四庫館臣則直截了當地指出"醫之門户分于金、元"。《四庫全書總目》云："觀元好問《傷寒會要·序》，知河間之學與易水之學争。觀戴良作《朱震亨傳》，知丹溪之學與宣和局方之學争矣。"①是時，劉完素所創立的河間之學與張元素所創立的易水之學相争，朱震亨所創立的丹溪之學與局方之學相競。此外，尚有其他不同學説同時流行。諸説並競本是學術繁榮的表現，但也容易形成門户之見，相互攻訐，故步自封。醫學領域，門户之見不僅於學術發展不利，更會直接影響疾病的診療，危害甚大。職是之故，四庫館臣明確提出兼收並蓄的編修主張："儒有定理，而醫無定法，病情萬變，難守一宗。故今所叙録，兼衆説焉。"②病情萬變，醫無定法，是四庫館臣"兼衆説"的主要依據。

對於宋代以來各種學説的"同情之理解"，不盲目排斥某説，最能體現四庫館臣兼容並包的編修主旨。宋及以後，河間之學、易水之學、丹溪之學、宣和局方之學各主一端，或顧此而失彼，不但互有辯難，也招致了明人不少攻訐。四庫館臣對這些醫籍的取捨以其學術價值爲主要標準，兼收並蓄，不持門户之見。宋明以來不同派别的醫籍，只要有所發明，大多都按時代先後被收録其中。河間學派的劉完素提出六氣皆可化火的醫學理論，用藥主寒涼，明張介賓攻之甚力，而四庫館臣則從南北地異，風俗不一，時移地易的角度論證劉説的合理性，"故今仍録完素之書，並著偏主之弊，以持其平焉"③。四庫館臣不因其偏主之弊以及張介賓之批判而廢弃是説，仍認爲其説有可取及合理之處。四庫館臣對於丹溪之學的態度也是如此。朱

① （清）永瑢等：《四庫全書總目》卷103《子部·醫家類一》，第856頁。
② （清）永瑢等：《四庫全書總目》卷103《子部·醫家類一》，第856頁。
③ （清）永瑢等：《四庫全書總目》卷104《子部·醫家類二》，第868頁。

震亨創"陽常有餘,陰常不足"之論,重滋陰降火,也爲張介賓等人"攻之不遺餘力"。四庫館臣則指出,丹溪之學爲救時之説,後人不察其情,才會誤以爲寒涼殺人。其説自有可取、可用之處,故以之入四庫。明人張介賓極力批判河間之學及丹溪之學在後世所帶來的弊端,認爲"後人拘守成方,不能審求虛實,寒涼攻伐,動輒遺害"①,因此力救其偏,用藥專以温補爲宗。四庫館臣評價其于醫術不爲無功,同時也指出偏守一説,容易矯枉過正。"大抵病情萬變,不主一途,用藥者從病之宜,亦難拘一格。"②在四庫館臣看來,無論是河間之學、丹溪之學還是張介賓之説,都只是"各明一義而忘其各執一偏,其病實相等也"③。這樣的醫療觀念正是四庫館臣兼容並包醫學主張的深層次原因。也正因爲如此,在《四庫全書總目》中,四庫館臣尤其注重表彰那些不持門户之見,兼收並蓄的醫籍。如《小兒衛生總微論方》無撰者姓名,傳授脉絡亦不明晰,《四庫全書總目》看重是書的學術價值,以及兼收並蓄、摒除門户之見的學術主張,收録是書時給予了很高的評價:"是書詳載各證,如梗舌鱗瘡之類,悉近時醫書所未備。其議論亦篤實明晰,無明以來諸醫家黨同伐異,自立門户之習。誠保嬰之要書也。"④

四庫館臣在秉持以學術價值爲收書的主要標準下,將不少醫案收入《四庫全書》。醫案是醫者畢生行醫經驗的總結,是凝練學術主張,授受臨證經驗,指示後學門徑的重要依托,也是四庫館臣"兼衆説"的重要體現。《四庫全書》所收醫案較多,僅舉數例。如《類證普濟本事方》,宋許叔微撰,許氏"晚歲取平生已試之方,並記其事實,以爲本事方",但是書"屬詞簡雅,不諧於俗",明代以來傳布不廣,四庫館臣認爲是書載經驗諸方,兼記醫案,許叔微于診治之術,最爲精詣,故將是書收入其中。⑤ 又如《薛氏醫案》,明薛己撰,薛己治病多用古方,"出入加減,具有至理,多在一兩味間見神明變化之妙"⑥,亦是醫林臨證之準繩。又如《石山醫案》,係明陳桷所編汪機之治療效驗,是書所記醫案討論如何矯局方之偏、通河間之變,⑦是對宋金以來醫學理論之爭的具體回應,其學術價值不言而喻。此外四庫館臣所收的醫案

① (清)永瑢等:《四庫全書總目》卷 104《子部·醫家類二》,第 877 頁。
② (清)永瑢等:《四庫全書總目》卷 104《子部·醫家類二》,第 877 頁。
③ (清)永瑢等:《四庫全書總目》卷 104《子部·醫家類二》,第 871 頁。
④ (清)永瑢等:《四庫全書總目》卷 103《子部·醫家類一》,第 864 頁。
⑤ (清)永瑢等:《四庫全書總目》卷 103《子部·醫家類一》,第 864 頁。
⑥ (清)永瑢等:《四庫全書總目》卷 104《子部·醫家類二》,第 874 頁。
⑦ (清)永瑢等:《四庫全書總目》卷 104《子部·醫家類二》,第 874 頁。

還包括《名醫類案》《先醒齋廣筆記》《續名醫類案》《雜病治例》《孫氏醫案》《臨證指南醫案》等。這些醫案是行醫者畢生經驗與心得的總結，在學術上都有其獨到之處，正是當時醫學中的"衆說"。

在"兼衆說"的主張下，四庫館臣也不因托僞而廢其書。如《褚氏遺書》四庫館臣考訂其爲"宋時精醫理者所著，而僞托澄以傳"，同時又認爲是書"於《靈樞》《素問》之理頗有發明"，有諸多内容發前人所未發，尤其是關於吐血、便血不能用寒涼藥之論斷被譽爲"千古之龜鑒"，因其如此，四庫館臣提出是書"雖贋本不可廢也"。[①]又如《銀海精微》，舊本題唐孫思邈撰，四庫館臣考證其爲宋以後之書，爲方技之家所依托。四庫館臣又稱是書療目之方，較爲可取，"但求其術之可用，無庸核其書之必真"[②]。在這樣的采擇標準下，其書之真僞，是否是依托，均顯得無關宏旨。同樣屬於托僞而被四庫館臣收錄的醫籍還有《傷寒直格方》《病機氣宜保命集》等。這種不以一瑕而掩其瑜的采擇實踐與兼收並蓄的編修旨趣不謀而合。

四、結語

以上從尊經、拒斥方仙道術、兼收並蓄等三個方面對《四庫全書‧子部‧醫家類》館臣的編修觀念做了粗略的探討。中醫學發展至清代，已經形成了較爲嚴密的體系。在長期的實踐和經驗總結中，中醫學確立了自身的經典，圍繞經典又逐漸建立起了注疏之學。研讀經注便是讀書人研習醫道的主要途徑，醫術的傳承越來越依靠文本。通過讀書而明習醫理最終打通醫道的儒醫，在醫學上主張尊崇經典，貴儒醫，賤術醫，排斥不能以理推之的方仙道術等。

儒醫的這些主張與訴求，有其内在的邏輯性與合理性，并得到了四庫館臣的積極回應。四庫館臣在醫書的編修中所體現出的尊經、拒斥方仙道術的編修觀念，也是對當時醫學發展現狀及主流醫學觀念的客觀反映。正所謂旁觀者清，四庫館臣並未囿於儒醫的世界，而是清晰地看到了醫學界的偏執一義以及門户之見，故而提出"兼衆說"的主張，將有創見的醫學主張一併收入，而不拘泥于其形式與真僞。

---

① （清）永瑢等：《四庫全書總目》卷 103《子部‧醫家類一》，第 858 頁。
② （清）永瑢等：《四庫全書總目》卷 103《子部‧醫家類一》，第 859 頁。

　　當然上述三個方面並不能涵蓋四庫館臣在醫書編修方面的全部旨趣。比如四庫館臣將醫家類置於子部第五,屬於"超擢",又將獸醫類醫籍附于末簡,其原因何在,值得深究。更值得注意的是,在《四庫全書》編纂成書的時代,尚有大量其他醫籍存世,如果將之與《四庫全書》所收的醫籍并而觀之,則更能揭示四庫館臣的編修觀念。對此,筆者擬另撰文探討之。

巢念脩藏古籍善本題跋輯録

陳　騰　上海中醫藥大學圖書館館員

摘　要：上海中醫藥大學圖書館藏清順治本《醫衡》、明萬曆本《臟腑證治圖説人鏡經》、清乾隆本《傷寒卒病論》、明萬曆本《注解傷寒論》、清乾隆本《金鏡內臺方議》、明崇禎本《傷寒集驗》、明崇禎本《錢氏小兒直訣》、明嘉靖本《急救良方》等古籍善本有巢念脩手書題跋，未經整理。本文輯録巢念脩藏善本題跋九則，公諸學界。

關鍵詞：巢祖德；巢念脩；賸馥居；藏書題跋

自巢峻始，孟河巢氏世代業醫，形成近代中醫史上有名的孟河巢氏醫派。第三代巢祖德，字念脩，以字行，清末民國間懸壺滬上。巢念脩雅好藏書，藏書室名"賸馥居""耘杏軒"，藏書印有"巢念脩藏""念脩存目""耘杏軒"等。新近古籍拍賣場上屢見巢氏藏書，如明天啓年間花齋刻本《春秋繁露》、清抄本《明史紀事本末》等。不過，巢氏藏書的主體部分，即子部醫家類古籍則保留在上海中醫藥大學圖書館。

巢念脩作爲孟河巢氏醫派的傳人，往往於家藏醫籍善本之上手書題跋。巢跋能够徵引諸家書目與地方志，細辨古籍版本與作者行實，進而根據其豐富的臨床經驗品評古籍中的醫學見解。巢跋具有重要的文獻價值，它們爲學者探究孟河巢氏醫派的醫學思想，考證巢念脩與滬上名流的交游情况提供了原始資料。今不揣譾陋，輯録巢念脩藏善本題跋九則，依醫理類、傷寒類、診法類、方論類之序編次，間附按語，以就正於方家。

本文格式，先黑體列巢念脩藏書之書名、卷數、作者、版本、册數以及書號；次宋體著録該書之行款、版式、裝幀、序跋、卷端題署以及鈐印信息；次仿宋體過録巢念脩手書題跋；又次楷體列筆者按語，按語首標"整理者按"，以示區別。

醫衡四卷，清沈時譽撰，清梅鼎等編，清順治十八年刻本，間有鈔補。一函二册。(78136—7)

每半葉九行，行二十字。白口，無魚尾，四周單邊。竹紙。綫裝。首《醫衡例七》，次目録，卷端題：“茸城沈時譽明生父述，門人梅蕭公爕父輯，顧是祇若父訂，屠元凱舜遵父参，男沈智毅朗生父較。”鈐“巢念脩藏”朱文方印。

巢念脩跋：日本丹波元胤《醫籍考》五十六“方論”三十四：“沈氏時譽《醫衡》，未見。《蘇州府志》曰：‘沈時譽，字時正，華亭人。工醫，徙吴居桃花塢唐寅别業。切脉若神，按劑輒起。晚年築室山中，著《醫衡》《病議》《治驗》諸書。’《病議》，未見。《治驗》，未見。”《上海圖書館善本書目》卷三《子部醫家類》：“《醫衡》四卷，清沈時譽撰，鈔本。”

卷末巢念脩朱筆過録沈薪之跋：江左四姓，陸其一也。以簪纓累葉者，予母族爲尤著，獨外大父履坦翁，數奇才大，竟以子衿終，然其少也，以醇謹自處，不失爲佳公子。壯而從事軒岐，德業並樹，復爲醫林翹楚。晚年屏謝塵煩，日與泖峰隱逸嘯歌觴咏，則居然賢處士也。若此者，亦何減登庸臚仕哉？顧其賦性耿介，鮮可其會。既抱中郎之嘆，獨識先祠部于寒雋之時，冰清玉潤，人交美之。及門之士，則惟宗從兄明生氏一人。蓋外大父嚴冷之色，如霜松凛凛，莫之敢親，明生兄獨能愉婉承事，服勞無倦，外大父亦復遇之如子，此學術之所由基，而至今食報靡窮之所由來也。兹者《醫衡》工竣，明生兄屬予書其後，因述其概如此。嗟乎，外大父凡有兩衣鉢，先祠部得其尼山之學，明生兄得其軒皇之旨，皆能負荷而光大之。至如問後箕裘，則予與諸猶子乾乾惕若可也。辛丑竹醉日，弟汝械薪之父謹識。

整理者按：上海中醫藥大學圖書館藏有兩部《醫衡》刻本：其一爲巢念脩舊藏，即此本；其二爲石筱山藏本。上海圖書館藏清抄本《醫衡》之外，另有刻本二部，分别著録爲清康熙六十年（1721）刻本、清刻本。經筆者目驗，比對版本，上海圖書館所藏兩部《醫衡》刻本與巢念脩藏本、石筱山藏本實爲同一版本。

《醫衡》卷末原有沈薪之跋語，手書上板。此本佚去沈跋，巢念脩據他本鈔補，文字偶訛。如“及門之士，則惟宗從兄明生氏一人善”，石筱山藏本原刻沈跋作“余從兄”。“至如問後箕裘，則予與諸猶子乾乾惕若可也”，原刻作“向後箕裘”。沈跋交代刊刻始末甚詳，時在辛丑年竹醉日（五月十三日），則《醫衡》首刻於清初辛丑年。此辛丑年是清順治十八年（1661），抑或康熙六十年（1721），尚需辨明。此本卷首佚去宋徵輿《醫衡序》後半部分，巢念脩據他本鈔補，其文節録如下："……沈君之師曰陸君履坦。陸君與先大夫游，先大夫數稱其術，曰類有道者。今沈君之術大行於世，卓然著述，成一家言，而不忘其師，每每必舉陸君。子輿氏曰：夫尹公之他端人也，其取友必端矣。予於陸君尤信，因以知先大夫之言爲不誣也。爲序之卷端。同郡宋徵輿轅文甫題。"宋徵輿《醫衡序》未署撰年，收入氏著《林屋文稿》[1]。《林屋文稿》編年爲次，《醫衡序》之前，《王農山五十壽序》云："庚子秋，王子五十，余不俟請而願爲之辭。"王廣心(1610—1691)，字伊人，號農山，知天命之年即順治十七年(1660)庚子。《醫衡序》之後，《家乘後序》云："……成於庚子之十一月，時徵璧官員京師，徵輿謹備書其詳，以告後昆。"《醫衡序》在《林屋文稿》卷五，列於《王農山五十壽序》與《家乘後序》之間，則《醫衡序》撰於順治十七年(1660)庚子秋後，十一月前。

庚子次年爲辛丑，即沈跋所署之辛丑年，當爲順治十八年，而非康熙六十年。《醫衡》書中"玄"字皆不避諱，亦可補證。《醫衡》之外，沈時譽另有《病議》《治驗》，傳本稀少，丹波元胤《醫籍考》云"未見"。今上海中醫藥大學圖書館藏巢念脩抄本《鶴圍堂三録》中有沈時譽《病議》《治驗》。

臟腑證治圖説人鏡經八卷，明錢雷著，明萬曆間洪啓睿刻本，卷六至八爲抄配。一函六册。(78068—73)

每半葉十行，行二十字。白口，單黑魚尾，四周單邊。竹紙。金鑲玉裝。首萬曆丙午洪啓睿叙、萬曆丙午錢雷序，署"男太醫院醫士錢選，孫錢世忠同輯"。次識語，次目録。鈐"巢氏"朱文長方印、"鳳初平生珍賞"朱文長方印、"耘杏軒"朱文長方印、"巢念脩藏"白文方印、"宜其子孫"白文長方印、"歲歲平安"白文長方印。

巢念脩跋：《臟腑證治圖説人鏡經》八卷《附録》二卷，六册，明萬曆刊本。明錢雷撰，子選、孫世忠同輯。雷字豫齋，四明人，著有《豚經本旨》《藥性統宗》《病源綱目》《體仁拔萃》《靈素樞機》等書。曾於其師王宗泉處得一遺書，曰《臟腑證治圖説人鏡經》，盡采《素》《靈》，十二經、奇經八豚，次第彙編，每經主之以臟，配之以腑，繼以圖説。腧豚步穴所在，別所生之見證豚形，報以藥餌，提綱挈領，包括無遺，會而通之，可以辨證，可以處方，了如指掌。間有踵前人之訛者，則由錢雷本《靈》《素》厘

---

① （明）宋徵輿：《林屋文稿》卷五，清康熙間九籥樓刻本。

正，芟其紕繆，黜其重複，《臟腑圖》照《華佗古内照圖》《御院銅人正背側内圖》質正。諸經膠穴，所著未的，考諸《竇太師針經》、忽太史《金蘭循經》、滑氏《十四經發揮》，爲之裒注。復著《直音》，俾易誦讀。其得於目擊者，另著於附錄中，是亦足見作者用心之良苦矣。書成由温陵洪啓睿捐資，於萬曆三十四年丙午刊行。每半葉十行，每行二十字，板心題"人鏡經"三字，魚尾下刻卷數及葉數，一至四卷原刊，五至八卷附錄二卷，舊抄配補。是書不見諸家書目，僅日本《醫籍考》著録。所謂《人鏡經》者，殆今之所謂内臟解剖耶？實罕覯之秘笈也。念脩。

　　整理者按：醫家著書，每喜假托神怪，以炫功效，前人論之甚詳。[1]《臟腑證治圖説人鏡經》實錢氏自撰，明萬曆間洪啓睿刻之。[2] 巢念脩謂萬曆本乃"實罕覯之秘笈"。國内有上圖、南圖、浙圖等七家單位庋藏，美國國會圖書館、日本内閣文庫亦有藏。

傷寒卒病論四卷，清沈堯封撰，清乾隆三十四年寧儉堂刻本。一函四册。（77999—8002）

　　每半葉九行，行二十一字。左右雙邊，白口，單黑魚尾，版心上鎸書名"傷寒論讀"。竹紙。綫裝。内封題"嘉善沈堯封編次，傷寒卒病論讀，乾隆乙酉春鎸，寧儉堂藏板"。首張仲景《傷寒卒病論自序》，次目次，次凡例，末署"乾隆乙酉花朝嘉善沈堯封識，己丑歲復移正數條彭時年七十有一"。卷端題："漢南陽張機仲景著，後學嘉善沈又彭堯封鈔讀，侄泰礪山、男潞寬夫校字。"鈐"巢念脩藏"白文方印。

　　巢念脩跋：《（光緒）嘉善縣志》卷二十六《人物八·藝術》："國朝沈又彭，字堯封，孝讓敦行，少習舉子業，兼擅占星聚水之術，而尤粹於醫。年三十，以國子生三躓浙闈，遂閉關十年而技成，治輒效，不計利，不居功。有鄰人子瀕危，憫其母老無繼，會維揚鹾賈以多金聘，乃惻然曰：'富者不得我，聘他醫可活也。此子非我不活，忍以貪利而令人死且絶乎？'卒不應聘，而鄰人子賴以生。乾隆五年，制府宗室德公以"曾飲上池"旌其廬。又彭性曠達，工吟咏，與曹廷棟交，所酬和俊絶一時。著有《醫經讀》《傷寒論讀》《女科讀》《治哮證讀》《治雜病讀》諸書，能發前人所未發。子

---

　　① （清）陸以湉：《冷廬醫話》，北京：人民軍醫出版社，2010 年，第 45 頁。吕思勉：《醫籍知津》，《中國文化思想史六種》，上海：上海古籍出版社，2009 年，第 66 頁。
　　② 王重民：《中國善本書提要》，上海：上海古籍出版社，1986 年，第 268 頁。

潞有傳，孫圖萊字素忱，歲貢生，亦善醫，能繼其業。"（萬志參《許府志》）念脩按：沈氏生於康熙三十八年己卯，《縣志》謂其年四十而技成，乾隆三年戊午也。此書定稿於乾隆三十年乙酉，時年六十有七。至乾隆三十四年己丑年七十一，後移正數條，始爲定本。

　　整理者按：《（光緒）嘉善縣志》所列《伤寒論讀》，即本書。《女科讀》應爲《女科輯要》，是書稿本流傳至徐政傑，爲之補注，王士雄又加參訂，於道光三十年（1850）梓行。《女科輯要》爲後世推重，《續修四庫全書》據中國中醫研究院圖書館藏清同治元年（1862）刻本影印。沈堯封著作，《縣志》著録諸書之外，較爲稀見的有《玄機活法》，上海圖書館藏抄本；《沈俞醫案合抄》，上海中醫藥大學圖書館藏抄本。

傷寒卒病論四卷，清沈堯封撰，清乾隆三十四年刻本。一函一册。（90495）

　　每半葉九行，行二十一字。左右雙邊，白口，單黑魚尾，版心上鐫書名"傷寒論讀"。竹紙。綫裝。首凡例，次目次，次張仲景《傷寒卒病論自序》。卷端題："漢南陽張機仲景著，後學嘉善沈又彭堯封鈔讀，姪泰礪山、男潞寬夫校字。"鈐"魏塘錢西清方脉"白文方印、"張文脩"白文方印、"潤翠軒"朱文橢圓印、"雲峰氏書"朱文方印、"吳炳之印"白文方印、"巢念脩藏"白文方印。朱墨批校。

　　巢念脩跋：《（光緒）嘉善縣志》卷二十三《人物五·行誼下》："吳炳字雲峰，國子生，候選府經歷。少聰穎，家貧勤學，不屑屑于章句。及壬遁、天文、兵法家言，靡不究心，昕夕手録，哀然成帙，尤精于醫，弱冠從七匯張希白游，盡得其傳。長於雜證一科，求治輒效，户外屨滿，貧病乞診者，不取其酬，且贈之藥。性好施予，凡煢獨之仰給於同善會者，每苦額溢。歲莫，必籌錢米絮[衣]，擇尤給之。戚黨中有拮据[者]，伙助無德色。或子弟有不能成立者，多方推薦，俾習一業，不令惰廢。晚年於醫書外，兼肆先儒語録，暇輒訓諸子曰：'儒者求科第，非爲禄也，得不得有命，以植品砥行爲先。'年五十六卒。著有《證治心得》十二卷。以子仁均貴，誥封奉政大夫。"念脩按：吳氏生於道光九年己丑，卒於光緒十年甲申，此本即其所藏者也。

　　《素問·陰陽應象大論》曰："天有四時五行，以生長收藏，以生寒暑燥濕風。"《難經·五十八難》曰："傷寒有五，有中風，有傷寒，有濕温，有熱病，有温病，其所苦各不同。"傷寒原爲外感之統稱，沈氏即以《内》《難》立論，就原文之傳復，重爲編排，側重所苦不同，予以辨證，是臨證家之言，固非闊論高談者可比。王孟英稱其書曰

'簡明切當,允爲善本',不盡誣也。顧其書刊成,所印不多,後其曾孫復山名圻者,將全部板行鬻之書坊,故尚有博古堂一刷。迨甲子乙丑間,裘吉生編《三三醫書》,復據以排印,列入三集第二十八種。惜所得之本,略有缺脱,余所見鈔本外,僅此三通,以其傳布不廣。三十年來,能道其源流者蓋鮮。此帙爲乾隆時原刊之初印本,嘉善吳雲峰舊藏,並經前人詳批,尤爲稀見,因手自整裝,略爲品題,以俟識者,有所取資耳。

整理者按:巢跋過録《(光緒)嘉善縣志》,間有脱訛。"歲莫,必籌錢米絮衣,擇尤給之",巢跋脱"衣"字。"戚黨中有拮据者",巢跋脱"者"字,兹據原刻本補。

注解傷寒論十卷,漢張機撰,晋王熙輯,金成無己注,明萬曆四年徐鎔刻本。一函四册。(125160—63)

每半葉十行,行二十字。白口,單黑魚尾,四周雙邊。版心上刻書名"傷寒論",下間刻字數與刻工名。竹紙。金鑲玉裝。外封朱筆題"明刊本注解傷寒論"。首《注解傷寒論序》,署"時甲子中秋日洛陽嚴器之序"。次《傷寒卒病論集》,次高保衛、孫奇、林億等撰《傷寒論序》,次《醫林列傳》。卷端題:"漢張仲景述,王叔和撰次,成無己注解,明新安吳勉學師古齋閲,應天徐鎔傳沂校。"鈐"巢念脩藏"白文方印。

巢念脩跋:《歙縣志》卷十《人物志·士林》:"吳勉學,字師古,豐南人。博學藏書,嘗校刊經史子集及醫書數百種,讎勘精審,所輯《河間六書》,收入《四庫全書》中,又嘗與吳養春校《朱子大全集》。"

《醫籍考》卷五十九《方論三十七》:"吳氏勉學《師古齋彙聚簡便單方》七卷,存。"《傷寒論輯義》卷四《辨陽明病脉證并治》("大承氣湯"條引):吳勉學《彙聚單方》:"余治一少年,腹痛,目不見人,陰莖縮入,喊聲徹天,醫方灸臍,愈痛,欲得附子理中湯。余偶過其門,諸親友邀入。余曰:'非陰症也。'主人曰:'晚於他處有失,已審待兒矣。'余曰:'陰症聲低少,止呻吟耳。今高屬有力,非也。脉之伏而數且弦,肝爲甚,外腎爲筋之會,肝主筋,肝火盛也。肝脉繞陰莖,肝開竅於目,故目不明。'用承氣湯,一服立止,知有結糞在下故也。凡痛須審察寒熱虚實,諸症皆然,久腹痛,多有積,宜消之。"

金鏡内臺方議十二卷，明許宏撰，清乾隆五十九年程永培刻《六醴齋叢書》本。一函四册。(78107—10)

每半葉八行，行十九字。左右雙邊，白口，單黑魚尾，版心下刻"心導樓"。首《金鏡内臺方議序》，署"西蜀馮士仁題"。次目録，佚名墨筆過録《六經脉證備録》。卷端題"建安許宏集，古吳程永培校"。鈐"巢念脩藏"白文方印。

巢念脩跋：日本丹波元胤《醫籍考》卷二十六《方論四》："許氏弘《金鏡内臺方議》十二卷，存。《建安縣志》曰：許宏，字宗道。幼業儒而隱於醫。奇證异疾，醫之輒效。又工詩文，寫山水花卉，皆臻其妙。卒年八十一。所著有《通元録》。行世汪琥曰：'《金鏡内臺方議》，建安許弘集，書凡十二卷，其第一卷至十卷議仲景麻黄、桂枝等湯方，第十一卷議五苓等散方，第十二卷議理中等丸方。其説雖以成注爲主，然亦多所發明，是亦大有裨於仲景者也。琥按，許氏不知何代人，不詳其字，閲其文義，想係是金元時人耳。'按許宏以《傷寒論》爲《金鏡内臺方》，《雜病論》爲《外臺方》，考内外臺之稱，未聞有命仲景書者，而其爲義，殆不相類。許氏所稱，其意若云内外篇耳。許又著《湖海奇方》八卷。自序題永樂二十年，歲在壬寅七月二十四日己卯，建安八十二翁許宏謹書。則《縣志》稱以八十一卒，誤矣。汪琥爲金元間人，亦失考也。"念脩按，此則知許宏生於元順帝至正元年辛巳，元末明初人也。

整理者按：明嘉靖刻本《建安縣志》卷十八："所著醫方有《通玄録》，詩有《南窗草録》行世。"①《醫籍考》節引《建安縣志》係清刻本，避康熙諱，書名改題《通元録》。許宏《金鏡内臺方議》最早刻本爲明崇禎間刻本，日本國立公文書館藏。②

傷寒集驗六卷，明陳文治輯，明崇禎六年四川布政司刻本。一函六册。(97670—75)

每半葉十一行，行二十字。白口，上單黑魚尾，四周單邊。版心上刻書名"傷寒集驗"，下有刻工名。竹紙。綫裝。首劉漢儒序，署"崇禎六年孟秋吉旦欽差提督軍務巡撫四川等處地方督察院右金督御史前太常寺少卿吏科都給事中澹如甫劉漢儒書於錦官之雙桂軒中"。次曾棟序，署"崇禎六年孟秋吉旦四川布政使司豫章曾棟

---

① （明）汪佃等纂修：《（嘉靖）建寧府志》卷28，明嘉靖間刻本。
② 鄭金生：《海外中醫珍善本古籍叢刊》第13册，北京：中華書局，2016年，第239—566頁。

題於體國堂"。次目録。卷端題:"秀水陈文治輯,門人刘德懋較。"鈐"仲方瀏覽書籍"朱文方印。

巢念脩跋:《傷寒集驗》六卷,題"秀水陳文治輯,門人刘德懋較",崇禎六年刊於四川布政司,故其書類官本也。曾棟序中之玄字及書内之弘字等俱未缺筆,則印行猶在明季也。按,文治尚有《瘍科選粹》一書,一名《瘍科秘旨》,亦題陳文治輯,刊於崇禎元年,其彭宗孟序云:"嶽谿陳君工軒岐業",知文治字嶽谿。又本書卷二《大頭瘟篇》云:"文治嘗於壬午春,因三輔軍民染此甚多,惟用東垣普濟消毒飲,刊布多處,獲效者什九。"查此所云壬午,應爲萬曆十年,與劉漢儒序云"塞外爲名將軍"相係,則又知文治在萬曆間曾官於三輔。三輔者,京兆馮翊扶風東,今之陝西。所輯《瘍科選粹》一書,已顯於世,除原刊外,尚有乾隆二十六年達尊堂重刊本及近時萃香精舍石印本,清徐靈胎有評批並盛之,謂外科如《竇氏全書》《瘍科選粹》俱可采,見《慎疾芻言·宗法篇》。此書則久佚,且無知者,抑其取法《陶氏六書》而不傳歟,不可知矣。今春,因整理《傷寒論》之後,仲考出示此秘笈,完善如新,良可寶也。允假歸,抽暇率讀一過,不揣固陋,略爲考述如上。此書原藏雲間沈氏織誦廬,係抗戰時散出者,佳刊雖再得,珍之其毋忽。甲午三月鄉後學巢念脩謹識。

整理者按:明崇禎刻本《傷寒集驗》係孤本,莊仲方舊藏。莊仲方(1780—1857)字芝階,秀水(今浙江嘉興)人。嘉慶十五年(1810)舉人,官内閣中書,著《映雪樓書目録考》《映雪樓文稿》《宋文範》《金文雅》等書,傳見《碑傳集補》第十一卷。[1]徐大椿《慎疾芻言·宗傳》"外科"條云:"其方亦具《千金》《外臺》,後世方愈多而法愈備。如《竇氏全書》《瘍科選粹》,俱可采取。惟惡毒之藥,及輕用刀針,斷宜切戒。"[2]巢跋所謂萃香精舍石印本,薛清録《中國中醫古籍總目》失載。[3]

錢氏小兒直訣四卷,宋錢乙撰,宋閻孝忠集,明薛鎧注,明崇禎元年梁忠刻本。巢念脩跋。一函二册。(127249—50)

每半葉九行,行十九字。白口,單黑魚尾,左右雙邊。版心上刻"家居醫録"。首《校注錢氏小兒直訣序》,署"嘉靖辛亥孟春吉日前奉政大夫太醫院院使薛己謹

① 閔爾昌:《碑傳集補》卷11,燕京大學國學研究所鉛印本,1923年。
② (清)徐大椿:《慎疾芻言》,清道光十八年(1838)蔡氏涵虛洞刻本。
③ 薛清録主編:《中國中醫古籍總目》,上海:上海辭書出版社,2007年,第85頁。

書”。次目録。卷端題：“門人閻孝忠集，後學薛鎧附注，真定梁忠較刻。”卷末爲《錢氏小兒直訣跋》，署“崇禎元年歲在庚辰春正月吉旦真定梁維本沐手謹識”。鈐“廣東肇陽羅道關防”朱文長方印、“巢念脩藏”白文方印。

巢念脩跋：《錢氏小兒直訣》四卷，二册，明崇禎元年梁忠刊本。題“門人閻孝忠集，後學薛鎧附注，真定梁忠較刻”。孫星衍《平津館鑒藏記續編》云：“此本注中稱‘薛按’者，是其父薛鎧所注，稱‘愚治’者，又薛己所補。”

念脩按：此本乃真定梁氏據《家居醫録》覆刊單行者。《家居醫録》係薛己自刻之叢書，世不經見，故前人引薛書多稱《薛氏醫案》而不及《家居醫録》。余雖曾見原本而未見此種。此本書口上有“家居醫録”四字，猶存其式也。李光廷《宛湄書屋文鈔》云：“崇禎元年真定梁維本單取此書，刻以問世”者，即是本也。首有嘉靖辛亥薛己《校注錢氏小兒直訣序》，末有崇禎元年真定梁維木跋（書口作後序），目録首葉中“廣東肇陽羅道關防”一印。

急救良方二卷，明張時徹撰，明嘉靖二十九年刻本。一函二册。(127230—31)

每半葉十行，行二十字。白口，無魚尾，四周雙邊。竹紙。金鑲玉裝。首張時徹序，署“皇明嘉靖二十有九年，歲次庚戌夏六月望，四明芝園主人張時徹著”。次目録。卷端題：“四明芝園主人集，益都堯岡山人校。”鈐“徐鍾岳印”朱文方印、“徐氏藏書室記”朱文方印、“羅塔珍藏”白文方印、“味光”白文方印、“念脩存目”朱文長方印、“孔勉”不規則印。

羅塔山農跋：諺有之曰：“丹方一劑，氣死名醫。”誠以古昔聖賢經驗神方，屢試屢驗，百發百中，垂示來葉，嘉惠貧黎故也，而世之市醫曲爲之解。丹方豈是名醫，蓋謂丹方爲名醫所不取，後人誤，豈是爲氣死用，以傳訛耳。不知《千金方》《蘇沈良方》皆丹方之著者也。特世之市醫，一知半解，襲盜古方，割裂首尾，號稱名著，書肆陳列，資爲射利之具，遂致丹方林立，汗牛充棟，時人妄投，犧牲性命，是誠丹方之罪乎。不佞年方不惑，深感刀筆之末技，思讀有用之書，於是搜集医書，自今以往，當致力衛身濟世之術。本集二卷，爲芝園主人編著，門分類別，足資參考，亟購儲之，抑亦仁人君子之用心云爾。歲次癸未仲吉月，羅塔山農謹跋。明嘉靖本。

巢念脩跋：此書有半葉九行及十行兩種。十行本乃衡王樂善子命馬崇儒與李用中校刊者，即此本也。兩刊余均目驗，故略記於此，以質識者。巢念脩識於耘杏軒。

· 集部研究

四庫本《陸士龍集》的提要與底本問題①

江慶柏　南京師範大學古文獻整理研究所研究員

摘　要： 在《四庫全書》各庫本之間，經常會遇到繕録所用底本不同的問題。底本不同，造成庫本的文字差異，也造成提要的差異。《陸士龍集》文淵閣本、文津閣本使用的是不同的版本，其提要也有文字差異。而作爲四庫底本的汪士賢本則没有被用於四庫本。因此，四庫本與四庫底本之間的關係是很複雜的，許多情況下四庫本並非是四庫底本的簡單照録。同時，同樣是四庫本，其文字上也有許多差異。這是我們在使用四庫本時需要注意的。而如果四庫提要涉及版本的表述有差異，還應注意將提要與四庫本結合起來進行分析。

關鍵詞： 四庫提要；四庫底本；文淵閣本；文津閣本；《陸士龍集》

在《四庫全書》各庫本之間，經常會遇到繕録所用底本不同的問題。底本不同，不僅會帶來庫本的文字差異，也會造成提要的差異。本文即以晋陸雲撰《陸士龍集》爲例加以説明。

一、《四庫提要》著録版本的差異

《四庫全書》本《陸士龍集》提要，在説到繕録使用的底本時，有兩種不同的

---

① 本文係 2015 年度國家社科基金重大項目"四庫提要彙輯彙校彙考"（項目編號：15ZDB075）的階段性成果。

説法。

《文淵閣提要》云："慶元間，信安徐民瞻始得之於秘書省，與機集並刊以行。然今亦未見宋刻，世所行者惟此本。"《文溯閣提要》《文津閣提要》則云："慶元間，信安徐民瞻始得之於秘書省，與《士龍集》並刊以行。① 蓋即此本。"

《陸士龍集》是什麼本子，《文淵閣提要》沒有直接説明，只是説"世所行者惟此本"。如果沒有其他印證，是無法知道"此本"是哪個本子的。《文溯閣提要》《文津閣提要》對版本有明確説明，即徐民瞻刻本，也就是通常所説的宋慶元六年華亭縣學刻本（以下簡稱宋慶元本）。這段提要説明，文淵閣本和文溯閣本、文津閣本所用底本是不一樣的，所以提要對版本的説明也是不一樣的。

《文淵閣提要》校上於乾隆四十二年十月，其説法雖然模糊，但校上於乾隆四十七年二月的天津圖書館藏內府寫本書前提要、乾隆五十年五月的《文瀾閣提要》，以及《總目》，都采用了這個説法，文字完全相同。《文溯閣提要》《文津閣提要》分別校上於乾隆四十七年四月、乾隆四十九年二月，其説法未被其他提要采用。《文溯閣提要》《文津閣提要》雖然校上時間早於《文瀾閣提要》，但其關於底本的説法並沒有被采用。《總目》定稿也沒有采用《文溯閣提要》等的説法。由於文溯閣本、文津閣本看到的人不多，所以本書提要也流傳不廣，其説法沒有被特別注意。

二、文淵閣本《陸士龍集》的底本問題

《文淵閣提要》因對"此本"爲哪一種本子並沒有具體説明，所以後來有一些研究者試圖對此作出説明。徐鵬、劉遠游《四庫提要補正》云："明正德間陸元大覆宋慶元徐民瞻《二俊文集》，《提要》謂未見宋刻，則所據當即陸本。"②其意思是説，文淵閣本所用爲明正德十四年陸元大覆宋本（以下簡稱陸元大本）。此説可商。

陸心源《儀顧堂題跋》卷十有《宋刊晋二俊集跋》，歷舉了陸元大本之訛字及妄增妄改處。其文云："《陸士衡集》十卷、《士龍集》十卷，宋華亭縣學刊本。每頁二十

① "與《士龍集》並刊以行"，應是"與《士衡集》並刊以行"之誤。徐民瞻刻《晋二俊先生文集》，包括陸機《陸士衡文集》十卷、陸雲《陸士龍文集》十卷。《文津閣提要》謂徐民瞻刊刻陸雲文集，而"與《士龍集》並刊以行"，豈能是既刻陸雲文集，又刻陸士龍集？《文淵閣提要》作"與機集並刊以行"，是也。

② 徐鵬、劉遠游：《四庫提要補正》，《中華文史論叢》第四十八輯，上海：上海古籍出版社，1991年，第191頁。

二行,行二十字。前有慶元庚申徐民瞻《晋二俊集序》,後有慶元六年縣學司計朱奎、直學孫垓、學長范公袞等題名。以明正德己卯陸元大刊本校之,訛字固多,妄增、妄改處亦不少。"①依據陸氏之校記與文淵閣《四庫全書》本相比較,多有不合之處。

以《士龍文集》卷一爲例。陸心源謂:《逸民賦》"翳蒼穹谷","蒼"誤作"莽"。《歲暮賦》"長嘆息而永懷","嘆"訛"難"(江按:陸元大本作"难")。《寒蟬賦》"如飛焱之遭驚風","遭"誤作"遺";"綴以玄冕","玄"誤作"空"。

今查《四部叢刊》影印明陸元大本,與陸心源所説一一吻合,但文淵閣《四庫全書》本,與陸元大本並不完全相同。

陸元大本《逸民賦》　　　文淵閣本《逸民賦》

即以此處所舉例看,第一句文淵閣本作"蓊薈穹谷"。第二句、第三句與陸元大本同。"綴以玄冕"一句,陸元大本作"綴以空冕",此處的"空"並非誤字,而是表示該處爲空格的意思。文淵閣本作"綴以玄(江按:'玄'字缺末筆)冕"。可見卷一所

舉四例,文淵閣本有一半與陸元大本不相同。

再如卷五,陸心源謂《晉故散騎常侍陸府君誄》,"顯允閡姿",陸元大本"閡"誤作"閑";"皓思東嶽",陸元大本"思"誤作"恩";"慮凶以吉",陸元大本"吉"訛作"音";"鳴和吉往",陸元大本"鳴"誤作"嗚"。第一句文淵閣本確實也作"閑",但其餘三句文淵閣本分別作"思"(文淵閣本作"浩思東嶽")"吉""鳴"。若文淵閣本所據即陸元大本,則此處亦不應和陸本有異。

而就陸心源未提及的情形看,文淵閣本與陸元大本也有許多差异。如卷一《南征賦》,宋慶元本作"爾乃洪音雷潰",陸元大本作"爾乃洪音雷潰",文淵閣本則作"爾乃洪音雷動"。卷五《吳故丞相陸公誄》,陸元大本作"冗輝熙茂",文淵閣本作"沈輝熙茂";查宋慶元本,此處作"沉輝熙茂"。"沈""沉"可通,或繕錄者將"沉"認作"沈",文意並無差異。文獻中"沈輝"常見,如宋樓鑰《攻媿集》卷三《小溪道中》詩云:"夏橋日沈輝,旅店月成影。""沈輝""沉輝"亦互用,如《元詩選二集》卷三劉麟瑞《儒士王公士敏》詩云:"斜日沈輝歷數慳。"元趙景良編《忠義集》卷五作"斜日沉輝歷數慳"。均可證。而"冗輝"則不詞,作"冗"者是誤掉"沉"字"水"傍,"冗"在這裏是個錯字。"沈""冗"字形字義均無關聯,所以文淵閣本決非依據陸元大本繕錄。

也有陸元大本文字上有缺漏,但文淵閣本是完整的。例如卷三附孫顯世贈詩其十,陸元大本作:"■■重門,誰和子音。瞻彼晨風,思托茂林。"文淵閣本作:"寂寞重門,誰和子音。瞻彼晨風,思托茂林。惟彼吉人,實獲我心。薄言贈子,仰止高岑。"此組詩爲四言詩,每首八句。陸元大本只有四句,且開頭兩字爲墨釘。文淵閣本是完整的。然查宋慶元本《陸士龍文集》以及唐許敬宗《文館詞林》、明馮惟訥《古詩紀》、明佚名《六朝詩集》等,均只有陸元大本所錄的四句。那麼文淵閣本究竟是根據什麼補的? 還是一個問題。

陸元大本中有不少墨釘,在文淵閣本中大都補出了缺字。同樣,文淵閣本的這些補字有的大致可以找到一定的依據。如卷一《登臺賦》,宋慶元本、陸元大本作:"歷玉階而容與兮,■蘭堂以逍遥。"墨釘處文淵閣本作"憩"。再如《南征賦》,宋慶元本、陸元大本作:"敢行稱亂,■逼乘輿。"墨釘處文淵閣本作"凌"。查《漢魏六朝百三家集》,也正分別作"憩""凌"字。可以認爲是四庫館臣依據《漢魏六朝百三家集》作了補正。

但也有的無法知道補字的依據。例如卷五《吳故丞相陸公誄》，宋慶元本、陸元大本作："乃集和美，未■宰物。""未"下有一墨釘。文淵閣本作："乃集和羹，未飪宰物。"將"美"字寫作"羹"字，又補出缺字"飪"。考宋陳仁子《文選補遺》、明梅鼎祚《西晉文紀》，均作"乃集和羹，未飪宰物"，明張溥《漢魏六朝百三家集》作"乃集和美，未飪宰物"。文淵閣本是依據哪種本子校改的，無從知曉。卷七《征》"接申胥於南江"之下，宋慶元本是六個空格，陸元大本是一塊有六個字長的墨釘，文淵閣本作"侶彭咸於水沱"。查《漢魏六朝百三家集》，此處也是空缺六個字。那麼文淵閣本又是根據什麼本子補出這一句的呢？

再從體例上看，文淵閣本與陸元大本也有差異。如卷三爲贈答詩，宋慶元本、陸元大本都是贈詩在前，答詩在後，文淵閣本則相反，都是答詩在前，而將贈詩附在答詩後。

由此可見，文淵閣本依據何本繕錄，雖難以斷定，但其並非依據明陸元大本則是可以肯定的。

三、文津閣本《陸士龍集》的底本問題

文津閣本依據的底本，《文津閣提要》有明確說明，就是宋慶元六年徐民瞻刻本。我們仍結合上面的例子作一比較。先列出一個簡單的表格：

卷次篇名	宋慶元本	文津閣本	陸元大本	文淵閣本
卷三《失題二首》	有	同宋慶元本	有	無
卷五《吳故丞相陸公誄》	沉輝熙茂	同宋慶元本	冗輝熙茂	沈輝熙茂
《晋故散騎常侍陸府君誄》	皓思東嶽	同宋慶元本	皓恩東嶽	浩思東嶽
	慮凶以音	同宋慶元本	慮凶以音	慮凶以吉
卷七《征》	接申胥於南江，□□□□□□。	同宋慶元本	接申胥於南江，□□□□□□。	接申胥於南江，侶彭咸於水沱。

這幾處地方文津閣本與宋慶元刻本都相同，而與文淵閣本、陸元大本都有一些差異。

　　再看體例上的差異。卷三贈答詩，宋慶元刻本是贈詩在前、陸雲答詩在後，文津閣本、陸元大本與之相同，文淵閣本是陸雲答詩在前、贈詩在後，正好相反。

　　宋慶元刻本卷九是“啓”，卷十是“書集”，文津閣本、陸元大本相同。而文淵閣本這兩卷的位置正好相反，卷九是“集”，卷十是“啓”。

　　正因爲如此，我們説文淵閣本與文津閣本依據的不是同一個版本，文津閣本是依據宋慶元刻本繕録的，《文津閣提要》所説是確實的。

　　宋慶元本中有不少缺字。這些缺字文津閣本大多作了補改，這些補改的文字有些與文淵閣本的補改不同。如卷一《喜霽賦》，宋慶元本作：“鳥■林而朝隮。”文淵閣本作“鳥望林而朝隮”（《漢魏六朝百三家集》同），文津閣本作“鳥集林而朝隮”。但可以看到，文津閣本的“集”字是後來硬加進去的。可能文津閣本最初抄成了“鳥林而朝隮”，對宋慶元本的空字未加以補正，後來發現了這個問題，就在已抄寫好的頁面上硬加進了一個字。

　　但大部分補改文字文津閣本與文淵閣本是相同的。如卷一《南征賦》，宋慶元本“敢行稱亂，■逼乘輿”，文淵閣本、文津閣本都作“敢行稱亂，凌逼乘輿”。又宋慶元本“爾乃洪音雷潰，□問尅廣”，文淵閣、文津閣本均作“爾乃洪音雷動，清聞尅廣”。又宋慶元本：“紛若屯雲，煥若積波。遁□陰景，静言勿譁。”文淵閣、文津閣本均作：“紛若屯雲，渙若積波。遁陰匿景，静言勿譁。”

　　而如果再仔細分析，還可以發現文津閣本這些補改的文字，大多又是正文抄寫後補上的，並非正文抄寫時即補上，補改的字迹與抄寫的正文有明顯的差異。如上面所舉例子，文津閣本“動清”二字是後來改動的，與正文其他文字差異明顯。文津閣本“陰匿”二字也是後來改動的。不過這二字的改動稍複雜。宋慶元本原缺字是在“遁”字下，以下再接“陰”字，因此如果補字的話也應該是補在“陰”字前面。然而文淵閣本將“陰”字提上到“遁”字下，而在“陰”字下面補上“匿”字，不僅補了字，還改動了文字的位置。文津閣本也是如此，更可以看到兩者的聯繫。從文津閣本可以看到，“陰匿”二字也與前後正文有明顯的差異。再如卷二《從事中郎張彦明爲中護軍》其六，宋慶元本作：“正直既好，嘉禮■陳。振我遠德，歸于時民。”文淵閣、文津閣本“禮”下一字作“式”。查文津閣本，可以見到“式陳振”三字都是後來改動的。

文津閣本"清問"二字爲後來改動

文津閣本"陰匿"二字亦爲後來改動

　　爲什麽會出現這種情形呢？我認爲這與後來《四庫全書》的覆校有關。覆校是在《四庫全書》全部纂修、繕寫完成以後，重新再做的校勘工作。乾隆五十二年（1787）五月，乾隆帝因文津閣《四庫全書》"訛謬甚多"，下令重加校閱。乾隆五十二年五月十九日，寄諭永瑢等："熱河文津閣所貯《四庫全書》，朕偶加翻閱，其中訛謬甚多，已派隨從熱河之阿哥及軍機大臣並部院隨出之阮葵生、阿肅、胡高望、嵩貴、吉夢熊，再行詳加校閱改正。"[1]

　　在此之前，乾隆帝已對《四庫全書》中出現的許多空格缺字現象十分惱火。清初刊刻的書籍往往會在原書忌諱之處用空格的方式處理，四庫謄録也往往照樣，分校、覆校等職官也未予改正。乾隆帝要求將分校、覆校及總裁官俱"交部分別議處"[2]。

---

①　中國第一歷史檔案館編：《纂修四庫全書檔案》，上海：上海古籍出版社，1997 年，第 2005 頁。
②　中國第一歷史檔案館編：《纂修四庫全書檔案》，第 751 頁。

　　乾隆四十五年(1780)十月十六日,軍機大臣阿桂等奏道:"昨發下《四庫全書》沈煉《青霞集》八本,内蒙皇上指出空格未填者,共數十簽。臣等逐一檢閱,内總裁曹文埴未經看出者一處、總校倉聖脉未經看出者共一百四十二處。查從前此等字樣,曾於乾隆四十二年奉有諭旨,令該管酌改呈進。此次何得漫不經心,空格至百餘處之多,非尋常錯誤可比,相應請旨,將未經看出一處之總裁曹文埴交部議處,未經看出至一百四十二處之總校倉聖脉交部嚴加議處。至分校之員閱看書篇既少,更不應疏玩若此,應請一併交部分別議處。"①

　　這樣,四庫館臣在覆校時,爲避免遭到處分,不管這些空格處是否和忌諱有關,都會在空格處補上文字。由於文淵閣本當時的補字好多實際並没有版本根據,有些屬於"臆改",文津閣本自然也無從查到缺字的原始依據,就只能按照文淵閣本的樣子填寫了。我上面指出义淵閣本和文津閣本在體例上有差异,如贈答詩的前後順序不同,卷九、卷十的次序前後相反等。但這些差异難以一一調整,而且也不是乾隆帝關注的問題,所以文津閣本都没有調整。但文中空格性質不同,而且補改相對簡單,這也就是我們看到文津閣本的許多補字與文淵閣本相同、而字迹與原正文相異的原因。

　　如果這種猜測不錯的話,那麼文津閣本的這些改動應該是在《四庫全書》覆校時補改的。

　　《文溯閣提要》與《文津閣提要》相同,推測文溯閣本應該也與文津閣本相同。但因無法看到文溯閣本,所以此處暫不討論。

四、作爲"四庫底本"的汪士賢本

　　《四庫提要著録叢書》集部第 41 册收録的《陸士龍文集》十卷,係明汪士賢刻《漢魏六朝二十名家集》本。汪士賢本卷首有明天啓丙寅(六年)小春古吴王元懋撰序。《四庫提要著録叢書》收録此書並注云"四庫底本"。查此本卷首鈐蓋"翰林院印"滿漢大方印。書中有不少館臣批校語和批校符號,如卷首唐太宗撰《陸雲傳》天頭批"不抄"。又如卷端第二、三行分别作"晋吴郡陸雲著""明新安汪士賢校",此書

---

　　①　中國第一歷史檔案館編:《纂修四庫全書檔案》,第 1221—1222 頁。

將"明新安汪士賢校"一行勾去。這些都是四庫底本標準的處理方式。因此此書爲四庫底本,是確定無疑的。

上文指出文淵閣本《陸士龍集》與陸元大本並不完全相同,因此不可能是以陸元大本爲底本的。那麼這個"四庫底本"即汪士賢本會不會是文淵閣本所用的底本呢? 通過比較,可以看到這個"四庫底本"與現存的四庫本仍有不少差異。

如汪士賢本卷二《四言失題》其七"渾□大昧"一句中,"渾"下有一個空格,又同一卷《贈汲郡太守》"萃□俊乂"一句也有一個空格。館臣兩處均有批語云:"此處照空。"但文淵閣本均未作空格處理。前一句作"渾淪大昧",後一句作"萃彼俊乂"。再如上面所説陸心源的例子,比較的結果,汪士賢本也基本與陸元大本相同,而與文淵閣本有差異。

最明顯的區別還有,卷三,汪士賢本是《孫顯世贈》詩十首在前,《答》十首在後;文淵閣本恰好相反,是《答》十首在前,《孫顯世贈》十首在後。汪士賢《答》十首之後有《失題二首》("美哉良友,禀德坤靈""有美人人,芳問芬葩"),文淵閣本則没有。明馮惟訥編《古詩紀》卷三十七、明張溥編《漢魏六朝百三家集》卷五十一《陸雲集》中都有這兩首詩,未知文淵閣本何以未抄。

我們再將上面的對照表稍作改變,用來比較汪士賢本與文淵閣本:

卷次篇名	宋慶元本	汪士賢本	文淵閣本
卷三《失題二首》	有	有	無
卷五《吴故丞相陸公誄》	沉輝熙茂	沉輝熙茂	沈輝熙茂
《晋故散騎常侍陸府君誄》	皓思東嶽	皓恩東嶽	浩思東嶽
	慮凶以音	慮凶以音	慮凶以吉
卷七《征》	接申胥於南江,□□□□□。	接申胥於南江,□□□□□。	接申胥於南江,侶彭咸於水沱

可以直觀地看到汪士賢本與文淵閣本有差异,所以文淵閣本並不是以汪士賢本爲底本的。汪士賢本與宋慶元本相同之處甚多,但也並非完全相同。

《文溯閣提要》《文津閣提要》明確説明所用底本是宋慶元六年(1200)華亭縣學刻本,因此與這個底本没有關係。這從圖書内容上也可以看出來。文溯閣本因爲

無法看到,其文字無從知曉。就文津閣本來看,與這個底本也有不少差異。如卷一
《南征賦》,文津閣本作:"爾乃洪音雷動,清聞尪廣。"汪士賢本作:"爾乃洪音雷漬,
□問尪廣。"又文津閣本作:"紛若屯雲,渙若積波。遁陰匿景,靜言勿譁。"汪士賢本
作:"紛若屯雲,渙若積波。遁□陰景,靜言勿譁。"

　　現在的問題是:汪士賢本既沒有被用於文淵閣本,也沒有用於文津閣本,那作
爲四庫底本,究竟是用在什麼地方的呢?

五、《陸士龍集》各種本子的差异問題

　　從以上分析中可以看到四庫本《陸士龍集》與底本的關係不容易固定,這與《陸
士龍集》各本之間存在着許多差異有關。

　　此以《陸士龍集》卷一《歲暮賦》中的一段文字爲例,看各種本子的差異。

　　宋慶元本云:"嗟我行之久永兮,何歸途之芒芒。憩遵渚於川盼,攸逝兮江湘。
處孝敬於神丘兮,結祇纂於帷桑。"

　　陸元大本作:"嗟我行之久永兮,何歸途之芒芒。憩遵渚於川昐,攸逝兮江湘。
處孝敬於神丘兮,結祇纂於帷桑。"

　　明汪士賢本作:"嗟我行之久永兮,何歸途之芒芒。憩遵渚於■昐川兮("■昐
川兮"四字作雙行小字。"■"爲墨釘),攸逝兮江湘。處孝敬於神丘兮,結祇幕(原
作"纂",後改作"幕")於帷桑。"

　　除《陸士龍集》外,總集中也收有這篇賦。把同樣的一段話轉錄如下:

　　明佚名《六朝詩集》本《陸士龍集》卷一作:"嗟我行之久永兮,何歸途之芒芒。
憩遵渚於川昐,攸逝兮江湘。處孝敬於神丘兮,結祇纂於帷桑。"[1]

　　清嚴可均《全上古三代秦漢三國六朝文》全晉文卷一百作:"嗟我行之久永兮,
何歸途之芒芒。憩遵渚于□川兮,晒攸逝于江湘。處孝敬于神丘兮,結祇慕于惟
桑。"[2]其中"川"上缺一字。其著錄出處,謂依據本集,又略見《藝文類聚》三、《文
選·謝叔源游西池詩注》、《初學記》三、《御覽》二十七。

---

① （明）佚名:《六朝詩集》,《陸士龍集》卷1,明嘉靖刻本。
② （清）嚴可均:《全上古三代秦漢三國六朝文》全晉文卷一百,清光緒二十年黃岡王氏刻本。

再看《四庫全書》，文津閣本作："嗟我行之久永兮，何歸途之芒芒。憩遵渚于盼川兮，念攸逝乎江湘。處孝敬于神丘兮，結祇慕于帷桑。"

同一段文字，文淵閣本作："嗟我行之久永兮，何歸途之芒芒。遵渚兮（一作於）盼川，攸逝兮江湘。處孝敬於神丘兮，結祇慕於帷桑。"明張溥《漢魏六朝百三家集》、清陳元龍《御定歷代賦彙》、清張惠言《七十家賦鈔》等所録與文淵閣《四庫全書》本相同，只是個別文字略有出入。

將以上的文字作一分析，可以看出幾個問題。首先，《陸士龍集》存在兩個版本系統。這兩個版本一個重要的區別是第三句，宋慶元本等都有一個"憩"字，《漢魏六朝百三家集》等都無此字。從句式上看，第三句的"憩"字不當少，而第四句"攸逝兮江湘"句首則少了一字。但在《漢魏六朝百三家集》這一版本系統中，將第三句句首的"憩"字刪去了，以使與第四句在句式上一致。就四庫本看，文津閣本出自宋慶元本這個版本系統，這和《文津閣提要》所説相同。文淵閣本與《漢魏六朝百三家集》等同爲另一個版本。這再一次説明文淵閣本與文津閣本確實出自兩種不同的版本系統。

其次，我們看到宋慶元本系統，儘管在有"憩"字這一點上相同，但實際上文字差異也還是不少的。四庫本似乎和宋慶元本、陸元大本、明汪士賢本都有某種實際的、或名義上的聯繫，但四庫本與這些本子又都存在文字差異。如宋慶元本"憩遵渚於川盼，攸逝兮江湘"兩句，文津閣本作"憩遵渚于盼川兮，念攸逝乎江湘"。除了"川盼"作"盼川"的差异外，文津閣本上一句句末多一"兮"字，下一句句首多一"念"字，從句式上看，更整齊也更規範。但文津閣本改動宋慶元本的版本依據是什麼，却不得而知。這説明四庫底本與四庫本之間的關繫是極爲複雜的。

一九八八年，中華書局出版了點校本《陸雲集》。與此有關的幾句作："憩遵渚兮盼川，眇攸逝兮江湘。處孝敬於神丘兮，結祇纂於惟桑。"①據"前言"所説，是以宋慶元本爲整理底本。但實際上與慶元本文字有差异。點校者在校記中並没有説明與慶元本有差異的原因，也没有説明校改的依據。

---

① （晋）陸云撰，黃葵點校：《陸雲集》，北京：中華書局，1988 年，第 7 頁。

宋慶元本　　　　　　　　　文淵閣本

　　《中華再造善本總目提要》以明正德四年（1509）陸元大刻本前有宋慶元六年徐民瞻序，遂謂"陸刻應即出自華亭縣學刻本"，又云："明陸元大亦據宋本重刻《晋二俊文集》，行款雖與此本（江按：指宋慶元本）有異，但書中墨釘與此本多同，且陸本卷八有錯簡，其錯誤正當此本分葉處，皆可證明陸元大所用的底本同於此本。"①這種説法也可以商量。

　　宋慶元徐民瞻刻本有多處墨釘，明正德陸元大刻本與此並不"多同"，相反差異處不少。如宋慶元徐民瞻刻本卷一《喜霽賦》："翼翼黍稷，油油稻■。望有年於自古兮，晞隆周之萬箱。""稻"下一字爲墨釘。明正德陸元大刻本此處作"糧"字。查《御定歷代賦彙》《御定淵鑑類函》及文淵閣本《陸士龍集》，此處均作"粱"字。其或源自《漢魏六朝百三家集》。而明正德陸元大刻本作"糧"字並無版本依據，或因

---

①　中華再造善本工程編纂出版委員會編著：《中華再造善本總目提要》（唐宋編），北京：國家圖書館出版社，2013 年，第 490、491 頁。

"梁""糧"音同而誤。

也有宋慶元徐民瞻刻本無墨釘而明正德陸元大刻本反而有的。如宋慶元徐民瞻刻本《陸士龍集》卷二《大將軍宴會被命作此詩》其六："俯觀嘉客,仰瞻玉容。"明正德陸元大刻本"觀"上爲一墨釘。查《文選》等各書收録此詩,均無缺字,且此處"俯""仰"相對,句式工整,未知明正德陸元大刻本何以有缺。

凡此均可見明正德陸元大刻本與宋慶元徐民瞻刻本之墨釘處並非"多同"。

還有一點可以注意。《陸士龍集》的文本差异,往往使四庫本無所適從。在原本有墨釘或缺字的時候,爲了保證文本的完整性,館臣可能會用其他容易得到的本子來補缺。這個容易得到的本子,就隋唐以前的作品來說應該就是《漢魏六朝百三家集》。《漢魏六朝百三家集》有廣泛的社會影響,也收録在《四庫全書》中,所以使用比較方便。館臣非常贊賞此書收録的完備,《文淵閣提要》稱:"若此一編,則原原本本,足資檢核。"上面舉例説到《陸士龍集》原本有缺字的地方,四庫本往往有補改,這些補字找不到原本的依據,却都和《漢魏六朝百三家集》相同。

此外,《漢魏六朝百三家集》本有時候也會影響到四庫本的抄寫。例如卷五《吴故丞相陸公誄》,宋慶元本、文津閣本均作"沉輝熙茂",陸元大本作"冗輝熙茂"。《漢魏六朝百三家集》作"沈輝熙茂",文淵閣本也作"沈輝熙茂"。再如《陸士龍集》卷二《從事中郎張彦明爲中護軍》詩,宋慶元本、陸元大本、汪士賢本詩題下均有"并序(或作"叙")"二字,并都有序言。序言後是詩作。文津閣本與此數本同。但文淵閣本詩題下無"并序"二字,詩題後亦無序言,而是直接詩作。就收録陸雲這首詩的文獻看,明馮惟訥編《古詩紀》、明張溥編《漢魏六朝百三家集》也都是這樣的,詩題後面直接是詩作。我認爲文淵閣本這首詩的抄寫受到了《漢魏六朝百三家集》的影響。

通過以上《陸士龍集》的比較説明,四庫本與四庫底本之間的關係是很複雜的,許多情況下四庫本並非是四庫底本的簡單照録。同時同樣是四庫本,其文字上也是有許多差异的。這是我們在使用四庫本時需要注意的。而如果四庫提要涉及版本的表述有差异,還應注意將提要與四庫本結合起來進行分析。

端方致王懿榮書札十通考釋

魏小虎　上海博物館副研究館員

摘　要：托忒克·端方是清末曾權傾一方的封疆大吏，也是内府之外，文物藏品獨步天下的大藏家，然而學界對他早年的交游、收藏事迹長期缺乏系統的整理探討。借助釋讀他致王懿榮的多封信札，可以管窺名流俊彦癡心向學的熱忱態度與訪購金石的時代風氣。

關鍵詞：端方；王懿榮；碑刻拓本

　　上海敬華 2007 年秋季拍賣會中國古代書畫專場曾上拍過一組端方《書與蓮生十三兄信劄》（拍賣號 490），拍賣圖録的説明文字稱“信劄四十八件”，實際共計四十九頁。以下“款識”部分（未按圖片所列次序）是對每頁文字的釋讀，但僅有首尾各寥寥數字，如“十三兄大人尊右……以前物尚望”。

　　且不論其釋文錯訛滿篇，單以每一頁爲一封首尾完具的信劄，實在匪夷所思。今據其信文内容，重加排列組合，可知實際不過二十餘封。鑒於有關端方與“甲骨文之父”王懿榮（字蓮生或廉生）早年交誼的史料罕見，諸劄又多談論金石碑版之學，于清季學術史、收藏史等亦堪稱佳話，故對其中精要者所涉人、事、物略作考釋，以就教於方家。

　　端方（1861—1911），字午橋，號匋齋，滿洲正白旗，托忒克氏。四十歲後歷任陝西、湖北巡撫，湖廣、兩江、直隸總督等要職，辛亥年起復後率鄂軍入川，途中遭兵變殉難。由於對“滿清權貴”的臉譜化宣傳深入人心，即使他的收藏一時無兩，仍不免落得“貪寶炫富”“附庸風雅”的評語。尤其是所謂紈綺子弟出身，時常爲一些准學術論著所津津樂道。溯其源流，皆應出自張祖翼《清代野記·海王村人物》：

　　當光緒初年，各衙門派員恭送玉牒至盛京，盛伯兮侍郎、王蓮生祭酒、端匋齋尚書,皆在其中。一日夜宿某站,盛與王縱談碑版,端詢之,王奮然曰:"爾但知挾優飲酒耳,何足語此。"端拍案曰:"三年後再見。"及歸,遂訪廠肆之精於碑版者,得李雲從,朝夕討論,購宋明拓本無數,又購碑碣亦無數,其第一次所購,即郙休碑也,以五百金得之,羅列滿庭院,果不三年而遂負精鑒之名矣。[①]

至"文玩大家、掌故大家"陳重遠筆下,又將此事精確係於光緒十年(1884)。[②]

我們只看《翁同龢日記》中的記載,光緒十七年辛卯(1891)正月十九日:"訪王蓮生,遇端午橋於座,談碑讀畫,抵暮方行。"[③]至少此時他的見識已足與翁、王"談碑讀畫"了。其實翁同龢與其伯父桂清交情匪淺,早已對這位通家子欣賞有加。如《日記》光緒十年甲申(1884)五月二十二日:"端午橋方來長談,借《史通》讀,勤學可嘉也。"又六月初九日:"端午橋來還《史通》,借歸評《史記》。其人讀書多,與名流往還甚稔。"[④]

被不輕易許人的兩代帝師誇獎爲勤學好讀的端午橋,與"但知挾優飲酒"的公子哥兒,會是同一個人嗎?

而另一位當事人,三十幾歲時已擔任國子監祭酒的宗室盛昱,也曾委託翁同龢向端方說親,見《日記》光緒十二年丙戌(1886)十月二十二日:"訪盛伯曦,談數刻,伯曦請我爲端午橋說親伯曦堂妹。"[⑤]顯然是以青年才俊視之。

今參考其《匋齋藏石記》《壬寅消夏錄》等著述,對以下十通函劄加以摘錄考釋,冀可令讀者如臨其境,見證兩位忘年之交對於金石古物的癡迷熱愛。

時間最早的一封應撰於光緒十七年(1891)夏,端方時任張家口關稅監督。

> 惜夏雨愆期,寒草半槁,尚未見牛羊之下來耳。弟此番重出居庸,銳意打宣、大金石,而所聞所見,無一古刻。意欲窮搜極索,目前實無可任之人,深用焦灼。計自去年以來,所得不可謂少。(圖錄 No.48)

① 梁溪坐觀老人(張祖翼)著,王淑敏點校:《清代野記》,《民國筆記小說大觀》(第二輯),太原:山西古籍出版社,1996年,第119頁。
② 陳重遠:《古玩史話與鑒賞》,北京:國際文化出版公司,1994年,第13頁。
③ 翁同龢著,翁萬戈編,翁以鈞校訂:《翁同龢日記》第6卷,上海:中西書局,2012年,第2469頁。
④ 翁同龢著,翁萬戈編,翁以鈞校訂:《翁同龢日記》第4卷,第1877、1889頁。
⑤ 翁同龢著,翁萬戈編,翁以鈞校訂:《翁同龢日記》第5卷,第2100頁。

金石家如黄易、吴大澂等，往往每至一地，皆盡力拓遍當地古碑刻。端方上任後，於宣化、大同一帶的碑刻尤加留意，雖無理想的尋訪人選，還是收穫不少。

按，《匋齋藏石記》所載中唐至元代碑幢墓志，大都來自直隸（今河北）境内，故宣統間冀人吴鼎昌編《畿輔續志金石目》（此書稿本原藏中國書店，肖新祺整理後，分五期刊發於《文物春秋》1992 年第 3 期，1993 年第 1 期、第 3 期，1994 年第 3 期，1996 年第 4 期，云"未署撰者姓氏"），曾據此書收録達上百種，足見端方任職直隸期間，搜羅金石之不遺餘力。又如任兩江總督期間，端方曾分别委派萬春於宜君訪廣武將軍碑，以及名"耀廷"者訪拓石門開褒斜道摩崖等。①

同年十一月二十五日，端方謂新得張君殘碑，漢石無疑，以初拓本分贈諸位同好。日後若覓得上半截，仍以初拓相贈。

漢石初拓第一本，敬歸同好，以酬勞勤。此石向亦以爲魏晋間物，今取諸漢碑相較，卓然熹平一輩人書，黄初以後，豈復有此氣象？碑中述祖德，首曰"張仲興周室"，與《蕩陰表頌》文義正同，當一時習套，踵相效之，其相去時代必不遠也。其上截如可得，仍以第一本送鑒，以成完璧。陳壽考得晋刻數字，便爲鴻寶。此石多至一百五十許字，字字如新發於硎，惜無年月可稽爲恨事耳。廉生十三丈賜覽。湏易愚弟端方記於張家口榷署，辛卯十一月廿五日。（圖録 No.21、No.6、No.5）

另有一函亦論此碑，或爲同期所書：

張侯一石，細審仍是漢刻。其述祖德，首稱"張仲興周"，以此知爲《張侯碑》也。《孫夫人碑》漸入楷法，斯則渾然與元氣侔，恐是魏晋以前物，尚望博足參之。石並唐石，皆弟親爲作書於汴省之官，多經周折，僅乃到手。何物李太守，乃欲攘人固有之物乎？二石已與講明價目，杜九有書於左右，請即將二石發交老五慎守。（圖録 No.9、No.32）

① 虞和平主編：《近代史所藏清代名人稿本抄本》（第一輯）第 143 册《端方檔一》，鄭州：大象出版社，2011 年，第 74—75 頁、第 160—162 頁。

“老五”即其弟端緒，杜九爲碑賈。此殘石當時似頗爲搶手，不乏有權勢者覬覦，得來大費周章。

按，《匋齋藏石記》卷三有本年臘月吳士鑒題《魏西鄉侯兄張君殘碑》（又見吳氏《九鐘精舍金石跋尾甲編》“魏張君殘碑”條，文字小异），其文曰：

> 右張君殘碑，近時河南某縣民墾地得之。石已中斷，此爲右半下截。因碑中有“張仲興周室”語，故知爲張氏碑。……碑出土時隱然尚有朱文，蓋沉霾千餘年，從未經人椎拓，與《王基碑》後先合轍。端君午橋以重值購至京師，以初拓本見視。觀其字體峻整，已開《任城孫夫人》之先，決爲魏刻無疑。①

據今人研究，此碑應刻于曹魏黃初三、四年間，端方斷爲漢刻，而周進、楊樹達、余嘉錫等皆蹈其誤。②

另有二札或亦書於該年，分別涉及安陽漢石、《石鼓文》“氐鮮”未損本、《沙南侯獲碑》初拓本等。

> 《梁志超》詣可愛，比上年所得《金協恭志》更勝。妃懷（費念慈）兩册未易肩隨，披玩久之，頓慰邊城岑寂也。歸化新出二唐志，草草拓石，收此則弟可以得志矣。……弟意在安陽漢石也。安陽石來，速勒令輦交老五，謂不如此則弟不要也，彼必草鷄矣。（圖録 No.2、No.25）

《壬寅消夏録》卷三十一著録王澍《先考妣事狀》（《壬寅消夏録》的分卷，可參見拙文《〈壬寅消夏録〉卷次與品目的復原》，刊於《經學文獻研究集刊》第十九輯），有李葆恂題跋云：

> 匋齋尚書收藏漢唐碑版千餘通，於近人書惟收志傳底本，以爲其所序述既可備考證，且書家爲傳世計，必不苟作，誠然誠然。

---

① 端方：《匋齋藏石記》，《石刻史料新編》（第一輯）第 11 册，臺北：臺灣新文豐出版公司，1982 年，第 8012—8013 頁。
② 葉葳：《〈西鄉侯兄張君碑〉的解讀與時代》，《神州民俗》2013 年第 206 期，第 44—50 頁。

可知端方於清人書法,除碑傳志狀類外一概不收,揀擇甚嚴。

按,《金協恭志》,即《壬寅消夏録》卷三十五著録之梁同書《書金協恭(德寅)墓志冊》,同卷尚有梁書《王筠吉(均)墓志冊》,應即所謂"超詣可愛"者。

歸化時屬山西省歸綏道,"新出二唐志"似僅收得拓本,《匋齋藏石記》惟提及歸化出古碑,見下文。

安陽漢石即安陽殘石四種,乃指漢劉君殘碑、子游殘碑、正直殘碑、元孫殘碑,嘉慶間徐方訪得。此殘石終未入匋齋,故亦不見於《匋齋藏石記》。

　　石鼓"其箬氏鮮"本拓工精匀,明季國初物也,得此聊以開篇。《山左金石志》大貴。近從一老滿洲家求得薩恪僖自玩之《沙南侯》(有行書刻跋),可寶否? 又得舊《史晨》及明拓之《陳叔毅》整本。(圖録 No.49)

按,先秦石刻《石鼓文》明末清初拓本,第二鼓四行末"氏鮮"不損,故稱"氏鮮"未損本。中國嘉德 1995 秋季拍賣會古籍善本 141 號拍品《石鼓文》拓本,有陸心源題跋:"石鼓以第八鼓有字者爲宋拓。余新得周伯温臨本,亦缺第八鼓,其説信矣。此本雖非宋拓,尚是數百年前物,宜午橋農部之寶之也。"所言或即此本。

薩恪僖乃鈕祜禄·薩迎阿(? —1857),曾任哈密辦事大臣、伊犁將軍,謚恪僖。葉昌熾《語石》卷二載:"道光中,薩恪僖公迎阿,又於(新疆)鎮西訪得沙南侯獲碑。"[1]上海圖書館藏抄本《匋齋藏碑跋尾》第三册有《沙南侯獲碑》,李葆恂題跋云:"匋齋尚書藏乃薩公新得石所拓,信可珍也。"另有金蓉鏡、王瓘、張祖翼題跋。則此本爲薩迎阿訪得後初拓。

《匋齋藏碑跋尾》第二册有《陳叔毅修孔廟碑》,莊縉度舊藏,原本參見江蘇真德 2015 秋季拍賣會"古籍善本"1416 號拍品,莊縉度、端方舊藏《陳叔毅修孔廟碑》;又北京泰和嘉成 2013 春季拍賣會"古籍文獻·碑版法書(二)"1182 號拍品,莊縉度、端方舊藏明拓《史晨碑》,或即此劄提及之二本。

次年即光緒十八年壬辰(1892)夏,又言及王君墓志蓋、寶雲寺石刻、單于和親碑等,其雖已耗費鉅資,仍不免見獵心喜之態躍然紙上。

---

① 葉昌熾:《語石 語石異同評》,北京:中華書局,1994 年,第 98 頁。

王郎中志蓋或以歸吳，或其志歸於我，合之兩美，不亦善夫。敝人若得志，當割一器以爲賂，是在君子之成其美耳。……《曹真》石當即日函求鶴道人代爲輦致。欲書顏、柳，當求拓本。《寶雲寺》究竟是否贗本，便片示及。歸化復得一塼，與□□(二字難辨)前舊四方塼同，始信前塼之真，益服衡鑒之確。單于和親塼出蔚州，土人猶多有之。筱玉以爲僞造，真臆論也。(圖録 No.33、No.34、No.35)

按，王郎中志蓋即《匋齋藏石記》卷三十六著録之《王君墓志蓋》："唐故贈户部郎中太原王君墓志銘并序。右墓志蓋絶精整，志石藏吳侍郎大澂家，惜未爲延津之合。"①

曹真碑，清道光二十三年(1843)發現於陝西西安，出土後鄉人將碑文中"蜀賊諸葛亮"之"賊"字鑿去，後又鑿去"妖道公"等字，今藏故宫博物院。鶴道人乃松壽(1849—1911)，正白旗佟佳氏，字鶴齡，時任陝西督糧道，故端方托其代運曹真碑入京。

寶雲寺石刻，位於河南彰德府涉縣，今屬河北邯鄲。

"舊四方塼"似指千秋萬歲四方磚，王懿榮曾鑒爲古人照壁磚，見嘉德四季第45期拍賣會古籍善本碑帖法書 3287 號拍品端方自跋：

四塼文字叢古，花紋尤奇。王廉生謂爲古人照壁塼，蓋有所據。今年夏日致自大河以南估人。袁翰仙善造贗塼，於此獨加嘆异，决爲真品，且云生平所見吉羊塼文，未有如此完善精美者。

《匋齋藏石記》卷二《單于和親磚》條，磚文曰"單于和親千秋萬歲長樂未央"，"右磚作於西漢之初，字體猶近秦篆……磚出直隸宣化府蔚州，地名代王城(即漢文就封地)。余購藏二方，同文同範，精整無稍剥蝕。"②此二磚今藏日本京都藤井有鄰館。

---

① 端方：《匋齋藏石記》，第 8360 頁。
② 端方：《匋齋藏石記》，第 8005 頁。

方若《校碑隨筆》"十二字磚"條："篆書。一曰'單于和親千秋萬歲安樂未央'，有陰文、陽文……陰文者反，陽文者正，陽文之磚因希見貴。光緒十五年歸化城出土，書法亦強于他磚也。"①端方"歸化復得"之品，應屬同類，但未知係陰文或陽文。

　　寶雲寺會酌而行之。截去印章鬻之浙者，即爲成全東喬。弟今年花費太多，東喬處已助數百金，不能再收此品矣。杜九魏晋石承多方鈎考，大安。（圖録 No.29）

年内搜購石刻及拓本花費太多，又襄助宗室綿文（字東喬）數百金，再收寶雲寺石刻已覺力不從心。

　　弟不久回京，一切面譚。曹真到手，張君外又增一當塗高，大快事也。蘇回唐石，千萬商留……武梁《宣孟》一畫，近已到京。此石如真，請與鳳孫代爲商留之。（圖録 No.20）

漢代讖語云"代漢者，當塗高"，後常用以代指曹魏。此時似又以張君殘碑爲魏碑。

武梁祠畫像《宣孟》已運至京，因請王懿榮協同柯劭忞（字鳳孫）鑒定，如爲真品則與賣家議價留之。

　　《唐公房碑》舊拓可喜，造像一拓收下，能爲三十金購之乎……《三老食堂》至今無消息，何耶？晤時爲一道及……《曹真》已爲求鶴舫運致。（圖録 No.14、No.8）

明拓《仙人唐公房碑》，黄易、顏逢甲、莊縉度、端方遞藏，莊縉度題跋，張之洞題簽。今歸北京故宮博物院。

造像拓本應即下函所言張骸子造像，年代不詳。

《陽三老食堂畫像題字》，光緒間山東曲阜出土，《匋齋藏石記》卷一著録。徐州

<hr>

① 方若：《校碑隨筆》，揚州：江蘇廣陵古籍刻印社，1997 年，第 84 頁。

博物館藏光緒辛卯（1891）此石歸匋齋後初拓，有端緒次年跋述其經過：

> 光緒十弋年，是石出土曲阜。逮中伯權蘿晉（觀察）仕魯，爲致之，屬其友
> 程君友蓮携來京師，方厺（去）歲七月始歸吾家。

函中再次提及委托松壽將曹真碑運京，然此事後續似有未協，故又委濰縣丁毓
庚（字星甫）以所購曹真碑、古佛像寄運至京。見中國國家圖書館藏《四家書札》（曹
鴻勛、王懿榮、吳大澂、端方致丁星甫）：

> 魏石何日始能寄京，隨魏石同得之古佛十二尊，無論是銅是石，弟俱要之，
> 想此物必不致假也。又前所譚漢石，現已如何？能隨魏石一并寄京尤美，萬勿
> 遲延，是爲至要。

又據葉昌熾《緣督廬日記》同年五月初八日載："屺懷云，端午橋購曹真碑，將撐
至京矣。"① 則曹真碑等大約于仲夏時分運抵京城。

> 張骹子三十金，少遲必送上。日間阿堵物頗不克也，請明誥之。黃縣族人
> 今日登程矣，盂而外，又送來陶豆二、齊刀範三、翻沙鏡一，共給十六金，爲老五
> 留得金墓碣拓（文字丛美），鄂札、唐帖並擬收之。上永定河凌出者，又固安新
> 出金幢，丛奉鑒。近又訪得一金人塔銘，文辭書法丛勝，此碣不日即到手矣，亦
> 足補金文所未收也。《李藥師》《張琮》索價七十金，貪婪之至，既謝之矣。（圖
> 録 No.23、No.12、No.22）

按，"鄂札"即《壬寅消夏録》卷三十六著録之《鄂剛烈（容安）遺詩卷》，翁方綱、
施朝榦、王芑孫、吳清鵬題跋。

"固安新出金幢"，應即《匋齋藏石記》卷四十二所載《安琚建頂幢記》或《固安縣

---

① 葉昌熾：《緣督廬日記》（四），南京：江蘇古籍出版社，2002 年，第 1999 頁。

南相姚慶温建頂幢》。①

　　按,《匋齋藏石記》僅卷四十一著録有遼《感化寺孫法師塔銘》:"法師卒於大安五載季冬月,塔銘刻於次歲季春月。大安紀元,遼道宗、西夏惠宗、金衛紹王皆用之。金大安祇三年,此云五載,序中真字、耀字,銘中真字、光字並缺筆,避遼太宗德光、興宗宗真諱,決爲遼刻無疑。竹垞列之金大安,藝風堂曾辨之……此文體例安祥,用字典雅……殆不多覯。"②則此塔銘之大安紀年曾被誤作金代,或初收得時未及細辨,故乃以"金人塔銘"稱之。

　　雖然以上信札中僅僅是些零星的綫索,但從中可見除了數十年如一日的孜孜以求,不改初心,誠如端方致金蓉鏡函(上海博物館藏)中所言"今日忙交代事甚冗迫,抽暇書數紙奉覆,正爲此數拓本也,亦可謂好事者矣",方能聚沙成塔,蔚然大觀,同時也有賴於諸多同道的鼎力襄助乃至研討切磋,悉心考訂,終於成就《匋齋藏石記》《匋齋吉金録》《壬寅消夏録》等皇皇目録。令後人在慨嘆其藏品星散海内外之餘,尚有嘗一臠而知鼎味的機緣。

---

① 端方:《匋齋藏石記》,第 8407、8413 頁。
② 端方:《匋齋藏石記》,第 8400—8401 頁。

四庫館臣輯佚鄭獬《鄖溪集》疏失舉隅

——以重出詩的考察爲中心

趙　昱　武漢大學文學院特聘副研究員

摘　要：鄭獬《鄖溪集》今日傳本爲清四庫館臣據《永樂大典》《宋文鑒》《歷代名臣奏議》《兩宋名賢小集》等書輯編，其中多見與其他唐宋詩人詩作的重出作品，並且主要爲鄭獬名下誤收。而根據對於各種輯佚來源的文獻考察可知，這些重出誤收詩的出現，首先在於《永樂大典》《兩宋名賢小集》等書的收錄失誤。同時，四庫館臣在工作時間、個人學力十分有限的情況下，無法針對輯得的材料加以全面、準確、細緻的考證，這也是導致輯佚疏失時有發生的又一重要因素。

關鍵詞：鄭獬；《鄖溪集》；重出詩；四庫稿本；考證

一、問題的提出

鄭獬(1022—1072)，字毅夫，安州安陸(今屬湖北)人。仁宗皇祐五年(1053)狀元。仕至翰林學士，權知開封府。因反對青苗法，乞宮祠，提舉鴻慶宮。神宗熙寧五年(1072)卒，年五十一。著有《鄖溪集》五十卷。《宋史》卷三二一有傳。

鄭獬《鄖溪集》，晁公武《郡齋讀書志》(衢本)卷一九最早著錄"鄭毅夫《鄖溪集》五十卷"①，其後陳振孫《直齋書錄解題》卷一七及《宋史·藝文志》著錄卷數同。明初，《文淵閣書目》卷九著錄"鄭氏《鄖溪集》一部十册，闕"②，則當時內府所藏已非全帙，而《永樂大典》引錄《鄖溪集》，殆據此本。至清乾隆年間開《四庫全書》館，《鄖溪

---

① （宋）晁公武撰，孫猛校證：《郡齋讀書志校證》，上海：上海古籍出版社，1990年，第994頁。
② （明）楊士奇：《文淵閣書目》，《明代書目題跋叢刊》，北京：書目文獻出版社，1994年，第85頁。

集》五十卷本久佚，四庫館臣"惟從《永樂大典》内裒輯編次，又以《宋文鑒》《兩宋名賢小集》諸書所載，分類補入，勒爲三十卷"①，繼而進一步删定成二十八卷，即《四庫全書》本。民國八年(1919)，張國淦據京師圖書館所鈔文津閣庫本，刊於無倦齋；盧靖慎始齋又將張氏無倦齋刻本影印入《湖北先正遺書》②。

　　1998 年，《全宋詩》(72 册)出版。其中，第 10 册卷 580—586"以影印文淵閣《四庫全書》本爲底本。校以民國盧靖輯《湖北先正遺書》所收《鄖溪集》……《兩宋名賢小集》卷一三三《幻雲居詩稿》等。又自《輿地紀勝》《永樂大典》等書中輯得集外詩"③編録鄭獬詩七卷。2003 年，針對《全宋詩》存在的諸多錯漏，北京大學中國古文獻研究中心又啓動了補正項目。筆者在訂補《全宋詩·鄭獬詩》的過程中，發現《鄖溪集》中的多首詩作與其他唐宋詩人詩作有重出現象，並且主要爲鄭獬名下誤收(如下表所示)：

表一　鄭獬《鄖溪集》重出詩一覽表

序號	詩　　題	《鄖溪集》卷次	重出情况説明	作者歸屬判斷④
1	春日陪楊江寧宴感古作	卷二四	又見李白《李太白集》卷一八、《文苑英華》卷二一五、《全唐詩》卷一七九	當爲李白詩
2	後閣四松	卷二六	又見《文苑英華》卷三二四、《全唐詩》卷三六八鄭澣	當爲鄭澣詩
3	夜懷	卷二七	又見《宋詩紀事》卷六楊億，轉引自《詩林萬選》	當爲楊億詩
4	春盡二首(其二)	卷二七	首聯又見葉庭珪《海録碎事》卷一〇上引王珪詩句	當爲鄭獬詩

---

① (清)永瑢：《四庫全書總目》卷 153，北京：中華書局，1965 年，第 1318 頁。
② 祝尚書：《宋人别集叙録》，北京：中華書局，1999 年，第 345—347 頁。
③ 北京大學古文獻研究所編：《全宋詩》第 10 册，北京：北京大學出版社，1998 年，第 6817—6897 頁。
④ 李白詩、鄭澣詩、王珪詩誤作鄭獬詩，筆者已有考證，見《〈全宋詩〉雜考》(四)[《北京大學中國古文獻研究中心集刊》(第十二輯)，北京：北京大學出版社，2012 年，第 253—254 頁]、《〈全宋詩〉雜考》(五)[《北京大學中國古文獻研究中心集刊》(第十七輯)，北京：北京大學出版社，2018 年，第 345—346 頁]。其他各例，阮堂明《〈全宋詩〉誤收金元明詩考》[《蘇州科技學院學報》(社會科學版)2010 年第 1 期，第 45—46 頁]、王宏生《〈全宋詩〉疏誤小札》(《福建江夏學院學報》2012 年第 5 期，第 92 頁)、陳小輝《〈全宋詩〉之王珪、鄭獬、王安國詩重出考辨》[《湖南工業大學學報》(社會科學版)2017 年第 4 期，第 73—75 頁]等文章亦有考證，可參。

序號	詩 題	《郳溪集》卷次	重出情況説明	作者歸屬判斷
5	檇李亭	卷二七	又見仇遠《山村遺稿·補遺》	當爲仇遠詩
6	雨夜懷唐安	卷二七	又見陸游《劍南詩稿》卷四	當爲陸游詩
7	奉詔赴瓊林苑燕餞太尉潞國文公出鎮西都	卷二七	又見王珪《華陽集》卷五	當爲王珪詩
8	送程公闢給事出守會稽兼集賢殿修撰	卷二七	又見王珪《華陽集》卷五	當爲王珪詩
9	寄程公闢	卷二七	又見王珪《華陽集》卷三、王安石《王荆文公詩李雁湖箋注》卷三七、秦觀《淮海後集》卷三	當爲王珪詩
10	送公闢給事自青州致政歸吳中	卷二七	又見王珪《華陽集》卷五	當爲王珪詩
11	再賦如山	卷二八	又見姜特立《梅山續稿》卷一二	當爲姜特立詩
12	雪晴	卷二八	又見王安石《臨川先生文集》卷三四、李壁《王荆文公詩箋注》卷四八，題作《初晴》	當爲王安石詩
13	采江	卷二八	又見釋紹嵩《亞愚江浙紀行集句詩》卷五	當爲釋紹嵩集句詩
14	赤壁	卷二八	又見《全唐詩外編》卷一四王周，轉引自《湖北通志》卷六《輿地志·山川》	存疑俟考
15	遣興勉友人	卷二八	又見張咏《乖崖先生文集》卷五	當爲張咏詩

顯然，這是清代的四庫館臣在根據《永樂大典》等書輯編《郳溪集》時，將十餘首他人作品收錄於鄭獬名下，導致原本明確的唐宋詩人詩作歸屬發生了新的淆亂。那麽，這一問題的出現，究竟是《永樂大典》等書引錄之誤，還是四庫館臣輯佚之誤呢？

二、中國國家圖書館藏清翰林院紅格抄本《郳溪集》

中國國家圖書館現藏清翰林院紅格抄本《郳溪集》一部四册（索書號：05870），半葉八行,行二十一字,版心上端及各卷首行題"欽定四庫全書",書中鈐"詩龕居士存素堂圖書印""詩龕藏書印"二方,當爲法式善舊藏《四庫全書》中的《永樂大典》輯本《鄖溪集》之稿本。法式善《陶廬雜錄》卷三亦載:"十年前,余正月游廠,於廟市書攤買宋明《實錄》一大捆,雖不全之書,究屬秘本。未及檢閱,爲友人携去,至今悔之。又得宋元人各集,皆《永樂大典》中散篇采入《四庫書》者。宋集三十二種,元集二十三種,統計八百二十三卷。北宋人……《鄖溪集》三十卷,鄭獬撰。……余維物少見珍,什襲藏之。有人許易二千金,靳弗予也。"①民國間,此本歸樊增祥,傅增湘曾見之。②

　　書中偶見文字的增添涂改,例如:卷一一《謝翰林學士表》"伏念"右下小字補寫"臣",至《四庫全書》本,行文正作"伏念臣";卷一二《論冗官狀》"縣官"右下小字補寫"何惜"、"臣議"右下小字補寫"可",至《四庫全書》本,行文正作"縣官何惜一二十千錢"、"如臣議可采";卷一二《論舉遺逸狀》"不合"右下小字補寫"格",至《四庫全書》本,行文正作"不合格者";卷一三《論河北流民劄字》"若以河決則息冀德博","息"旁另寫"恩",至《四庫全書》本,行文正作"則恩冀德博",且題目爲《論河北流民札子》,小字按斷"此首從《名臣奏議》中補入";卷一四《御製狄公祭文序》"遂請解機柚而去","柚"旁另寫"軸",至《四庫全書》本,行文正作"機軸";卷二八《秦淮》(其二)"鑿秣稜","稜"旁另寫"陵",至《四庫全書》本,行文正作"秣陵";等等。由此可知,這一翰林院抄本實即《永樂大典》輯本《鄖溪集》的三次修改稿本,它的格式、内容都最接近《四庫全書》定本。③但儘管如此,從三次修改稿本到《四庫全書》定本,館臣也並不只是單純謄錄文字,而是仍然參據他書文獻(如《歷代名臣奏議》等)繼續進行文本校勘的具體工作。不過,上文列舉的那些重出詩,在三次修改稿本中都已没有任何文字改動的痕迹了。

三、重出詩輯佚來源探析

　　據前引《四庫全書總目》卷一五三《鄖溪集》提要,四庫館臣輯佚鄭獬詩、重編

① 　(清)法式善撰,涂雨公點校:《陶廬雜錄》,北京:中華書局,1959年,第62—63頁。
② 　(清)莫友芝撰,傅增湘訂補《藏園訂補邵亭知見傳本書目》卷13上:"清四庫館寫本,法式善舊藏,今在樊樊山先生處。"(傅熹年整理,北京:中華書局,2009年,第3册,第1106頁。)
③ 　關於《永樂大典》輯本三次修改稿本的特點,見張昇《〈永樂大典〉流傳與輯佚研究》(北京:北京師範大學出版社,2010年,第163—164頁)。

《郎溪集》，最主要的文獻來源是《永樂大典》，旁及《宋文鑒》《兩宋名賢小集》等典籍。

《永樂大典》流傳至今日，殘損嚴重，僅存 800 餘卷。檢核其中保留下來的鄭獬詩文，卷三〇〇五"真"韻"人"字下引録了《遣興勉友人》這首作品，而在它之前則是張咏《暮春憶友人》和鄭獬《即事簡友人》二詩：

> 《張乖崖集•暮春憶友人》："楊花零落暮春風，醉起南軒夕照紅。閑倚焦桐坐無語，故人相隔海門東。"鄭獬《郎溪集•即事簡友人》："門巷遍芳草，相期春醉稀。可憐雙燕到，還似故人歸。幽鳥隔溪語，落花穿竹飛。誰知静者樂，石上枕朝衣。"《遣興勉友人》："人生三萬六千日，二萬日中愁苦身。惟有無心消遣得，有心到了是癡人。"①

核張咏《乖崖先生文集》卷五，《暮春憶友人》與《遣興勉友人》兩首詩前後接連，于是不難看出，是《永樂大典》的編者在這裏先出現了抄録上的訛錯，將鄭獬《即事簡友人》置於張咏《暮春憶友人》和《遣興勉友人》之間；等到四庫館臣再據《永樂大典》輯佚《郎溪集》時，直接以《遣興勉友人》的出處當作承前省而歸屬鄭獬，加之當時又未細檢《乖崖先生文集》，所以它就成了鄭獬名下的作品。可見，《遣興勉友人》一詩的重出誤收，根源在於《永樂大典》的引録失誤。通過對比《永樂大典》卷三〇〇五引録的上下文和張咏《乖崖先生文集》卷五的内容編次，我們也能够間接推知這一錯誤的發生緣由。

四庫館臣從《宋文鑒》中輯出的鄭獬詩文，根據《四庫全書》本《郎溪集》的部分題下按語，包括卷一五《圜丘象天賦》和卷二四《采鳬茨》，並不涉及重出各詩。與此類似，四庫館臣還從《歷代名臣奏議》中輯補了一定數量的作品，以《請聽政納言疏》《請罷河北夫役疏》《論種諤擅入西界疏》《論人材疏》《論薦士求直言疏》《乞罷青苗法狀》《論定武臣遣官條例狀》《論减仁宗山陵制度狀》《論用材札子》《論河北流民札子》《請駕出祈雨札子》等奏疏、奏狀、札子爲主，這些文章的題目之下也有小字按斷，注明了輯佚來源。

---

① （明）解縉等編：《永樂大典》第 2 册，北京：中華書局，1986 年，第 1718 頁。

　　《兩宋名賢小集》三百八十卷,舊題宋陳思編,元陳世隆補,今日見存的傳本實際經過了明、清兩代的增益而在清初編輯成書並確定名稱。①《四庫全書》開館後,四庫館臣以區區 30 人之力而要從卷帙浩繁的 9881 册《永樂大典》中檢閱簽出數量衆多的佚書、佚文②,其難度可想而知。在這種情況下,《兩宋名賢小集》作爲一部現成的文本,自然成爲四庫館臣輯編宋人已佚别集的重要文獻。鄭獬《鄖溪集》的輯佚編纂也不例外。

　　《兩宋名賢小集》卷一三三爲鄭獬《幻雲居詩稿》,收録詩作 26 首、殘句 2 則,其中就包括《奉詔赴瓊林苑燕餞太尉潞國文公出鎮西都》《送公闈給事自青州致政歸吴中》《送程公闈給事出守會稽兼集賢殿修撰》《寄程公闈》《檇李亭》等詩。前文已述,《奉詔赴瓊林苑燕餞太尉潞國文公出鎮西都》等四詩,又見於王珪《華陽集》。《華陽集》原本久佚,傳世者亦爲《永樂大典》輯本。結合四庫館臣“簽出佚書—抄出佚文(散片或散篇)—粘連成册(即輯佚稿本)—校勘並擬定提要—謄録成正本”③的程序來看,他們絶無可能將這四首詩從《永樂大典》中簽出兩份,分别交付《華陽集》和《鄖溪集》的負責人輯佚謄録。而據《四庫全書總目》卷一五二《華陽集》提要:“今從《永樂大典》各韻中裒掇排比,所存詩文尚夥,而内外制草爲尤備。其生平高文典册,大約已罕所遺佚。謹依類編次,釐爲六十卷。其遺聞逸事與後人評論之語,見於他書者,亦詳加搜輯,别爲《附録》十卷,係之集末,用資考核。”④所以我們認爲,鄭獬與王珪名下重出的四首詩,當是《鄖溪集》輯自《兩宋名賢小集》本《幻雲居詩稿》,而《華陽集》輯自《永樂大典》。這一點,根據《華陽集》《鄖溪集》《兩宋名賢小集》本《幻雲居詩稿》的個别異文也可印證⑤:

　　① 許紅霞:《從三百八十卷本〈兩宋名賢小集〉看其匯集流傳經過》,《海峽兩岸古典文獻學學術研討會論文集》,上海:上海古籍出版社,2002 年,第 397—398 頁。
　　② 張昇:《〈永樂大典〉流傳與輯佚研究》,第 127—130 頁。
　　③ 張昇:《〈永樂大典〉流傳與輯佚研究》,第 125 頁。
　　④ (清)永瑢:《四庫全書總目》,第 1314 頁。
　　⑤ 所據版本依次爲:(宋)王珪《華陽集》,影印文淵閣《四庫全書》第 1093 册,上海:上海古籍出版社,1987 年;(宋)鄭獬《鄖溪集》,影印文淵閣《四庫全書》第 1097 册;舊題(宋)陳思編、(元)陳世隆補《兩宋名賢小集》,影印文淵閣《四庫全書》第 1363 册。

表二　王珪《華陽集》、鄭獬《鄖溪集》、《兩宋名賢小集》卷一三三《幻雲居詩稿》
所見异文對比表

《華陽集》	《鄖溪集》	《兩宋名賢小集》卷一三三《幻雲居詩稿》
《奉詔赴瓊林苑燕餞太尉潞國文公出鎮西都》： 都門秋色滿旌旗，祖帳容陪醉御卮。功業迥高嘉祐末，（小字注：公至和中首陳建儲之策）精神如破貝州時。（小字注：白居易**晚獻**裴晉公詩云："聞說風情筋力在，只如初破蔡州時。"）匣中寶劍騰霜鍔，海上仙桃壓露枝。（小字注：**公子**近有登瀛之命。）昨日更聞褒詔下，別**刊**名姓入烝彝。	《奉詔赴瓊林苑燕餞太尉潞國文公出鎮西都》： 都門秋色滿旌旗，祖帳容陪醉御卮。功業迥高嘉祐末，（小字注：公至和中首陳建儲之策。）精神如破貝州時。（小字注：白居易**獻**裴晉公詩云："聞說風情筋力在，只如初破蔡州時。"）匣中寶劍騰霜鍔，海上仙桃壓露枝。（小字注：**公之子**近有登瀛之命。）昨日更聞褒詔下，別**看**名姓入烝彝。	《奉詔赴瓊林苑燕餞太尉潞國文公出鎮西都》： 都門秋色滿旌旗，祖帳容陪醉御卮。功業迥高嘉祐末，（小字注：公至和中首陳建儲之策。）精神如破貝州時。（小字注：白居易**獻**裴晉公詩云："聞說風情筋力在，只如初破蔡州時。"）匣中寶劍騰霜鍔，海上仙桃壓露枝。（小字注：**公之子**近有登瀛之命。）昨日更聞褒詔下，別**看**名姓入烝彝。
《送程公闢給事出守會稽(**小字注：兼集賢殿修撰**)》： 越州太守何瀟灑，應爲能吟住集仙。雪急紫濛催玉勒，（小字注：**公闢新奉使歸。使中**館名也。）日長青瑣聽薰弦。一時冠蓋傾離席，半醉珠璣落彩箋。自恨君恩渾未報，五湖終負釣魚船。	《送程公闢給事出守會稽**兼集賢殿修撰**》： 越州太守何瀟灑，應爲能吟住集仙。雪急紫濛催玉勒，（小字注：**公奉使方歸。**紫濛，**北方**館名也。）日長青瑣聽薰弦。一時冠蓋傾離席，半醉珠璣落彩箋。自恨君恩渾未報，五湖終負釣魚船。	《送程公闢給事出守會稽**兼集賢殿修撰**》： 越州太守何瀟灑，應爲能吟住仙。（小字注：疑是賢。）雪急紫濛催玉勒，（小字注：**公奉使方歸。**紫濛，**敵中**館名也。）日長青瑣聽薰弦。一時冠蓋傾離席，半醉珠璣落彩箋。自恨君恩渾未報，五湖終負釣魚船。
《寄**公闢**》： 念昔都門手一携，春禽**争**向苧蘿啼。夢回金殿風光別，吟到銀河月影低。舞急錦腰迎十八，酒酻**玉醁**照東西。何時得遂扁舟去，雪櫂同君**訪**剡溪。	《寄**程公闢**》： 念昔都門手一携，春禽**幾**向苧蘿啼。夢回金殿風光別，吟到銀河月影低。舞急錦腰迎十八，酒酻**金盞**照東西。何時得遂扁舟去，雪櫂同君**泛**剡溪。	《寄**程公闢**》： 念昔都門手一携，春禽**幾**向苧蘿啼。夢回金殿風光別，吟到銀河月影低。舞急錦腰迎十八，酒酻**金盞**照東西。何時得遂扁舟去，雪櫂同君**泛**剡溪。
《送公闢給事自**州**致政歸吴中》： 青瑣仙人解玉符，秋風一夜滿江湖。曾歌郢水非凡曲，未掃旄頭負壯圖。（小字注：公昔**出使**憤然，屢**折**敵人。）終日望君天欲盡，平生知我世應無。扁舟定約元宮保，瀟灑蓮涇二大夫。（**小字注：采蓮涇在蘇州南園後。**）	《送公闢給事自**青州**致政歸吴中(**小字注：公闢即程師孟**)》： 青瑣仙人解玉符，秋風一夜滿江湖。曾歌郢水非凡曲，未掃旄頭負壯圖。（小字注：公**北使**憤然，屢**抑**敵人。）終日望君天欲盡，平生知我世應無。扁舟應約元宮保，瀟灑蓮涇二丈夫。（**小字注：按，元宮保即錢唐元章簡公絳，蓋嘗寓居于蘇州。**）	《送公闢給事自**青州**致政歸吴中(**小字注：公闢即程師孟**)》： 青瑣仙人解玉符，秋風一夜滿江湖。曾歌郢水非凡曲，未掃旄頭負壯圖。（小字注：公昔**北使**憤然，屢**抑**敵人。）終日望君天欲盡，平生知我世應無。扁舟應約元宮保，瀟灑蓮涇二丈夫。（**小字注：嘉按，元宮保即錢塘元章簡公絳，蓋嘗寓居于蘇州。**）

　　表中各處异文，除了小注"紫濛，敵中館名"因語涉違礙而《華陽集》《鄖溪集》諱改不同，餘例悉爲《鄖溪集》、《兩宋名賢小集》本《幻雲居詩稿》相同而與《華陽集》不同，甚至《送公闢給事自青州致政歸吳中》一詩的尾聯小注，四庫館臣也是從《幻雲居詩稿》照録。

　　此外，《鄖溪集》三次修改稿本卷二七《雪中梅》首句"臘梅欺寒飄玉塵"，影印文淵閣《四庫全書》本作"臘雪欺梅"。再核《兩宋名賢小集》卷一三三《幻雲居詩稿》，文字亦爲"臘梅欺寒"。這也足以説明，《雪中梅》詩亦輯自《幻雲居詩稿》，最終寫定時，四庫館臣又對其中的文字做了校改。

　　因此，《兩宋名賢小集》卷一三三《幻雲居詩稿》，確實是四庫館臣輯佚鄭獬詩的重要文獻來源，而像《奉詔赴瓊林苑燕餞太尉潞國文公出鎮西都》等四首鄭獬與王珪名下的重出詩，也是館臣據《幻雲居詩稿》誤輯的結果。

四、結語

　　鄭獬《鄖溪集》，原本五十卷久佚，現在流傳的二十八卷本由四庫館臣據《永樂大典》《宋文鑒》《歷代名臣奏議》《兩宋名賢小集·幻雲居詩稿》等書重新輯編而成。中國國家圖書館藏清翰林院紅格抄本《鄖溪集》一部，爲《永樂大典》輯本的三次修改稿本，反映了《四庫全書》本最終寫定之前的文本面貌。二十八卷本《鄖溪集》中，又有 15 首作品與其他唐宋詩人詩作重出，且幾乎皆爲鄭獬名下誤收。其中，《遣興勉友人》是《永樂大典》引録時已誤，《奉詔赴瓊林苑燕餞太尉潞國文公出鎮西都》《送程公闢給事出守會稽兼集賢殿修撰》《寄程公闢》《送公闢給事自青州致政歸吳中》四詩係四庫館臣誤輯《幻雲居詩稿》所致；其餘與李白、鄭澣、楊億、仇遠、陸游、姜特立、王安石、釋紹嵩、王周等人的重出詩，究竟爲何誤收於鄭獬名下，因《永樂大典》現存殘卷十分有限，其間未見這些詩作的引録面貌，我們暫時也無法確知四庫館臣的疏誤緣由，只能留待更多材料發現之後再行考察。

　　對於《永樂大典》輯本存在的漏輯問題，學者們已經充分指出並做了許多具體的補正，同時又對四庫館臣的實際工作給予了比較切實而中肯的評價："也正因爲佚書没有統一的判斷參照，没有一個佚書總目，館臣只能各自憑經驗判斷，所以《大典》中同一佚書的内容，有的被簽出，有的則未被簽出。這就自然造成大量該輯的内容没有輯出,漏輯現象較嚴重。……《大典》輯佚本來是分工協作的,倘安排合理,是可以避免周永年那樣的辛勞的。但由於没有統一的佚書參照與總佚書,使得館臣或無從措手,或辛苦而徒勞,從而極大地削弱了館臣的積極性,造成輯佚成績不够突出。"①這裏提及的諸如"各自憑經驗判斷"、缺少"分工協作"等情況,其實同樣適用於上述誤輯現象的分析。試想,如果館臣在簽出佚書佚文時能够稍微注意到《永樂大典》對那些未佚之書(如張咏《乖崖先生文集》)的内容引録,或者負責《華陽集》輯佚和《郎溪集》輯佚的不同人員能够互通資料有無,又或館臣在輯録時能够從人物生卒、仕宦、交游等角度發現疑點進而具體辨析,那麼誤輯的發生也許就可以避免。不過實際情況却是,四庫館臣需要在有限的時間内完成大量的佚書輯佚,任務尤其繁重;更何況每一種古代典籍的體例性質、刊刻流傳都各自有其特徵,但與針對輯出的零篇散句本應同步進行的考證辨析却十分有限,難免導致輯佚工作在一定程度上變成只顧及資料的排比堆砌,而失之深入文本内部的檢閱核查,從而造成張冠李戴。

---

① 張昇:《〈永樂大典〉流傳與輯佚研究》,第141—142頁。

《于文襄手札》述要

——兼論《四庫全書》纂修的若干問題[1]

張曉芝　四川外國語大學中文系副教授,南開大學文學院博士後

摘　要: 于敏中曾任纂修《四庫全書》正總裁,書籍纂修期間,其寄與陸錫熊手札五十六通皆涉《四庫全書》纂修事宜。此手札係高層之間關於修書工作的商討,殊關中秘。手札涉及修書體例,書籍的刊、抄、存與刪、改、毀,謄録人員的配備,四庫館臣珍稀史料等諸多問題。現就手札之要,述《四庫全書》纂修若干問題,以備參考。

關鍵詞: 于敏中;《于文襄手札》;體例;謄録,館臣史料

清乾隆三十八年(1773)纂修《四庫全書》,于敏中充四庫全書處正總裁。乾隆四十四年于敏中去世,前後在館共計六年。在歷任十六位總裁、十二位副總裁中,于敏中在館時間最長,以實際總裁的身份直接促成了《四庫全書》的編纂完成。在《四庫全書》編纂期間,于敏中曾於乾隆三十八年至四十一年間的五月至九月隨乾隆前往熱河行宫(避暑山莊),現存于敏中手札五十六通,即寫於此時。《于文襄手札》所記,係于敏中授意陸錫熊編纂《四庫全書》相關事宜,而"編纂《四庫全書》掌故,私家記載極稀,諸函備述當時辦理情形,多爲官文書所不及,事關中秘,殊可寶貴"[2]。此手札先後被上海徐氏(渭仁)、星沙黄氏(芳)、武進陶氏(湘)收藏。然手札諸通編次錯亂無序,1933 年袁同禮囑陳垣訂正,付北平圖書館影印[3],是爲現在學界常用之本。1934 年 7 月胡適談及"因爲考查戴震校的《水經注》的案子,注意到這

---

　　① 本文係 2019 年教育部哲學社會科學研究後期資助項目《于文襄手札編年箋證研究》(項目編號: 19JHQ038)階段性成果。
　　② 陳垣:《書于文襄論四庫全書手札後》,《陳垣學術論文集(第二集)》,北京:中華書局,1982 年,第 44 頁。
　　③ 陳垣:《再跋于文襄論四庫全書手札》,《陳垣學術論文集(第二集)》,第 59 頁。

一册手札"①,於是寫有《跋〈于文襄手札〉影印本》一文。這篇長跋逾七千字,對陳垣編次的順序進行了修正,所排之序頗顯考據之功,除個別函件有待修正外,已基本可讀。

然陳、胡兩先生對手札的編次只是手札研究的第一步,後續文字識讀闕如。于敏中擅長翰墨,書風近董其昌,是當時頗有影響的書法家。這五十六通手札皆用草書書寫,因其草書寫法率性而爲,極其不易辨認。加之一頁之內又有內容的塗抹、添加,有時添加的小字內容字數甚至超過正文,信息量極大,所以識讀起來有相當大的困難。2005 年徐慶豐依陳垣影印本順序,將手札中的內容進行初步識讀,並就于敏中與《四庫全書》纂修問題進行了探究,完成《〈于文襄手札〉考釋——並論于敏中與〈四庫全書〉纂修》②一文。此文係首次對《于文襄手札》進行釋讀和研究,篳路藍縷之功不可没也。就手札而言,對原札文字的識讀是關鍵,然這一部分有諸多未解疑難。徐先生《考釋》一文中即存在不能識讀或識讀錯誤之處。然徐先生所做的基礎工作對進一步整理和研究《于文襄手札》頗有助益,研究者多以此爲藍本進行文獻引用,如張昇《四庫全書館研究》、楊雪《于敏中年譜》等,所據文字大部分即依徐本所考。趙嘉撰有《〈于文襄公手札〉與〈四庫全書〉纂修》一文③,揭櫫了諸多問題。本人有《于敏中與〈四庫全書〉》④短札,對手札中的細節予以關注。楊雪碩士論文《于敏中年譜》對于氏一生事迹進行勾勒,文獻詳贍。⑤ 然從現有成果來看,對于敏中及其手札的研究尚處於起步階段。

《四庫全書》纂修時期的原始資料留存較少,私家記錄更是鳳毛麟角。惟于敏中之《于文襄手札》記載頗詳,爲《四庫全書》原始資料之最重要者。"在《四庫全書》纂修之初,于敏中曾四次隨乾隆帝前往承德避暑山莊。這期間正是《四庫全書》體例草創、人員召集、工作籌備等事情多雜之時,于敏中采取書信遙控的方式,密授機宜"⑥,所涉修書事宜皆關中秘。今以《于文襄手札》爲切入點述手札之要,揭櫫《四

---

① 胡適:《胡適全集》第 13 册,合肥:安徽教育出版社,2003 年,第 530 頁。
② 徐慶豐:《〈于文襄手札〉考釋——並論于敏中與〈四庫全書〉纂修》,北京師範大學歷史系 2005 年碩士學位論文。
③ 趙嘉:《〈于文襄公手札〉與〈四庫全書〉纂修》,《圖書館雜志》2015 年第 12 期。
④ 張曉芝:《于敏中與〈四庫全書〉》,《讀書》2013 年第 11 期。
⑤ 楊雪:《于敏中年譜》,南京師範大學文學院 2014 年碩士學位論文。
⑥ 張曉芝:《于敏中與〈四庫全書〉》,《讀書》2013 年第 11 期。

庫全書》纂修過程的諸多細節問題。

一、逐漸完善的修書體例

《四庫全書》編纂之初並無先例可尋,發凡起例、書籍甄選、人員配備、職司所屬、工作協調、任務部署等皆需統籌。從現存文獻來看,早在乾隆三十八年(1773)閏三月十一日,辦理四庫全書處即遵乾隆諭旨酌議排纂《四庫全書》應行事宜。所涉內容極爲繁複:如《永樂大典》輯佚書的修纂,內廷儲藏書籍及武英殿官刻諸書的處理,纂輯總目的安排,書籍的繕寫、校對和人員分派,《四庫全書》面頁顏色、字樣及款式的選定,絹板、紙片、界畫、裝潢及飯食事宜,收辦各項書籍場所,謄錄人員的擇選要求、工作任務、議敘之例等。[①] 這些章程的擬定只是一個大致輪廓,實際工作中遇到問題則需隨時調整,而于敏中作爲總裁官對各種瑣碎問題的處理爲修書工作的最終完成奠定了基礎。

(一) 書籍分類

《永樂大典》本輯佚書的編纂是首先進行的一項工作。手札第一通至第六通作於乾隆三十八年,札中所涉多爲《永樂大典》本書籍纂修事項。《四庫全書》體大思精,以經、史、子、集四部容括中國古籍,然四部雖簡約,將每一部書正確歸類卻並不簡單。有些古籍難以確定其歸屬,《少儀外傳》一書即是如此。此書究竟該歸於何部,館臣觀點不一,于敏中爲此給陸錫熊寫了三封書信[②]。手札第一通云:"《竹品譜》之列於史部,《少儀外傳》之列於子部,皆未解其故,便希示及。"[③]第二通則有所改變,"《少儀外傳》改入經部小學,以爲相合。"第四通又有變更:"《少儀外傳》仿《韓詩外傳》之例極爲妥合。"從諸信中可知,此書先入子部,後改入經部小學類,又仿《韓詩外傳》體例,再將其由經部小學類歸入經部詩類。但這並不是最終結果,今天的《四庫全書總目》是將《少儀外傳》歸於子部儒家類的。爲何如此歸類,現已無從知曉,但

---

① 中國第一歷史檔案館:《纂修四庫全書檔案》上冊,上海:上海古籍出版社,1997 年,第 75—76 頁。

② 按,司馬朝軍先生在考查《于文襄手札》與《四庫全書總目》編纂諸問題時,指出于敏中對書籍"分類問題"的探討,見《〈四庫全書總目〉編纂考》(武漢:武漢大學出版社,2005 年,第 109 頁)。

③ 按,所引手札皆依《于文襄手札編年箋證》稿本中的識讀文字,下同。

于敏中手札透露的信息説明,此書的歸類是經過陸錫熊、紀昀等四庫館臣多次磋商的結果。

第三通手札云:"《書録解題》或從《藝文志》或從《經籍考》,希覆檢其書核定。"第八通又説:"《書録解題》從《經義考》亦可,但不知目録類向歸入習見之書係何種,便希示知。"後經反復磋商論争,將《書録解題》歸入史部目録類。對於一些特殊書籍分類的考量,于敏中及館中諸臣進行了學理性探究。上述問題在《總目》小序中有詳細記録,對《書録解題》歸類有所揭示,兹録如下:

> 鄭玄有《三禮目録》一卷,此名所昉也。其有解題,胡應麟《經義會通》謂始於唐之李肇。案《漢書》録《七略》書名,不過一卷,而劉氏《七略》《别録》至二十卷,此非有解題而何?《隋志》曰:"劉向《别録》、劉歆《七略》,剖析條流,各有其序,推尋事迹,自是以後,不能辨其流别,但記書名而已。"其文甚明,應麟誤也。今所傳者,以《崇文總目》爲古,晁公武、趙希弁、陳振孫並準爲撰述之式。惟鄭樵作《通志·藝文略》,始無所詮釋,並建議廢《崇文總目》之解題,而尤袤《遂初堂書目》因之。自是以後,遂兩體並行。今亦兼收,以資考核。金石之文,隋、唐《志》附"小學",《宋志》乃附"目録"。今用《宋志》之例,並列此門,而别爲子目,不使與經籍相淆焉。①

又,手札第六通、十一通言及《漢魏叢書》和《津逮秘書》著録問題,涉及《四庫全書》編纂體例和《總目》提要撰寫之法。第六通中云:"《漢魏叢書》目雖分列四庫,書仍彙裝,方不至於散漫無統也。"第十一通又言:"至《漢魏叢書》《津逮秘書》所收各部,尊意(指陸錫熊)欲分隸四庫而不必歸總,所見亦是。但須於各部散見處、提要内叙及《叢書》《秘書》一語,而於輯總目時,集部内存兩書總名,而注其分繫之故,似爲兩得,仍惟酌之。"《漢魏叢書》,明程榮編,版本有二,一是三十五種二百八卷,二是三十八種二百五十一卷,《總目》没有著録。《津逮秘書》,明毛晋編,《總目》子部雜家類存目著録,無卷數,内府藏本。關於《四庫全書》著録《漢魏叢書》《津逮秘書》一類叢書的問題,此函尚在協調商量之中。從《總目》中著録的叢書來看,叢書並未

---

① 紀昀等:《欽定四庫全書總目(整理本)》上册,北京:中華書局,1997 年,第 1128 頁。

如陸錫熊等議的那樣"分隸四庫而不必歸總",而是依四部分類,歸於子部雜家類存目。《總目》定叢書的分類歸屬或許就是在此函之後又進行討論的結果。《總目》在《地記》一書提要中,對叢書歸類有如下結論:"《地記》……是爲叢書之祖,然猶一家言也。左圭《百川學海》出,始兼裒諸家雜記,至明而卷帙益繁。《明史·藝文志》無類可歸,附之類書,究非其宜。當入之雜家,於義爲允。今雖離析其書,各著於録。而附存其目,以不没搜輯之功者,悉別爲一門,謂之雜編。"①其中所言"附存其目""不没搜輯之功"云云,與于敏中所言"内存兩書總名,而注其分繫之故,似爲兩得"實爲一意。于敏中對書籍分類的建議,或被采納,或經協商修正,或對問題"公同酌議",《四庫全書》書籍著録體系完備精密自成一家,于敏中功績不可忽略。

(二) 版式擬定

關於書籍校勘章程,于敏中頗有先見之明,示意陸錫熊儘早酌定,以期將來諸書荃集,辦書能有條理。至於完成校勘的書籍需要抄録進《四庫全書》的,于敏中亦親自擬定版式,這在第十通中有詳細記載:

　　昨送到馬裕家書十種,内《鶡冠子》已奉御題,先行寄回,即派纂修詳細校勘。其書計一百三十餘頁,約須校勘幾日。似宜酌定章程,將來雖諸書荃集,辦之自有條理。其期不可太緩,致有耽延,亦不可太速,而失之草率。(書内訛舛甚多,須隨手翻閲,記有三四條,將來纂修校勘後,可將校出誤處録一草單寄來,不必楷書,以便印證愚見是否相合。)校勘成,即一面繕寫紅格《全書》正本及《薈要》本,一面酌定刻樣。查原書篇數流水甚不畫一,卷上、卷中則並序同編,卷下則另編,無此體例。現辦寫刻篇數自應各卷各編,卷前首冠御題,(《御製詩合注》再行録寄,以便恭裁。)次及原序,附以提要。(此二頁不必編篇數流水,即刻本亦須寫此兩頁作標。)其餘止須卷上寫數行(刻本樣),首行寫"鶡冠子　卷上";次行作"宋(此字舊無,應增)陸佃解";三行作"博選第一"(標題似止須低二格寫);四行"王鈇云云"(頂格寫);五行"王鈇法制也云云"(低一格寫)(流水處簽明各卷各編);板心"鶡冠子　卷上"。大略如此。回明中堂,各

___

①　紀昀等:《欽定四庫全書總目(整理本)》上册,第1647頁。

位大人酌定，此寄。

　　于敏中此處以《鶡冠子》爲例，示意陸錫熊《四庫全書》排纂版式。今將于敏中所定版式與文淵閣《四庫全書》比對，兩者基本一致。抄録《四庫全書》中的其他書籍，大致與于氏所定版式相當。

(三) 凡例商討

　　手札第十三通云：“昨奉辦《日下舊聞考》……此書凡例，茫無頭緒，足下可爲我酌定款式(除星野、沿革)一兩樣，略具大概寄示。”關於《日下舊聞考》凡例問題，于敏中因瑣事繁多，不得已請求陸錫熊爲其酌定款式。《日下舊聞考》一百二十卷(文淵閣《四庫全書》作一百六十卷)於乾隆三十八年(1773)開始纂修，乾隆四十七年完成，《總目》云“删繁補缺，援古證今，一一詳爲考核，定爲此本”①。此書體例問題，《總目》也有涉及，於原書十三門增列苑囿、官署、國朝宮室、京城總記、皇城五門，共十八門。《日下舊聞考》乃乾隆敕撰，係官辦之書。第二十五通云“《王子安集》承費心例之”，今知《王子安集》凡例係陸錫熊所作，檢文淵閣本《四庫全書》無凡例，蓋全書定本完成後，抄入《四庫全書》時所删。第三十二通有“《熱河志》内表及凡例，非目下所急，暫存此，俟得暇閲定寄回”一語，可推知于敏中對陸錫熊所擬凡例是要審定的。書籍纂修，發凡起例最爲重要，各書體例不一，這是書籍纂修最爲繁複之處。于敏中與諸位館臣商討各書體例，這對推動《四庫全書》纂修進程，完善書籍整理工作起到了重要作用。

二、書籍的刊、抄、存與删、改、毀

(一) 刊、抄、存的審定

　　《四庫全書》編纂從輯佚大典本書籍開始，早在乾隆三十七年(1772)十一月二十五日，安徽學政朱筠就在奏陳校核《永樂大典》中說：“臣在翰林，常翻閱前明《永樂大典》。其書編次少倫，或分割諸書以從其類，然古書之全而世不恒覯者，輒具在

----

① 紀昀等：《欽定四庫全書總目(整理本)》上册，第 938 頁。

焉。臣請敕擇取其中古書完者若干部，分別繕寫，各自爲書，以備著録。"①乾隆三十
八年，"安徽學政朱筠請開局搜輯《永樂大典》中古書。大學士劉統勳謂非政要，欲
寢其議。敏中善筠奏，與統勳力爭，於是特開四庫全書館"②。四庫全書館設立後，
采輯遺書工作展開，包括《永樂大典》本輯佚書和各省采集書目，隨後即是重要的擇
書環節。書籍刊刻著録與否需將書籍進行揀擇，並將書籍分爲應刊、應抄、應存（後
又有删、毁、改）數類。乾隆三十八年五月初一日《諭内閣編四庫全書薈要著于敏中
王際華專司其事》中有明確旨意："特詔詞臣，詳爲勘核，釐其應刊、應抄、應存者，係
以提要，輯成總目，依經、史、子、集部分類彙，命爲《四庫全書》……"③于敏中對這一
擇書標準又進行了補充，《于文襄手札》第三通記曰："愚見以爲《提要》宜加核實，其
擬刊者則有褒無貶，擬抄者則褒貶互見，存目者有貶無褒，方足以彰直筆而示傳信，
並希留神。"而對乾隆擇書觀念的關照也是于敏中特別注意之處，亦即書籍的擇選
不能違背聖意。第十一通云："惟《中興小曆》一種，原單注擬刊刻。愚見以建炎南
渡乃偏安而非中興，屢經御製詩駁正，且閲提要所開，是編頗有未純之處，似止宜抄
而不宜刻，已於單内改補奏進。"又云："分別應刊、應抄兩項，吾固早計及，諸公嗜好
不同，難於畫一。就二者相較，應抄者尚不妨稍寬其途，而應刊者，必當嚴爲去取。
即不能果有益於世道人心，亦必其書實爲世所罕見，及板久無存者方可付梓流傳，
方於藝林有益。非特詞章之類未便廣收，即道學書亦當精益求精，不宜泛濫，《經解》
亦然。與其多刻無要篇策，徒灾棗梨，不如留其有餘，使有用之書廣傳不缺，更足副
聖主闡揚經籍之盛意。是否可與曉嵐先生商之，並告同事諸公妥酌，並於便中回
明。"書籍擇選標準逐漸嚴苛，也逐漸"規範化"。不僅如此，四庫館中有專人辦理書
籍分類一事。第四通有記："館中現辦應刊、應抄各種，係何人專辦，中因舉李閣學以
對，昨榮召見蒙問及。凡有應商之事，即可與之就近相商，或有必欲見示者，中亦無
可辭耳。"李閣學係李友棠，《四庫全書》副總裁，專辦書籍刊、抄、存之分類，同時也有
校閲書籍之責。④

　　書籍抄存與否的判定帶有個人主觀因素，如第三十通云："《弇州四部稿》書非

①　中國第一歷史檔案館編：《纂修四庫全書檔案》上册，第21頁。
②　趙爾巽等：《清史稿》卷319，北京：中華書局，1977年，第10750頁。
③　中國第一歷史檔案館編：《纂修四庫全書檔案》上册，第108頁。
④　張昇：《四庫全書館研究》，北京：北京師範大學出版社，2012年，第147頁。

不佳,但卷帙太繁,且究係專稿,抄録太覺費事,存目亦不爲過。但題辭内不必過貶之也。"然而辦理《四庫全書》的館臣並未將此書存目,而是予以著録,文淵閣《四庫全書》即作《弇州四部稿》,《四庫全書總目》稍有差異,題作《弇州山人四部稿》《續稿》。《四庫全書總目》有這樣評價之語:"考自古文集之富,未有過於世貞者。其摹秦仿漢,與七子門徑相同。而博綜典籍,諳習掌故,則後七子不及,前七子亦不及,無論廣續諸子也。惟其早年,自命太高,求名太急,虚憍恃氣,持論遂至一偏。又負其淵博,或不暇檢點,貽議者口實。故其盛也,推尊之者遍天下;及其衰也,攻擊之者亦遍天下。平心而論,自李夢陽之説出,而學者剽竊班、馬、李、杜;自世貞之集出,學者遂剽竊世貞。故艾南英《天傭子集》有曰:'後生小子不必讀書,不必作文,但架上有《前後四部稿》,每遇應酬,頃刻裁割,便可成篇。驟讀之,無不濃麗鮮華,絢爛奪目;細案之,一腐套耳'云云。其指陳流弊,可謂切矣。然世貞才學富贍,規模終大。譬諸五都列肆,百貨具陳,真僞駢羅,良楛淆雜,而名材瑰寶,亦未嘗不錯出其中。知末流之失可矣,以末流之失而盡廢世貞之集,則非通論也。"①這其中的評價稱不上"過分貶低",反倒是較爲客觀。且不説館臣是否是平心而論,也暫不講館臣對前後七子、廣續諸子的偏見,單純從其違背于敏中之裁奪來説,已然可以窺見館臣内部對書籍著録標準問題的博弈。在明人别集著録問題上意見尤其不一,但從《四庫全書》收録的各代書籍來看,嚴格的選書標準卻是未曾改變的。

同是第三十通,關於薛居正的《舊五代史》刊刻與否,于敏中言"薛《史》自應刊刻流傳,但欲頒之學官,須與廿三史板片一例,未免費力,或可止刊行而不列於正史否",館臣酌議後,依舊將薛《史》納入應刊、應抄之列,于氏意見未被采納。不可否認,于敏中的個人主觀意見對修書工作有很大影響,他一直强調的省時省力對敦促書籍纂修完成也起到了不可忽視的作用。但四庫館臣是多人組成的修書集體,對處理方式不妥的地方是有能力修正的,正是四庫館臣的協商努力在一定程度上避免了書籍編纂的諸多問題。②

---

① 紀昀等:《欽定四庫全書總目(整理本)》下册,第 2325 頁。
② 按,趙嘉《〈于文襄公手札〉與〈四庫全書〉纂修》通過分析論旨、陸費墀《初擬辦理四庫全書條例》和《于文襄手札》後指出:"館臣們在確定應刊、應抄、存目分類時並不完全遵照論旨和《條例》執行,主要原因在於:相較而言,存目一類的確定還是較爲簡單的,而應刊、應抄兩類的界限較爲模糊,較難區别。很多從《永樂大典》輯佚出的書都符合'流傳已少'這一標準,但是否'實應采取'則是很難把握的,最終的去取則在於乾隆或是正總裁于敏中等人的決定。另外,《四庫全書》的編纂工程浩大,時間緊迫,每個環節緊緊相扣,館臣們也無暇多費心力去斟酌書籍的分類是否得當。"(《圖書館雜志》2015 年第 12 期)

　　主觀意見、態度差异、工作難易、價值判定等諸多複雜影響因子，會直接影響修書工作進程，于敏中對此頗有應對之法。其云：“分別應刊、應抄兩項，吾固早計及，諸公嗜好不同，難於畫一。就二者相較，應抄者尚不妨稍寬其途，而應刊者，必當嚴爲去取。”所謂“嗜好不同，難於畫一”是較爲重要的分歧之一，于氏以總裁身份重複聖意，以書之有益於“世道人心”“世所罕見”者爲選擇和刊刻標準，而這一標準對著錄明集同樣適用，於是第二十通手札將這一問題進一步“格式化”。“四庫各書總數已至八千，原不爲少，但見所開之單，止論部數，似當彙總而計，如《漢魏叢書》《津逮秘書》之類，若分列書名，不下百餘，而總計只兩種耳。舊書去取，寬於元以前，嚴於明以後。”

　　當然，在一些特殊問題上，于敏中的觀念和視域也表現出有價值的一面。手札第二十八通云：“憶及制義一項，自前明至今以此取士，流傳者不下千百家，即不必抄錄，其名目不可不存。惟《欽定四書文》抄之以備一體，亦集中所當及也。”制義，明清時科舉考試規定的文體，即八股文，亦稱制藝、時文、時藝、八比或四書文。對於這種當時流行的文體，于敏中從流傳數量的角度出發，認爲“不必抄錄”，但名目要存，並以《欽定四書文》爲例，指出此書存之可一覽八股文之體例。《欽定四書文》，《四庫全書總目》卷一百九十集部總集類著錄，乾隆元年(1736)由內閣學士方苞奉敕編撰。據《四庫全書總目》所言，此書“明文凡四集：曰化治文，曰正嘉文，曰隆萬文，曰啟禎文。而國朝文別爲一集。每篇皆抉其精要，評騭於後。卷首恭載諭旨，次爲苞奏摺，又次爲凡例八則，亦苞所述，以發明持擇之旨”[1]，可見于氏所言頗有發凡起例之功。梁章鉅《制義叢話》例言中說：“《四庫全書》中所錄歷代總集、別集，至爲詳晰，而於制義，惟恭錄乾隆初方苞奉敕所編之《四書文》四十一卷，此外時文選本及各家專集，一概不登。”[2]于敏中此函說“制義存目亦當核實，分別其源流正宗，反則於節略內叙明可耳”，查《四庫全書總目》，除《欽定四書文》外，並未著錄其他制義文，存目中亦未見著錄。蓋如《欽定四書文》提要中所云：“時文選本，汗牛充棟，今悉斥不錄，惟恭錄是編，以爲士林之標準。”[3]八股文形式呆板，僅從字數規定上來說，明初規定鄉試、會試，用《五經》義一道 500 字，《四書》義一道 300 字，清

---

①　紀昀等：《欽定四庫全書總目(整理本)》下册，第 2660 頁。
②　梁章鉅：《制義叢話 試律叢話》例言，上海：上海書店出版社，2001 年，第 7 頁。
③　紀昀等：《欽定四庫全書總目(整理本)》下册，第 2661 頁。

康熙時要求 550 字,乾隆以後一律以 700 字爲準。這種八股文形式主義嚴重,内容脱離現實,而且用孔孟之語束縛了人們的思想,很難發揮應考者的創造力。所以,《總目》也説:"承學之士,於前明諸集,可以考風格之得失;於國朝之文,可以定趨向之指歸。"①

(二) 書籍删、改、毁的初衷及後果

關於書籍的删、毁,手札之中有多處記載。如:

第六通:"《經解》内有應删减者,即與曉嵐學士相商酌定。但其書俱係經部,似不應分拆,且抄存書本原兼應刊、應抄兩種,想《經解》内除應删數種外,無應止録書名者,似應仍存《經解》總名。"

第八通:"《經解》既有删汰之書,必須加一總説方爲明白。"

第三十一通:"二氏書,如《法苑珠林》之類,在所必存。即《四十二章經》其來最交文法,亦與他經不同,且如《黄庭内外經》未嘗非道家之經,勢必不能删削,何寬於羽士而刻於淄流乎? 至僧徒詩文,其佳者原可録於集部,若語録中附見者,即當從删。其雖名語録實係詩文,所言亦不專涉禪理者,又不妨改正其名而存之。"

第三十七通:"即如《容臺集》,愚已奏明,尤不可不先辦者,此書尚恐有版流傳,並須畫一查毁,不知何處繳到此本,可查明辦之。其書有礙者,尚係述而不作,删去此數卷(似止二卷),其餘似尚可存。然足下尚須詳細閲定,愚只能約略言之。其餘類此者,並須細心檢辦,不可稍誤,甚有關係也。"

第三十八通:"如《容臺集》之述而不作,只須删去有礙者數本,餘外仍存,然亦須奏聞辦理。此外或有與之相類者,即仿辦之。至南宋明初人著作,字面粗累者,止須爲之隨手删改,不在應毁之列,此又不可不稍示區分。若無精義之書,亦不必列於抄刊也。《元和郡縣志》既在應刊之列,《太平寰宇記》似當畫一辦理。此後諸有相類者,查檢宜清,勿致歧誤爲妥。"

第三十九通:"郵來得書,悉種種。應毁之書,既經辦出,自以奏請銷毁爲是。來稿已爲酌易數字,寄大農與中堂大人商行。明人文集若止係章奏幹礙,字面詞意不涉狂悖者,則查其餘各種,實無貽害人心之語,即删去字面有礙數篇,餘尚可存

---

① 紀昀等:《欽定四庫全書總目(整理本)》下册,第 2661 頁。

目。若章疏妄肆猖吠及逞弄筆墨、病囈狂皋者，必當急行毀禁，以遏邪言，無論是詩是文，務須全部焚斥，此必應詳細留神妥辦者。至《香光集》若覓得舊板，酌辦更妥，已札商大農矣。南宋明初之書如字迹有礙，分別另辦足矣。"

第四十五通："散片中末人各集内如有青詞致語，抄存則可不删，刊刻即應删。《胡文恭集》已奉有御題指示(《胡集》删去應刊，亦有旨矣)，自不便兩歧耳。《開國方略》需用明末之書本自無多，而館中開付太詳，既列目與之，即當速檢，全行付去，勿爲所藉口也。至各省送到違礙各書，前曾奏明，陸續寄至行在呈覽。(《黄忠端集》内所夾熊經略片一件，希即檢寄。)昨江西奏到應毀書籍已送熱河，奉旨交愚處寄京，俟回鑾呈覽。則家中所有之書，自不便轉送此間。"

第五十二通："《宋史新編》體例既乖，即非史法，若删去附傳，尚可成書，則抄存亦似無礙；第恐每篇叙事或多駁而未純，改之不可勝改，又不如存目爲妥。至《北盟會編》歷來引用者極多(未便輕改)，或將其偏駁處於《提要》聲明，仍行抄録，似亦無妨。但此二書難於遥定，或俟相晤時取一二册面爲講定，何如？"

乾隆三十八年(1773)四庫館開館以來，各諭旨尚未提及書籍的删、滅，直到四十年十一月十六日《諭内閣〈學易集〉等有青詞一體迹涉异端抄本姑存刊刻從删》才有明旨："現在纂輯《四庫全書》，部帙計盈數萬，所采詩文别集既多，自不能必其通體完善，或大端可取，原不妨弃瑕録瑜。如宋《穆修集》，有《摻帳記》，語多稱頌，謬於是非大義，在所必删。"[1]但對於書籍的定性問題，自辦書以來已經是清官方的共識。乾隆三十七年正月初四日在《諭内閣著直省督撫學政購訪遺書》中説："其歷代流傳舊書，有闡明性學治法，關繫世道人心者，自當首先購覓。至若發揮傳注，考核典章，旁暨九流百家之言，有裨實用者，亦應備爲甄擇。"[2]三十八年二月十一日又諭："其書足資啟牖後學、廣益多聞者，即將出(書)名摘出，撮取著書大指，叙列目録進呈，候朕裁定，彙付剞劂。"[3]乾隆三十八年五月十七日再諭："擇其中罕見之書，有益於世道人心者，壽之梨棗，以廣流傳。"[4]從諭旨的内在思想，到館臣外在行動，這之間考驗的或是君臣之間的心照不宣，官方辦書思維定會站在統治者的角度看待

① 中國第一歷史檔案館編：《纂修四庫全書檔案》上册，第474頁。
② 中國第一歷史檔案館編：《纂修四庫全書檔案》上册，第2頁。
③ 中國第一歷史檔案館編：《纂修四庫全書檔案》上册，第58頁。
④ 中國第一歷史檔案館編：《纂修四庫全書檔案》上册，第117頁。

問題,禁毀書籍是遲早會發生的事。從第六通手札(乾隆三十八年)中的"删滅"一詞來看,這已經顯露出以官學爲基礎的權力運行,而對這個權力是有着統一的思想認知的。陳垣在《書于文襄論四庫全書手札後》中説:"然統觀諸札,辦書要旨:第一求速,故不能不草率;第二求無違礙,故不能不有所删改;第三求進呈本字畫無訛誤,故進呈本以外,訛誤遂不可問。"①

《四庫全書》對於進呈書籍的查檢相當嚴格,違礙書籍采取全毀、抽毀、挖改的辦法,去其違礙文字。于氏所定"舊書去取,寬於元以前,嚴於明以後",被館臣采納,並在《四庫全書》的纂修過程中嚴格執行。《查辦違礙書籍條款》對明人書籍有毀譽任意、詞句抵觸者,皆列爲違礙,對明末清初之書的搜查則至爲苛刻。後世研究者多因此詬病《四庫全書》及《總目》。郭伯恭《四庫全書纂修考》對"寓禁于徵之實際情形"有較爲詳細的考述,指出"乾隆三十八年,嚴旨屢下……其禁書意識已逐漸顯露"②。陳登原的《國史舊聞》有"修《四庫全書》爲禁書説"條③,對禁書意圖進行了詳細分析,並指出"《四庫全書》十疵"④。黃愛平《四庫全書纂修研究》稱:"禁書是繼徵書之後進行的一場查繳、銷毀所謂'違礙''悖逆'書籍的活動。它始於乾隆三十九年(1774 年)八月,直至乾隆五十八年(1793 年)方告結束。較之徵書,禁書不僅花費時間更長,波及地區更廣,而且範圍也大大擴展,使我國古代尤其是宋元以後的文化典籍,遭到了一次前所未有的巨大浩劫。"⑤就明代文學而言,何宗美先生發現四庫館臣對明代文學評價受時代性和官學性局限。⑥

三、謄録人員的配備

關於謄録人員添列一事,頗費周折。手札第四通、十五通、二十通、二十四通、二十五通、二十六通均有涉及。

謄録官一事是纂修書籍較爲緊要處,書籍謄録本身就是一項繁瑣的工作。書

① 陳垣:《陳垣學術論文集(第二集)》,北京:中華書局,1982 年,第 45 頁。
② 郭伯恭:《四庫全書纂修考》,長沙:岳麓書社,2010 年,第 19 頁。
③ 陳登原:《國史舊聞》(第三分册),北京:中華書局,1980 年,第 461 頁。
④ 陳登原:《國史舊聞》(第三分册),第 573 頁。
⑤ 黃愛平:《四庫全書纂修研究》,北京:中國人民大學出版社,2001 年,第 38 頁。
⑥ 何宗美、張曉芝:《〈四庫全書總目〉的官學約束與學術缺失》,北京:人民文學出版社,2017 年,第 16 頁。

籍校勘後主要是抄寫，由於《四庫全書》卷帙浩博，謄録人員衆多，張昇先生認爲"謄録是四庫館中人數最多的人員"①，"前後在館的謄録爲三千人以上"②。于敏中五十六通函札中，至少有六函涉及謄録事宜，包括謄録官的選用、謄録官的數量以及謄録工作的要求等。在信函中，于敏中爲謄録人員添置一事甚爲煩惱，如第四通云："謄録一項，現在毋庸再添，其詳已具王大宗伯啟中，想必致閲也。"第十五通又云："頃有人云：謄録中有未補而寫書者，有已補而不寫者，其説確否？未補而先寫，尤所未喻，希查明寄示。"第二十通語氣甚爲嚴厲，不允王際華無故添傳謄録，札云："遺書毋庸録副，與愚前奏相合，至應抄之書，即交四百謄録繕寫，毋庸另添謄録，前已面奏允准，隨即寄信通知館中，衆所共聞者。今日王大人忽又有因遺書添傳謄録，與原奏不符，斷不可行也。"在處理謄録人員工作量時，于敏中提出"候補謄録即傳令抄書，未補之前所寫之書，如何核計，似當定以章程，方爲周妥"。但于敏中在寫給陸錫熊的信中依舊耿耿於懷，其稱"（無故添人，實非好事，言之再三而不見顧，亦無可如何耳。）謄録之事，若再有更張，即易招物議，幸已妥帖。然所辦究未老到，恐仍不免口舌耳"。在于敏中的努力下，乾隆三十八年八月初八日（第二十六通）謄録無故添派一事告一段落。于敏中之所以如此緊張謄録添派一事，或是因早在三十八年閏三月十一日《辦理四庫全書處奏遵旨酌議排纂四庫全書應行事宜摺》中有嚴格明確的規定："謄録一項，前經臣等奏明酌取六十名在館行走，僅供寫録《永樂大典》正副本之用。今恭繕《四庫全書》陳設本一樣四分，卷帙浩瀚，字數繁多，必須同時分繕成編，庶不致汗青無日，而其字畫均須端楷，又未能日計有餘，非多派謄録人員不能如期蕆役。臣等公同酌議，令現在提調、纂修各員於在京之舉人及貢監各生內擇字畫工致者，各舉數人，臣等覆加閲定，共足四百人之數，令其充爲謄録，自備資斧效力。仍核定字數，每人每日寫一千字，每年扣去三十日，爲赴公所領書交書之暇。計每人每年可寫三十三萬字，並請照各館五年議叙之例，核其寫字多少以爲等差。如五年期滿，所寫字能逾十分之三以上者，列爲頭等，准諮部議叙。其僅足字數者，次之。若寫不足數，必須補寫完足，方准諮部。如此則人知奮勉，其書可冀速成。至應寫書內，如《禮器圖式》《西清古鑒》等書內，應繪圖樣頗多，並擬

①　張昇：《四庫全書館研究》，第222頁。
②　張昇：《四庫全書館研究》，第235頁。

另行酌選通曉畫法之貢監生等十員作爲謄録,令其一體效力,以資辦公。"①

　　修書工作之弊,除思想層面上的官學約束,在管理層面上也出現過問題。乾隆三十八年(1773)爲修書之初年,就已出現"謄録中有未補而寫書者,有已補而不寫者"的現象,後竟有賄買案發。張昇《四庫全書館研究》第六章《四庫館謄録》有較爲詳細的考證,可參看。

　　需要指出的是,謄録配備中有一部分"特殊"謄録,又有關於謄録的特別稱謂,今據《纂修四庫全書檔案》録關於謄録資料如下,以備一考。

　　篆隸謄録:四庫館謄録官。選派精於篆隸字體、鐘鼎古文,並通曉六書之人充任謄録。乾隆三十九年(1774)十月十九日《多羅質郡王永瑢等奏請准候補謄録額外效力並添篆字繪圖謄録摺》云:"查應繕遺書内,如許慎《説文》、郭忠恕《汗簡》、樓昉《漢隸字源》等類,多專係篆隸字體及鐘鼎古文,必得通曉六書者,方能篆寫無誤。而現在謄録内尚無其人,難以發繕,應請添設篆字謄録四名,於在京之舉貢監生内,擇其精於篆學者,召募充補,仍照各謄録之例,一體辦理。"②檢文淵閣本《四庫全書》,《説文解字》書前題"篆隸監生郎錦駒",《説文解字篆韻譜》題"篆隸監生岳守恬",《汗簡》題"篆隸監生歸元培"等。

　　繪圖謄録:四庫館謄録官。天文、算術等特殊著作,需要選派精於繪圖之人充任謄録。乾隆三十九年(1774)十月十九日《多羅質郡王永瑢等奏請准候補謄録額外效力並添篆字繪圖謄録摺》云:"應繕天文算法各書内,圖樣極多,其中尺寸疏密,銖黍難差,必須略識推步者,方能布置無訛,自非原設繪圖之謄録等所能通曉,亦應請於欽天監天文算學生内,擇其諳悉圖象者,挑取二名充作謄録,在館一體行走。"③《乾坤體義》書前題"繪圖監生林臯",《天問略》題"繪圖天文生周履信",也有繪圖謄録和一般謄録共同負責一書的,如《測量法義》書前題"謄録監生王志遠,繪圖監生劉秉仁"。

　　在館謄録:四庫館在職謄録官。指的是經過一定程式選派,或從進士科考試落榜者中選定,或由總裁等人推薦,或自行保舉,在四庫館進行繕録事宜的官員。在館謄録,又有一些是經過乾隆指定的,如乾隆三十八年(1773)三月二十三日,諭

　　① 中國第一歷史檔案館編:《纂修四庫全書檔案》上册,第77—78頁。
　　② 中國第一歷史檔案館編:《纂修四庫全書檔案》上册,第278頁。
　　③ 中國第一歷史檔案館編:《纂修四庫全書檔案》上册,第278頁。

內閣陸蓉等十四名人員,有願在辦理四庫全書處效力者,准其在謄録上行走。① 乾隆四十一年五月二十六日,又有"此次巡幸山東、天津兩處,召試所取二等之舉人、貢監生員等,著照上屆巡幸天津召試二等各生之例,有願在四庫全書處效力者,俱准其謄録上行走"②。乾隆四十一年九月二十一日,"原任大學士朱軾之孫監生朱世德,現在來京,著加恩在四庫全書處謄録上行走"③。在館謄録滿五年後方得議叙,一般得官之位較低。

候補謄録:四庫館非在職謄録官,然依舊參與繕録工作。《四庫全書》繕録事最爲繁雜,謄録人員最多。候補人員是主動願意效力人員,先行具呈報明,先在額外行走,需要人員時則挨次頂補。其未補缺以前繕寫之書,統計字數若干,入於贏餘項下,照奏明之例,分別議叙。此項安排,主要是考慮將繕録事宜向前推進。

武英殿行走謄録:在館謄録官之一種,日常課程是進行書籍繕録工作,同時也兼管處理本處相關事務。武英殿謄録工作和議叙在修書工作開始時稍有差別,據王際華奏,"查各館謄録,並經吏部奏定,統以扣足五年爲滿,惟武英殿行走謄録,向以事務稍簡,定限六年,方准報滿",但後來武英殿行走謄録事務倍增,與各館並無繁簡之別,經乾隆同意"將武英殿行走謄録,並照各館之例,一體五年報滿"。④

四庫全書處的謄録人員,是各司其職的。在翰林院和武英殿供職者,皆有謄録官進行書籍繕録工作。部分特殊書籍的編纂,則單獨調撥謄録進行謄寫工作,如《欽定四庫全書薈要》,這部書是"欽定"的,因此謄録人員配備較爲嚴格。于敏中奏請將《薈要》覆校改爲分校摺中說:"查本處額設分校官二十二員,覆校官十二員。向以分校收校謄録之書,以覆校稽核分校之書,層層相臨,原期毫無舛誤。但行之既久,覺多一層轉折,即多數日稽遲,且或分校、覆校彼此互相倚恃,反致多有掛漏。應請將《薈要》覆校通改爲分校,所有謄録二百人,均匀分派,每員約管六人,則每日僅各收繕書六千字,盡可從容詳校。"⑤正史修纂所需謄録官亦是單獨指派,乾隆四十二年(1777)四月十二日,又據《刑部尚書英廉等奏擬再添派編修平恕等趕辦三史

---

① 中國第一歷史檔案館編:《纂修四庫全書檔案》上册,第 67 頁。
② 中國第一歷史檔案館編:《纂修四庫全書檔案》上册,第 517 頁。
③ 中國第一歷史檔案館編:《纂修四庫全書檔案》上册,第 535 頁。
④ 中國第一歷史檔案館編:《纂修四庫全書檔案》上册,第 391 頁。
⑤ 中國第一歷史檔案館編:《纂修四庫全書檔案》上册,第 488 頁。

摺》說："其三史(《遼史》《元史》《明史》)所用謄錄、供事,向由方略館撥派,今仍於該館撥派謄錄十名、供事十六名,以供書寫抄謄之用。"①部分官辦之書也存在固定謄錄的情形,阿桂、于敏中、和珅、董誥上奏《滿洲源流》一書辦理情形云:"現在趕辦《平定兩金川方略》並《大清一統志》《西域圖志》《熱河志》及《元遼史》《明紀綱目》《明史本紀》等書,各有卯限。原設之謄錄、供事僅供各書之用,難以再爲分撥。"②從以上史料可推斷,謄錄人員配備之事是相當複雜的。

四、四庫館臣珍稀史料

于敏中手札的文獻和史料價值還體現在信函中提到的部分四庫館臣。手札中所涉之人之事,對了解館中工作動態、館臣具體任務以及各館臣之間的協調關係有重要價值。通觀手札所載,共提及陸錫熊、紀曉嵐、陸費墀、勵守謙、梁國治、邵晉涵、蔣賜棨、曹仁虎、王際華、戴璐、劉統勛、周永年、余集、戴震、楊昌霖、沈孫璉、施培應、龔大萬、汪如藻、王汝嘉、李友棠、戈源、許寶善、馮應榴、翁方綱、朱筠、寶光鼐、秬璜、宋銑、劉錫嘏、孫永清三十一位四庫館臣。手札真實記錄了這些館臣的職責分工,一方面確可補相關史闕,另一方面有助於我們進一步瞭解《四庫全書》的編纂過程。需要指出的是,手札中的部分四庫館臣事迹在其他史料中未見,頗爲珍貴。基於此,現將史料中未曾載錄的部分館臣修書事迹略作考證。

(一) 曹仁虎

手札第八通、十一通、三十通、三十一通、三十二通以來寅、習庵相稱。曹仁虎,字來寅,又字來殷、萊殷、來應,別號習庵,嘉定人。乾隆二十二年(1757)南巡,曹仁虎獻賦行在,召試列一等,特賜舉人,授內閣中書。乾隆二十六年,成進士,改翰林院庶吉士。散館,授編修。據于敏中手札,乾隆三十八年曹仁虎負責辦理《熱河志》,第八通稱"又前日,詢催《熱河志》,可即促來寅償辦,仍將現辦情形若何,先行

---

① 中國第一歷史檔案館編:《纂修四庫全書檔案》上冊,第585—586頁。
② 中國第一歷史檔案館編:《纂修四庫全書檔案》上冊,第721頁。

寄知”；第十一通说“核對《熱河志》，屢奉詢催，萬難再緩。可切致習庵，其‘互相查證及繕齊彙交’云云，乃歷來推托耽延之故調，幸勿以此相誆也”。第三十通及三十一通又催促曹仁虎查《熱河志》各件數據。于敏中最後親向曹仁虎、陸錫熊傳授辦此書之法，第三十二通云：“至《熱河志》内表及凡例，非目下所急，暫存此，俟得暇閲定寄回。其《千佛閣碑文》及河屯協莅官月日，俟查明再寄。惟所查各處行宫間架、方向，新舊俱有，愚意竊謂可以不必此時，若欲細查間架、方向，非親履其地不能真灼。熱河一處已不能①，難一一身經目睹，他處更勢有不能，况舊纂之書，並未繁瑣及此，何必爲此費力不討好之事。若如來單所云，細加查核，則此志書不但今年不完，即明年亦未能竟其役，且恐告成之日遥遥，莫必無此辦書法也。况原奉諭旨改正原稿本，因古今疆域不合，及對音字面不准，此時惟當注力於此，庶可早完，若欲節外生枝，徒自苦而無益，切勿誤辦也。至各廟遍對，及各行宫遍對，（前所須查者係白玉觀音像，而此次未録，何耶？類此者，即速查寄爲妥。）原稿如已載，則仍之，否則難以遍及，若果必需，則當較間架、方向易辦，速寄信來。敬布覆候。餘再悉。習庵、耳山兩年兄同啟。”

（二）戴璐

　　手札第十六通、二十通稱“蒓塘”。戴璐，字敏夫，號蒓塘，一號吟梅居士、藤陰，室名石鼓齋、秋樹山房，歸安（今浙江湖州）人。② 據姚鼐《中議大夫太僕寺卿戴公（璐）墓誌銘並序》云，戴璐“充文淵閣詳校官③。戴璐事迹，《國史列傳》《清史稿》等皆不載，僅姚鼐言及戴璐充文淵閣詳校官一事。而《四庫全書總目》卷首職名表中亦無戴璐其名，任詳校官時間也無從考知。但據手札可推斷，戴璐任詳校官當屬實，任職時間在乾隆三十八年（1773）。第十六通云：“蒓塘所校《鶡冠子》可謂盡心，其各條内有應斟酌者，俱已簽出，（惟其里一條，則竟駁去，未知當否，再酌。）足下同爲酌定之。愚所閲四條止一條相合，今復檢寄蒓塘，囑其更加詳勘。落葉之喻，自昔有之，蒓塘不必以此加意也。”第二十通稱：“《鶡冠子》，蒓塘添出之處甚多，（校書

---

　　① 按，“不能”二字，于氏本意大概要删除。
　　② 楊廷福、楊同甫：《清人室名别稱字號索引（增補本）》下册，上海：上海古籍出版社，2001 年，第957 頁。按，《中議大夫太僕寺卿戴公（璐）墓誌銘並序》作“長興戴公”，長興，今屬浙江湖州。
　　③ 姚鼐：《惜抱軒全集》文後集卷 7，臺北：世界書局，1984 年，第 273 頁。

如掃落葉，出自何書，便中希查示。)此番可謂盡心。但止寄簽出之條，無書可對，難於懸定。因將來單寄回，足下可併前日之單，同原書校勘，酌其去留，無庸再寄此間也。"從上述兩函可知，戴璐校勘《鶡冠子》得于敏中稱贊，其充詳校官亦是情理之中。但文淵閣《四庫全書》本《鶡冠子》每卷卷前繕簽所署詳校官爲中書李采，而非戴璐，不知何故。

(三) 馮應榴

第四十六通云"遺書事，另囑星實寄信諸公妥議"，星實即馮應榴。《清史列傳》《馮君墓表》《清實錄》以及秦瀛《鴻臚寺卿星實馮君墓表》等載有其事迹。馮應榴爲修史、修書工作做了很多事情，如校刻《舊五代史》任總纂，《御批歷代通鑒輯覽》任收掌官，《平定准噶爾方略》任收掌官，《欽定捕臨清逆匪紀略》任漢纂修官，《欽定蘭州紀略》任漢提調等。今在"《欽定四庫全書》勘閲繕校諸臣職名"中有馮應榴名録，其四庫館銜爲提調官①(浙本作"翰林院提調官")。據張昇先生考，翰林院提調的主要工作包括收發圖書、文移、稽查功課、處理還書及蓋印記，而武英殿提調負責的工作要多很多，除了與翰林院提調有相同工作外，"裝潢書籍、經管補缺、議叙、定稿、行文諸事"，爲謄抄本字畫潦草負責，追查遺失底本等也是其工作。② 那麽，"遺書事"爲何事？ 結合手札推測，所謂"遺書事"總體上指的是書籍的分類與收發，包括對進呈書籍刊、抄、存的擇選，發放並收回給謄録抄寫的書籍。需要指出的是，馮應榴也曾參與書籍校勘工作。據《清史列傳》所載，馮應榴尤肆力於詩，因蘇軾詩注本疏舛尚多，曾合注蘇詩五十卷附録五卷③；錢大昕《與馮星實鴻臚書》一文也是與馮應榴討論蘇軾詩注問題。④ 今《四庫全書總目》之中在查慎行《補注東坡編年詩》提要中有這樣一句："其他訛漏之處，爲近時馮應榴合注本所校補者，亦復不少。"⑤這

---

① 紀昀等：《欽定四庫全書總目(整理本)》卷首《職名》，北京：中華書局，1997 年版，第 17 頁。
② 張昇：《四庫全書館研究》，第 220 頁。
③ 清國史館編：《清史列傳》第九册卷 71，周駿富輯《清代傳記叢刊》第 104 册綜録類 2，臺北：明文書局，1985 年，第 844—845 頁。
④ 錢大昕撰，吕友仁校點：《潛研堂集》上册，上海：上海古籍出版社，2009 年，第 644—645 頁。
⑤ 紀昀等：《欽定四庫全書總目(整理本)》下册，第 2065 頁。按，文淵閣《四庫全書》本《蘇詩補注》書前提要沒有此句。(參見《景印文淵閣四庫全書》第 1111 册，第 5 頁。)文溯閣、文津閣《四庫全書》前提要亦無此句。(參見《文溯閣四庫全書提要》第四册，北京：中華書局，2014 年，第 2836 頁；《文津閣四庫全書提要彙編》集部上，北京：商務印書館，2006 年，第 177 頁。)

是《四庫全書總目》在書籍提要内容之中唯——一處提到健在四庫館臣的記録①,説明四庫館臣在校勘蘇集時,不僅参考了馮應榴注本,而且馮應榴本人抑或参與其中。

(四)戈源與許寶善

第三十七通云:"《日下舊聞》,戈、許兩君分校,恐成書更遲,不知曾略有端倪,足下得見之否?"據此知《日下舊聞考》一書,戈、許二人分校。戈,指戈源;許,指許寶善。在《欽定日下舊聞考·職銜》中有此二人,戈源官纂修,許寶善官總纂②,皆非分校,蓋纂修書籍過程中有所調整。乾隆四十九年(1784)十一月初六日《諭承辦〈日下舊聞考〉等書之總裁等官著分別加級紀録》記載,"陸費墀、孫士毅、竇光鼐、戈源、潘曾起、許寶善、張燾、蔡廷衡、吳錫麒、關槐、陸伯焜、孫希旦俱著紀録二次"③,戈、許二人具在列。戈源,字仙舟,自號橘浦,戈濤弟④。據《大清畿輔先哲傳》知,戈源爲乾隆十九年進士⑤。由庶吉士官御史,歷官太僕寺少卿,山西學政。戈源工詩,其作收於《國朝畿輔詩集》《晚晴簃詩彙》等。許寶善事迹散見於《清實録》《青浦縣志》《清代官員履歷檔案全編》之中,據上述史料知其字敦虞,號穆堂,江蘇青浦(今屬上海市)人,乾隆二十一年(丙子)舉人⑥。乾隆二十五年中進士,六月二日内閣、翰林院帶領新進士引見,得旨,"著分部學習"⑦,授户部主事,歷員外郎中,擢浙江、福建道監察御史⑧,兩充順天鄉試同考官,以墜車傷足,乞假。據手札知許寶善参與《日下舊聞考》編纂。《欽定日下舊聞考》卷首職銜中,許寶善爲總纂。⑨此書乾隆四十八年二月初五日告竣,准議叙。於是,四十九年十一月初六日《諭承

---

① 按,文淵閣、文溯閣、文津閣《四庫全書》本《蘇詩補注》書前提要並無此句。
② 于敏中、英廉等:《欽定日下舊聞考》卷首職銜,《景印文淵閣四庫全書》第497册,臺北:臺灣商務印書館,1986年,第8頁。
③ 中國第一歷史檔案館編:《纂修四庫全書檔案》下册,第1808—1809頁。
④ 戈濤著,劉青松輯校:《坳堂詩文集》附録二《獻縣戈芥舟先生年譜》,保定:河北大學出版社,2016年,第275頁。
⑤ 徐世昌:《大清畿輔先哲傳》卷33,周駿富輯《清代傳記叢刊》第200册綜録類11,臺北:明文書局,1985年,第657頁。
⑥ 楊卓主修、王昶纂修:《青浦縣志》卷22科目,乾隆五十三年尊經閣本,第14頁。
⑦ 《清實録》卷614,北京:中華書局,1985年,第902頁。
⑧ 按,乾隆五十三年《青浦縣志》卷22科目記載:"許寶善,乾隆庚辰進士,官浙江道御史。"
⑨ 于敏中、英廉等:《欽定日下舊聞考》卷首職銜,《景印文淵閣四庫全書》第497册,第8頁。

辦〈日下舊聞考〉等書之總裁等官著分別加級紀録》有載:"寶光㸌……許寶善、張
燾,俱著紀録二次。"①

(五) 宋銑與劉錫嘏

第五十四通云:"《子淵集》'迺賢'作'納新',對音甚不妥,不知館上何人所
定……祈即告之小岩、純齋,囑其即爲另酌,並將何時改譯之處寄覆。"這裏涉及兩
位對音官。小岩,即宋銑,"字舜音,號小岩,江南吳縣人,散館授編修,歷官湖南衡
州府知府,罷,復授編修"②。純齋,即劉錫嘏。其事迹正史無傳,據《清實録》《書林
藻鑒》《國朝書畫家筆録》《清畫家詩史》《甌鉢羅室書畫過目考》等作者小傳記載,略
得信息如下:劉錫嘏,字純齋,一字淳齋,號拙存,順天通州人,乾隆己丑(三十四
年)進士,官江蘇淮徐道,精書法,工墨梅,有《十硯齋集》。③ 宋銑、劉錫嘏在浙本《四
庫全書總目》職名表中爲提調官,據此函知其二人兼任四庫對音官;又據《纂修四庫
全書檔案》,知宋、劉又參與《金史》《遼史》《元史》《明史》《大清一統志》等書籍編纂,
任纂修官。

《于文襄手札》的學術價值不止上述幾點,略陳數言於此,以期拋磚引玉。至於
手札所透露出的文獻整理思想、書籍編纂方法、學術思想與官學態度、民族問題和
史料篡改等諸多問題將另文撰述。

---

① 中國第一歷史檔案館編:《纂修四庫全書檔案》下册,第 1808 頁。按,朱筠爲總纂官之一,未參
與議叙,因其已故。鯤池書院在浙江寧波,玉峰書院位於臺灣嘉義,《上海縣志》記載:"敬業書院初名申
江書院,在縣署北,明潘恩宅也。"
② 朱汝珍:《詞林輯略》卷四,周駿富輯《清代傳記叢刊》第 16 册,臺北:明文書局,1985 年,第 191 頁。
③ 按,參見李濬之:《清畫家詩史》丁下,周駿富輯《清代傳記叢刊》第 76 册,第 263 頁。竇鎮:《國
朝書畫家筆録》卷 2,周駿富輯《清代傳記叢刊》第 82 册,第 196 頁。

· 文獻整理

蝶賓館詩存

(清)張茂辰著　陳才整理

陳　才　上海博物館副研究館員　樂山師範學院特聘研究員

【整理説明】　筆者治《詩》,偶有閒暇則讀詩自娛,以詩爲中國文學之大宗。晚清民國時期,滬上文壇昌盛,騷人詞客頗多,而鮮爲文學史家注目。一則以文學史當側重大家,再則以文獻流傳不廣。某日公餘,筆者於書架上檢得一冊《蝶賓館詩存》(以下簡稱"《詩存》"),讀而喜之。檢《中國古籍總目》,未著録此書,遂予以整理,公諸同好。

作者張茂辰,其父張祥河(1785—1862),原名公藩,字元卿,號詩舲、鶴在、法華山人,謚温和。工詩、文、書、畫與篆刻,著有《小重山房初稿》(二十四卷)、《詩舲詩録》、《詩舲詩外録》、《小重山房詩續録》(十二卷)、《詩舲詞録》(二卷)等;編有《四銅鼓齋論畫集》《會典簡明録》等;輯有《秦漢玉印十方》。《清史稿》有傳。

張茂辰,字良哉,號小舲,華亭人。據余友丁晨楠博士《清朝文人張茂辰與朝鮮燕行使交流研究》(刊於韓國《洌上古典研究》第 54 期,2016 年)一文的考證,張茂辰生於道光十八年(1838),卒於同治二年(1863)。張茂辰兩次科考不第,擅長詩、畫,或因早逝,其詩生前未曾結集。據張茂辰外甥耿道冲爲此集所作之序,《詩存》當是其孫張定九在其殁後所編;又據該書牌記,刊印時間約在 1921 年。

張茂辰英年早逝,存詩不多。《詩存》戔戔一冊,收録詩作 112 題,181首。然其詩涉及面頗廣,展示了作者生活中的不同側面,凡高會、贈别、游歷,乃至早起夜坐、觀畫彈琴、飲酒聽雨等,無不成詩。由所見,抒所感,筆觸敏銳,情感細膩。無論應酬倡和之製,還是抒懷感時之鳴,皆觸發真情,無有矯揉造作之篇章。其外甥耿道冲《序》中稱多人言張茂辰詩"深得溫和家法,而又能自出新意",當非虛言;又有人謂張茂辰"書追松雪(趙孟頫),畫法香光(董其昌),其詩尤秀骨天成,不煩繩削,而得合雲間風雅,故自不凡",亦不太過。

從內容上看,這些詩大致包括應酬詩、題畫詩、抒懷詩、游歷詩四類。

一、應酬詩。張氏家居,則與親朋好友飲酒聚會;旅居外地,常與友朋雅集倡和。凡此,皆有應酬贈答的詩作。如《詩存》第一首詩《敬和家大人畫松慈仁寺為偷兒卷去元韻》以及《怡園牡丹得雨而盛敬和家大人元韻》即為應和其父的詩作。《玉舜三姑聞余歸作詩志喜即和見示原韻》《飲東華門外杜陵花竹寓園奉東芸皋內弟》《晚同三弟至龍泉禪院即景和之》,皆為其與親戚的倡和之作。應酬友朋的,則以與朱心葵倡和的詩作為多,約十首;還有三首贈朝鮮人李藕船的詩作。《丁巳閏午後五日約翁氏昆仲載酒過蒹葭簃醉後放歌用猿叟韻翼日作圖記事以志高會》《秦平陽斤歌為王丈蓉州作》兼有史料價值,皆值得注意。此外,張茂辰嘗游錢塘江,江邊淪落女程藻鳳求詩以傳情,而茂辰卻無力為之贖身。《詩存》中有《憶鳳辭》四首、《後憶鳳辭》二首,皆為追憶程藻鳳之作,充分顯示出張茂辰的重情重義。《閏五日小酌幼秋閣聽陳子培彈琴》馳騁想象,《戲嘲吳吉卿》《戲贈歌者溫郎》謔而不虐,頗見張茂辰之重視生活情趣。

二、題畫詩。張祥河善畫,張茂辰得其家法,畫作亦佳。賞畫、作畫是張茂辰的生活的一部分,自然會留下不少題畫詩。《詩存》中,直名《題畫》者,有五題七首,另有《題扇》一首。此外,如《題秋江晚眺便扇》《孫駕航劍門秋色圖》《吳蓮芬觀察棧雲圖》《孔繡山侍讀出其夫人學紡圖命題》等篇,則是因賞畫而作;《為小蕃畫扇》《醉後潑墨作野菊一枝》《己未元旦試筆寫寒林獻歲圖漫題一首》《為心葵丈作五月江深草閣寒圖題贈》《為立夫兄畫扇兼係小詩南望家山同增感慨》《為朝鮮正使申琴泉尚書作琴泉圖復索題句因書二律贈行》《端陽日友人索寫鍾馗戲贈》等篇,則是為自己畫作所題之詩。此外,還有組詩《惆悵詞十二首寄題十二巫峰圖》,就圖中景以古體詩寫之,別具一格。

三、抒懷詩。喜怒哀樂,七情六慾,皆可形成文字,流淌在文人的筆端。《詩存》中的抒懷詩,有朋友高會之喜,有感懷時勢之憂,有感懷命運之嘆,有憑吊陳麗華香塚之哀婉,有中秋不得與親人團聚之無奈。這些抒懷詩可謂"情周而不繁,辭運而不濫"(《文心雕龍‧鎔裁》)。張茂辰兩次不第,百感交集,留下了《秋闈下第呈同學諸君子六首》,體現其悵惘哀傷、壯志不得酬的複雜心緒。一首《苦雨行》,反映出晚清江南地區的戰亂使得社會破壞,骨肉流離,這首詩形式上對杜甫"三吏"與白居易《賣炭翁》皆有所借鑒,時至今日讀之,亦感愴不已。

此外,還有一類表現生活中雜感的詩作,如《怡園散步》《早起》《夜坐偶成》《晚步口占》《芍藥》《紫藤花下口占》《寒食感賦》《夕陽》等,即眼前景,寫心中情,頗見生活情趣。

四、游歷詩。張茂辰下第,在京城逗留一段時間後,於某年八月初三日啓程南歸籍里。歸途中,其寫下了三十題四十一首詩,即《詩存》中自《草橋書所見》至《到家住望雲山莊次思泉韻》。這組詩即景抒情,因情寫景,堪稱佳作。

從藝術特色上看,張茂辰詩大體與晚唐詩風相類。《詩存》體裁豐富,既有古體,也有今體;有歌,有行,有律詩,有絕句;五言、七言皆備,例不備舉。

張茂辰善於裁剪,以己意熔鑄前人詩句,而無有刻意雕琢刪削的痕迹,此頗得江西詩派之真傳。如《題王宜田茂才行看子後即送其之浙江》中有"何當共翦西窗燭,剩水殘山話六朝",明顯是化用李商隱《夜雨寄北》中的名句"何當共剪西窗燭,却話巴山夜雨時"。《示客》中的"天公一雨潤如酥",則是化用韓愈《早春呈水部張十八員外》"天街小雨潤如酥"句。《秋闈下第呈同學諸君子六首》其一的"對鏡但留真面目,畫眉何處入時工",則巧妙地襲用朱慶餘《近試上張水部》"畫眉深淺入時無"句。《花朝後二日出郭游花之寺並訪誠園率成二首示同游顧子超》中有"水田春色活,詩思夕陽多。枯樹鴉爲葉,晴灘鴨作波",這當是化用馬致遠散曲《秋思》的語句。《戊午冬至前一夕……》中的一些詩句,則對李白《宣州登謝眺樓餞別校書叔雲》、岑參《白雪歌送武判官歸京》等詩的襲用。《醉歌行》在語句和形式上，都可以看出模仿李白《將進酒》的痕迹；而首句“春風拂檻山花馨”，則對李白《清平調》“春風拂檻露華濃”句有所借鑒。

《蜨賓館詩存》，民國時期石印本，上海博物館所藏本書籤已不存。書衣上所題書名，係藏者所爲。該書原另有一附頁，爲排印之《勘誤表》。上海博物館藏本未見此頁。書封三寫有“張祥河《詩存》，每本大洋一角”，當係書商作僞。上海博物館藏本扉頁背面有“張溫和公祥河著，壬戌夏仲南新村唐半農署”的題字，當是藏者誤題。《詩存》前有雷補同序、耿道沖序，皆作於丙辰年，即1916年。二人皆爲松風詩社創社社員。書前有耿道冲題寫的書名牌記，署辛酉年，即1921年。

今次整理，在原書所附《勘誤表》的基礎上，再據上下文義作校正，如“題香塚”之“塚”原誤作“塜”、“盼朝陽”之“盼”原誤作“盻”、“半晌”之“晌”原誤作“响”等。“我來剛值鄉人儺”句，原文誤“值”作“直”，《勘誤表》誤排，以原文誤“直”作“值”，亦予以更正。整理時，不出校記，依慣例，用圓括號標出誤字，再以方括號補出正字。字形方面，舊字形按照現行規範調整爲新字形。

序

身之所及，耳目之所接，以思之所寄，發天籟，抒性情，無不可形諸吟咏，以合於賦比興之旨，則詩之爲道似易。俗者求其雅，隱者達之顯，陳腐者化爲新奇，同寫一景而工拙殊，同舉一辭而妍媸别，推敲研練，雖嘔血鏤心，猶未愜焉，則詩之爲道實難。余謂作詩似易而實難，必知其難而後可以至易，所謂“成如容易却艱（幸）［辛］”者，即由難至易之一境也。

丙辰夏，張子定九以其大父良哉公所作《蜨賓館詩存》見示，且云將付剞劂，索一言爲序。余受而讀之，其詩如白雲在空，舒捲無心，又如好鳥枝頭，宛轉悦耳，可謂極揮灑自得之樂矣。而風骨高華，意境幽遠，晚唐氣韻，悠然如見。知其致力於古人者深且至，非貿然操觚輩所能企及。信乎吾所謂由難至易之境也！

公爲吾邑詩於尚書哲嗣，尚書以三絶名海内，所著《小重山房詩詞集》爲藝林宗仰。公淵源家學薰陶者深。及居京師，看長安之花，賞春明之月，俯仰景物，開拓胸襟；且出則與當世文學士讌游酬答，退而一門之内，父姑姊弟，擘箋拈韻，樂也融融。由是詩乃益進。然則昔人所謂歡娱之言難工，其然豈其然乎？公少負大志，治經濟兼攻古文，然惜天不永年，中道遽殁。其豐於才而嗇於壽若此。籍令假以歲月，文章功業必有彪炳當世、昭示來兹者，豈僅僅以詩見耶？即以詩論，又豈止此區區一小册耶？噫嘻，是可慨也！

歲在丙辰嘉平月，雷補同

序

咸豐己未，道冲年五歲，讀書舅家時，我外祖張温和公官京師，我外祖母吴太夫人在里，我大舅父良哉公自北南來省母。舅氏見我，問曾誦過唐詩未。越四載，我侍我父母隨外祖母避難於南通州，大舅復自北來。居數日，即病卒。

我父謂大舅多才多藝，詩已成家；又謂張氏累葉以來，少長男女，無不能詩，良由在幼稚之時，即諳詩學。如大舅者，年甫十歲，胸中成誦之詩已不下千首，是以出口成章，滔滔不竭也。嗣聞我仇竹屏師及王竹鷗、葉岱雲、秦彦華、沈元咸、吴吉卿諸君云，曩在京師，與我大舅聯吟，大舅之詩深得温和家法，而又能自出新意，是真善學温和者。後我至京，晤李文正、潘文勤、翁文恭諸公，咸道及舅氏，謂舅事親至孝，待友盡誠，官刑部能（鞠）［鞫］獄，特不屑屑爲舉子業，書追松雪，畫法香光，其詩尤秀骨天成，不煩繩削，而得合雲間風雅，故自不凡，惜乎年之不永。相與太息久之。我謂唐代詩家，如王子安、李長吉，皆不永年。在我雲間陸士衡，二十作《文賦》；夏存古年未弱冠，爲《大哀辭》。文章壽世，何必不在少年哉？

我幼晤舅氏，中與湛如、朗如兩表弟聯吟，近與定九、耕九、思九三表侄在松風草堂結詩社。定九出大舅所著《蜨賓館詩存》，屬爲校閲一過，謂曩者尚擬向他處收拾，其遺編久未付梓，兹恐并此散失，先爲刷印。倘更有所得，擬并其遺文同刻成集。嗚呼，是可謂善述者矣！

謹序。

歲在丙辰夏六月中浣，甥耿道冲書於古香書屋

敬和家大人畫松慈仁寺爲偷兒卷去元韻

法界蓮華静且閑,何人胠篋到松關?龍身破壁都成幻,鴻爪隨緣本不慳。笑爾未經紗幔護,問誰重袖暮雲還。他時活動拏成後,爲倩菩提鎮寶山。西山有活動松。

題秋江晚眺便扇

幾行寒雁點長天,漠漠平林鎖暮烟。旗影東西沽酒店,燈光明滅釣魚船。霜凋木葉數山出,風送秋聲萬壑連。好是吴江歸棹晚,一鈎新月落霞邊。

怡園散步

大有園林趣,憑欄盡是春。閑花常傍水,馴雀欲依人。庭石撑雲老,階苔洗雨新。緬懷張子壽,蘊藉曲江濱。

早起

占得名園地半弓,喜逢雪霽畫圖工。曉窗微透一燈碧,落葉忽添三徑紅。梁燕怯寒常傍日,唐花愛火不禁風。尊前風景真堪賞,爲發新醅摘晚菘。

夜坐偶成

銀燭猶明白玉堂,畫屏無睡月昏黄。萬緣静處心都妙,花外惟聞替戾岡。

飲東華門外杜陵花竹寓園奉東芸皋内弟

九峰環座右,山色終南明。去秦來燕都,景物三載更。西山明湖未一至,就中林石怡我情。城南杜陵好花竹,去天尺五寒雲生。玉屑飛霙落馬首,天公戲弄散花手。

皇畿報雪一寸餘,頓活窮民數萬口。草堂際此春更生,潭上芙蓉今在否?芳信頻傳庾嶺梅,吟情遥寄章臺柳。豪飲何妨酒注盆,座中瀟灑誰共論?何時相約蘇公廟,四面青山酒一樽?園寓在蘇公廟。

訪翁氏昆仲見齋前雜花盛開賦此

載酒携柑願未償,比鄰相訪馬蹄忙。花明先見雲霞粲,風定猶聞橘柚香。一榻春陰留碧簡,四圍錦帳鬭新妝。小園桃李紅何暮,擬向通明奏綠章。

怡園牡丹得雨而盛敬和家大人元韻

雨餘庭院净無沙,一抹輕陰好養花。幾曲瓊欄沈嫩日,十重錦幛護仙葩。佛爐烟濕香凝篆,竹徑雲開綠上紗。正是麥天晨氣潤,願分穠艷到山家。

丁巳閏午後五日約翁氏昆仲載酒過蒹葭簃醉後放歌用猿叟韻翼日作圖記事以志高會

四載論交我後進,酒地詩天增逸韻。天公酷暑早困人,一雨傾盆晨氣潤。日長如年樂事多,時哉況值端陽閏。野田古刹舊游歷,賖酒提壺應勿吝。禪關既許按酒兵,佛國何妨布詩陣？世尊笑我太顛狂,惠連入座皆英俊。謂翁氏昆季四人。水閣先看蘆荻秋,山樓後訪梧桐信。不管黃楊厄祇園,且移綠蔭傾芳醖。雀舌茶烹碧一筒,馬纓花落紅雙鬢。短衣高唱會真率,妙語仙心輒相印。主人忘歸客忘醉,醉中腰腳何輕迅。忽憶詩人賀知章,眼花跨上追風駿。鞭絲回指兼葭莜,二三里許一轉瞬。入門下馬枕瓜眠,多謝碧梧來問訊。歸後,承碧梧生來問醉態。

閏五日小酌紉秋閣聽陳子培彈琴

龍門高高百尺桐,參天萬朵青芙蓉。鵾鷄號晨猿嘯月,石上流泉風入松。子從何處發心孔,一彈再皷驚痴聾。世人解聽不解賞,廣陵散邈今再逢。七弦流楚已繞梁,十指操縵如游龍。大荒陰沈走血浪,空山木落飛哀鴻。黃雲塞前起籞簏,烏珠部落鳴角弓。幽音變調忽愁怨,恍如秋雨聞寒蛩。五聲錯雜凄萬籟,直使造化天無功。當心一畫物皆靜,(測)[側]耳四座猶懵懵。

題畫

太虛在室見全真,水墨雲山信筆皴。喚起大痴徵畫理,亂頭粗服亦精神。

題鍾西茳詩稿後

古來文人無厄地,窮經白首增英氣。老驥伏櫪志不灰,一朝騰躍人稱異。讀君之詩數百章,規摹蘇陸聲洋洋。驚人健筆出奇陣,直與老杜爭低昂。兩載心盟在京洛,解衣談笑傾磅礡。今對君詩思浩然,中宵起舞青天廓。當今逆氛亘西東,八年四海誰爲功？男兒窮達各有命,丈夫莫嘆窮途窮。嗚呼,丈夫莫嘆窮途窮！百里雌伏慚豪雄,終須破浪乘長風。

秋日有懷望雲山莊

世界清涼別有天,池塘深鎖米家船。無多翠竹留新韻,常與紅蓮結净緣。畫境晚山秋水閣,詩情疏柳夕陽蟬。故鄉風月應無恙,夢逐橫雲已十年。

孫駕航劍門秋色圖

飛閣崢嶸萬仞山,人傳星使出朝班。山程錦綉迎驄馬,水墨峰巒擁劍關。秋色漸深紅樹裏,詩情遠上白雲間。岷峨有數題名客,健筆漁洋照百蠻。漁洋《使蜀》詩屢押蠻韻,以爲追踪文長,蓋自喜也。

吳蓮芬觀察棧雲圖

五年久節錦官城,季子新題劍外名。回首岷峨難作別,畫圖猶戀棧雲橫。

歸心暫賦望江南，載酒蕪城春正酣。此後相思槃敦會，新詩傳頌半螺龕。

秦平陽斤歌爲王丈蓉州作

咄哉神物吉金不終閟，越二千年顯晦皆靈异。王君好古更好奇，搜羅上得嬴秦器。祖龍稱帝六國并，手詔丞相平權衡。西京舊制愴銷滅，銖兩累黍徒紛更。平陽之斤此其一，百有三字文縝密。詔版猶標王綰名，篆法相傳李斯筆。月蝕霧隱星韜光，字體錯落何堅蒼。年深不免有缺畫，土花苔綉中含香。盧陵《集古》在秘閣，雲雷拓本蛟螭翔。君今得之熙元後，傳古直入歐公堂。噫吁嘻，我讀紫琅金索文，<small>紫琅馮氏所著。</small>商彝夏鼎銘紛紛。咸陽一炬太酷烈，得非玉石同遭焚。乃知鑄錯定有鬼神鑒，不然後世誰識秦時斤？

題香(塚)〔塚〕

洒泪黃塵吊麗華，一坏香土玉鈎斜。可憐歷盡華嚴劫，猶是傷春泣落花。

流水韶光去去春，招魂誰復見愁顰？連番風雨無情甚，賴爾司花有社神。(塚)〔塚〕有花神廟。

碧玉紅牙一刹那，夕陽惆悵是燕歌。蛾眉自墮窮泉路，春草茫茫感逝波。

無端金粉亦松楸，花塢埋香春復秋。莫道夢魂化蝴蝶，夜臺明月只含愁。《香(塚)〔塚〕碑記》有"化爲蝴蝶"之句。

晚步口占

一徑埋修竹，清風拂面和。樹頭春意歇，鴉背夕陽多。室陋僅容膝，身閑足放歌。陶情賴良友，晚景漫蹉跎。

有感

茫茫世事日紛更，對酒當歌憤不平。鐵合六州空鑄錯，烽連四海未銷兵。已知朽木難爲用，剩有靈犀只自明。唱到念家山人破，那堪回首暮雲橫。

詞人容易感恢臺，況復鉦鼙動地來。鶴唳長風驚梓里，鯨波白日撼蘆臺。晏安豈悉生民苦，談笑難爲大將才。一樣豪情橫槊在，放懷聊爾盡餘杯。

京華朝夕報烽烟，作客他鄉倍惘然。軍令難憑三尺劍，庫儲誰復五銖錢？中原鵝鸛多空壘，北地艨艟少鬬船。射虎將軍何處去？空令胡馬度平川。

長安自古帝王州，不信風塵起暮愁。大地幾時完趙璧，卑官竟爾滯吳鈎。陸機入洛虛垂泪，王粲離家空遠游。東望鄉關渺何處？心隨明月夜悠悠。

芍藥

羮尾春餘鬪艷妝，廣陵金帶冠群芳。此身合在宜春苑，珠粉朝朝侍玉皇。

園廬即事

驅車出郭興悠然，迎面西山黯夜烟。官道燈光殘月裏，女墻柳色曉風前。冷曹不解熱腸事，小雨爭歌大穰年。此日從臣欣對策，佳章寫遍衍波箋。

蟪盒聽雨

狂吟豪飲嘆無聊，真感天生不易銷。笛怨將營沙漠漠，雲愁客館樹蕭蕭。讀書不爲求名達，覓句還將破寂寥。一夕鄉心千里夢，殘燈疏雨送芭蕉。

題王宜田茂才行看子後即送其之浙江

握手京華慰寂寥，輕塵朝雨快彈蕉。功名有志終驥首，吏隱無媒且折腰。鄉夢初溫圓泖月，秋心遠寄廣陵潮。何當共翦西窗燭，剩水殘山話六朝。

題畫三首

數株野樹圍茅屋，百道飛泉界石屏。雲自無心歸岫去，遠山時見一峰青。

結習烟波畫不如，此身何處着樵漁？扁舟一棹江南去，買得青山好讀書。

樹色嵐光雨後妍，小橋横跨水濺濺。野人無覓秋光處，却在先生杖履邊。

題畫

山光濃晚翠，樹色淡斜陽。携杖橋東去，前溪好納涼。

示客

溽暑連朝熱於火，天公一雨潤如酥。苦無斗酒當花醉，敢望良朋折東呼。野墅空餘紅菡萏，江亭誰訪綠蘼蕪？明當準備園公檻，好聽芭蕉點滴粗。

京師廣甯門外天甯寺中有浮圖高十三尋隋開皇中建考隋仁壽二年文帝遇阿羅漢授以舍利一囊函以七寶分布五十一州建造靈塔其一爲幽州宏業寺至明宣德十年始更名天甯而所謂遼幢漢磬者今已無存矣嗚呼茲寺自隋至今垂千數百年其間名勝彫零不知凡幾而此塔獨巍然至今法輪無恙因賦一律以紀之

開皇空説石幢留，策蹇重來古刹游。四壁花光依佛座，一樽凉雨話山樓。登高不插塵中脚，被酒還昂天外頭。何事鐘聲雜鈴語，野風長嘯暮雲愁。

秋闈下第呈同學諸君子六首

秋窗辛苦十年中，一事無成百事空。滄海魚龍頻失水，雲衢鵰鶚忽遭風。早知有命應藏拙，不信掄才鮮折衷。對鏡但留真面目，畫眉何處入時工？

落拓青衫淚滿襟，月明按劍感浮沉。琢磨豈易成全璧，激賞誰知到碎琴。桂落秋深原薄命，竹悲霜後更虛心。登高不墜凌雲志，日暮聊爲倚樹吟。

得失何須憤不平，漫隨時論擬縱橫。文章臧否知無據，才氣消磨俟有成。遺璞自慚沽後質，焦桐孰聽爨餘聲？芙蓉寂寞空江上，兩度秋風百感生。余乙卯亦薦卷不售。

三年歲月已蹉跎，歸燕吟成喚奈何。如此功名爭拾芥，始知花樣錯拋梭。放懷豈效窮途哭，失意還當對酒歌。準備詩瓢騎蹇衛，兼葭簇畔暮雲多。

愁絕千端手一樽，升沈文字漫評論。求名聊爾隨同俗，知己何嘗盡感恩？謁房師元卿，談及三場文字，爲之激賞，惋惜不已。秋士易悲楓葉落，江天猶報浦雲屯。不將投筆從戎去，擬返家園咬菜根。

遨游秦晋入幽燕，少小離家已十年。陟岵常懷將母意，望雲難繼遣愁篇。詩情風雨登山屐，夢境江湖載酒船。似我襟懷亦堪嘆，當前埋没有誰憐？

送研華下第歸省即步其留別原韻

巾車又作故園行，輪鐵磨人是釣名。北上未酬題柱志，東歸先慰倚閭情。三春詩酒多良友，百里湖山展舊盟。此別應須各努力，黄旗江浦正銷兵。

潦倒城南載酒行，看花看雪總無名。小集龍樹院看雪，與研華話別。相逢莫道中年恨，話別難禁故國情。玉鏡早圓春暖後，研華明春續弦。梅花好訂歲寒盟。臨歧一語人千里，尚憶江東阮步兵。

蜻荢屋一椽小可容膝庭中環竹石植桂菊數叢秋深始花酌酒自賞太常仙蜻翩然而來余固愛荢之可避塵俗而又幸蜻之時相過從也因以爲號焉仙哉蜻乎不知余爲蜻余爲仙乎又不知蜻爲余蜻爲仙乎命僕吹笙爲余爲蜻爲荢爲圖

秋花偃蹇傍庭除，中有幽人此起居。洗硯朝臨新獲帖，障燈夜理舊藏書。高風傲骨清於鶴，净水仙心養若魚。不羨詩名謝蝴蜻，静觀物化已蘧蘧。

畫又供養盡雲烟，着個盤陀自在邊。作性情詩惟免俗，得湖山趣總由天。界參色相空迦葉，法説身香到智蓮。敢謂華嚴殊衆妙，過從時有太常仙。

爲小蕃畫扇

蒼茫沙觜暮潮天，載鶴歸來晚放船。回首孤山何處所，一篙撑破碧溪烟。

章臺柳枝詞

春風離別，折盡柔枝；秋水飄零，撲來飛絮。感懷摇落，桓司馬流涕於長條；恨逐芳菲,韓使君寄情於弱葉。豈其風流自賞,笛不須吹;亦惟行樂及時,帶還堪結。僕本恨人,誰其知己? 酒醒何處,傷心殘月之詞;夢覺當年,別調彩雲之曲。偶占新什,數遍金釵;留俟知音,拂以紅袖。寄聲垂柳,不讓漁洋山人;餘托悲秋,非獨羅浮處士。

碧玉容顏十五餘,櫻桃花下閉門居。青天隔斷紅墙路,捲起浮雲總不如。

雲鬟月底半含羞,素素風姿孰與儔? 寫翠眉顰非是病,爲郎鎖住一春愁。

一夜紅箋許定情,平康曲裏覓知名。湘簾十二從頭數,猶記鸚哥喚客聲。

紅豆花開便憶君,相逢無地慰朝雲。且將彩筆題新句,寫滿羊欣白練裙。

十千買酒鬱金堂,軟語輕歌醉玉郎。却道曉風殘月裏,風情負了柳枝娘。

醉舞腰支蜨作團,輕紈小扇倚闌干。而今瘦削西風裏,多恐蕭郎不忍看。

青青垂手一枝攀,冷淡於今秋水灣。詞客有靈終護汝,休教霜色損朱顏。

何處風光不可憐,落花飛絮惜華年。多情莫説痴兒女,慧即文人俠即仙。

不數王家與謝家,烏衣巷口鬬香車。瑶琴一曲橫塘水,妬煞垂陽半面遮。

明璫翠羽爲君歌,空使周郎唤奈何。訝道妝成臨鏡立,鬢眉巾幗近來訛。

話到青春年少時,當筵伐鼓絡朱絲。魂消今夜長安月,莫向尊前唱竹枝。

若得人呼杜牧才,浪游踪迹遍章臺。渡江春色渾如許,除是尋詩也不來。

醉後潑墨作野菊一枝

不數繁華入貴家,籬邊剩有一枝斜。可憐寥落西風後,問是何人賞鑒花?

戊午冬至前一夕踏雪過龍樹寺携蔬肴兩器美酒一瓮邀同顔子木秦研花顧潁樵三子同飲推窗看雪面城十里一白無際登看山樓望西山在陰霧中氣象渺瀰嘆爲大觀對景狂飲張燈始散我輩賞心樂事至此神興方滿於懷而余尤酷愛野飲覺尊前風雪乃大造留以與余作下酒物得此亦不負天公玉戲一場矣因記歲月并係長歌

噫吁嚱! 順我心者,已過之日不可忘;戚我懷者,未來之日何茫茫? 茫茫世事難爲功,舉觴流涕悲蒼穹。倚劍吐氣嘘長風,長風連天草木裂。狐裘不暖衾如鐵,山門洞開夜飛雪。雪飛何漫漫,積地三尺白日寒,凍成瀚海十丈之闌干。我欲因之尋古刹,携酒不妨滑泥滑,出門塗路車轍軋。蓬頭老衲笑相迎,當風推窗正面城,會須一飲千杯傾。聊持一杯飲歸客,*時秦研華將南歸。* 蒹葭十里寒瑟瑟,遙見千樹萬樹梅花白。紛紛暮雪上高樓,西山隱霧凝荒陬,望而不見心悠悠。添酒回燈飲不暢,據鞍盤稍何坦蕩,野飲始足襟懷放。人生高會良不多,況復歲暮長征何,明發有客西山阿。

水仙詩八首

天然素質謝鉛華,傾國傾城未足誇。一覺長離橋畔夢,幻成痴絶女兒花。

陳王昔爲賦凌波,渺渺愁予一再過。記否相逢曾解佩,湘雲湘月擁湘娥。

依稀姑射認前身,秋水長天月作鄰。喚取梅兄同比擬,也無野氣也無塵。

冰心檀口對斜暉,綽約風姿粉黛微。帶月迷烟誰是主?背人羞整六銖衣。

臨風仙骨亦珊珊,翠袖飄零倚暮寒。若論丰標自孤冷,縱教千葉不如單。

雪貌嬋娟玉露香,花魂灑落幾經霜?誓將淡薄酬騷客,一洗繁華時世妝。

雜佩叢鈴舞翠環,似曾倚浪武當山。天風吹落水雲窟,剩有寒香慰玉顔。

帝子何年謫帝京,銀潢瀰望水盈盈。侍兒神骨獨清絶,《瓶史》猶傳梁玉清。水仙神骨清絶,《瓶史》謂爲織女侍兒梁玉清也。

己未元旦試筆寫寒林獻歲圖漫題一首

沈沈院落漏聲長,忽聽鄰雞報曉光。竹葉夜傾分歲酒,梅花春送隔年香。荒庭不覺新符換,冷宦誰知賀客忙。醉寫寒林還自笑,未妨惆悵是清狂。

人日孔綉山侍讀招同人韓齋雅集朝鮮李藕船樞使後至分韻得日字

春陰冉冉風瑟瑟,詞臣退直多閑逸。韓齋舊社北海樽,佳話經年又人日。因緣文字展新盟,裙屐風流會真率。酒人不音集江湖,客饌頻教薦芳芯。空堂入座禮數寬,酣飲豪吟興超軼。李侯來自東海濱,丰采春容世罕匹。況聞瓣香奉秋史,詩編恩誦傳緗帙。藕老出金秋史門下,著有《恩誦堂詩刻》。由來文章聚乎此,天教千里同一室。諸君倚馬才不羈,當筵揮灑生花筆。我叨末席坐春風,猶如附驥追郵駟。歸來醉夢逐梅花,漾入寒烟飛六出。

再集韓(齊)[齋]贈李藕船和王少鶴韻

竹葉頻開樂歲觴,春風滿座客襟涼。六旬詩律追長慶,十度星軺駐洛陽。藕船年近六旬,善飲,工詩,奉貢來京已十次矣。話雨新圖慚筆墨。盛時高會集衣裳,是集共十九人,藕老索余畫《春明話雨冊》。何當共剪韓齋燭,一院梨花滿樹霜。

花朝後二日出郭游花之寺並訪誠園率成二首示同游顧子超

十里城南路,重關策騎過。水田春色活,詩思夕陽多。枯樹鴉爲葉,晴灘鴨作波。禪堂隱深竹,何處訪頭陀?

春信花之寺,花開已隔年。花之寺海棠極盛,昔年曾看花於山。山僧相問訊,野老自高眠。村闊蘆成障,堤長柳化烟。荒園憑眺處,撫景倍留連。誠園素爲晏游之所,不數年,池館就荒,不禁留連嘆息久之。

夢游江亭登看山樓有春雪梅花之句醒後倚枕續成之

出門難辨路三叉,一曲江亭入望斜。牛背野風聞竹笛,馬蹄春雪落梅花。看山自載蘭陵酒,汲水先烹顧煮茶。欲倩詩心遠過月,不教雲霧四圍遮。

書白門鄒二詩册後即用册中秋懷詩韻

白門鄒二擅畫名,斷簡留傳倍愴情。是册穎樵得之廠肆,詩已殘缺。心力抛殘雙絕妙,生涯潦倒萬緣輕。鄒君書法秀勁,其詩悲壯蒼凉,余嘆爲雙絕。江樓烟樹空懷白,湘水瓊瑤獨吊平。册中有《太白樓》《屈原廟》諸作。莫道詩成秋氣息,詩人慣作不平鳴。

紫藤花下口占

珠絡欄杆五尺齊,綠雲高罩紫雲低。天孫幾許紅霞錦,織出江南罨畫溪。

題畫

青草湖邊丈八坡,洞庭秋水起微波。遠山一抹斜陽裏,隔斷漁舟欸乃歌。

惆悵詞十二首寄題十二巫峰圖

聞説仙源路萬重,尋芳步屧轉從容。阮家北里分新第,宋玉東墻覓舊踪。珊網霧開搜芍藥,瑤階塵净簇芙蓉。朝雲暮雨無人識,悵斷高唐十二峰。

看遍長安紫陌春,泥人秀色可憐顰。窗排窈窕爐烟繞,鏡啟團圝璧月新。時世梳妝誇薛夜,神仙踪迹問劉晨。石城一曲無多路,便約香車駐畫輪。

官街柳帶綠紛紛,隔巷招邀到夜分。紙尾署名知小字,纏頭堆繡仿回文。石家蠟燭同宵爇,荀令香爐待夕熏。痴絕鄂君憐別意,珠簾無計捲湘雲。

小立閑階蝶不知,鶯闈迎面列仙姿。畫屏無睡圍雲母,彩筆重題唤雪兒。修到梅花成此日,偷將靈藥悔當時。分明是夢原非夢,好事撩人事後思。

阿儂生小本多情,最愛詞章咏碧城。樓外笙簫尋弄玉,花時環珮憶飛瓊。香奩畫省紅綃立,粉絹秋山翠黛横。一架藤蘿虚夜月,安排袖石證三生。

脉脉通詞水不波,强搴芳杜托絲蘿。晚凉笑度丁娘曲,曉夢驚迴子夜歌。花是合歡連理少,草名獨活寄生多。別悰稠疊無從數,豈止聞鵑唤奈何?

一樹枇杷畫掩關,素交芳訊叩連環。門鄰罨畫藏花影,鎖齧葳蕤閉玉顔。鳳紙恨題中婦曲,鳩媒愁説小姑山。柳花飛作紫雲舞,可有新豐謝阿蠻?

軟語吴儂説故鄉,柔心旖旎屬王昌。井華曉汲胭脂濕,錦障宵分豆蔻香。南國佳人真絕色,左川歸客幾迴腸。人間銀漢譚何易?羨煞盧家白玉堂。

薄醉來尋鳳女家，深深院落綠陰遮。香銷珠箔思韓椽，酒滿金樽見麗華。萍水慣沈風底絮，蘭期空放夢中花。鐙前爲誦蘇髯句，義士今無古押衙。

漫將春色等閑抛，花滿中庭月影交。送酒微聞金釧響，搴簾細數玉鈎敲。夢迴笑倚鴛鴦枕，漏盡愁添翡翠巢。却道東君太多事，春心偏向小梅梢。

小家碧玉本溫柔，錦帳華筵一再留。種得相思紅豆樹，怕談故事綠珠樓。私心猶計逢如願，密意還將慰莫愁。青鳥殷勤探消息，休教駴女嫁痴牛！

逐浪桃花亦可憐，誰將錦瑟駐華年？蓬飛短梗離難聚，藕賴長絲斷復牽。私許阿嬌藏夏屋，忍聽老女泣商船。此情脉待重傳語，祗是相逢已惘然。

病足讀小倉山房詩竊效其體作二十韻

人生喜安逸，無病最爲妙。豈知病之來，竟出我所料。右足忽生瘡，腫痛久未療。一步不能行，卧床徒煩躁。有時痛不勝，欲哭兼欲笑。努力進飲食，已覺精神耗。偶爾下地走，只將左足跳。咫尺在窗前，如趨萬里道。猶如登彼岸，見到行不到。有堂絶攀躋，有園阻吟眺。終朝不出戶，顛倒自公召。旁觀不知苦，難以形容肖。轉貽偷安譏，屢招嬌養誚。然而我於此，聽之亦不報。宵静儘堪眠，晝長便睡覺。如葵衛其足，實投我所好。不嫌蚊蚋生，不聞蜂蝶鬧。可以免送迎，可以寄倨傲。如此十餘日，跛者亦能蹈。常教小婢扶，毋笑老夫耄。

早起敬步家大人原韻

炎暑謝鬱蒸，開軒硯席妥。空庭朝露晞，長篠碧雲墮。細雨濯花枝，枝枝翠翹嚲。清光忽大來，晨爽供小坐。山鳥鳴啾喌，野蓮開璨瑳。此景更誰同？松凉能健我。

題畫

家山一別已多年，猶憶招凉六月天。最好江邨如畫裏，綠波深柳著漁船。

書謝蔚青刺史詩稿後

清暉石壁話前賢，白戰登壇筆欲仙。示我詩編得宗派，瓣香遥接謝臨川。
暮雨江灣記曲真，入秦吟思更清新。穆林關外終南雪，寫出無邊太古春。

八月初三日南歸別二弟

驪歌忽唱念家山，僕僕輪蹄曉出關。未免有情還惜別，對君衫袖泪痕斑。

草橋書所見

言尋草橋路，數里芰荷香。沙岸野風利，征衣秋雨凉。思家見楊柳，問俗話（桑麻）［麻桑］。我亦能題柱，投鞭志四方。

由黃村渡渾河

自出黃村道，荒灘景物非。渾流隨路轉，遠樹隔烟微。溜急馬雙渡，秋高雁獨飛。臨歧一回首，瞻望兩依依。

宿固安

問君何事故鄉行，兩字茫茫爲釣名。此去長途三十里，要摩健翮破鵬程。

雄縣南關投宿苦蚊詩以勸之

已愁旅館無良伴，剔到孤燈倍惘然。何苦秋蚊如刺客，教人防範不成眠。

十二連橋

十二連橋三里長，一橋一水水蓮香。添他一半揚州月，便覺烟波似故鄉。

早發任邱

終夜不成寐，静聽五更鷄。曉發任邱道，長楊送馬蹄。波明朝日出，天闊野雲低。聞説秋收早，登場菽穗齊。

河間旅次聽歌

由來此貨稱難得，笑煞佳人説趙燕。畢竟客愁無遣處，破窗山店雪兒弦。

鐵板銅琶意氣雄，歌來仿佛大江東。曲終不見周郎顧，却道先生是半聾。

當爐取次酒頻斟，嘈雜村歌到夜深。辜負琵琶三四疊，使君原是不知音！

車中口占和翁仲淵贈別韻

緩帶輕裘上馬鞍，壯懷肯説獨征難。隨身詩卷登車讀，過眼秋山當畫看。霜信一天驚雁到，雲程萬里羨鵬搏。京華故國同回首，心折西風落日寒。

聽歌有感

關山無限別離情，十二闌干月不明。昨夜夢中誰度曲？一聲腸斷泪盈盈。

渡德州渡至通濟橋

小隊弓刀列，時有護送過渡者。推車早渡黃。新秋聞雁櫓，急溜駕黿梁。樹簇棗梨熟，風吹餅餌香。回看鳥飛處，紅日挂帆檣。

禹城橋

側帽板橋霜，驅車破曉光。波深沈雁影，路窄繞羊腸。岸草生衆綠，林花發异香。徘徊禹城道，秋思滿橫塘。

將至堰城

連朝苦塵障，一雨露清秋。曠野日初落，長堤水亂流。近村喧晚市，憑軾見高樓。莽莽黃沙路，行雲此少留。

旅次自壽

草草杯盤燭影紅，四弦簫鼓玉玲瓏。今朝是我懸弧日，却在風塵鞅掌中。

酒後自嘲

矮屋兩番壽，光陰感舊年。余兩次生日，俱在場中。今宵來野店，粗飯當華筵。馬齒三秋長，鶯喉數曲便。興夫爭獻果，摘得樹頭鮮。

自開山至秦〔泰〕安山石崎嶇亘二百里車中望泰山諸峰發爲短歌意猶未盡

嗚呼岱宗夫如何，開山始識梁父阿。山石凹凸留山坡，盤螭伏獸騰蛟黿。繞山曲折如旋螺，委延二百餘里多。高峰絶坂與盤渦，輪蹄鐵石相摩挲。仄徑只容一橐駞，健夫驅車不得過。左推右挽肩脊磨，橫鞭血汗流滂沱。舉頭日觀何嵯峨，秦松漢柏交枝柯。岳神殿宇百靈訶，懸崖十丈纏松蘿。我來剛（直）〔值〕鄉人儺，神弦里曲下大羅。赤城霞護金盤陀，滄海雨遍瓊山禾。山田高下鋪青莎，秋雲比櫛飛龍梭。屏風中開匹練拖，遥臨渤海生長波。橋斷碑荒委澤菏，誰從剔蘚辨乢訛？牧童絓角漁曬蓑，無人收拾成蹉跎。我欲摩崖書犖犖，臨歧悵望徒婞娿。短衣山岡發浩歌，一歌驚散詩妖魔。

泰安道中

喜逢山霽露清秋，鞭石橫橋水北流。絶妙峰巒煥金碧，分明一幅李營邱。

日觀雲關望欲仙，前山烟起後山連。振衣立馬看山客，挹得青齊幾點烟。

峭壁危厓石髮粗，飛泉百道走回紆。登高橫覽諸峰勢，大似秋山無盡圖。

竈陽曉宿

征蹄躞蹀走紅沙，四顧蒼茫落日斜。歧路問投何處宿，前三山外有人家。

曉發口占

一峰突出一峰低，力士神功削不齊。世路崎嶇誰喚醒？月明茅店五更鷄。

早過郯城

淮徐連界路縱橫，群盜如毛斷曉行。我衹一身無別物，打包書卷過郯城。

紅花埠中秋望月六首

一望長空净，行雲何所之？懷人隔秋水，竟夕起相思。

無家思弟妹，有夢戀庭闈。游子悔行役，歸心逐箭飛。

臨別兩行泪，相望千里心。長安今夜月，有負合歡衾。

情天無限恨，又見月團圞。雙燭垂紅泪，當風拭不乾。

蕭氣驚寒拆，秋風宿大堤。可憐滿輪月，無賴送征蹄。

旅館無良伴，清宵便憶君。何時一樽酒，雙照訴離群？

清江舟次寄内

捧檄人來江浦濱，秋風瑟瑟拂征塵。尺書寄汝無他語，兩字平安慰老親。

一聲雁櫓破寒雲，檢點書囊已夕曛。屈指歸程應不遠，到家時節正秋分。

氾水

落日荒村岸，危檣獨夜舟。神弦動簫鼓，山鳥叫鈎輈。鄉味百錢便，烟波一鏡收。推篷風正利，明發是揚州。

高郵

垂楊垂柳映隋堤，甓社湖頭春草齊。三十六陂秋水闊，斜風疏雨鷗鶻啼。

雷塘事迹委桑麻，寂寂蕪城噪暮鴉。腐草已荒螢苑火，月明不見玉鈎斜。

露筋女祠

日落秦郵一泊船，女祠貞木到今傳。舟人指點湖邊路，碑記猶能説米顛。

邵伯埭

烟火稀微出行叢，夕陽明滅落孤篷。漁腰罥取三篙水，牛背橫歸一笛風。潮長飽看瓜步月，宵殘深惜石帆鐘。新城舊築今猶在，遺愛甘棠識謝公。

曉渡江

平明破浪出江頭，飽挂輕帆壯此游。風急孤蒲宜驟雨，烟橫鐵鎖失清秋。櫓搖斜指中泠樹，篷轉遥臨北固樓。回首蒼茫京口渡，青山無數枕寒流。

丹徒

半枕濤聲撼睡魔，風帆一霎剗江波。徒陽越閘潮初長，可可輕舟插翅過。

舟次吳門潘辛芝椒坡秋谷汪誦清以舟來迓招游山塘得攬白堤虎邱諸勝晚即設飲舟中復折簡訂交賦此爲謝

秋風千里菰蒲綠，游子歸帆指江曲。宵鐘催動洞庭波，朝發金閶傍湖宿。十年久渴望江南，一見家山興便酣。余自戊申離家，至是已十稔。萬笏靈巖供晚眺，六朝捨宅好窮探。主人邀我搜名迹，薄暮橫塘刺舟入。小別方驚聚會奇，余與辛芝諸君去歲曾聚宣南。間游務取烟霞適。夕陽西落白公堤，塔影樓高俯碧溪。烟篠長吟詩境遠，天香深護畫橋低。畫橋西轉通山路，山雨初晴隱雲霧。花木蕭森短簿祠，石泉磊落真娘墓。高邱虎氣鬱蒼蒼，大地盤陀説法場。花語講臺留塔影，劍池靈氣沸秋霜。平

原墨妙大於斗，四字摩厓鬼神守。六飛當日駐巡鑾，静觀上乘徘徊久。下山官燭錦
筵開，畫舫紅妝海樣來。弦索隊催桃葉伎，洞簫聲出柘枝臺。主人指點溪山麗，云
是東南冶游地。每際春花秋月時，豪家不惜纏頭費。我來剛值木犀天，一攬湖山勢
欲仙。四壁花光供客醉，滿湖燈火借鄰船。船移燈炧重斟酒，客中此樂良非偶。後
約當探鄧尉梅，臨行忍折閶門柳。

到家住望雲山莊次思泉韻

闊別家園已十春，橫塘曲曲問前津。八窗排闥渾如舊，三徑鋤茅取次新。夜雨
催詩留醉客，曉山開霽待游人。玉峰赤壁餘蒼翠，强欲濡毫爲寫真。

玉舜三姑聞余歸作詩志喜即和見示原韻

春華秋月祝平安，鶴樣精神久耐寒。老去攤書留正味，綺窗不厭百回看。姑近
嗜吴穀人《有正味齋集》。

千首詩(鎖)[銷]萬(銷)[斛]愁，玉壺冰雪鏡中收。楓江計返山陰棹，定向瑶池
獻酒籌。余將赴浙，行有日矣。

大雪用朱心葵丈韻

掃石無由唤侍童，推窗撩亂撲春蟲。滿庭落絮黏歌袖，隔浦飛烟上釣筒。千樹
梅花香夢裏，九華山色玉壺中。緑章夜報通明殿，預卜豐穰慰聖衷。

庚申春仲宴雪看山樓次翁滌生見示原韻

寂寂江亭春草生，舊游轉瞬歲華更。青山不礙一城隔，白雪能教四野明。畫裏
殘梅成古趣，樓頭長笛有餘情。玉湖同此蓴鱸夢，休向尊前説釣名。

王笑山花尊樂歲圖次朗亭總憲韻

花甲乍週歲在申，及時行樂無因循。看君鬚眉壽者相，太虚在室全天真。華堂
獻歲笑語温，朝雲手捧椒花尊。坐折花枝酒幾巡，酡顏喜溢宫壺春。翰林問字接衡
宇，曾選英才貢天府。大地春回歲又新，閒情聽遍催花鼓。春風陌上拂面來，斜銜
官舍無纖埃。清酒一尊花四壁，羨君此樂何優哉！造物於人亦何有，與閒於健天獨
厚。南宫星斗應文昌，君時官宗伯。介壽争歌北山梎。吾齋怡園與静期，盆池樂趣游
魚知。初暄檐角發新緑，酒香花綺神恬熙。眼前一洗塵俗緇，簫疏竹石皆迂倪。南
雲鬱勃歸不得，常移禪榻當風支。

孫爾永、鼎、泰謹校字

己丑八月愚表兄沈祥龍校讀一過

爲心葵丈作五月江深草閣寒圖題贈

空堂坐雨悶不堪,懷人夢到江之南。江天五月風正利,烟雨迷濛渺無際。圖成一幅愁萬端,鄉心千里如奔湍。君也扁舟賦歸去,草堂無恙雲深處。移家最好入山村,風雨蕭條常閉門。閉門自得山林樂,起弄丹青壯丘壑。嗟哉,丈夫出處貴識時,茫茫世宙將何之?大海風濤浪驚起,幾人漂泊干戈裏?我徒七載滯燕京,悲時杜老空多情。春水年年送歸客,心欲從之不可得。何時破浪掉臂歸江東,與君對管深山茅屋中?

醉歌行

春風拂檻山花馨,白日西落雲冥冥。小子枵腹欲睡去,忽聞紫陽真人與夫野王季子争。輸杖頭之錢,沽酒市脯呼劉伶。呼劉伶,與爾對飲傾清醴。只許醉,不許醒。手持玉笛歌一闋,不厭淒楚君且聽。君不見昔日淳于東方滑稽輩,酣歌狂笑天爲青。又不見謫仙汗漫九垓上,酒家高卧長庚星。吾生萬事不稱意,酒可澆愁喝盡樽罍瓶。進君酒,杯莫停,坐看明月皎皎穿窗櫺。

洞庭歸帆圖次和子鶴尚書韻呈潘木君(文)[丈]

洞庭東流控衡陽,楚山洛水遥相望。君時移節度雲夢,沿江羽檄飛星光。危城決策發官帑,士如挾纊軍威張。河山表裏固磐石,三緗七澤連帆檣。保障千家頌生佛,垂成單舸思還鄉。思鄉風鶴忽告警,故園松菊空迴腸。江天浩淼雲變色,平沙落日鴻南翔。太行西來走潞澤,運籌更爲鄰封忙。邇年息影在京國,前塵有夢迷荆襄。相逢官舍一話舊,展卷雲樹猶蒼茫。平生宦迹摘奇勝,按圖采輯隨奚囊。君輯《方輿紀要簡覽》。如君才望孚衆口,終膺懋簡登天閶。

苦雨行

清晨上東街,半路逢陰晦。疾行穿雨歸,淋漓及肩背。街西水深三尺四,賣花老人行不得。繞牆跼脊到門前,倚擔仰天長嘆息。自言家住南鄉窪,(蓻)[蓺]田之暇惟養花。春陽處處種繁卉,秋成歲歲收桑麻。自從去臘雪愆期,田園剩有枝杈枒。青苗初長半凍死,白頭何處尋生涯?幸而天公降膏雨,自莱流根潤甘土。人皆豚酒祝豐穰,我獨胼胝慣辛苦。朝肩花擔入鄉村,晚把鋤犁築場圃。兩間茅屋待綢繆,不遺餘力牽蘿補。牽蘿補屋(昐)[盼]朝陽,卻逢東井飛商羊。傾盆日夜雨不止,污邪甌窶流湯湯。大風夜半捲茅去,滂沱衝倒黄泥墻。蓬頭老妻泪兩行,欲行不能走且僵。東(憐)[鄰]西舍心皇皇,兒啼婦哭呼蒼蒼。天明抱頭望南陌,水深沒膝如東洋。拾得濕薪煮豆漿,老延殘喘容何傷? 嗟哉,天時人事兩寂寞,雨打科頭意蕭索。生兒十八戍遼陽,遠在邊庭久流落。年逾八十作花傭,不葬江魚委溝壑。我聞此語心骨悲,強與掩涕前致辭。君不見長江以南歷兵燹,年荒骨肉相流離。長官不察時世苦,苛條滿地生荆枝。一朝烽火逼四野,干戈漂泊江湖湄。即今鄉國覆殘棋,我懷落落容何之? 難望長雲轉愁絕,廓清世界知何時?

爲立夫兄畫扇兼係小詩南望家山同增感慨

茅屋三間地半弓,清溪幾曲小橋通。江天倘豁桃源路,便擬移家入畫中。

和心葵韻

故國困兵戈,東歸思若何? 烽塵鴻雁斷,關塞虎狼過。陟屺心同切,銜杯感已多。茫茫望鄉處,愁聽《五噫歌》。

和心葵韻

風急樹縱橫,廊空葉有聲。凍雲垂地立,寒月極天清。鼓角傳宵警,關山起遠情。空餘游子夢,萬里計歸程。

再疊前韻

樹杪暮烟橫,哀箛晚失聲。愁城何日破? 酒户此宵清。殘燭替人泪,寒砧碎客情。長安嘆留滯,風雪阻歸程。

和心葵韻

寒幕雪深中,朝朝響北風。孤高托猿鶴,得失笑鷄蟲。對酒百愁絕,聞鐘萬慮空。吳江歸已晚,楓葉爲誰紅?

辛酉人日朝鮮李漢船書至并寄日本國富士山茶即和見贈原韻寄謝

繭紙書傳富士芽,封題多感托靈槎。近聯人日韓齋社,遠挹清風顧渚涯。萬里渴懷消玉液,一甌寒韻勝梅花。酒徒肺病今蘇醒,何羨安期海上(爪)[瓜]?

爲朝鮮正使申琴泉尚書作琴泉圖復索題句因書二律贈行

迢遞經三島,星軺駐洛陽。素交滿京國,高會集衣裳。離席春花槃,歸帆海月凉。知君才力健,鼓枻達扶桑。

歸去扶桑域,茅亭傍澗阿。飛泉當户直,聳翠入簾多。裙屐丹丘社,溪山綠綺歌。新圖營慘淡,惆悵別離何!

寒食感賦

十載東南殺氣高,江湖無地不旌旄。故鄉此日爲寒食,野祭何人問若敖? 家室蒼茫避兵火，墓門闃寂長蓬蒿。一般佳節和愁過，寫到愁腸首重搔。

昔人畫鍾馗有看劍者有捉鬼者有嫁妹者有飲酒者不可枚舉鍾固不第進士耳余以己意寫讀書圖不失其本來面目因題一絕

滿地妖魔劍不除，笑君皤腹意何如？榴花照眼菖蒲綠，倚着青山老讀書。

端陽日友人索寫鍾馗戲贈

醉持破筆蘸殘茶，學寫鍾馗不到家。添些丹青和墨汁，算他天酒酹榴花。

與朱心老夜談分韻得骸字

先生今壯夫，雕蟲曾所悔。掩書睡片時，戰遍魔鬼骸。吾道即浮海，浩然氣何餒？誰從汗漫游？舍我將毋乃。

和朱心老韻

我識先生舊隱淪，芒鞋羞踏六街春。堯夫斗室全忘俗，摩詰繩床未厭貧。弄月有時開笑口，望雲終日滯愁身。紅塵世界誰知己？尚念邱園泖水濱。

和朱心老

君也乾坤一腐儒，烟霞嘯咏高懷寄。論道上肇鹿洞傳，讀書早得菜根味。行有餘力效君平，心老善推休咎。我愧曾無卜錢費。

題扇

走馬燕臺已七年，五湖春夢淡成烟。不忘載酒尋詩處，紅樹青山晚放船。

生日自嘲和心老韻爲謝

甚慚廿四年虛度，荏苒光陰又仲秋。介壽詩篇增藻飾，异鄉身世感萍浮。梯航近見通霄漢，紫氣徒勞望斗牛。吴越之間，斗、牛分野。盼到東南好消息，便沽村酒醉千籌。

憶鳳辭

程女藻鳳幼慧，解音律，居錢塘江上。曩游西湖，訪之。鳳力疾出見，自叙淪落，並索余詩，意甚屬余，而余力不足也。心憶之，因作辭。

重幃深掩莫愁堂，連日江風徹骨涼。但願知心邀一顧，强支病體不成妝。

大江月明照離筵，月在江心酒在船。郎若來時應念妾，妾船常泊此江邊。

兩情脉脉是何因？猶恐通辭未見真。笑指同年諸姊妹，問郎可有意中人？

酒闌燈散客臨歧，不道傷心有別離。半(响)[晌]低頭無一語，暗抛泪珠問來期。

後憶鳳辭

極目江干送客舟，倚闌翠袖泪橫流。相逢只恨無多日，如此風波又遠游。

烽火連江未解圍，紅顏漂泊赴戎機。玉璫有札無由達，萬里雲羅阻雁飛。

戲嘲吳吉卿

不知是夢是游仙，掩過紅樓亦可憐。除却吳剛修月手，蟾宮何處覓金蓮？

戲贈歌者溫郎

折腰初見襯金裳，月樣風姿扇亦香。最是眉顰惹儂意，燈前錯認作韋娘。

題畫

高山一揮手，世無知音賞。白雲天際來，松濤穌清響。

孔綉山侍讀出其夫人學紡圖命題

蘭閨久薄綺羅新，荊布家風未厭貧。爲道文章須返璞，願將機杼佐絲綸。

妖服競奢花簇袖，鬼闌鬪巧錦纏襦。《括記》中語。江南我憶丁娘子，補作木棉第二圖。《松江志》載木（綿）[棉]之利始於丁娘子，種花至織布，皆繪爲圖。

爲李伯（孟）[孟]宗晟駕部作鴛湖尋夢圖并係四絶

漫說烟波張志和，烟波與我亦情多。今朝試寫鴛湖夢，耳畔猶聞欸乃歌。

布帆無恙客無能，烟雨樓前一再登。最好夕陽茶話處，倚闌翠袖剥紅菱。余於己未暮秋曾游鴛鴦湖。

船頭呼酒趁新凉，橫笛風來茉莉香。一望南湖明似鏡，秋山齊現美人妝。

瑶箋示我小游仙，夢繞橫塘已幾年。花月亭邊花弄影，箇中情意屬張先。伯孟詩先成，有"寂寞紅衣三十六，不知飛夢落誰邊"之句。

晚步龍泉禪院示二弟

斜陽已西落，步入梵王宮。祇樹含新雨，空庭拜晚風。蛙鳴幽澗底，犬吠破墻中。歸路妨泥滑，前街燈影紅。

六月十二日伯孟駕部招同人爲山谷先生壽屬余摹像爲李晞古筆有先生自題（替）[贊]語年久卷心剥落翁罩溪學士重摹於豫章試院每屆先生生日輒召客拜像凡題咏必自書故罩溪有拜像焚香十二年之句後值兵燹此像遂流落他所僉聞現歸豫章褚生家伯孟舊藏先生像係縮臨李本出示余屬重摹爲先生壽伯孟與先生同日生仰慕景行宜其沆瀣一氣他日傳爲詞壇佳話而賤子筆墨竊幸附焉因記一詩並志顛末

高齋雨過天風凉，讀公瑰瑋之文章。李生手持一幅絹，請余摹像同稱觴。風流韻事久寂寞，騷壇大雅誰扶將？當時蘇齋躋高會，曾摹遺像雙井傍。年年試院具袍笏，一觴一咏傳芬芳。江天忽值烽燧起，長卷流轉存何方？生云此本貌自李晞古，鬚眉落落神揚揚。折斤廣袖揮塵坐，年深意匠爭毫芒。蘇齋摹像不復見，此紙縮本隨縹緗。余聞此語始嘆息，能事促迫猶悚惶。振衣拂絹鑄生面，筆墨慘淡心彷徨。生之嗜古有奇癖，論詩上躡涪翁堂。況復生辰同此日，後先輝映靈根長。焚香再拜醉三爵，他年此像好共名山藏。

夕陽

陣雨過(詹)［檐］角，夕陽明樹顛。雲歸猶待鳥，風定忽鳴蟬。好竹新凉闢，高荷返照妍。詩心催月上，畫境落尊前。

晚同三弟至龍泉禪院即景和之

入寺已昏黑，山門萬木稠。晚雲橫鐵嶺，新月上金鈎。蝙蝠鳴高下，菱蘆影暗收。坐聽鐘梵歇，老衲半扶頭。

《中國四庫學》稿約

《中國四庫學》是由湖南大學嶽麓書院、中國四庫學研究中心、古籍整理研究所主辦的學術輯刊,每年兩輯,由中華書局出版,是國內外四庫學、歷史文獻學與古典文獻學工作者發表研究成果的平臺,熱忱歡迎中外專家、學者惠賜稿件。

1. 本刊常設四庫學綜合研究、四庫提要研究、經部研究、史部研究、子部研究、集部研究及文獻整理七個欄目,不定期刊發專稿。

2. 來稿請使用標準繁體字,一般應在 1 萬字左右,重大選題可適當放寬,歡迎雅潔的短篇札記。稿件請依照《中國四庫學》稿件格式要求排版。

3. 請將稿件的 Word 電子版通過電子郵件發給編輯部,或者使用 A4 型紙張打印郵寄。《中國四庫學》是半年刊,評審時間爲 1 個月,請您耐心等候。如 1 個月後未收到用稿信息,請自行處理。在評審期內,如果確有特殊情況改投他刊,請務必及時告知。

4. 本刊實行匿名評審,請作者勿在稿件中透露個人信息,另紙附上作者姓名、性別、出生年月、職稱、工作單位、通信地址、郵政編碼、聯繫電話、電子信箱等相關信息。

5. 來稿應遵守學術規範,尊重前人研究成果;引文請核對原文,確保準確無誤。禁止剽竊、抄襲與一稿兩投等學術不端行爲。

6. 本刊對擬錄用稿件保留刪改權。

7. 紙質版投稿:410082 湖南省長沙市湖南大學嶽麓書院中國四庫學研究中心《中國四庫學》編輯部 吳老師收。電子版投稿:zgskxyj@163.com 郵件主題請采用

"姓名＋論文標題"形式。

　　8. 稿件發表後，即奉上稿酬及當期刊物二册。本刊享有已刊文稿的著作財産權和資料加工、電子發行、網絡傳播權，本刊一次性給付的稿酬中已包含上述授權的使用費。

　　9. 聯繫電話：0731－88821560

《中國四庫學》編輯部

二〇一七年八月

《中國四庫學》稿件格式要求

《中國四庫學》是由湖南大學嶽麓書院、中國四庫學研究中心、古籍整理研究所主辦的學術輯刊，每年兩輯，由中華書局出版。本刊設有七個常設欄目：四庫學綜合研究、四庫提要研究、經部研究、史部研究、子部研究、集部研究及文獻整理。爲便于學術交流，提高編輯效率，特對本刊的稿件格式統一規定如下，敬請作者知悉。

一、稿件須提供 300 字以内的中文摘要和 3～5 個關鍵詞。

二、請在文末注明作者個人信息（包括姓名、單位全稱、學歷、職稱等）。

三、字體格式

1. 稿件全文均使用繁體字。

2. 標題：用 3 號宋體，居中，過長可分行。

3. 摘要、關鍵詞："摘要"和"關鍵詞"兩詞用小 4 號黑體。摘要內容用小 4 號宋體，段後空一行。關鍵詞內容用小 4 號宋體，關鍵詞之間用分號分開，最後一個關鍵詞後不用標點符號。

4. 正文：正文用小 4 號宋體，行距爲 20 磅，字符間距爲標準。正文中出現的引文用小 4 號仿宋，左縮進 2 字，前后空 1 行。

5. 層級標題：正文如使用層級標題，一級標題頂格，用 4 號黑體，段前段後 1 行；二級標題頂格，用小 4 號黑體，段前段後 0.5 行；三級標題及其以下，與二級標題的格式相同。標題編號，一級標題用"一""二""三"……標識，二級標題用"（一）""（二）""（三）"……標識，三級標題用"1.""2.""3."……標識。

四、注釋格式

正文注釋統一使用腳注（當頁頁面底端），編號格式爲①②……每頁重新編號。正文中的注釋序號統一置于包含引文的句子（有時也可能是詞或片語）或段落標點符號之後。脚注格式例證如下：

（一）專著

標注格式爲：著者及著作方式：書名，出版地點：出版社，出版年份，頁碼。（責任方式爲著時，"著"字可省略，其他責任方式不可省略。）引用外國人的著作時，著者名前應注明國籍，如有譯者名，則置于著者名之後。出現著者國別和朝代時，國別用方括號，朝代用圓括號。

① 趙景深：《文壇憶舊》，上海：北新書局，1948 年，第 43 頁。

② 楊鐘羲：《雪橋詩話續集》卷 5，瀋陽：遼瀋書社，1991 年，第 461 頁下欄。

③ 謝興堯整理：《榮慶日記》，西安：西北大學出版社，1986 年，第 175 頁。

④［日］實藤惠秀著，譚汝謙、林啟彥譯：《中國人留學日本史》，香港：中文大學出版社，1982 年，第 11—12 頁。

（二）期刊論文

標注格式爲：著者：篇名，期刊全稱及年份期數。引用外國人的論文時，著者名前應注明國籍，如有譯者名，則置于著者名之後。

① 葉明勇：《英國議會圈地及其影響》，《武漢大學學報》（人文科學版）2001 年第 2 期。

（三）學位論文

標注格式爲：著者：論文名，論文性質，所屬單位，時間，頁碼。

① 方明東：《羅隆基政治思想研究（1913—1949）》，博士學位論文，北京師範大學歷史系，2000 年，第 67 頁。

（四）會議論文

標注格式爲：著者：論文名，會議全稱，會議地點，會議時間，頁碼。

① 任東來：《對國際體制和國際制度的理解和翻譯》，全球化與亞太區域化國際研討會論文，天津，2000 年 6 月，第 9 頁。

（五）析出文獻

標注格式爲：著者：篇名，責任人及責任方式：書名，出版地點：出版社，出版年份，頁碼。

① 杜威·佛克馬：《走向新世界主義》，王甯、薛曉源編：《全球化與後殖民批評》，北京：中央編譯出版社，1999 年，第 247—266 頁。

（六）其他

1. 同一文獻再次引用時應簡化格式，僅標注責任者、題名、頁碼。

① 趙景深：《文壇憶舊》，第 24 頁。

2. 標注間接引文時，以"參見""詳見"等詞引導，反映出其與正文行文的呼應。間接引文應注明其頁碼或章節，標注格式與直接引文相同。

① 參見邱陵編著：《書籍裝幀藝術簡史》，哈爾濱：黑龍江人民出版社，1984 年，第 28—29 頁。

② 詳見張樹年主編：《張元濟年譜》，北京：商務印書館，1991 年，第 6 章。